五禮通考

〔清〕秦蕙田 撰
方向東 王鍔 點校

十一

嘉禮〔二〕

中華書局

目録

五禮通考卷一百四十三

嘉禮十六

飲食禮

蕙田案：周禮大宗伯：「以嘉禮親萬民，以飲食之禮親宗族兄弟。」大傳云：「上治祖禰，尊尊也；下治子孫，親親也；旁治昆弟，合族以食，序以昭穆，别之以禮義，人道竭矣。」小記曰：「親親以三爲五，以五爲九，上殺、下殺、旁殺，而親畢矣。」坊記曰：「君子因睦以合族。」嗚呼！此堯之所以「克明峻德，以親九族。九族既睦，平章百姓」者也。周之盛也，内睦九族，外尊事黄耇，則有常棣、行葦之詩；及其衰也，葛藟、頍弁、角弓、杕杜刺焉。先王之於宗族兄弟也，親睦之，因而燕樂之，故有族燕之禮，有族飫之禮。文王世子：「若公與族燕，則異姓爲賓，膳宰爲主人，公與父兄齒。族食，世降一等。」周語：「王公立飫，則有房烝。親戚燕饗，則有餚烝。飫以顯物，宴以合好。」夫曰燕曰飫，皆所謂飲食之禮也。陳氏禮書云：「古者合族之禮，方其平居無事，則有燕以申好；及其有大疑謀，則有飫以圖事。燕則脱屨升堂，坐而不立，其牲體折節而餚烝，所以致愛；飫不脱屨升堂，立而不坐，其牲半解，而房烝所以致嚴。」致愛致嚴，其禮盛矣。然燕之禮又有二：有時燕，有因祭而燕。詩常棣：「儐爾籩豆，飲酒之飫。兄弟既具，和樂且孺。」湛露：「厭厭夜飲，在宗載考。」周語：「時燕不淫。」此時燕也。詩楚茨：「諸父兄弟，備言燕私。既醉既飽，小大稽首。」行葦：「戚戚兄弟，莫遠具邇。曾孫維主，酒醴維醹。」坊記：「因其酒肉，聚以宗族。」此因祭而燕也。禮書云：「其禮之詳，雖不可考，要之，服皮弁服，即於路寢，宰夫爲主，異姓爲賓，王與族人燕于堂，后率内宗之屬燕于房。其物餚烝，所以合好也。其食世降一等，所以辨親疏也。昭穆以序之，所以明世次也。夜飲以成之，所以别異姓也。若夫几席之位，升降之儀，脱屨而坐，立監相視，羞庶羞以盡愛，爵樂無算以盡歡，其大率與諸侯燕禮不異。」蓋先王之禮，以孝弟治天下，而孝弟莫始於親親。親親之心，無所不至，則飲食之禮隆焉，且不特天子、諸侯而已。儀禮特牲「祝告利成，徹庶羞，設于西序下」，鄭康成注引書傳曰：「宗室有事，族人皆侍終日。大宗已侍于賓奠，然後燕私。燕私者，何也？祭已而與族人飲。此徹庶羞置西序下者，爲將以燕飲與？」書傳云：「不醉而出，是不親也；醉而不出，是媟宗也；出而不止，是不忠也。親而甚敬，忠而不倦，若是，則兄弟之道備。」故曰：「君子篤於親，則民興於仁。」此物此志也夫！大宗伯叙爲嘉禮第一，通典、通解、通考皆莫詳，今從周禮之次，序於昏、冠之上，而九族三族、錫姓命氏、天子睦族、宗子收族、立後之法，以類附焉。觀於此者，孝弟之心，可以油然而生矣。

觀承案：儀禮有公食大夫禮，有鄉飲酒禮，有燕禮。鄉飲酒與燕，其牲皆狗，然骨體致敬，庶饈盡愛，亦可云食而曰飲者，有舉有薦，薦爲舉設，故曰飲也。公食大夫，其牲則牢，其儀則具饌于東房而無尊，雖酒亦實于觶，加于豐，而賓引奠于薦右而不飲，其後有卒食之文，而無卒爵之文，故曰食禮。食與飲之分，各有其具者如此。至王之食禮九舉，公侯之食禮七舉；王燕飲酒膳夫爲獻主，公侯燕飲酒宰夫爲獻主，是其等威之辨也。而周禮酒人「共賓客之禮酒、飲酒而奉之」，注曰：「禮酒，燕饗之酒；飲酒，食之酒。」曲禮之「酒漿處右」，即食酒，所謂酳也。又酒正有三酒、四飲之辨。三酒，事酒、昔酒以飲，清酒以祭；四飲，清、醫、漿、酏，皆以共食。清即醴也，凡醴，啐而不飲，故冠、昏、饗食之禮，皆設醴而不酌酢，間有酢者，亦啐之而已。此更飲與食所分之明證也。夫饗禮，鄭氏以爲無正文，然體薦殽烝，立以卒事，其文具在，由是推之，則族飫之禮，其即饗禮乎？族食，其即食禮乎？族燕之有賓主，固即燕禮，而又曰族飲者，亦即賓主以爲言，曰族燕；不即賓主以爲言，曰族飲，非二禮也。若公與族之私飲酒，是固有私飲時，或即詩與書傳所言燕私，謂燕即族燕，而以私爲厚解。如君之私于寡君，人人以爲孟嘗私己者，似燕與私爲一事尚覺未安，何也？燕不可混于私也。周禮膳夫：「凡王之稍事，設薦脯。」注云：「稍事是小事，與臣飲酒。」大事則有燕饗也，故止設薦脯。若此，則王與族人圖大事，設族飫；其小事，則私飲酒。是在外臣，有稍事之飲；而在宗族，即謂之私飲酒。然則禮于異姓，有饗有食，有燕飲，有稍事之飲；而在同姓，則有族飫、族食、族燕飲以及私飲酒之儀，相配以成文，于以見王道公私之無間。禮文雖缺，義可互參，因此通彼，歷歷皆可遍觀而盡識也。

飲食通義

周禮大宗伯：以飲食之禮，親宗族兄弟。注：親者，使之相親。人君有食宗族飲酒之禮，所以親之也。文王世子曰：「族食，世降一等。」大傳曰：「繫之以姓而弗別，綴之以食而弗殊，百世而昏姻不通者，周道然也。」疏：此經云「飲食」，亦尊卑通有。下文別有饗燕，則經云飲者，非饗燕，是私飲酒法，其食可以通燕食俱有，以其下不別云食故也。注引文王世子，據人君法；引大傳，據大夫士法，則萬民亦有此飲食之禮也。

蕙田案：注分飲食，解雖細，私飲酒謂在路寢不在庭，即所謂「族燕」、「族飫」是也，與下「饗燕」自有別。

禮記大傳：上治祖禰，尊尊也；下治子孫，親親也；旁治昆弟，合族以食，序以昭繆，別之以禮義，人道竭矣。注：治，猶正也。繆讀爲穆。疏：旁治昆弟之時，合會族人以食之禮。

陳氏祥道曰：飲食者，人情之合歡者也。觀文王燕兄弟，而棠棣之美作；幽王不能宴樂同姓，而頍弁之刺興，則合族以食，禮之大者也。君與族人燕，則膳宰爲主人。又曰：「族食世降一等。」詩曰：

「厭厭夜飲，在宗載考。」國語曰：「親戚享燕，有殽烝。」又曰：「歲飫不倦，時宴不淫。」則族食之禮，合之以時，等之以世，掌之以膳夫，其薦也以殽烝，其飲也或以夜，不特如此而已。序以昭穆，別以禮義，則尊者安於爲尊，卑者安于爲卑，然後孝慈友恭，油然生於其間，人道不竭于此矣乎！蓋合族以食，恩也；昭穆禮義，所以節恩者也。無恩則離，恩而無節之則亂。先王之於宗族，使不至于離且亂，無他，盡人道以治之而已。

汪氏克寬曰：合族以食，使之有所同，而尊卑之禮一。序以昭穆，使之有所異，而親疏之義明。如此，則皆有禮義之別，而人之道盡於此矣。

同姓從宗，合族屬。異姓主名，治際會。注：合，謂合之宗子之家，序昭穆也。異姓，謂來嫁者也，主于母與婦之名耳。際會，昏姻交接之會也。疏：「同姓從宗」者，同姓，父族也。從宗，謂從大小宗也。「合族屬」者，謂合聚族人親疏，使昭爲一行，穆爲一行，同時食，故曰「合族屬」也。

繫之以姓而弗別，綴之以食而弗殊。疏：「綴之以食而弗殊」者，連綴族人以合食之禮，而不殊異也。

陳氏祥道曰：以飲食之禮，親宗族兄弟，所謂綴之以食也。

君有合族之道，族人不得以其戚戚君，位也。疏：「合族」者，言設族食燕飲，有會合族人之道。

陳氏祥道曰：君之於族人，主乎愛；族人之于君，主乎敬。故有合族之道，所以明其親親之恩；不得以其戚戚君，所以明其尊尊之義。不能親睦九族，燕樂同姓，與夫恃親而不恭者，豈知此哉！

呂氏祖謙曰：君有合族之道，如詩所謂「飲食燕樂同姓」是也。

右飲食通義

經傳飲食禮

文王世子：若公與族燕，則異姓爲賓，膳宰爲主人，公與父兄齒。族食，世降一等。注：異姓爲賓，謂同宗無相賓客之道。膳宰爲主人，君尊，不獻酒也。與父兄齒，親親也。族食世降一等，親者稠，疏者稀。　疏：明公與族人燕食之禮。燕飲必立賓以行禮，異姓爲賓，必對主人。君尊不宜敵賓，故使供膳之宰以爲主人，使得抗禮酬酢也。公既不爲主，族人又不爲賓，故與族人相齒，見親親也。族食，謂與族人燕食也。族人既有親疏，燕食亦隨世降殺。假令本是齊衰，一年四會食。若大功則一年三會食，小功則一年二會食，緦麻則一年一會食，是世降一等也。

觀承案：族食，世降一等，則至緦麻，其降已窮。綴食之屬疏，同姓也不在此列，明矣。月令「大合吹」，注云：「與族人大飲，作樂於大寢以綴恩。」疏引「綴食」以釋「綴恩」之義，似即指此爲綴食之時。而其釋族人也，又曰「三族」，依然世降一等之族，未及同姓。又云「食常無樂」，明此爲飲禮，而非食禮也。明堂禮「季冬，命國爲酒以合族」，亦然。大率禮之言族，皆九族，不及同姓。詩傳之言宴樂同姓，多與族混，不可爲典要。惟大傳言同姓與族之分最明，其曰：「同姓從宗，合族屬。」注云：「合之宗子之家，序昭穆也。」其釋合也，曰「同食」。蓋先王慮恩之殫於遠也，命以百世不遷之宗。則同姓之屬，即有百世相宗之誼；「從宗合族」，即所謂「綴食弗殊」也。意自相承，似不必別爲附會。

公與族燕則以齒，而孝弟之道達矣。其族食世降一等，親親之殺也。注：與族燕則以齒，以至尊不自異于親之列。殺，差也。　疏：公所以降己尊而與族人燕會爲列，是欲使孝弟之道通達於下也。民有親屬者，豈得相背棄哉？每世而降一等，是親親之殺。

陳氏澔曰：族人雖衆，其初一人之身也，豈可以賓客之道外之？故以異姓爲賓，而使膳宰爲主，與之抗禮酬酢，君尊而賓不敢敵也。君雖尊，而與父兄列位，序尊卑之齒者，篤親親之道也。族食，與族人燕食也。世降一等，謂族人既有親疏，則燕食亦隨世降殺也。

方氏慤曰：凡燕之禮，必立賓以備酬酢之儀。然主人者尊賓，既謂之賓，則尊之而已，非親之也。親，莫親于同姓，則凡于同姓，固無賓之之禮也。故燕族之賓不以同姓，而以異姓爲之也。

蕙田案：此君與族人飲食之禮。曰族燕，曰族食，燕之禮多，食之禮殺也。

燕有樂，而食常無樂。

月令：季冬之月，命樂師大合吹而罷。注：歲將終，與族人大飲，作樂于大寢，以綴恩也。言罷者，此用禮樂，于族人最盛，後年若時乃復然也。凡用樂必有禮，用禮則有不用樂者，王居明堂禮：「季冬命國爲酒，以合三族」，君子説，小人樂。」疏：「與族人飲」者，以王居明堂禮云「季冬命國爲酒，以合三族」，故知與族人飲也。云「作樂於大寢」者，以其命樂師合吹，故知作樂也。大寢則路寢也，與宗人圖事之處。既飲族人，故知于大寢。云「以綴恩」者，綴謂連綴，恩謂恩親。大傳云：「繫之以姓而弗別，綴之以食而弗殊。」云「罷」者，此用禮樂，于族人最盛，後年季冬，乃復如此作樂，以一年停頓，故云罷。大合吹，必當有禮，與族人燕飲。今惟云命樂師，故云「用樂必有禮」；而食常無樂，故云「禮有不用樂」也。引明堂禮「以合三族」者，三族，父、子及身，則小記云「親親以三爲五，以五爲九」是也。「君子説」，謂卿、大夫、士。「小人樂」，謂凡庶也。

蕙田案：此宗族燕食之時與樂也。

逸禮王居明堂禮：季冬命國爲酒，以合三族。

汪氏克寬曰：孝弟莫始於親親，則燕之禮不得而廢。設其器，備其物，辨其數，立其文。莫尊乎君也，不以位加于父兄，燕序必以齒，達乎孝弟之道也。莫親乎同姓也，不可以無殺，燕則族人，世降一等焉。凡燕之禮，必主賓以備酬酢，而族燕之賓主則異姓，與膳宰爲之者，篤親親之道也。夫飲食，口腹之欲也，而必節之以禮，則驕奢淫佚平而無過也。歌舞，耳目之欲也，而必和之以樂，則言動揖遜易而無乖也。莫不由親，以篤乎恩，有恩，以著乎愛，有愛，以盡其禮焉。

詩小雅常棣序：常棣，燕兄弟也。疏：謂王者以兄弟至親，宜加恩惠，以時燕而樂之。周公述其事而作此詩焉。兄弟者，共父之親，推而廣之，同姓、同族皆是也。

常棣之華，鄂不韡韡，凡今之人，莫如兄弟。箋：承華者曰鄂。不，當作拊；拊，鄂足也。鄂足得華之光明，則韡韡然盛。喻弟以敬事兄，兄以榮覆弟，恩義之顯，亦韡韡然。傳：聞常棣之言爲今也。箋：聞常棣之言，始聞常棣「華鄂」之説也。如此，則人之恩親無如兄弟之最厚。

何氏楷曰：常棣與唐棣異木。爾雅云：「唐棣，栘。常棣，棣。」案此，則惟常棣得以棣名。程子云：「今玉李也。華鄂相承甚力。」陸氏曰：「江南呼爲麥李，一跗輒生二萼，兩兩相麗，如垂絲海棠。」陸佃云：「栘從移，棣從隶。唐棣之華，反而後合。常棣華鄂，上承下覆，甚相親爾。從棣言，華萼相承，輝榮相隶也。隶，仁也。移，義也。兄弟尚親親，仁也，故常棣以燕兄弟。」宋祁云：「世人多誤以唐棣爲常棣。於兄弟用之唐棣，栘也，栘開而反合者也，此兩物不相親。鄂當作萼。」曹憲云：「花苞也。唐明皇以華萼交輝名樓，正取此詩義。」

詩緝：嚴氏粲曰：玉李，其華繁密，其鄂豈不韡韡光明乎？華以覆萼，萼以承華，華萼相承覆而光明，猶兄弟相承覆而榮顯也。凡今之人，與我交接者，皆莫如兄弟之至親也。凡今之人，總言下文朋友妻子也。一章發端，姑言兄弟之常，而辭氣抑揚之間，已有感歎不盡之意，其斯周公之心乎？

死喪之威，兄弟孔懷。原隰裒矣，兄弟求矣。

詩緝：嚴氏粲曰：一章以華萼相輝，喻兄弟之求顯，姑以安樂之時言之。既而斷以凡人皆不如兄弟，則安樂之時，未足以見其情之切。至於是二章以下，皆以死喪急難之事驗之。死喪，可畏怖之事，他人未必相念，維兄弟甚相思念也；方困窮流離群聚于原野之時，維兄弟則相求以相依也。

朱子詩傳：言死喪之禍，他人所畏惡，惟兄弟爲相恤耳。至于積尸裒聚于原野之間，亦惟兄弟爲相求也。

蕙田案：孔懷，謂兄弟之患難相恤爲可念，即下句所言是也。朱子説最爲緊切。

何氏楷曰：此就常情而言。上章所謂「莫如兄弟」者，于此驗之，最爲親切。

脊令在原，兄弟急難。每有良朋，況也永歎。

朱子詩傳：脊令，雝渠，水鳥也。脊令飛則鳴，行則摇，有急難之意，故以起興。而言當此之時，雖有良朋，不過爲之長歎息而已，力或不能相及也。

吕氏祖謙曰：疏其所親，而親其所疏，此失其本心者也。故此詩反覆言朋友之不如兄弟，蓋示之以親疏之分，使之反循其本也。本心既得，則由親及疏，秩然有叙。兄弟之親既篤，朋友之義亦敦矣。

初非薄于朋友也。苟雜施而不孫，雖曰厚于朋友，如無源之水，朝滿夕除，胡可保哉！

何氏楷曰：禽經云「脊令友悌」，張華注云：「脊令，共母者飛，鳴不相離，故所以喻兄弟。」兄弟急難者，言兄弟相急于患難，謂相救也。春秋傳：「急病讓夷。」戰國策：「以公子高義，能急人之困。」字法本此。

蕙田案：此前後三章，最情理之實，非親歷者不能道，亦不能知也。非至聖，烏能體貼至此！

兄弟鬩于墻，外禦其務。每有良朋，烝也無戎。

詩緝：嚴氏粲曰：兄弟或不相得，鬭狠于墻内，非令兄弟也。然有他人來侵侮之，則同心以外禦爲務，不以小忿而敗親也。良朋雖衆，然無相助者，言兄弟之不令者，猶勝朋友之良者也。

輔氏廣曰：二章至四章，兄弟真切之情，惟于此際，而後得見分曉。

張氏叙曰：二章正言兄弟休戚之相關；三章、四章又以朋友相校而徵其莫如也。脊令，水鳥，在原則失所，故興急難。況、怳通。雖愴怳不寧，徒付之長歎而已，不能身與其難也。烝，盛氣貌；戎，兵也。雖憤于横逆而無不反兵之理，則亦無能興戎以禦之也。急難者，好兄弟也。鬩墻者，惡兄弟也。兄弟不論好惡，而皆勝於朋友。謂之良朋，亦非朋友之薄也，義合之分，止如是爾。雖急難死生之際，固有可托以濟者，然非常也。曰每者，則義亦不相礙矣。

喪亂既平，既安且寧。雖有兄弟，不如友生。

詩緝：嚴氏粲曰：情義之輕重，當於死生患難之時觀之。若喪亂既平，安寧無事之時，則以爲兄弟不如友生矣，何不於死喪患難之時以觀之乎？

儐爾籩豆，飲酒之飫。兄弟既具，和樂且孺。 傳：儐，陳。飫，私也，不脱屨升堂謂之飫。九族會曰和。孺，屬也。王與親戚燕，則尚毛。箋：私者，圖非常之事，若議大疑於堂，則有飫禮焉，聽朝爲公。九族，從己上至高祖，下及玄孫之親也。屬者，以昭穆相次序。疏：此章言王者親宗族也。王有大疑非常之事，與宗族私議而圖之，其時則陳列爾王之籩豆，爲飲酒之飫禮，以叙兄弟宗族爲好焉。爲此飫及燕禮之時，兄弟既已具集矣，九族會聚，和而且欣樂，且復骨肉相親屬也。言由王親宗族，故宗族亦自相親也。「飫，私」，釋言文。孫炎曰：「飫非公朝，私飲酒也。」周語有「王公立飫」，又曰「立成禮烝而已」。飫既爲私，不在公朝，在路門内也。酒肉所陳，不宜在庭，則在堂矣。燕禮云：「皆脱屨，乃升堂。」少儀云：「堂上無跣，燕則有之。」是燕由坐而脱屨，明飫立則不脱矣，故云「不脱屨升堂謂之飫」。箋解「飫」爲「私」之意，以私在路寢堂上，故謂之私。若聽朝則爲公事，對公，故言私也。知飫禮爲圖非常議大疑者，以周語云：「王公之有飫禮，將以講事成禮，建大德，昭大物。」言講事昭物，是有所謀矣，明圖非常議大疑而爲飫禮也。周語云：「王公立飫，則有房烝；親戚燕饗，則有殽烝。」又曰：「飫以顯物，燕以合好。」則飫燕禮異。序曰「燕兄弟」，此陳飫者，圖非常議大疑，乃有飫禮，則飫大於燕。燕亦是王於族親之禮，故陳之示親親也。飫禮議其大疑，則婦人不與，立以成禮，則不必和樂。下章云：「妻子好合。」此傳曰：「王與族人燕，則尚毛。」以此詩飫燕雜陳，故下箋云：「王與族人燕，則宗婦内宗之屬，亦從后於房中。」是此章之中，兼燕禮矣。上二句爲飫，下二句爲燕，飫陳籩豆，燕言兄弟，互以相兼也。「孺，屬」，釋言文。李巡曰：「孺，骨肉相親屬也。」中庸曰：「燕毛，所以序齒。」文王世子曰：「公與族人燕則以齒，而孝悌之道達矣」。王與宗族人燕，以毛髮年齒爲次第也。司儀曰「王燕則諸侯毛」，亦謂同姓諸侯也，故彼注云：「謂以髮鬢爲坐。朝事尊尊，尚爵；燕則親親，尚齒。」云「親親」，是燕同姓明矣。

妻子好合，如鼓瑟琴。兄弟既翕，和樂且耽。 箋：好合，志意合也。合者，如鼓瑟琴之聲相應和也。王與族人燕，則宗婦内宗之屬亦從后於房中。　疏：上章並陳飫燕之禮，此又論内外之歡也。王與族人燕於堂上，則后與宗婦燕於房中。王之族人見王燕其宗族，知王親之，皆傚王親親，與其妻子自相和好，志意合和，如鼓瑟琴相應和。於時兄弟既會聚矣，其族人非直内和妻子，又九族和好，忻樂而且湛，又以盡歡也。箋此解天子自燕宗族兄弟，所以得致妻子好合之意。以其王與族人燕，則宗婦内宗之屬，亦從后於房中而燕，故有妻子也。宗婦者，謂同宗卿大夫之妻也。内宗者，同宗之内女嫁於卿大夫者。春秋莊二十四年：「夫人姜氏入，大夫、宗婦覿，用幣。」謂之宗婦，明是宗族之婦也。故賈、杜皆云宗婦，同姓大夫之婦。襄二年傳曰：「葬齊姜，齊侯使諸姜、宗婦來會葬。」諸姜，謂齊同姓之女。宗婦，謂齊同姓之婦。是同姓大夫之婦，名爲宗婦也。周禮春官序官云：「内宗，凡内女之有爵者[一]。」注云：「内女，王同姓之女。謂之内宗，有爵，其嫁於大夫及士者。」是王同姓之女，名爲内宗也。天子燕宗族之禮亡，所以知王與族人燕，則宗婦、内宗從后者。湛露曰：「厭厭夜飲，不醉無歸。」傳曰：「夜飲，私燕也。宗子將有事，族人皆入侍，不醉而出，是不親也，醉而不出，是媟宗也。」箋云：「天子燕諸侯之禮亡，此假宗子與族人燕爲説耳。」然則天子燕同姓諸侯之禮，猶宗子燕族人，則天子燕宗族兄弟爲朝廷臣者，如宗子於族人可知。案特牲饋食禮，祭末乃曰：「徹庶羞，設於西序下。」注云：「爲將餕，去之庶羞，主爲尸，非神饌也。」尚書傳曰：「宗室有事，族人皆侍終日，大宗已侍於賓，奠然後燕私。燕私者何也？已而與族人飲也。」此徹庶羞置西序下者，爲將以燕飲與？然則自尸祝至於兄弟之庶羞，宗子與族人燕飲於堂。内賓、宗婦之庶羞，主婦以燕飲于房也。鄭以彼特牲是宗子之祭禮，族人及族婦皆助，故經云「宗婦執兩籩，宗婦贊豆」。是宗婦及族人俱助宗子之祭，及至末，族人既爲宗子所燕，明宗婦亦主婦燕之可知也。且上文庶羞、尸祝兄弟之等，男子有庶羞，宗婦及内賓婦人亦有庶羞，今直云「徹庶羞」，明二者俱徹，二者俱燕也，故云「祝至於兄弟之庶羞，宗子與族人燕飲於堂。内賓、宗婦之庶羞，主婦以與燕飲於房中也。」曲禮曰：「男女不雜坐。」謂男子在堂上，女子在房。故族人在堂，女子在房也。宗婦得與於燕，明内宗亦與其中可知。宗子之禮既然，故知天子燕族人之禮亦然，故云：「王與族人燕，則宗婦、内宗之屬亦從后於房中。」此證妻子止當言宗婦，并言内宗者，内宗，宗婦之類，因言之。此后燕及妻而連言子

[一]「内」，諸本脱，據毛詩正義卷九補。

者，此説族人室家和好，其子長者從王在堂，孩稚或從母亦在，兼言焉。

蕙田案：王與族人飲食之禮有二：一曰族燕、族食，文王世子所稱者是也。族燕、族食，皆燕也，而亦有不同。平居無事，則爲燕以申好，大傳所謂「合族以食」，大戴記「季冬，命國爲酒，以合三族」，是族燕也。又因祭而燕，楚茨「諸父兄弟，備言燕私」，中庸「燕毛，所以序齒」，是亦族燕也。一曰族飫，因圖事而飫，與燕不同。國語：「王公諸侯之有飫也，將以講事成章，建大德，昭大物也，故立成禮烝而已。」注：「立成，不坐也。烝，升也，升其滿物而已。」又曰：「歲飫不倦，時燕不淫。」據此，則燕之禮，主於親愛而和好；飫之禮，主於嚴肅而整齊。嚴肅者易倦，親愛者易淫，故國語云然，是燕與飫固大有别也。此詩傳、箋、正義敘燕飫之禮頗詳，然傳以第六章「儐爾籩豆」爲飫私，又曰：「王與親戚燕，則尚毛。」是一章而飫與燕兼之。箋直據國語之文，以證飫私之義。疏遂以上二句爲飫，下二句爲燕，飫燕雜陳。竊謂毛、鄭特泥「飫」字而爲此解耳。此詩專爲燕兄弟而作，上五章備言兄弟所以當親愛之，故至此，乃入燕飲正文，極道其和樂之情。飫字第寫其醉酒飽德之意，非所謂「圖非常議大疑」之事也。又六章「妻子好合，如鼓瑟琴。兄弟既翕，和樂且耽」，蓋亦申言飲食宴樂，兄弟和好之義。似亦不專指宗婦、內宗燕於房者言。故先儒説詩，多不從箋、疏之説。今以其論燕飫之禮頗詳，姑存之，然亦不甚明晰。

李氏光地曰：此二章言終兄弟之愛之道也。人之幼也，兄弟同群飲食，必俱相親相思，故曰孺慕也。離居異食，則意漸疏，故必常陳酒食，使兄弟具在，則其和樂也，且將如孺子時矣。人方未有妻子，兄弟之愛無衰也。有妻子，則有間之者，俱有妻子，則又有交相間者，兄弟之愛，往往不終矣。夫妻室各緣異姓之合，不能與我齊心，固恒情也。兼於各子其子，則視兄弟愈隔，故必使妻子與我好合，如琴瑟之同調而無異聲，則兄弟翕聚，而不散其和樂也，且將耽嗜以終身矣。

宜爾室家，樂爾妻帑。是究是圖，亶其然乎。

詩緝：嚴氏粲曰：言爾能與兄弟翕合，則可宜爾之室家，樂爾之妻帑。爾試窮究之、圖謀之，庶幾信吾之言乎？

李氏光地曰：序以爲周公所作，其極情理之至，信非聖人不能道。然傳所謂弔二叔之不咸，漢儒或指夏、商之末，其説近是。序遂以管、蔡之事當之，反覆篇中，言兄弟急難，禦務發乎天性，正與管、蔡相反，如謂詭詞以哀之，則又無復勸戒之意，故朱傳但以燕飲兄弟爲説。文王之德，刑于寡妻，至於兄弟，由關雎以至麟趾之應，故周公推以著訓者如此。

蕙田案：此詩燕飲兄弟，故極道兄弟天性之親切，驗之死生急難而愈真；情意之和樂，推之妻子室家而大順，要皆由燕飲兄弟以合之。此飲食之禮所以重也。

詩大雅行葦序：行葦，忠厚也。周家忠厚，仁及草木，故能内睦九族，外尊事黄耇，養老乞言，以成其福禄焉。箋：九族，自己上至高祖，下至玄孫之親也。疏：親睦九族，非直其父祖子孫而已，故言上至高祖，下至玄孫之親。見高祖五服之内皆親之。文王世子云：「族食，世降一等。」則天子所燕及者，非獨五服之内，此唯言九族者，言親親以及遠，舉九族以見同姓皆親之。

朱子詩傳：此祭畢而燕父兄耆老之詩。

李氏光地曰：燕同姓之詩也。朱傳以爲祭畢者，以列在大雅，别於小雅之燕享云。

敦彼行葦，牛羊勿踐履。方苞方體，惟葉泥泥。戚戚兄弟，莫遠具爾。或肆之筵，或授之几。傳：戚戚，内相親也。肆，陳也，或陳筵者，或授几者。箋：王與族人燕，兄弟之親，無遠無近，俱揖而進之〔一〕，年稚者爲設筵而已，老者加之以几。

〔一〕「俱揖而進之」，原作「俱揖族而道之」，據毛詩正義卷一七改。

詩緝：嚴氏粲曰：首章發兄弟之愛也，言敦敦然聚者，是彼道旁之蘆葦，勿令牛羊踐履之，此葦方苞而成叢，方體而成莖，其葉初生，泥泥然潤澤而可愛，忍傷之乎？草之叢生，如兄弟之聚也，戚戚然親愛之。兄弟切莫疏遠，宜俱相親近也。

真氏德秀曰：使人主能體此章之旨，則雖一草一木，且不敢輕於摧折也，況骨肉之戚，而縱尋害乎？此詩二章以下，皆言燕樂兄弟之事。然必以此心爲之本，而後燕樂不爲虚文。不然，非所知也。

吕氏祖謙曰：「戚戚兄弟，莫遠具爾」，忠厚之意，藹然見於言語之外矣。下章之燕樂，皆所以樂於此也。

肆筵設席，授几有緝御。或獻或酢，洗爵奠斝。醓醢以薦，或燔或炙。嘉殽脾臄，或歌或咢。傳：設席，重席也。歌者，比於琴瑟也。徒擊鼓曰咢。疏：毛以爲承上肆筵設几之文，更申其事，言王於族人既爲肆之筵，上又設重席，其授几之人尊敬老者，則有致敬蹴踖之容。既設几筵，族人升堂受燕，或乃主人進酒而獻之於賓，賓既受，卒爵；或乃酌而酢答主人，主人卒飲，又洗爵，酢以酬賓，賓受而奠此斝，不復舉之。王與族燕，以異姓爲賓，使宰夫爲主人，行此獻酢之禮也。鄭以上二句特爲老者設文，既爲老者肆筵，又重設席，授之以几，復有惇史相續，代而侍之。

朱子詩傳：言侍御獻醻，飲食歌樂之盛也。

黄氏佐曰：侍御以養其體，飲以養其陽，食以養其陰，歌樂以和其心，燕禮之盛如此，所以示慈惠也。

敦弓既堅，四鍭既鈞。舍矢既均，序賓以賢。敦弓既句，既挾四鍭。四鍭如樹，序賓以不侮。

朱子詩傳：言既燕而射，以爲樂也。

詩緝：嚴氏粲曰：既燕族人，而射以爲樂。

李氏光地曰：既燕而射以樂之，且觀德焉。先序其賢，多者雋也；既序其不侮，敬者優也。雖同姓，亦曰賓，故下曾孫曰主。

曾孫維主，酒醴維醹。酌以大斗，以祈黄耇。黄耇台背，以引以翼。壽考維祺，以介景福。

詩緝：嚴氏粲曰：述既射而復燕，因以乞言也。爲之主者，成王也。其酒醴皆醇厚矣，遂以長柄大斗從大器中酌之於樽以爲禮。而求於黄耇之人，謂乞言也，兄弟之中有老者焉。古者燕飲，於旅也，語必因以求誨於老成人，不徒爲燕樂也。大老告成王以善道，引導輔翼，以成其德，故自天佑之，成王得壽考吉祥，助其大福也。

李氏善曰：侍御之盛，言其人之不乏也。獻醻之盛，言其禮之無闕也。飲食之盛，言其物之豐也。歌樂之盛，言其聲之和也。前二章未射，而燕飲之始也，故備言其禮樂之盛。後二章既射，而燕飲之終也，故惟致其頌禱之誠，言之固有序也。

蕙田案：常棣、行葦二詩，古盛王以飲食之禮，親宗族兄弟之實際也。夫由身而推之，分形同氣者，莫如兄弟，皆吾親之體也。自五服之屬，以及於無服之族，皆吾祖一人之體也。君子齊家以治國，親親而仁民，必自其所厚者始。親之則思所以厚之，厚之則思所以樂之，此飲食之禮所以不能已也。至親莫如兄弟，其情非可以言説喻也。常棣爲燕飲之樂，將以深致其莫可喻之情，而反極之急難禦務，以著其非良朋所得而擬，而復道其燕會懽飫，室家好合，以感動其天性之良，骨肉之愛。所以體貼精到而反覆長言之者，殆無以加矣。行葦由物理以察人倫，「維葉泥泥，戚戚兄弟」之詞，懇款親切，惻然惟恐傷之，千載而下，猶能使人興起。聖人篤親親以化平天下，其精意固如此矣。至於禮樂牲醴之盛，威儀節次之詳，則又有可考焉。先之以肆筵設几，筵有席，几有御，陳設之備也。繼之以獻酢奠斝，賓主之禮也。考燕禮，諸侯燕其臣，以膳宰爲主人，主人獻賓，賓卒爵；賓洗爵，酢主人，主人卒爵；主人獻公，公卒爵；公酌，酢主人，主人卒爵。於是主人酌以酬賓，賓奠而不舉。詩之「或獻或酢，洗爵奠斝」，正與禮合。

文王世子云「族燕，則異姓爲賓，膳宰爲主人」是也。其牲牢酒醴，則有醓有醢，有燔有炙，正饌之外，則有嘉餚，有脾臄，有籩豆，而從獻加爵之禮行矣。若夫合樂以道和，而或歌或咢；燕射以爲樂，而序賓以賢。序賓以不侮，至於敬老乞言，頌禱之事，無不舉焉。嗚呼！可謂盛矣！蓋其合也，禮樂之美，兼有饗食之儀文，而將之以親愛；本之宗廟之昭穆，而聯之以歡樂。所謂别之以禮義，而孝悌之道達者歟？飲食之禮，見於禮經者甚略，今詳疏其辭義，以補逸禮之所未備云。

小雅湛露：湛湛露斯，在彼豐草。厭厭夜飲，在宗載考。傳：豐，茂也。夜飲必於宗室。箋：豐草，喻同姓諸侯也。載之言則也。考，成也。夜飲之禮，在宗室同姓諸侯則成之，於庶姓其讓之則止。疏：豐草得露，則湛湛然，柯葉低垂，以興王之燕飲于彼同姓諸侯。此同姓諸侯得王燕飲，則威儀寬縱也。王與歡酣，至於厭厭，安閒之夜，留之私飲，雖則辭讓，以其宗室之故，則留之而成飲，不許其讓，以成親厚焉。

蕙田案：此注疏以爲同姓諸侯也。

楚茨：諸父兄弟，備言燕私。傳：燕而盡其私恩。箋：祭禮畢，歸賓客俎，同姓則留與之燕，所以尊賓客親骨肉也。疏：其諸父兄弟留之，使皆備具，我當與之燕，而盡其私恩也。

樂具入奏，以綏後禄。爾殽既將，莫怨具慶。既醉既飽，小大稽首。神嗜飲食，使君壽考。孔惠孔時，維其盡之。子子孫孫，勿替引之。箋：燕而祭時之樂，復皆入奏，以安後日之福禄，骨肉歡而君之福禄安〔一〕。女之殽羞已行，同姓之臣無有怨者而皆慶君，是其歡也。小大，猶長幼也。同姓之臣燕，已醉飽，皆再拜稽首曰「神乃歆嗜君之飲食，使君壽且考」，此是慶詞。疏：宗族不親，則公室傾危，故骨肉歡而君之福禄安。同姓無怨而皆慶，是其歡矣。神嗜飲食以下，是慶詞也〔二〕。

蔣氏悌生曰：卒章，同姓復燕於寢，以厚其恩也。

中庸：燕毛，所以序齒也。

朱子章句：燕毛，祭畢而燕，則以毛髮之色别長幼，爲坐次也。

陳氏禮書：先王之於同姓，有時燕焉，有因祭而燕焉。國語曰：「時燕不淫。」此時燕也。詩曰：「諸宰君婦，廢徹不遲。諸父兄弟，備言燕私。」坊記曰：「因其酒肉，聚其宗族，以教民睦。」此因祭而燕也。其禮之詳，雖不可考，要之，服皮弁服，

〔一〕「歡」，原作「安」，據光緒本、毛詩正義卷一三改。
〔二〕「慶」，原作「虚」，據光緒本、毛詩正義卷一三改。

即於路寢。王皮弁以日視朝。詩刺不能宴同姓，而曰「有頍者弁」，則皮弁也。宰夫爲主，異姓爲賓，王與族人燕於堂，后帥内宗之屬燕於房。其物餚烝，所以合好也；其食世降一等，所以辨親疏也；昭穆以序之，所以明世次也；夜飲以成之，所以別異姓也。若夫几席之位，升降之儀，脱屨而坐，立監相禮，羞庶羞以盡愛，爵樂無算以盡驩，其大率蓋與諸侯燕禮不異。諸侯燕族人，與父兄齒，雖王之尊，蓋亦不以至尊廢至親也。

國語周語：定王謂晉隨會曰：「郊禘之事，則有全烝；王公立飫，則有房烝；注：禮之立成者爲飫。親戚燕饗，則有餚烝。注：餚烝，升體節解折之俎也，謂之折俎。今女非他也，而叔父使士季實來，唯是先王之宴禮，欲以貽女，余一人敢設飫禘焉。夫王公諸侯之有飫也，將以講事成章。注：章，章程也。建大德，昭大物也，注：大德，大功也。大物，大器也。故立成禮烝而已。注：立成，不坐也。烝，升也，升其備物而已〔一〕。飫以顯物，燕以合好，注：顯物，示物備也。故歲飫不倦，時燕不淫。」

〔一〕「備」，原作「滿」，據光緒本、國語周語中改。

敬王十年，萇弘欲城周，衛彪傒見單穆公曰：「昔武王克殷而作詩，作此以爲飫歌，名之曰『支』，以遺後之人，使永監焉。夫禮之立成者爲飫，昭明大節而已」。

魯語：公父文伯之母祭悼子，康子與焉，胙不受，徹俎不宴，宗不具不繹，繹不盡飫則退。注：昭謂：立曰飫，坐曰燕。言宗具則與繹，繹畢而飲，不盡飫禮而退，恐有醉飽之失，皆所以遠嫌也。

公父文伯之母欲室文伯，饗其宗老，請守龜卜之族。師亥聞之曰：「善哉！男女之饗，不及宗臣；宗室之謀，不過宗人。」

陳氏禮書：古者合族之禮，方其平居無事，則有燕以申好；及其有大疑謀，則有飫以圖事。燕則脱屨升堂，坐而不立，其牲體折節而殽烝，所以致愛。飫不脱屨升堂，立而不坐，其牲體半解而房烝，所以致嚴。周語曰：「王公之有飫禮，立成禮烝而已。」又曰：「歲飫不倦。」然則飫以圖事，非必歲爲之也。國語言歲飫時燕，蓋明其疏數之異而已。衛彪傒曰：「武王克商，作詩以爲飫歌，名之曰『支』，以遺後之人，使永監焉。」以其戒慎，尤在於厭飫之時也。公父文伯之母祭悼子，康子與焉，繹不盡飫而退，則飫非燕禮之多儀也。

詩王風葛藟序：葛藟，刺平王也。周室道衰，棄其九族焉。疏：棄其九族者，不復以族食族燕之禮叙而親睦之，故王之族人，作此詩以刺王也。

緜緜葛藟，在河之滸。終遠兄弟，謂他人父。謂他人父，亦莫我顧。疏：王族宜得王之恩施，猶葛藟宜得河之潤澤。王何故遺棄我宗族之人乎？

緜緜葛藟，在河之涘。終遠兄弟，謂他人母。謂他人母，亦莫我有。疏：上言謂他人父，責王無父恩。此言謂他人母，責王無母恩也。然則下章謂他人昆，責王無兄恩也。

緜緜葛藟，在河之漘。終遠兄弟，謂他人昆。謂他人昆，亦莫我聞。

小雅頍弁序：頍弁，諸公刺幽王也。暴戾無親，不能燕樂同姓，親睦九族，故作是詩也。疏：時同姓之諸公刺幽王也，爲不能燕樂同姓，明諸公是同姓諸公也。不能燕樂，即不能親睦，親睦由於燕樂，以經責王之不燕樂，今不親睦，故分而言之耳。

有頍者弁，寔維伊何？爾酒既旨，爾殽既嘉。豈伊異人？兄弟非他。蔦與女蘿，施於松柏。未見君子，憂心奕奕。既見君子，庶幾説懌。箋：禮，天子、諸侯朝服以燕，天子之朝，皮弁以日視朝。女酒既美矣，女殽既嘉矣，何以不用與族人宴也？王所當與宴者，豈有異人疏遠者乎？皆兄弟，與王無他言至親，刺其弗爲也。幽王久不與諸公宴，諸公未得見幽王之時，懼其將危亡，故憂而心奕奕然，若得見幽王諫正之，則庶幾其改變意解懌也。

有頍者弁，寔維何期？爾酒既旨，爾殽既時。豈伊異人？兄弟具來。蔦與女蘿，施於松上。未見君子，憂心怲怲。既見君子，庶幾有臧。

觀承案：頍弁，集傳謂燕兄弟親戚之詩，不從傳專言同姓。然禮，族燕必以異姓爲賓，異姓古稱曰甥舅，則雖燕同姓，固有異姓之賓在。且角弓之詩曰「兄弟婚姻」，亦兼異姓爲言。序主九族，傳又從之，何一從而一否也？是序説原未可廢。第傳曰燕，序曰刺，不燕樂，意若相反，然詩曰「爾酒爾殽」，曰「君子維宴」，安在其非燕乎？曰「死喪無日，無幾相見」，安在其非刺乎？一再讀之，乃知詩固燕也。燕而情不洽於棠棣，文不備於行葦，雖燕無以成懽，故詩人傷心於集霰，以著交瘉之漸。迨胥遠胥傚，斯角弓興悲，而葛藟有終遠之誚，杕杜抱獨行之感焉！傳表其事，序推其微，文殊而義一也，細繹之自得。然則角弓諸詩，爲不合族者示戒也。頍弁之詩，又爲合族而情文不具者示戒。由是觀之，飲食之於人道，不綦重乎！至伐木之詩曰「民之失德，乾餱以愆」，又知非特兄弟族姓間爲然矣。

角弓序：角弓，父兄刺幽王也，不親九族而好讒佞，骨肉相怨，故作是詩也。

騂騂角弓，翩其反矣。兄弟昏姻，無胥遠矣。
爾之遠矣，民胥然矣。爾之教矣，民胥傚矣。
此令兄弟，綽綽有裕。不令兄弟，交相爲瘉。
民之無良，相怨一方。受爵不讓，至於已斯亡。
老馬反爲駒，不顧其後。如食宜饇，如酌孔取。傳：饇，飽也。箋：王如食老者，則宜令之飽。如飲老者，則當孔取。孔取，謂度其所勝之多寡。凡器之孔，其量大小不同，老者氣力弱，故取義焉。王有族食族燕之禮。疏：言王有族食族燕之禮者，解經所以有食酌之事，食則族食，酌即族燕矣。以食禮無飲，燕法無食，二事也。

蕙田案：三詩，據注疏，謂皆刺王不能親睦兄弟之作。夫有常棣、行葦之盛，則有葛藟、頍弁、角弓之衰。盛衰之際，所係顧不大歟？

唐風杕杜序：杕杜，刺時也。君不能親其宗族，骨肉離散，獨居而無兄弟，將爲沃所并爾。

有杕之杜，其葉湑湑。獨行踽踽。豈無他人，不如我同父。嗟行之人，胡不比焉？人無兄弟，胡不佽焉？

有杕之杜，其葉菁菁。獨行睘睘。豈無他人，不如我同姓。嗟行之人，胡不比焉？人無兄弟，胡不佽焉？

蕙田案：此係諸侯之詩，故附於後。

春秋文公七年左氏傳：宋昭公將去群公子，樂豫曰：「不可。公族，公室之枝葉也〔一〕，若去之，則本根無所庇蔭矣。葛藟猶能庇其本根，故君子以爲比，注：謂詩人取以喻九族兄弟。況國君乎？此諺所謂『庇焉而縱尋斧焉』者也。必不可，君其圖之。親之以德，皆股肱也，誰敢攜貳？若之何去之？」不聽。

蕙田案：飲食之禮，所謂親之以德也。葛藟之喻，警切動人。

右經傳飲食禮

漢至明飲食之禮

史記齊悼惠王世家：孝惠帝二年，齊王入朝，惠帝與齊王燕飲，亢禮如家人。

〔一〕「室」，原脱，據光緒本、春秋左傳正義卷一九補。

漢書中山靖王勝傳：議者多冤鼂錯之策，皆以諸侯連城數十，泰彊，欲稍侵削，數奏暴其過惡，諸侯王自以骨肉至親〔一〕，今或無罪，爲臣下所侵辱。建元三年，代王登、長沙王發、中山王勝、濟川王明來朝，天子置酒，勝聞樂聲而泣。問其故，勝具以吏所侵聞。於是上乃厚諸侯之禮，省有司所奏諸侯事，加親親之恩焉。

昭帝本紀：元鳳二年夏四月，上自建章宫徙未央宫，大置酒。賜宗室子錢，人二十萬。

後漢書世祖本紀：建武十七年冬十月甲申，幸章陵，修園廟，祠舊宅，觀田廬，置酒作樂，賞賜。時宗室諸母因酣悦，相與語曰：「文叔少時謹信，與人不款曲，唯直柔耳，今乃能如此。」帝聞之，大笑曰：「吾治天下，亦欲以柔道行之。」

和帝本紀：十五年冬十月，幸章陵，會宗室於舊廬，勞賜作樂。

後漢書注：蔡質漢儀曰：「正月旦，天子幸德陽殿臨軒，公卿大夫百官各陪朝賀，宗室諸劉雜會萬人以上。」

〔一〕「王」，原脱，據光緒本、漢書中山靖王勝傳補；「肉」，諸本作「月」，據漢書中山靖王勝傳改。

册府元龜：北魏孝文帝太和十九年正月辛未，車駕在懸瓠，朝享群臣。初，帝嘗詔延四廟之子，下逮玄孫之胄，申宗宴於皇信堂，不以爵秩爲列，悉序昭穆爲次，用家人之禮。燭至，公卿辭退。帝曰：「燭至辭退，庶姓之禮。在宗載考，宗族之義。卿等且還，朕與諸王宗室，欲成此夜飲。」

北魏書孝明帝本紀：熙平二年八月戊戌，宴太祖以來宗室年十五以上於顯陽殿，申家人之禮。

隋書禮儀志：北齊宴宗室禮，皇帝常服，别殿西廂東向。七廟子孫皆公服，無官者，單衣介幘，集神武門。宗室尊卑，次於殿庭。七十者二人扶拜，八十者扶而不拜。升殿就位，皇帝興，宗室伏。皇帝坐，乃興拜而坐。尊者南面，卑者北面，皆以西爲上。八十者一坐。再至，進絲竹之樂。三爵畢，宗室避席，待詔而後復位。乃行無算爵。

册府元龜：唐太宗貞觀十九年，征遼迴，幸定州時，太子監國。處定州，詔定州管内孝行著聞者，宜與宗室老人同賜宴會。

文宗開成元年十二月，帝與禁中會宴諸王。因命講讀劉仲武每雙月入内對，諸王仍令尚書供食。三年四月甲午，帝幸十六宅，賜諸王宴，頒賜有差。

後唐莊宗同光三年正月甲午，皇太后生辰，御嘉慶殿，召諸王家宴，極歡而罷。二月，帝在鄴。己巳，擊毬於行宫之鞠場，諸王弟從臣等供奉，賜定州王都金鞍御馬。鞠罷，宴王都於武德殿之山亭，宣教坊樂，陳百戲俳優角觝，夜漏一鼓方罷。甲戌，文思殿宴王都，頒賜有異，夜久方罷。戊子，宴於思政殿。三月，帝在鄴。戊戌，宴於内殿。丙午，帝擊毬於行宫之鞠場，皇弟存霸、皇子繼岌預焉。毬罷，宴於迎春殿。

天成二年，秦王從榮自鄴中至，帝幸其第，宣禁中女伎及教坊樂，歡宴至晚。從榮進馬及銀器、錢絹，帝賜諸伎樂及行從人等，乘輿歸内。四年，潞王自河中入覲，進金銀錢絹，開内宴。壬午，宴於長春殿。

蕙田案：五代史：「天成二年，幸會節園，群臣買宴。」册府元龜載群臣共進錢絹，請宴。故秦王、潞王均有金銀錢絹進也。晉天福二年始停買宴錢。

宋史太宗本紀：雍熙二年庚戌，重九，召諸王宴，射御苑中。

禮志：真宗景德四年二月甲申，上御五鳳樓觀酺，宗室、近臣侍坐，樓前露臺奏教坊樂。後二日，上復御樓，賜宗室宴於都亭驛。十月，詔皇太子、宗室赴玉宸殿翠芳亭觀稻，賜宴，仍以稻分賜之。

大中祥符元年正月，宴宗室於親王宫，又宴宗室内職於都亭驛。職官志：大中祥符元年，有司上都亭驛酺宴位圖，皇從姪孫内殿崇班守節與從姪右衛將軍惟叙等同一班。上曰：「族子諸父，安可同列？」乃命重行設位。真宗本紀〔一〕：大中祥符八年三月戊戌，宴宗室，射於苑中。七月丙子，幸瑞聖園觀稼，宴射於水心殿。九月丁卯，宴宗室，射於後苑。

蕙田案：此三宴得行葦詩義。

天禧四年冬十月丙午，召皇子、宗室、近臣玉宸殿觀稻，賜宴。

仁宗本紀〔二〕：天聖八年三月壬申〔三〕，幸後苑，遂宴太清樓。八月丁亥，詔近臣、宗室觀祖宗御書於龍圖、天章閣，又觀瑞穀於元真殿，遂宴蘂珠殿。

慶曆四年九月丁亥，宴宗室太清樓，射於苑中。五年九月辛卯，以重陽曲宴近

〔一〕「真宗本紀」，原作「禮志」，據光緒本改。
〔二〕「仁宗本紀」，原在「天禧四年」上，據光緒本移至此。
〔三〕「天聖」，原脱，據光緒本補。

臣、宗室於太清樓，遂射苑中。十一月丁亥，冬至，宴宗室於崇德殿。七年冬十月甲子，幸廣親宅，謁太祖、太宗神御殿，宴宗室，賜器幣有差。

遼史聖宗本紀：統和四年六月，皇太妃、諸王、公主迎上嶺表，設御幄道傍，置景宗御容，率群臣進酒，陳俘獲於前，遂大宴。

金史世宗本紀：大定十六年正月辛未，皇姑邀上至私第，諸妃皆從，宴飲甚歡。公主每進酒，上立飲之。十七年五月，尚書省奏，定皇家袒免以上親宴饗班次，並從唐制。

禮志：大定十七年，詔以皇族袒免以上親，雖無官爵封邑，若預宴，當有班次。禮官言：「案唐典，皇家周親視三品，大功親、小功尊屬視四品，小功親、緦麻尊屬視五品，緦麻袒免以上視六品。」上令以此制爲班次〔一〕。

世宗本紀〔二〕：二十四年二月癸酉，上曰：「朕將往上京。念本朝風俗重端午節，比及端午到上京，則宴勞鄉閭宗室父老。」五月己丑，至上京。戊戌，宴於皇武殿。上

〔一〕「次」，原作「令」，據光緒本、金史禮志九改。
〔二〕「世宗本紀」，原脱，據光緒本補。

謂宗戚曰：「朕思故鄉，積有日矣，今既至此，可極歡飲，君臣同之。」賜諸王妃主各有差。宗戚皆霑醉起舞，竟日乃罷。

二十五年正月丁亥，宴妃嬪、親王、公主於光德殿，宗室、宗婦及五品以上命婦，與坐者千七百餘人，賞賚有差。四月丁丑，宴宗室、宗婦於皇武殿，大功親賜官三階，小功二階，緦麻一階，年高屬近者加宣武將軍，及封宗女，賜銀絹各有差。曰：「朕尋常不飲酒，今日甚欲沉醉，此樂亦不易得也。」宗室、婦女及群臣故老以次起舞，進酒。上曰：「吾來數月，未有一人歌本曲者，吾爲汝等歌之。」命宗室子弟叙坐殿下者皆坐殿上，聽上自歌，其詞道王業之艱難，及繼述之不易，至「慨想祖宗，宛然如覩」，慷慨悲咽，不能成聲，歌畢泣下。宗戚捧觴上壽，皆稱萬歲。於是諸夫人更歌本曲，如私家之會。既醉，上復續調，至一鼓乃罷。

元史太宗本紀：六年春，會諸王，宴射於烏爾罕河。夏五月，帝在達闌達巴之地，大會諸王。

八年春正月，諸王各治具來會宴。萬安宮落成。

明會典：永樂六年，令帝王生日，先於宗廟具禮致祭，然後序家人禮，慶賀筵宴。

右漢至明飲食之禮

族姓氏

書堯典：克明峻德，以親九族。九族既睦，平章百姓。傳：高祖玄孫之親。　疏：九族同出高、曾，皆當親之，故言以親也。禮記喪服小記云：「親親以三爲五，以五爲九。」又異義：「夏侯、歐陽等以爲九族者，父族四，母族三，妻族二，皆據異姓有服。」鄭玄駁云：「異姓之服，不過緦麻。」言不廢昏。又昏禮請期云：「惟是三族之不虞。」恐其廢昏，明非外族也。是鄭與孔同。

臯陶謨：惇叙九族。傳：厚次叙九族。　疏：厚次叙九族，猶堯之爲政，先以親九族也。

仲虺之誥：志自滿，九族乃離。　疏：九族舉親以明疏也。漢代儒者説九族之義有二：案戴禮及尚書緯、歐陽説九族，乃異姓有屬者，父族四，母族三，妻族二；古尚書説九族，從高祖至玄孫，凡九族。此九族，亦謂高祖玄孫之親也。謂九族乃離，實離之，聖賢設言爲戒，容辭頗甚，父子之間便以志滿相棄。此言九族，以爲外姓九族有屬，文便也。

周禮春官小宗伯：掌三族之別，以辨親疏。其正室皆謂之門子，掌其政令〔一〕。

注：三族，謂父子孫，人屬之正名。　疏：此三族，謂父子孫。一本而言，推此而往，其中則兼九族矣。云「辨親疏」者，據己上至高祖，下至玄孫，傍至緦麻，重服者則親，輕服者則疏也。云「正室皆謂之門子」者，

〔一〕「政」，原作「禁」，據光緒本、周禮注疏卷一九改。

還據九族之内，但是適子正體主，皆是正室，亦謂之門子。

儀禮士昏禮：請期。曰：「惟是三族之不虞，使某也請吉日。」注：三族，謂父昆弟、己昆弟、子昆弟。此三族者，己及子皆爲服期，期服則踰年，欲及今之吉也。

禮記仲尼燕居：閨門之内有禮，故三族和。注：三族，父、子、孫也。

喪服小記：親親以三爲五，以五爲九，上殺、下殺、旁殺，而親畢矣。注：己上親父，下親子，三也；以父親祖，以子親孫，五也；以祖親高祖，以孫親玄孫，九也。疏：親親以三者，父子并己爲三，加祖及孫言五，以曾祖親高祖，曾孫親玄孫，以四統五，故爲九也。然己上親父，下親子，合應云以一爲三，而云以三爲五者，父子一體，無可分之義，故相親之説，不須分矣。而分祖孫，非己一體，故有可分之義，而親名著也。又以祖親曾祖，以孫親曾孫，應云以五爲七，而言九者，曾祖曾孫爲情已遠，非己一體所親，故略其相親之旨也。庾氏云：「由祖以親曾高二祖，由孫以親曾玄二孫，服之所同，義由於此也。」

爾雅釋親：父爲考，母爲妣。注：禮記云：「生曰父、母、妻，死曰考、妣、嬪。」今世學者從之。案書曰：「大傷厥考心」，「事厥考厥長」，「聰聽祖考之彝訓」。蒼頡篇曰：「考妣延年。」書曰：「嬪於虞。」詩曰：「聿嬪於京。」周禮有九嬪之官，明此非死生之異稱矣。其義猶今謂兄爲曻、妹爲媦，即是此例。父之考爲王父，父之妣爲王母。注：加王者尊之。王父之考爲曾祖王父，王父之妣爲曾祖王母。注：曾，猶重也。曾祖王父之考爲高祖王父，曾祖王父之妣爲高祖王母。注：高者，言最在上。父之世父、叔父爲從祖祖父，父之世母、叔母爲從祖祖母。注：從祖而別，世統異故。父之晜弟，先生爲世父，後生爲叔父。注：世有爲嫡者，嗣世統故也。疏：繼世以嫡長，先生於父則繼世者也，故曰世父。説文叔作尗，許慎曰：「從上小。」言尊行之小也。男子，先生爲兄，後生爲弟。男子謂女子，先生爲姊，後生爲妹。父之姊妹爲姑，父之從父晜弟爲從祖父，父之從祖晜弟爲族父。從祖父之子相謂爲從祖晜弟。通解、今本皆脱此句。族父之子相謂爲族晜弟，族晜弟之子相謂爲親同姓。注：同姓親無服屬。疏：禮記大傳云：「親者，屬也。」鄭注云：「有親者服，各以其屬親疏。」此經言親同姓者，謂五世之外，比諸同姓猶親，但無服屬爾。兄之子、弟之子相謂爲從父晜弟。注：從父而別。子之子爲孫。注：孫，猶後也。疏：言繼後嗣也。廣雅云：「孫，順也。」許慎云：「從子從系。」系，續也，言順續先祖之後也。孫之子爲曾孫。注：曾，猶重也。曾孫之子爲玄孫。注：玄者，言親屬微昧也。玄孫之子爲來孫。注：言有往來之親。來孫之子爲晜孫。注：晜，後也。汲冢竹書曰：「不窋之晜孫。」疏：釋言文。束皙傳曰：「太康元年，汲郡民盜發魏安釐王冢，得竹書漆字科斗之文。其字頭粗尾細，似科斗之蟲。」不窋，后稷之子也。晜孫之子爲仍孫。注：仍，亦重也。仍孫之子爲雲孫。注：言輕遠如浮雲。王父之姊妹爲王姑，曾祖王父之姊妹爲曾祖王姑，高祖王父之姊妹爲高祖王姑，父之從父姊妹爲從祖姑，父之從祖姊妹爲族祖姑。父之從父晜弟之母爲從祖王母，父之從祖晜弟之母爲族祖王母。父之兄妻爲世母，父之弟妻爲叔母。父之從父晜弟之妻爲從祖母，父之從祖晜弟之妻爲族祖母。父之從祖祖父爲族曾王父，父之從祖祖母爲族曾王母。父之妾爲庶母。祖，王父也；晜，兄也。注：今江東人通言晜。

路史：親親者，治之始也。禮小記曰：「親親者以三爲五，以五爲九，上殺、下殺、旁殺，而親畢矣。」是所謂九族者也。夫人生則有父，壯則有子，父、子與己，此小宗三族之别也。父者子之祖，因上推之以及於己之祖。子者父之孫，因下推之以及於己之孫，此禮傳之「以三爲五」也。己之祖，自己子視之，則爲曾祖王父，自己孫視之，則爲高祖王父。己之孫，自己父視之，則爲曾孫，自己祖視之，則爲玄孫。故又上推以及己之曾、高，下推以及己之曾、玄，是所謂「以五爲九」也。

陳氏禮書：書與詩序皆言九族，特周禮小宗伯、儀禮士昏禮記、仲尼燕居特言三族者，三族，父、子、孫也；九族，高祖至玄孫也。三族舉其本，九族極其末，舉三族，則九族見矣。白虎通、夏侯、歐陽、何琦、如淳之徒，以父族四、母族三、妻族二爲九族，其説蓋以詩之葛藟刺平王不親九族，而言「謂他人父，謂他人母」；頍弁刺幽王不親九族，而言「豈伊異人，兄弟甥舅」；角弓亦刺不親九族，而言「兄弟婚姻，無胥遠矣」，則所謂九族者，非特内宗而已，是惡知詩人之所主者，因内宗而發哉？彼謂父族四者，父之姓爲一族，父女昆弟適人者子爲二族，己女昆弟適人者子爲三族，己女適人者子爲四族；母族三者，母之父母爲一族，母之昆弟爲二族，母之女昆弟爲三族；妻族二者，妻之父爲一族，妻之母爲二族。然於母之父母則合而爲一族，妻之父母則離而爲二，可乎？爾雅於内宗皆曰族，於母妻曰黨而已。又禮，小功之末，可以嫁娶。妻之黨，固無妨於嫁娶，昏禮不容慮其不虞也。然則九族之説，當從孔安國、鄭康成爲正，何則？小記曰：「親親以三爲五，以五爲九，上殺、下殺、旁殺而親畢矣。」此九族隆殺之差也。蓋己上親父，下親子，三也；以父親祖，以子親孫，五也；以祖親曾、高，以孫親曾、玄，九也。然己之所親，以一爲三；祖孫所親，以五爲九。記不言者，以父子一體，而高、玄與曾同服，故不辨異之也。服父三年，服祖期，則曾祖宜大功，高祖宜小功，而皆齊衰三月者，不敢以大小功旁親之服加乎至尊。故重其衰麻，尊尊也；減其日月，恩殺也，此所謂上殺。服適子三年，庶子朞，適孫期，庶孫大功，適孫，傳重者也。有適子者無適孫，則長子在，皆爲庶孫也。則曾孫宜五月，而與玄孫皆緦麻三月者，孫服曾祖三月，曾祖報之亦三月。曾祖尊也，故加齊衰；曾孫卑也，故服緦麻，此所謂下殺。服祖朞，則世叔宜大功，以其與父一體，故加以期。從世叔則疏矣，加所不及，故服小功；族世叔又疏矣，故服緦麻，此發父而旁殺者也。祖之兄弟小功，曾祖兄弟緦麻，高祖兄弟無服，此發祖而旁殺者也。同父至親，朞；同祖爲從，大功；同曾祖爲再從，小功；同高祖爲三從，緦麻，此發兄弟而旁殺者也。父爲子朞，兄弟之子宜九月，不九月而朞者，以其猶子而進之也。從兄弟之子小功，再從兄弟之子緦麻，此發子而旁殺者也。祖爲孫大功，兄弟之孫小功，從兄弟之孫緦麻，此發孫而旁殺者也。蓋服有加也，有報也，有降也。祖之齊衰，世叔從子之朞，皆加也。曾孫之三月，與兄弟之孫五月，皆報也。若夫降有四品，則非五服之正禮耳。

顧氏炎武日知録：宗盟之列，先同姓而後異姓。喪服之紀，重本屬而輕外親，此必有所受之，不自周人始矣。「克明峻德，以親九族」，孔傳以爲自高祖至玄孫之親，蓋本之喪服小記「以三爲五，以五爲九」之説，而百世不可易者也。牧誓數商之罪，但言昏棄厥遺王父母弟，而不及外親。吕刑申命有邦，歷舉伯父、伯兄、仲叔季弟、幼子、童孫，而不言甥舅，古人所爲先後之序從可知矣。故爾雅謂於内宗曰族，於母妻則曰黨。而昏禮及仲尼燕居三族之文，康成並釋爲父、子、孫，杜元凱乃謂「外祖父、外祖母、從母子及妻父、妻母、姑之子、姊妹之子、女子之子，非己之同族，皆外親有服而異族者」。左氏桓公六年傳注。然則史官之稱帝堯，舉其疏而遺其親，無乃顛倒之甚乎！且九族之爲同姓，經傳之中有明證矣。春秋魯成公十五年「宋共公卒」，傳曰：「二華，戴族也。司城，莊族也。六官者，皆桓族也。」共公距戴公九世。凡十三公，内除同世者四公。而唐六典：「宗正卿掌皇九族之屬籍，以別昭穆之序，紀親疏之別。九廟之子孫，其族五十有九，光皇帝一族〔一〕，景皇帝之族六，元皇帝之族三，高祖之族二十有一，太宗之族十有三，高宗之族六，中宗之族四，睿宗之族五。」此在玄宗之時，已有七族。中、睿二宗，同爲一世。若其歷世滋多，則有不止於九者，而五世親盡，故經文之言族者，自九而止也。杜氏於襄十二年傳注曰：「同族，謂高祖以

〔一〕「光」，原作「先」，據光緒本、日知録集釋卷二改。

下。」則前説之非，不待辨而明矣。又孔氏正義謂高祖玄孫無相及之理，桓六年。不知高祖之兄弟，與玄孫之兄弟，固可以相及。如後魏國子博士李琰之所謂「壽有長短，世有延促，不可得而齊同」者。如宋洪邁容齋隨筆言：「嗣濮王士歆在隆興爲從叔祖，在紹熙爲曾叔祖，在慶元爲高叔祖。」其明證矣。余丁未歲，在大同遇代府中尉俊析，年近五十，其世次於孝宗爲昆弟，而上距弘治之元，已一百八十年。秦、晉二府見在者，多其六七世孫。亦何必帝堯之世，高祖玄孫之族，無一二人同在者乎？疑其不相及，而以外戚當之，其亦昧於齊家治國之理矣。

蕙田案：九族，馬、鄭説是也。陳氏、顧氏辨尤詳明，不可易。

又案：以上九族三族之義。

宗元案：九族之説，自當以馬、鄭解爲當，在此條内，尤宜主同姓本族之九也。若尚書「以親九族」，則不必然，蓋此句該盡修身齊家之道。下文「平章百姓」，則指國中民庶言；「協和萬邦」，則指天下諸侯言。故蔡傳於九族，雖主馬、鄭，而仍包母族、妻族在内，始無漏義耳。許氏謙亦謂但自高祖至玄孫，一以服斷，則上殺、下殺、旁殺之餘，外姓凡有服之親，皆該在其中矣。此説是也。

又案：母之父母合爲一族者，正所以加厚母族耳。妻之父母則分爲二，只當母之一族而已，其視母族，不已殺而又殺乎？

書禹貢：錫土姓。傳：天子建德，因生以賜姓。謂有德之人生此地，以此地名賜之姓以顯之。　疏：周語稱帝嘉禹德，賜姓曰姒；胙四岳，賜姓曰姜。左傳稱周賜陳胡公之姓曰嬀，皆是因生賜姓之事也。臣蒙賜姓，其人少矣，此事是用賢大者，故舉以爲言。

詩周南麟趾：麟之趾，振振公子，于嗟麟兮！麟之定，振振公姓，于嗟麟兮！傳：公姓，公同姓。　疏：「公姓，公同姓」，言同姓疏於同祖。上云「公子」爲最親。下云「公族」，傳云「公族，公同祖」，則謂與公同高祖，有廟屬之親。此同姓，則五服以外，故大傳云「五世祖免，殺同姓」是也。大傳注又云：「外高祖爲庶姓。」是同高祖爲一節也。此有公子、公族、公姓對例爲然。案杕杜云：「不如我同父。」又曰：「不如我同姓。」傳曰：「同姓，同祖。」此同姓同祖爲異，彼爲一者，以彼上云「同父」，即云同姓，同父之外次同祖，更無異稱，故爲一也。且皆對他人異姓，不限遠近，直舉祖父之同爲親耳。襄十二年左傳曰：「同姓於宗廟，同宗於祖廟，同族於禰廟。」又曰：「魯爲諸姬，臨於周廟。」謂同姓於文王爲宗廟。「邢、凡、蔣、茅、胙、祭，臨於周公之廟。」是同宗於祖廟也。同族，謂五服之內，彼自以五服之外遠近爲宗姓，與此又異。此皆君親，非異國也。要皆同姓以對異姓，異姓最爲疏也。

禮記大傳：四世而緦，服之窮也。五世袒免，殺同姓也。六世，親屬竭矣。其庶姓別於上，而戚單於下，昏姻可以通乎？注：問之也。玄孫之子，姓別於高祖，五世而無服。姓，世所由生〔一〕。繫之以姓而弗別，綴之以食而弗殊，雖百世而昏姻不通者，周道然也。注：姓，正姓，始祖爲正姓，高祖爲庶姓。繫之弗別，謂若今宗室屬籍也。周禮：「小史掌定繫世，辨昭穆。」疏：「五世袒免，殺同姓也」者，謂共承高祖之父者也，言服袒免而無正服，減殺同姓也。「六世，親屬竭矣」者，謂共承高祖之祖者也，言不服袒免，同姓而已。庶姓別異於上，與高祖不同，各爲氏族，不共高祖，別自爲宗，是別於上也。「而戚單於下」者，戚，親也；單，盡也。謂四從兄弟，恩親盡於下，各自爲宗，不相尊敬。庶，衆也。高祖以外，人轉廣遠，分姓衆多，故曰庶姓也。高祖以上，復爲五宗也。「問之」者，是記者以殷法而問周五世後昏姻可以通否。玄孫之子，則四從兄弟，承高祖父之後，至己五世而無服，各事小宗，因字因官爲氏，不同高祖之父。是庶姓別於上，庶姓爲衆姓也，則氏族之謂也。云「姓，世所由生」者，據五世無服，不相稟承，各爲氏姓，故云「姓，世所由生」。「姓，正姓」者，對氏族爲正姓也。云「始祖爲正姓」者，若炎帝姓姜，黄帝姓姬。周姓姬，本於黄帝；齊姓姜，本於炎帝；宋姓子，本於契，是始祖爲正姓也。云「高祖爲庶姓」者，若魯之三桓，慶父、叔牙、季友之後，及鄭之七穆子游、子國之後爲游

〔一〕「世」，諸本作「氏」，據禮記正義卷三四改，下文同。

氏、國氏之等。云「若今宗室屬籍也」者，以漢之同宗有屬籍，則周家繫之以姓是也。云「小史掌定繫世」者，周禮小史之官，掌定帝繫世本，知世代昭穆，故云「定繫世，辨昭穆」也。

陳氏澔曰：四世，高祖也。同高祖者，服緦麻，服盡於此矣，故曰服之窮也。五世祖免，謂共承高祖之父者，相爲祖免而已，是減殺同姓也。六世，則共承高祖之祖者，并祖免亦無矣，故曰親屬竭也。上，指高祖以上也。姓，爲正姓。氏，爲庶姓。故魯姬姓，而三家各自爲氏。春秋諸國皆然，是庶姓別異於上世也。戚，親也。單，盡也。四從兄弟，恩親已盡，各自爲宗，是戚單於下也。

蕙田案：疏庶姓，氏族之謂，後世之姓多氏族也，故夾漈云：「三代以後，姓氏混而爲一。」蓋源於此。

春秋隱公八年左氏傳：無駭卒。羽父請謚與族。公問族於衆仲，衆仲對曰：「天子建德，注：立有德以爲諸侯。因生以賜姓，注：因其所由生以賜姓，謂若舜由嬀汭，故陳爲嬀姓。疏：陳世家云：「陳胡公滿者，虞帝舜之後也。昔舜爲庶人時，居於嬀汭，其後因爲氏姓，姓嬀氏。武王克殷，得嬀滿，封之於陳。」是舜由嬀汭，故陳爲嬀姓也。案世本帝舜姚姓。哀元年傳稱虞思妻少康以二姚，是自舜以下，猶姚姓也。昭八年傳曰：「及胡公不淫，故周賜之姓。」是胡公始姓嬀耳。史記以爲胡公之前已姓嬀，非也。胙之土而命之氏。注：報之以土，而命氏曰陳。疏：胙，訓報也，有德之人必有美報。報之以土，謂封之以國，名以爲之氏，諸侯之氏，則國名是也。周語曰：「帝嘉禹德，賜姓曰姒，氏曰有夏；胙四岳國，賜姓曰姜，氏曰有吕。」亦與賜姓曰嬀，命氏曰陳，其事同也。姓者，生也，以此爲祖，令之相生，雖下及百世，而此姓不改。族者，屬也，與其子孫共相連屬，其旁支别屬，則各自立氏。禮記大傳曰：「繫之以姓而弗别，百世而昏姻不通者，周道然也。」是言子孫當共姓也。其上文云「庶姓别於上，而戚單於下」，是子孫當别氏也。氏，猶家也。傳稱「盟於子皙氏」，逐瘈狗入於華臣氏」，如此之類，皆謂家爲氏。氏、族，一也，所從言之異耳。釋例曰：「别而稱之謂之氏，合而言之則曰族」。例言别合者，若宋之華元、華喜，皆出戴公；向、魚、鱗、蕩，皆出桓公。獨舉其人，則云華氏、向氏；并指其宗，則云戴族、桓族，是其别合之異也。記謂之庶姓者，以始祖爲正姓，高祖爲庶姓，亦氏、族之别名也。姓則受之於天子，族則稟之時君。天下之廣，兆民之衆，非君所賜，皆有族者，人君之賜姓賜族，爲此姓此族之始祖耳；其不賜者，各從父之姓族，非復人人賜也。晉語稱黄帝之子二十五人，其得姓者十二人。天子之子尚不得姓，況餘人哉！固當從其父耳。黄帝之子，兄弟異姓，周之子孫，皆姓姬者，古今不同，質文代革。周代尚文，欲令子孫相親，故不使别姓，其賜姓者亦少，惟外姓嬀滿之徒耳。賜族者，有大功德，宜世享祀者，方始賜之，無大功德，任其興衰者，則不賜之。不賜之者，公之同姓，蓋亦自氏祖字；其異姓，則有舊族可稱，不世其禄，不盡賜也。衆仲以天子得封建諸侯，故云「胙土命氏」，據諸侯言耳。其王朝大夫不封爲國君者，亦當王賜之族。何則？春秋之世有尹氏、武氏之徒，明亦天子賜，與諸侯之臣義無異也。此無駭是卿，羽父爲之請族，蓋爲卿乃賜族，大夫以下，或不賜也。諸侯之臣，卿爲其極〔一〕，既登極位，理合建家。若其父祖微賤，此人新升爲卿，以其位絶等倫，其族不復因，故身未被賜，無族可稱。魯挾、鄭宛皆未賜族，故單稱名也。或身以才舉者升卿位，功德猶薄，未足立家，則雖爲卿，竟不賜族。羽父爲無駭請族，知其皆由時命，非例得之也。華督生立華氏，知其恐慮不得，故早求之也。由此而言，明有竟無族者。魯之翬、挾、柔、溺，名見於經，而其後無聞，是或不得族也。其士會之孥處秦者爲劉氏，伍員之子在齊爲王孫氏，外傳稱知果知知伯之將滅，自別其族，爲輔氏。如此之類，皆是身自爲之，非復君賜。釋例曰：「子孫繁衍，支布葉分，始承其本，末取其別，故其流至於百姓萬姓。」其言自有百姓萬姓，未必皆君賜也。晉語稱炎帝姓姜，則伯夷，炎帝之後，姜自是其本姓。而云賜姓曰姜者，黄帝之後，別姓非一，自以姜姓賜伯夷，更使爲一姓之祖耳，非復因舊姓也。猶后稷別姬姓，不是因黄帝姓也。

諸侯以字注：諸侯位卑，不得賜姓，故其臣因氏其王父字。**爲謚，因以爲族。**注：或使即先人之謚，稱以爲族。疏：杜意諸侯以字，言賜先人字爲族也。「爲謚因以爲族」，謂賜族雖以先人之字，或用先人所爲之謚，因將爲族。以謚爲族者，衛齊惡、宋戴惡之類是也。而劉君乃稱「以謚爲族，全無一人」，妄規杜氏，非其義也。死後賜族，乃是正法，春秋之世，亦有非禮，生賜族者，華督是也。釋例曰：「舊説以爲大夫有功德者，則生賜族，非也。至於鄭祭仲爲祭封人，後升爲卿，經書祭仲以生賜族者，檢傳既無

〔一〕「爲其」，原誤倒，據光緒本、春秋左傳正義卷四乙正。

同華氏之文，則祭者，是仲之舊氏也。」諸侯以字，字有二等。檀弓曰：「幼名，冠字，五十以伯仲，周道也。」然則二十有加冠之字，又有伯仲叔季爲長幼之字，二者皆可以爲氏矣。服虔曰：「公之母弟，則以長幼爲氏，貴適統，伯仲叔季是也。庶公子，則以配字爲氏，尊公族，展氏、臧氏是也。」案：鄭子人者，鄭厲公之弟，桓十四年，鄭伯使其弟語來盟，即其人也。而其後爲子人氏，不以仲、叔爲氏，則服言公之母弟，以長幼爲氏，其事未必然也。杜以慶父、叔牙與莊公異母，自然仲叔非母弟族矣，其或以二十之字，或以長幼之字，蓋出自時君之命也。叔肸稱叔不稱孫，而三桓皆稱孫，俱氏長幼之字，自不同也。臧氏稱孫，展氏不稱孫，俱氏二十之字，自不同也。然則稱孫與不稱孫，蓋出其家之意，未必由君賜也。以字爲族者，謂公之曾孫，以王父之字爲族也。諸侯之子稱公子，公子之子稱公孫，公子、公孫繫公之常，言非族也。其或貶責，則亦與族同。成十四年「叔孫僑如如齊逆女」，傳曰：「稱族，尊君命也。」「僑如以夫人婦姜氏至自齊」，傳曰：「舍族，尊夫人也。」宣元年，公子遂如齊逆女，遂以夫人至，事與僑如正同。其傳直云：「尊君命。尊夫人。」不言稱族、舍族，既非氏族，則不待君賜，自稱之矣。至於公孫之子，不復得稱公曾孫。如無駭之輩，直以名行，及其死也，則賜之族，以其王父之字爲族也。此無駭是公之曾孫，公之曾孫必須有族，故據曾孫爲文〔一〕，言以王父字耳。公之曾孫正法死後賜族，亦有未死而有族者，則叔孫得臣是也。公子、公孫，於身必無賜族之理，經書季友、仲遂、叔肸者，皆是以字配名連言之，故杜注並云

〔一〕「孫」，原脱，據光緒本、春秋左傳正義卷四補。

「字」也。其蕩伯姬者，公子蕩之妻，不可言公子伯姬，故繫於夫字，言蕩伯姬，蕩非當時之氏。其傳云立叔孫氏、臧僖伯、臧哀伯、叔孫戴伯之徒，皆傳家，據後追言之耳。其公孟彄，世本以爲靈公之子，字公孟名彄，與季友、仲遂相似，俱以字配名。劉炫不達此旨[一]，妄規杜過，非也。必如劉解，生賜族之文，證在何處？其公之曾孫玄孫以外，爰及異姓，有新升爲卿，君賜之族，蓋以此卿之字，即爲此族。案世本，宋督是戴公之孫，好父説之子；華父是督之字，計督是公孫耳，未合賜族，應死後其子乃賜族，故杜云：「督未死而賜族，督之妄也。」沈亦云：「督之子，方可有族耳。」**官有世功，則有官族。邑亦如之。**」注：謂取其舊官舊邑之稱以爲族，皆禀之時君。疏：舊官，謂若晉之士氏。舊邑，若韓、魏、趙氏，非是君賜則不得爲族[二]，嫌其居官邑，不待公命，故云皆禀之時君。此謂同姓異姓皆然也。服虔止謂異姓，又引宋司城、韓、魏爲證，韓與司城非異姓，司城又自爲樂氏，不以司城爲族也。**公命以字爲展氏。**注：諸侯之子稱公子，公子之子稱公孫，公孫之子以王父字爲氏。無駭，公子展之孫，故爲展氏。

顧氏棟高春秋大夫無生而賜氏論：案春秋，公之子稱公子，公子之子稱公孫，公孫之子以王父字爲氏，此定制也。而胡文定於僖十六年季友卒發傳云：「魯之大夫有生而賜氏者，若季友、仲遂是也。蓋季友於僖，有擁戴之功；仲遂於宣，有援立之恩，二君報之，故生而賜氏，俾世爲卿。春秋於此特書，

〔一〕「旨」，原作「直」，據光緒本、春秋左傳正義卷四改。

〔二〕「爲」，諸本脱，據春秋左傳正義卷四補。

以志壞法亂紀之始，謹履霜之戒。」其論甚正，而其實不然。三家稱仲孫、叔孫、季孫氏，未嘗單舉仲、叔、季也，莊三十二年傳：「立叔孫氏。」未嘗云立叔氏，其有稱叔氏者，則另爲一族。宣公弟叔肸之後，經所稱叔弓、叔鞅、叔輒是也。論語「孟孫問孝於我」，檀弓云「此季孫之賜也」，俱有「孫」字。若生而賜爲季氏，則其子孫如季孫行父、季孫宿、季孫意如，當云季行父、季宿、季意如矣，何以復多贅一「孫」字乎？且叔氏與叔孫氏，又何分别也？以是知季友賜氏之説非也。仲遂之仲，本是行次，若已賜爲仲氏，則其子歸父當稱仲歸父，不當便稱公孫歸父。公孫者，未賜族之稱也。況遂父子，止稱東門氏，不稱仲氏，宣十八年傳有「遂逐東門氏」可證。至仲嬰齊，乃更受賜仲氏耳，以是知仲遂賜氏之説非也。蓋季友卒時，尚不氏曰季，至其孫行父，始以王父字氏曰季孫，不可以孫而彊誣其祖。襄二十三年外史盟曰「毋或如東門遂」云云，若仲氏果宣公所賜，此係國之重典，昭章耳目，外史必不易其稱謂而曰東門氏。杜於仲嬰齊卒，注云：「嬰齊，襄仲子。宣十八年逐東門氏，既而使嬰齊紹其後，曰仲氏。」是則仲之有氏，至嬰齊始受君賜，以前止曰東門，與仲無與。而文定以爲宣公生而賜爲仲氏，豈不誤哉！夫因其子孫而罪其祖父，并罪其祖父當日之君，以莫須有之事，遂爲一成不可變之獄，此則宋儒刻論之過也。

蕙田案：注疏論姓、氏、族，極詳。

國語晉語：傳曰：黄帝之子二十五人，其同姓者二人而已，唯青陽與夷鼓皆爲己姓。注：此二人相與同德，故俱爲己姓。青陽，金天氏帝少皞也。青陽，方雷氏之甥也。夷鼓，彤魚氏之甥也。注：方雷，西陵氏之姓。彤魚，國名。帝繫曰：「黄帝娶於西陵氏之子，曰嫘祖，寔生青陽。」姊妹之子曰甥。其同生而異姓者，四母之子别爲十二姓。凡黄帝之子，二十五宗，其得姓者十四人爲十二姓。注：得姓，以德居官而賜之姓也。謂十四人而二人爲姬，二人爲己，故十二姓。姬、酉、祁、己、滕、葴、任、荀、僖、姞、儇、依是也。唯青陽與蒼林氏同於黄帝，故皆爲姬姓。注：二十五宗唯青陽與蒼林德及黄帝，同姓爲姬姓。

春秋文公十八年左氏傳：昔高陽氏有才子八人，蒼舒、隤敳、檮戭、大臨、尨降、庭堅、仲容、叔達，齊聖廣淵，明允篤誠，天下之民謂之「八愷」。高辛氏有才子八人，伯奮、仲堪、叔獻、季仲、伯虎、仲熊、叔豹、季貍，忠肅共懿，宣慈惠和，天下之民謂之「八元」。此十六族也，世濟其美，不隕其名。以至於堯，堯不能舉。舜臣堯，舉八愷，使主后土，以揆百事，莫不時序，地平天成。舉八元，使布五教於四方，父義、母慈、兄友、弟共、子孝，内平外成。昔帝鴻氏有不才子，掩義隱賊，好行凶德，醜類惡物，頑嚚不友，是與比周，天下之民謂之「渾敦」。少皞氏有不才子，毁信廢忠，崇飾惡言，靖譖庸回，服讒蒐慝，以誣盛德，天下之民謂之「窮奇」。顓頊氏有不才子，不可教訓，不知話言，告之則頑，舍之則嚚，傲狠明德，以亂天常，天下之民謂之「檮杌」。此三族也，世濟其凶，增其惡名，以至於堯，堯不能去。縉雲氏有不才子，貪於飲食，冒於貨賂，侵欲崇侈，不可盈厭，聚斂積實，不知紀極，不分孤寡，不恤貧匱，天下之民以比三凶，謂之「饕餮」。舜臣堯，賓於四門，流四凶族渾敦、窮奇、檮杌、饕餮，投諸四裔，以禦魑魅。是以堯崩而天下如一，同心戴舜，以爲天子，以其舉十六相，去四凶也。

通考馬氏曰：「八愷」出自高陽，「八元」出自高辛，驩兜出自帝鴻，共工出自少皞，鯀出自顓頊，皆黄帝之裔也。雖賢否不同，而皆以帝者子孫爲顯官於唐、虞之世。蓋古之仕者世禄，而五帝、三代之世系，未有不出自黄帝者。故叙此段，以備唐、虞以來公族世系之本末云。

襄公十二年左氏傳：吴子壽夢卒。臨於周廟，禮也。注：周廟，文王廟也。周公出文王，故魯立其廟。凡諸侯之喪，異姓臨於外，注：於城外，向其國。同姓於宗廟，注：所出王之廟。同宗於祖廟，注：始封君之廟。同族於禰廟。注：父廟也。同族，謂高祖以下。是故，魯爲諸姬，臨於周廟；爲邢、凡、蔣、茅、胙、祭，臨於周公之廟。注：即祖廟也。六國皆周公之支子，别封爲國，共祖周公。

家語：衛公使其大夫求婚於季氏桓子，問禮於孔子。子曰：「同姓爲宗，有合族之義，故繫之以姓而弗别，綴之以食而弗殊，雖百世婚姻不得通，周道然也。」桓子曰：「魯、衛之先，雖寡兄弟，今已絶遠矣，可乎？」孔子曰：「固非禮也。夫上治祖禰，以尊尊也。下治子孫，以親親也。旁治昆弟，所以敦睦也。此先王不易之教也。」

白虎通：人所以有姓者何？所以崇恩愛，厚親親，遠禽獸，别婚姻也。故紀世别類〔一〕，使生相愛，死相哀，同姓不得相娶者，皆爲重人倫也。姓，生也，人所禀天氣所以生者也。所以有氏者何？所以貴功德，賤伎力。或氏其官，或氏其事，聞其氏即可知其德〔二〕，所以勉人爲善也。或氏王父字何？所以别諸侯之後，爲興滅國，繼絶世也。諸侯之子稱公子，公子之子稱公孫，公孫之子各以其王父字爲氏。故魯有仲孫、季孫、叔孫，楚有昭、屈、景，齊有高、國、崔也。

陳氏禮書：姓非天子，不可以賜；而氏非諸侯，不可以命。姓，所以繫百世之

〔一〕「紀」，諸本脱，據白虎通疏證卷九補。

〔二〕「聞」，原作「問」，據光緒本、白虎通疏證卷九改。

正統；氏，所以別子孫之旁出。族則氏之所聚而已。然氏亦可以謂之姓，故大傳言「繫之以姓」，又言「庶姓别於上」，則氏、庶姓一也。氏，又可以謂之族，故羽父爲無駭請族，隱公命以爲展氏，則氏、族一也。蓋别姓則爲氏，即氏則有族，族無不同氏，氏有不同族，故八元、八愷出於高陽氏、高辛氏，而謂之十六族，是氏有不同族也。商氏、條氏、徐氏之類，謂之六族；陶氏、施氏之類，謂之七族；宋之華氏謂之戴族，向氏謂之桓族，是族無不同氏也。古者，或氏於國，則齊、魯、秦、吴；氏於謚，則文、武、成、宣；氏於官，則司馬、司徒；氏於爵，則王孫、公孫；氏於字，則孟孫、叔孫；氏於居，則東門、北郭；氏於志，則三烏、五鹿；氏於事，則巫、乙、匠、陶，而受姓命氏，粲然衆矣。

鄭氏樵通志氏族略序：凡言姓氏者，皆本世本、公子譜二書，二書皆本左傳。然左氏所明者，因生賜姓，胙土命氏，及以字、以謚、以官、以邑，五者而已。今則不然，論得姓受氏者有三十二類，左氏之言隘矣。一曰以國爲氏，二曰以邑爲氏。天子諸侯建國，故以國爲氏，虞、夏、商、周、魯、衛、齊、宋之類是也。卿大夫立邑，故以邑爲氏，崔、盧、鮑、晏、臧、費、柳、楊之類是也。三曰以鄉爲氏，四曰以亭爲氏。

五等之封，降國侯而爲邑侯〔一〕，降邑侯而爲關内侯，降關内侯而爲鄉侯，降鄉侯而爲亭侯。關内邑者，温、原、蘇、毛、甘、樊、祭、尹之類是也。裴、陸、龐、閻之類封於鄉者，故以鄉氏。麋、采、歐陽之類封於亭者，故以亭氏。五曰以地爲氏。有封土者，以封土命氏；無封土者，以地居命氏。居傅巖者爲傅氏，徙嵇山者爲嵇氏，主東蒙之祀則爲蒙氏，守橋山之冢則爲橋氏，彤氏因彤班食於彤門，潁氏因考叔爲潁谷封人，東門襄仲爲東門氏，桐門右師爲桐門氏也。隱逸之人，居於禄里者爲禄里氏，居於綺里者爲綺里氏，美也。優倡之人，居於社南者爲社南氏，居於社北者爲社北氏，賤也。又如介之推、燭之武未必亡氏，由國人所取信也，故特標其地以異於衆也。六曰以姓爲氏。姓與地之爲氏，其初皆因所居而命，得賜者爲姓，不得賜者爲地。居於姚墟者賜以姚，居於嬴濱者賜以嬴。姬之得賜，居於姬水故也。姜之得賜，居於姜水故也。故曰「因生以賜姓」。七曰以字爲氏，八曰以名爲氏，九曰以次爲氏。凡諸侯之子稱公子，公子之子稱公孫，公孫之子不可復言公孫，則以王

〔一〕「邑侯」，原脱「侯」字，據光緒本、通志卷二五補。

父字爲氏。如鄭穆公之子曰公子騑，字子駟，其子曰公孫夏，其孫則曰駟帶、駟乞。宋桓公之子曰公子目夷，字子魚，其子曰公孫友，其孫則曰魚莒〔一〕、魚石。此之謂以王父字爲氏。無字者則以名〔二〕。魯孝公之子曰公子展，其子曰公孫夷伯，其孫則曰展無駭、展禽。鄭穆公之子曰公子豐，其子曰公孫段，其孫則曰豐卷、豐施。此諸侯之子也，天子之子亦然。王子狐之後爲狐氏，王子朝之後爲朝氏是也。無字者以名，然亦有不以字而以名者。如樊皮，字子仲，其後以皮爲氏；伍員，字子胥，其後以員爲氏。皆由以名行故也。亦有不以王父字爲氏，而以父字爲氏者。如公子遂之子曰公孫歸父，字子家，其後爲子家氏是也。又如公孫枝，字子桑，其後爲子桑氏者亦是也。亦有不以王父名爲氏，而以父名爲氏者。如公子牙之子曰公孫兹，字戴伯，其後爲兹氏是也。又如季公鉏，字子彌，其後爲公鉏氏者亦是也。以次爲氏者，長幼之次也，伯、仲、叔、季之類是也。次亦爲字，人生其始也，皆以長

〔一〕「魚莒」，原作「魚府」，據味經窩本、乾隆本、光緒本、通志卷二五改。
〔二〕「字」，原作「氏」，據光緒本、通志卷二五改。

幼呼。及乎往來既多，交親稍衆，則長幼有不勝呼，然後命字焉。長幼之次，可行於家里而已，此次與字之别也。所以魯國三家，皆以次命氏，而亦謂之字焉。十曰以族爲氏。左傳云：「爲謚因以爲族。」楚辭云：「昭、屈、景，楚之三族也。」昭氏、景氏，則以謚爲族也。屈氏者，因王子瑕食邑於屈，初不因謚，則知爲族之道多矣，不可專言謚也。族近於次，族者氏之别也，以親别疏，以小别大，以異别同，以彼别此。孟氏、仲氏，以兄弟别也。伯氏、叔氏，以長少别也。丁氏、癸氏，以先後别也。祖氏、禰氏，以上下别也。第五氏、第八氏，同居之别也。南公氏、南伯氏，同稱之别也〔一〕。孔氏、子孔氏，旗氏、子旗氏，字之别也。軒氏、軒轅氏，熊氏、熊相氏，名之别也。季氏之有季孫氏，仲氏之有仲孫氏，叔氏之有叔孫氏，適庶之别也。韓氏之有韓餘氏，傅氏之有傅餘氏，梁氏之有梁餘氏，餘子之别也。遂人之族分而爲四，商人之族分而爲七，此枝分之别也。齊有五王，合而爲一，謂之五王氏。楚有列宗，合而爲一，謂之列宗氏。此同條之别也。公孫歸父字子家，襄仲之子也，歸

〔一〕「稱」，諸本作「禰」，據通志卷二五改。

父有二子，一以王父字襄仲爲仲氏，一以父字子家爲子家氏。公子郢字子南，其後爲子南氏，而復有子郢氏。伏羲之後，有伏、虙二氏，同音異文。共叔段之後，有共氏，又有叔氏，又有段氏。凡此類無非辨族。十一曰以官爲氏，十二曰以爵爲氏。有官者以官，無官者以爵。如周公之兄弟也，周公爲太宰，康叔爲司寇，聃季爲司空，是皆有才能可任以官者也。五叔無官，是皆無才能不可任以官者也。然文王之子，武王、周公之兄弟，雖曰無官，而未嘗無爵土。如此之類，乃氏以爵也。以官爲氏者，太史、太師、司馬、司空之類是也，雲氏、庾氏、籍氏、錢氏之類亦是也。以爵爲氏者，皇、王、公、侯是也，公乘、公士、不更、庶長亦是也。十三曰以凶德爲氏，十四曰以吉德爲氏。此不論官爵，惟以善惡顯著者爲之。以吉德爲氏者，如趙衰，人愛之如冬日，其後爲冬日氏。古者賢人，爲人所尊尚，號爲老成子，其後爲老成氏。以凶德爲氏者，如英布被黥，爲黥氏。楊玄感梟首，爲梟氏。齊武惡巴東王蕭子響爲同姓，故改蕭爲蛸。後魏惡安樂王元鑒爲同姓，故改元爲兀。十五曰以技爲氏，此不論行而論能。巫者之後爲巫氏，屠者之後爲屠氏，卜人之後爲卜氏，匠人之後爲匠氏〔一〕，以至豢龍爲氏，御龍爲氏，干將爲氏，烏浴爲氏者，亦莫不然。十六曰以事爲氏，此又不論行能，但因其事而命之耳。夏后遭有窮之難，后緡方娠，逃出自竇，而生少康，支孫以竇爲氏。漢武帝時，田千秋爲丞相，以年老，詔乘小車出入省中，時號車丞相，其後因以車爲氏。微子乘白馬朝周，玆白馬氏之所始也。魏初平中，有隱者常乘青牛，號青牛先生，玆青牛氏之所始也。十七曰以謚爲氏。周人以諱事神，謚法所由立。生有爵，死有謚，貴者之事也。莊氏出於楚莊王，僖氏出於魯僖公。康氏者，衛康叔之後也。宣氏者，魯宣伯之後也。文氏、武氏、哀氏、繆氏之類，皆氏於謚者也。

〇凡複姓者，所以明族也，一字足以明此，不足以明彼，故益一字，然後見分族之義。言王氏則濫矣，本其所系而言，則有王叔氏、王孫氏。言公氏則濫矣，本其所系而言，則有公子氏、公孫氏。故十八曰以爵系爲氏。唐氏雖出於堯，而唐孫氏又爲堯之别族。滕氏雖出於叔繡，而滕叔氏又爲叔繡之别族。故十九曰以國系爲

〔一〕「人」，原作「氏」，據光緒本、通志卷二五改。

氏。季友之後，傳家則稱季孫，不傳家則去「孫」稱季。叔牙之後，傳家則稱叔孫，不傳家則去「孫」稱叔。故二十曰以族系爲氏。士季者字也，有士氏，又別出爲士季氏。伍參者字也，有伍氏，又別出爲伍參氏，此以名氏爲氏者也。又有如韓嬰者，本出韓國，加國以名爲韓嬰氏。如臧會者，本出臧邑，加邑以名爲臧會氏。如屠住者，本出住鄉，加鄉以名爲屠住氏。故二十一曰以名氏爲氏，而國、邑、鄉附焉。禹之後爲夏氏，杞他奔魯，受爵爲侯，又有夏侯氏出焉。嬀姓之國爲息氏，公子邊受爵爲大夫，又有息夫氏出焉，此以國爵爲氏者也。白氏，舊國也，楚人取而邑之，以其後爲白侯氏。故二十二曰以國爵爲氏，而邑爵附焉。原氏以周邑而得氏，申氏以楚邑而得氏，及乎原加「伯」爲原伯氏，以別於原氏，申加「叔」爲申叔氏，以別於申氏，是之謂以邑系爲氏。魯有沂邑，因沂大夫相魯，而以沂相爲氏。周有甘邑，因甘平公爲王卿士，而以甘士爲氏。故二十三曰以邑系爲氏，而邑官附焉。師氏者，太師氏也。史氏者，太史氏也。師延之後爲師延氏，史晁之後爲史晁氏，此以名隸官，是之謂以官名爲氏。呂不韋爲秦相，子孫爲呂相氏。酈食其之後爲食其氏，曾孫武爲侍中，改爲侍其氏。此以官氏爲氏者也，故二十四曰以官名爲氏，而官氏附焉。以謚爲氏，所以别族也。邑而加謚，如苦成子之後爲苦成氏，臧文仲之後爲臧文氏。而加謚者，如楚鬬子之後爲鬬子氏，鄭共叔之後爲共叔氏。爵而加謚者，如衛成公之後爲成公氏，楚成王之後爲成王氏。故二十五曰以邑謚爲氏，二十六曰以謚氏爲氏，二十七曰以爵謚爲氏也。二十八曰代北複姓，二十九曰關西複姓，三十曰諸方複姓，三十一曰代北三字姓也，三十二曰代北四字姓。此外則有四聲，又有複姓。四聲者，以氏族不得其所系之本，乃分爲四聲以統之。複姓者，以諸有複姓而不得其所系之本者，此附四聲之後，氏族之道終焉。

又曰三代之前，姓氏分而爲二，男子稱氏，婦人稱姓。氏以别貴賤，貴者有氏，賤者有名無氏，故姓可呼爲氏，氏不可呼爲姓。姓所以别婚姻，故有同姓、異姓、庶姓之别。氏同姓不同者，婚姻可通；姓同氏不同者，婚姻不可通。三代之後，姓氏合而爲一，皆所以别婚姻，而以地望明貴賤。于文，女生爲姓，故姓之字多從女，如姬、姜、嬴、姒、嬀、姞、妘、婤、姶、姬、嫪之類是也。五帝之前無帝號，有國者不稱國，惟以名爲氏，所謂無懷氏、葛天氏、伏羲氏、燧人氏者也。至神農氏、軒轅氏，雖曰炎帝、黄帝，而猶以名爲氏，然不稱國。至二帝而後，國號唐、虞也〔一〕。夏、商因之，雖有國號，而天子世世稱名。至周而後，諱名用謚，由是氏族之道生焉。最明著者，春秋之時也。春秋之時，諸侯稱國，未嘗稱氏，惟楚國之君，世稱熊氏，荆蠻之道也。支庶稱氏，未嘗稱國，或適他國則稱國。如宋公子朝，在衛則稱宋朝；衛公孫鞅，在秦則稱衛鞅是也〔二〕。秦滅六國，子孫皆爲民庶，或以國爲氏，或以姓爲氏，或以氏爲氏，姓氏之失自此始。故楚之子孫可稱楚，亦可稱芈；周之子孫可稱周子南君，亦可稱姬嘉。又如姚恢改姓爲嬀，嬀皓改姓爲姚，兹姓與氏混而爲一者也。

顧氏炎武亭林集原姓：男子稱氏，女子稱姓，氏一再傳而可變，姓千萬年而不變。最貴者國君，國君無氏，不稱氏稱國。踐土之盟，其載書曰「晉重、魯申、衛武、蔡甲午、鄭捷、齊潘、宋王臣、莒期」。荀偃之稱齊環，衛太子之稱鄭勝、晉午是也。

〔一〕「號」，原作「别」，據味經窩本、乾隆本、光緒本、通志卷二五改。
〔二〕「在」，原脱，據味經窩本、乾隆本、光緒本、通志卷二五補。

次則公子，公子無氏，不稱氏，稱公子，公子彄、公子益師是也。最下者庶人，庶人無氏，不稱氏，稱名。然則氏之所由興，其在於卿大夫乎？故曰諸侯之子爲公子，公子之子爲公孫，公孫之子以王父字若謚若邑若官爲氏。氏焉者，類族也，貴貴也。考之於傳，二百五十五年之間，有男子而稱姓者乎？無有也。女子則稱姓。古者男女異長，在室也稱姓，冠之以序，叔隗、季隗之類是也；已嫁也，於國君則稱姓，冠之以國，江芊、息嬀之類是也；於大夫則稱姓，冠之以大夫之氏，趙姬、盧蒲姜之類是也。在彼國之人稱之，或冠以所自出之國若氏，驪姬、梁嬴之於晉，顔懿姬、鬷聲姬之於齊是也；既卒也，稱姓，冠之以謚，成風、敬嬴之類是也；亦有無謚，而仍其在室之稱，仲子、少姜之類是也。范氏之先，自虞以上爲陶唐氏，在夏爲御龍氏，在商爲豕韋氏，在周爲唐杜氏。士會之帑處秦者爲劉氏，夫概王奔楚爲堂谿氏，伍員屬其子於齊爲王孫氏，智果别族於太史爲輔氏。故曰：氏可變也。孟孫氏，小宗之别爲子服氏，爲南宫氏。叔孫氏，小宗之别爲叔仲氏。季孫氏之支子曰季公鳥、季公亥、季寤，稱季不稱孫。故曰：貴貴也。魯昭公娶於吴，爲同姓，謂之吴孟子；崔武子欲娶棠姜，東郭偃曰：「男女辨姓，今君出自丁，臣出自桓，不可！」

夫崔之與東郭氏，異昭公之與夷昧，代遠，然同姓百世而婚姻不通者，周道也。故曰：姓不變也。是故氏焉者，所以爲男別也；姓焉者，所以爲女坊也。自秦之後之人，以氏爲姓，以姓稱男，而周制亡，而族類亂。作原姓〔二〕。

顧氏棟高春秋列國姓氏表序：氏族之學，至唐而極精，亦至唐而極亂。一亂于朝廷之賜姓，再亂于支孽之冒姓，三亂于外裔之入中國，因蕃落以起姓。何則？自漢初已有賜項伯爲劉纏，賜婁敬爲劉敬，至唐而如李勣之徒，不知其幾矣。衛青以鄭季之子而冒姓衛氏，曹操以夏侯氏之子而冒姓曹氏，至唐而如楊國忠之徒，不知其幾矣。金日磾以休屠王太子而姓金氏，劉元海以呼韓邪之後而姓劉氏，至唐而侯莫陳之爲侯，烏石蘭之爲石，又不知其幾矣。唐太宗既有天下，以地望明貴賤，特詔高士廉、岑文本之屬著姓氏譜，先列天家，次列后族及宰相，凡長孫、宇文皆登貴姓，而于生民之初得姓受氏之由，源委不可得而辨也。善乎！先儒史伯璿之論曰：「三代以後，皆無所謂姓，只有氏而已。故後世但曰姓某氏，而不敢曰某姓某氏。蓋姓不可考，故得虛其姓於氏之上，而寔其氏於下。」亮哉言乎！愚謂欲考姓氏之分，斷須以左氏爲樞紐。蓋盤古、燧人之初，未始有姓也，至庖犧得風姓，炎帝得姜姓，黃帝得姬姓，帝堯以伊祁而爲祁，舜以嬀汭而爲嬀姓。至三代迭王，延及春秋之初，分封之國存百有二十四，

〔二〕「顧氏炎武」至「作原姓」五百九十三字，原脱，據味經窩本、乾隆本、光緒本補。

稽其姓，合中國與鄋瞞，姬、姜、子、姒、風、祁、嬀、姞、任、嬴、己、偃、妘、曹、芈、熊、曼、歸、隗、允、漆，僅及二十有一。是時諸侯之國，公子公孫，支分派別，列官分職，世有掌司，因以命氏。而小國之卿大夫，名字不列於經傳，無可考者，居十之九焉。最著者姬姓，則有周、魯、鄭、衛，姜姓則有齊，子姓則有宋，姒姓則有越與杞、鄫，芈姓則有楚，其公族之析爲氏者，班班可考。又陳本嬀姓〔一〕，自陳敬仲奔齊而爲陳氏；晉之范本祁姓，士會封於范而爲范氏，其在秦者爲劉氏；吴夫概奔楚，爲堂谿氏；伍員屬其子於齊，爲王孫氏，尤大彰明較著者也。又春秋重世卿，爲之立後則置氏，不必公族盡皆有氏也。故春秋之初，魯之翬、挾、柔、溺，鄭之宛，齊之年，皆無氏。逮其後，有没而立氏者，莊公季年立叔孫氏是也。有邀鄰國以立之，如四國爲賂，故立華氏是也。

鄭氏樵通志：自隋、唐而上，官有簿狀，家有譜系，官之選舉必由於簿狀，家之婚姻必由於譜系。歷代並有圖譜局，置郎、令史以掌之，仍用博通古今之儒知撰譜事。凡百官族姓之有家狀者則上之，官爲考定詳寔，藏於秘閣，副在左户。若私書有濫，則糾之以官籍；官籍不及，則稽之以私書，此近古之制，以繩天下，使貴有常尊，賤有等威者也。姓氏之學，最盛於唐，而國姓無定論。林寶作元和姓纂，而自

〔一〕「本」，諸本脱，據春秋大事表卷一一補。

姓不知所由來。漢有鄧氏官譜，應邵有氏族篇，又有潁川太守聊氏萬姓譜。魏立九品，置中正，州大中正主簿，郡中正功曹，各有簿狀，以備選舉。晉、宋、齊、梁因之。故晉散騎常侍賈弼、太保王弘、齊衛將軍王儉、梁北中郎諮議參軍知撰譜事王僧儒之徒〔一〕，各有百家譜，徐勉又有百官譜。宋何承天撰姓苑，與後魏河南官氏志，此二書尤爲姓氏家所宗。唐太宗命諸儒撰氏族志一百卷，柳沖撰大唐姓系録二百卷，路淳有衣冠譜，韋述有開元譜，柳芳有永泰譜，柳璨有韻略〔二〕，張九齡有韻譜，林寶有姓纂，邵思有姓解。其書雖多，大概有三種：一種論地望，一種論聲，一種論字。論字者則以偏旁爲主，論聲者則以四聲爲主，論地望者則以貴賤爲主，然貴賤升沈，何常之有，安得專主地望？以偏旁爲主者，可以爲字書；以四聲爲主者，可以爲韻書，此皆無與於姓氏。

蕙田案：姓者，因於生而受賜者也。氏者，分於姓而辨族者也。族者，本乎

〔一〕「撰」，原脱，據光緒本、通志卷二五補。
〔二〕「柳璨」，原作「柳燦」，據味經窩本、乾隆本、光緒本、通志卷二五改。

姓氏而別宗者也。姓原於上古而少，氏分於中古而多，族淆於後世而雜。氏本乎姓，氏著而姓晦；氏分爲族，族私而氏公。故古者論氏，後世論族而已。書曰：「錫土姓。」左傳曰：「賜姓命氏。」前人論之詳矣。大傳曰：「庶姓別於上。」故氏亦曰姓。今之所謂姓者，皆氏也，即庶姓也。善乎！陳用之之言曰：「別姓則爲氏，即氏則有族，族無不同氏，氏有不同族。」盡之矣。故曰：「古者論氏，後世辨族。」辨族，則譜系之學不可不講也。

右族姓氏

五禮通考卷一百四十四

嘉禮十七

飲食禮

正公族

禮記文王世子：庶子之正于公族者，教之以孝悌、睦友、子愛，明父子之義，長幼之序。注：正者，政也。庶子，司馬之屬，掌國子之倅，爲政于公族者。其朝於公，内朝則東面，北上，臣有貴者以齒。其在外朝，則以官，司士爲之。其在宗廟之中，則如外朝之位，宗人授事，以爵以官，其登餕、獻、受爵，則以上嗣。庶子治之，雖有三命，不踰父兄。疏：

此句應承前文「臣有貴者以齒」之下。其外朝，既云司士爲之，則内朝自然庶子治之也。所以在此者，當是簡札遺脱。鄭不言者，略耳。其公大事，則以喪服之精麤爲序，雖于公族之喪亦如之，以次主人。

其在軍，則守於公禰。注：謂從軍者。公禰，行主也。行以遷主，言禰在外親也。公若有出疆之政，庶子以公族之無事者守於公宫，正室守太廟，諸父守貴宫貴室，諸子諸孫守下宫下室。

五廟之孫，祖廟未毁，雖爲庶人，冠、取妻必告，死必赴，練祥則告。族之相爲也，宜弔不弔，宜免不免，有司罰之。至於賵賻承含，皆有正焉。公族其有死罪，則磬於甸人，其刑罪，則纖剸，亦告於甸人。公族無宫刑。獄成，有司讞於公。其死罪，則曰：「某之罪在大辟。」其刑罪，則曰：「某之罪在小辟。」公曰：「宥之。」有司又曰：「在辟。」公又曰：「宥之。」有司又曰：「在辟。」及三宥，不對，走出致刑於甸人。公又使人追之曰：「雖然，必赦之。」有司對曰：「無及也。」反命於公。公素服不舉，爲之變，如其倫之喪，無服，注：素服，於凶事爲吉，於吉事爲凶，非喪服也。君雖不服臣，卿大夫死，則皮弁錫衰以居；往弔當事則弁絰，於士蓋疑衰，同姓則緦衰以弔之。今無服者，不往弔也。倫，謂親疏之比也。素服，亦皮弁矣。親哭之。注：不往弔，爲位哭之而已。君於臣，使有司哭之。

公族朝於内朝，内親也，雖有貴者以齒，明父子也；外朝以官，體異姓也。宗廟之中，以爵爲位，崇德也。宗人授事以官，尊賢也。登餕、受爵以上嗣，尊祖之道也。喪紀以服之輕重爲序，不奪人親也。戰則守於公禰，孝愛之深也。正室守太廟，尊宗室，而君臣之道著矣。諸父諸兄守貴室，子弟守下室，而讓道達矣。五廟之孫，祖廟未毁，雖及庶人，冠、取妻必告，死必赴，不忘親也。親未絶而列於庶人，賤無能也。敬弔、臨、賻、賵，睦友之道也。古者庶子之官治，而邦國有倫；邦國有倫，而衆鄉方矣。公族之罪，雖親，不以犯有司正術也，所以體百姓也。刑於隱者，不與國人慮兄弟也。弗弔，弗爲服，哭於異姓之廟，爲忝祖，遠之也。疏：爲其犯罪，忝辱先祖，於公法合疏遠之也。素服居外，不聽樂，私喪之也，骨肉之親無絶也。公族無宫刑，不剪其類也。

宣公二年左氏傳：晉麗姬之亂，詛無畜群公子。注：詛，盟誓。疏：服虔云：「麗姬與獻公及諸大夫詛無畜群公子，欲令其二子專國。」杜雖不注，義似不然，若麗姬爲此，姬死即應復常，何得比至於今國無公族？蓋爲奚齊、卓子以庶篡適，晉國創其爲亂，不用復畜公子。案：檢傳文及國語，文公之子雍在秦，樂在陳，黑臀在周，襄公之孫談在周，則是晉之公子，悉皆出在他國，是其因行而不改也。

自是晉無公族。注：無公子，故廢公族之官。　疏：公族之官，掌教公之子弟。孔晁注國語云：「公族大夫，掌公族及卿大夫子弟之官，是卿之適子，屬公族也。」及成公即位，乃宦卿之適而爲之田，以爲公族。注：宦，仕也。爲置田邑，以爲公族大夫。又宦其餘子，亦爲餘子。注：餘子，適子之母弟也，亦治餘子之政。　疏：庶子爲妾子，知餘子則是適子之母弟也。言亦爲餘子，則知餘子之官，亦治餘子之政，令主教卿大夫適妻之次子也。下云「庶子爲公行」，不云教庶子，然則卿大夫之妾子，亦是餘子之官教之矣。其庶子爲公行。注：庶子，妾子也，掌率公戎行。　疏：下文趙盾自以庶爲旄車之族，即公行也。晉於是有公族、餘子、公行。皆官名。

國語晉語：欒伯請公族大夫。欒伯，欒武子。公族大夫，掌公族與卿之子弟。公曰：「荀家惇惠，荀家，晉大夫。荀會文敏，荀會，荀家之族。黶也果敢，黶，欒書之子桓子。無忌鎮靜，無忌，韓厥之子公族穆子。使茲四人者爲之。夫膏粱之性難正也，故使惇惠者教之，使文敏者導之，使果敢者諗之，使鎮靜者修之。惇惠者教之，則偏而不倦；文敏者導之，則婉而入；果敢者諗之，則過而不隱；鎮靜者修之，則壹。使茲四人者爲公族大夫。」

孔叢子雜訓：魯人有同姓死而弗弔者，人曰：「在禮，當免不免，當弔不弔，有司罰之，如之何子之無弔也？」答曰：「吾以其疏遠也。」子思聞之曰：「無恩之甚也。昔者季孫問於夫子曰：『百世之宗，有絶道乎？』子曰：『繼之以姓，義無絶也，故同姓爲宗，合族爲屬。雖國子之尊，不廢其親，所以崇愛也。是以綴之以食，序以昭穆，萬世婚姻不通，忠篤之道然也。』」

右正公族

漢至明惇叙宗室

文獻通考：秦商鞅立法，宗室非有軍功，不得論爲屬籍[一]。

漢書高帝本紀：七年置宗正官，以叙九族。

文帝本紀：四年，復諸劉有屬籍，家無所與。賜諸侯王子邑各二千户。

武帝本紀：元光元年，復七國宗室前絶屬者。

馬氏曰：孝景三年，詔：「楚元王子埶等與吴王濞等爲逆[二]，朕不忍加法，除其

[一]「不得論」，原作「論不得」，據味經窩本、乾隆本、光緒本、文獻通考卷二五九乙正。

[二]「埶」，原作「執」，據光緒本改。

籍，毋令汚宗室。」是年，始詔復之。

後元二年正月，朝諸侯於甘泉宫，賜宗室。

昭帝本紀：始元二年，以宗室毋在位者，舉茂材劉辟彊、劉長樂皆爲光禄大夫，辟彊守長樂衛尉。

宣帝本紀：地節元年，詔曰：「蓋聞堯親九族，以和萬國。朕蒙遺德，奉承聖業，惟念宗室屬未盡而以罪絶，若有遺材，改行勸善，其復屬，使得自新。」

成帝本紀：建始二年，罷太子博望苑，以賜宗室朝請者。

漢書劉向傳：上封事言：「王氏一姓，朱輪華轂者二十三人，大將軍秉事用權，五侯驕奢，排擯宗室，孤弱公族，其有智能者，尤非毁而不進。遠絶宗室之任，不令得給事朝省，恐其與己分權。事勢不兩大，王氏與劉氏且不並立，宜發明詔，吐德音，援近宗室，親而納信，黜遠外戚，毋授以政，所以褒睦内外之姓，子孫無疆之計也。」

哀帝本紀：即位，賜宗室王子有屬者馬各一駟〔一〕。

〔一〕「駟」，原脱，據光緒本、漢書哀帝本紀補。

平帝本紀：元始元年，詔宗室屬未盡而以罪絶者，復其屬，其爲吏舉廉佐史，補四百石。師古曰：宗室爲吏者，皆令舉廉，各從本秩。而依廉吏遷之爲佐史者，例補四百石。

四年二月，賜宗室有屬籍者爵，自五大夫以上各有差。

五年正月，祫祭明堂，宗室子九百人召助祭。禮畢，皆益户，賜爵及金帛，增秩補吏，各有差。詔曰：「蓋聞帝王以德撫民，其次親親以相及也。昔堯睦九族，舜惇叙之。朕以皇帝幼年，且統國政，惟宗室子皆太祖高皇帝子孫及兄弟吴頃、楚元之後，漢元至今，十有餘萬人，雖有王侯之屬，莫能相糾，或陷入刑罪，教訓不至之咎也。傳不云乎：『君子篤於親，則民興於仁。』其爲宗室，自太上皇帝以來族親，各以世氏，郡國置宗師以糾之，致教訓焉。二千石選有德義者以爲宗師。考察不從教令有冤失職者，宗師得因郵亭書言宗伯，請以聞。常以歲正月賜宗師帛各十匹。」

後漢書世祖本紀：建武二年十二月戊午，詔曰：「惟宗室列侯爲王莽所廢，先靈無所依歸，朕愍之，其並復故國。若侯身已殁，屬所上其子孫見名尚書，封拜。」

十三年二月丙辰，詔曰：「長沙王興、真定王得、河間王邵、中山王茂皆襲爵爲王，不應經義。其以興爲臨湘侯，得爲真定侯，邵爲樂成侯，茂爲單父侯。」其宗室及絶國封侯者凡一百三十七人。丁巳，降趙王良爲趙公，太原王章爲齊公，魯王興爲魯公。

文獻通考：漢置宗正卿，掌序録王國嫡庶之次，及諸宗親屬遠近。郡國歲因計上宗室名籍。若有犯法當髡以上，先上諸宗正，宗正以聞，乃報決。胡廣曰：又歲一治諸王世譜，差序秩第〔一〕。

後漢書和帝本紀：元興元年，宗室以罪絶者，悉復屬籍。

文獻通考：魏文帝黄初二年〔二〕，制封王之庶子爲鄉公，嗣王之庶子爲亭侯，公之庶子爲亭伯。

明帝太和五年，詔令諸王及宗室公侯，各將適子一人朝。

齊王時，宗室曹冏上書曰：「大魏之興，二十四年矣。子弟王空虚之地，君有不使之民，宗室竄於閭閻，不聞邦國之政，權均匹夫，勢齊凡庶，内無深根不拔之固，外無磐石宗盟之助，非所以安社稷爲萬世之業也。且今之州牧郡守，古之方伯諸

〔一〕「第」，諸本脱，據文獻通考卷二五九校勘記補。
〔二〕「二年」，文獻通考卷二五九改爲「三年」。

侯，皆跨有千里之土，兼軍武之任，或比國數人，或兄弟並據，而宗室子弟，曾無一人厠其間，與相維制，非所以强幹弱枝備萬一之虞也。今之用賢，超爲名都之主，或爲偏師之帥，而宗室有文者，必限之小縣之宰；有武者，必致百人之上，非所以勸進賢能褒異宗室之禮也。語曰『百足之蟲，至死不僵』，以其扶之者衆也。此言雖小，可以譬大。是以聖王安不忘危，存不忘亡，故天下有變而無傾危之患矣。」冀以此論，感悟曹爽，爽不能用。

晉武帝懲魏氏孤立之弊，故大封宗室，授以職任。又詔諸王，皆得自選國中長吏、衛、將軍。齊王攸獨不敢，皆令上請。又詔除魏宗室禁錮。

晉置宗正，統皇族家人圖牒。

孝武制帝室期親，官非禄官者，月給錢十萬。

梁置宗正卿，位視列曹尚書，皇室外戚之籍，以宗室爲之。

後魏明帝時，京兆王遥大功昆弟，皆是景穆之孫，至明帝而本服絶，故除遥等屬籍。遥表曰：「竊聞聖人所以南面而聽天下，其不可得變革者，則親也尊也。四世而緦服窮，五世而袒免，六世而親屬絶矣。去兹以往，猶繫之以姓而弗别，綴之以食而弗殊。又律曰：『議親者，非惟當世之屬親，歷謂先帝之五世。』謹尋斯旨，將以廣帝宗，重磐石。先王所以變兹事條，爲此別制者，太和之季，方有意於吳、蜀〔一〕，經始之費，慮深在初，割減之起，暫出當時也。且臨淮王提分屬籍之始，高祖賜帛三千匹，所以重分離；樂良王長命亦賜縑二千匹，所以存慈眷。此皆先朝殷勤克念，不得已而然者也。古人有言『百足之虫，至死不僵』者，以其輔已者衆。臣誠不欲妄親太階，苟求潤屋，但傷大宗一分，則天子屬籍不過十數人而已〔二〕。在漢，親王之子不限多少〔三〕，皆列土而封，謂之曰『侯』；至於魏、晉，莫不廣胙河山，稱之曰『公』者，蓋惡其大宗之不固，骨肉之恩疏矣。臣去皇上雖是五世之遠，於先帝便是天子之孫。高祖所以國秩禄賦，復給衣食，后族惟給其賦，不與衣食者，欲以別内外、限異同也。今諸廟之感，在心未忘；行道之悲，倏然已及。其諸封者，身亡之日，三年服

〔一〕「蜀」，諸本作「屬」，據文獻通考卷二五九校勘記改。
〔二〕「十」，諸本作「千」，據文獻通考卷二五九校勘記改。
〔三〕「親」，文獻通考卷二五九改作「諸」。

終，然後改奪。今朝廷猶在遏密之中〔一〕，便議此事，實用未安。」詔付尚書，博議以聞。尚書令任城王澄、尚書左僕射元暉奏同遥表。靈太后不從。

先是，皇族有譴，皆不持訊。時有宗士元顯當犯罪〔二〕，宗正約以舊制。尚書李平奏以帝宗室磐石〔三〕，周布天下，其屬籍疏遠，蔭官卑末，無良犯憲，理須根究，請立限斷，以爲定式。詔曰：「雲漢綿遠，蕃衍代滋，植籍宗氏而爲不善者，良亦多矣。先朝既無不訊之格，而空相矯恃，以長爲暴。諸在議請之外者，可悉依常法。」

齊置大宗正寺，掌宗室屬籍，統皇子、王國、長公主家。

唐太宗貞觀元年初，上皇欲强宗室，以鎮天下，故皇再從、三從弟及兄弟之子，雖童孺皆爲王，王者數十人。上從容問群臣：「封宗子於天下，利乎？」封德彝對曰：「前世惟皇子及兄弟乃爲王，自餘非有大功，無爲王者。上皇敦睦九族，大封宗室，自兩漢以來，未有如今日之多者。爵命既崇，多給力役，恐非示天下以至公也。」上曰：

〔一〕「廷」，原脱，據光緒本、文獻通考卷二五九補。
〔二〕「當」，文獻通考卷二五九改作「富」；「犯罪」下，文獻通考卷二五九補「須鞫」二字。
〔三〕「室」，諸本脱，據文獻通考卷二五九補。

「然。朕爲天子，所以養百姓也，豈可勞百姓以養己之宗族乎？」乃詔降宗室郡王皆爲縣公，惟有功者數人不降。

蕙田案：太宗此舉是也。傳云「親親之殺」，封爵多則濫，濫則淫，淫則刑禍隨之，豈保全宗族之道乎？

玄宗先天之後，皇子幼則居内，東封後，以年漸長成，乃於安國寺東附苑城同爲大宅，分院居之，名爲十王宅，令中官押之，於夾城中起居，每日家令進膳。又引詞學工書之人入教，謂之侍讀。十王謂慶、忠、棣、鄂、榮、光、儀、潁、永、濟〔一〕，蓋舉全數。其後盛、儀、陳、豐、恒、涼六王，又就封入内宅。開元二十五年，鄂、光得罪，忠王繼大統。天寶中，慶、棣又殁，惟榮、儀十四王居内，而府幕列於外坊，歲時通名起居而已。外諸孫長成，又於十王宅外置百孫院。每歲幸華清宫，側亦有十王宅、百孫院。十王宫人，每院四百餘人〔二〕。又於宫中置維城庫，諸王月俸物納之以給用。諸孫納妃、嫁

〔一〕「儀」，文獻通考卷二五九作「義」，下同。
〔二〕「每院四百餘人」下，文獻通考卷二五九有「百孫院三四十人」七字。

女，亦就十院中。太子不居於東宫，但居於乘輿所幸之别院。太子之子亦分院而居，婚嫁則同親王、公主，於崇仁里之禮院。

唐宗正寺掌天子族親屬，以别昭穆。凡親有五等，先定於司封。一曰皇帝周親、皇后父母，視三品；二曰皇帝大功親、小功尊屬，太皇太后、皇太后、皇后周親，視四品；三曰皇帝小功親、緦麻尊屬，太皇太后、皇太后、皇后大功親，視五品；四曰皇帝緦麻親、袒免尊屬，太皇太后、皇太后、皇后小功親；五曰皇帝袒免親，太皇太后小功卑屬，皇太后、皇后緦麻親，視六品。皇帝親之夫婦男女，降本親二等，餘親降三等，尊屬進一等，降而過五等者不爲親。諸王、大長公主、長公主親〔二〕，本品；嗣王、郡王非三等親者，亦視五品。選舉制：凡館有二，門下省有弘文館，生三十六人；東宫有崇文館，生二十人。以皇緦麻以上親，皇太后、皇后大功以上親，宰相、貴官之子爲之。

宋仁宗景祐中下詔：度玉清昭應宫舊地建宫，合宗室十位聚居，賜名曰睦親院，

〔二〕「長公主」，原不重，據光緒本、文獻通考卷二五九補。

於祖宗後選一人爲宗正，以司訓導，糾違失。凡宗族之政令皆令掌之，奏事毋得專達，先詳視可否以聞。

初，諸王邸散居京師，過從有禁，非朝謁從祠，不得時會見。仁宗立睦親院，以壽春郡王允讓知大宗正事，總領輯睦，甚有恩意，務以身先之，教養子孫，崇向藝學，不率則正其罪，故更相責厲，莫不勸服。故事，内朝謁宗婦不預，因曰：「托姻皇屬，而不得一望禁闥，非所以顯榮之也。」奏通其籍。又宗婦少喪夫，雖無子不許更嫁，曰此非人情，乃爲請，使有歸。

神宗熙寧二年，中書樞密院言：「祖宗受命百年，皇族日以蕃衍，而親疏之施，未有等衰，甄序其材，未能如古。獻議之臣，謂宜有所釐正，請參酌先王典制、時事之宜，條具聞奏。詔同議以聞。臣等今謀定方今可行之制：宣祖、太祖、太宗之子，皆擇其後一人爲宗，世世封公，補環衛官，以奉祭祀。不以服屬盡故，殺其恩禮。祖宗祖免親，將軍以下願出官者，聽。仍先經大宗正司陳請。大宗正擇本宫尊長與太學教授，使學才行堪任使者，然後審察以聞。就武官者，試讀律習書；就文官者，試一中經說，或論一首。將軍换諸司副使，太常丞正率换内殿崇班、太子中允，並與州郡監當一次任滿，與親民。副率换西頭供奉官〔一〕、大理評事，與監當一次任滿，有州郡監司保舉者，與親民，否則即依外官。祖宗祖免親未賜名授官者，除右班殿直，年十五與請給，年二十許出官。願换文官者，與試銜知縣，並令監當考試，及任滿，有無保任如前法。出官日並特與優賜〔二〕。願鏁廳應舉者，依外官。其非祖免親，不賜名授官。許應舉應進士者，只試策論；明經者，習一大經，試大義及策。初試不成文理者，退黜，餘令覆試，取合格者，以五分爲限，人數雖多，不得過五十人。累經覆試不中，年長者當特推恩，量材録用。已出官者，給俸依在京分數，許依審官三班銓法指擬注授，不以遠近爲限。授文官者轉官者，轉官與進士出身同〔三〕。鏁廳應進士、明經舉，有出身人至員外郎，與轉左曹。宗室不出官者，祖宗玄孫轉官至正任觀察使止〔四〕。祖免親至遥郡刺史止。祖宗祖免親，見任官合奏薦子孫者，許依外官。祖宗祖免親

〔一〕「供奉官」，諸本作「供養官」，據文獻通考卷二二五九校勘記改。
〔二〕「優」，諸本作「友」，據文獻通考卷二二五九改。
〔三〕「轉官者轉官」，文獻通考卷二二五九删。
〔四〕「玄孫」，文獻通考卷二二五九改作「元系」。

以下，見有官不願出官、父祖俱亡者，許在京居住，隨處置産，其出官者，置田宅如外官法。祖宗袒免女嫁，賜錢減半，婿與三班奉職。非袒免女，量加給賜，更不與婿官。有官者與免入遠，許依審官三班流内銓法指擬，注授班行，免指使。其袒免親娶婦，量加給賜。其非袒免親嫁娶，依庶姓，仍不得與非士族家爲婚姻。祖宗袒免親以外兩世貧無官者，量賜田。孤幼無依及尤貧失所者，不拘世數，隨所在官司具名聞奏，當職特加存恤〔一〕。」奏上，詔曰：「自我祖宗敦叙邦族，大則疏封於爵土，次則通籍於閤臺〔二〕，並留京師，參奉朝請。然而世緒寖遠，皇枝益蕃。屬有親疏，則恩有隆殺；才有賢否，則禄有重輕。今而一貫於周行，是亦奚分於流別。雖敦睦之道誠廣，而德施之義未周。故廷臣數言，宰司繼請，謂宜定正限以等夷。朕惟親戚之間，經史有訓，漢、唐之世，故事具存。或以九族辨尊卑，或以五宗紀遠近，或聽推恩而分子弟，或許自試而效才能，或宗子之賢得從科舉，或諸王之女自主婚姻，盡前世之所行，顧當今之

〔一〕「職」，文獻通考卷二五九改作「議」。
〔二〕「閤」，原作「閨」，據光緒本、文獻通考卷二五九改。

未備。況我朝制作，動法先王，豈宗室等衰，乃無定制？因俾群公之合議，將立一代之通規〔一〕，載覽奏封，具陳條目，以謂祖宗昭穆，是宜世世之封，王公子孫，抑有親親之殺〔二〕。若乃服屬之既竭，洎於才藝之並優，在隨器以甄揚，使當官而勉懋。至於任子之令，通婚之儀，凡曰有司之常，一用外官之法。僉言既允，朕意何疑？告於將來，用頒明命，宜依中書樞密院所奏施行。」

宗正寺言：「每歲寫仙源積慶圖、宗藩慶緒録，送龍圖、天章、寶文閣。今宗室非祖免親，既不賜名授官，一依外官之法，請定所修圖册。」詔下禮院詳定。禮官言：「六世親屬既竭，繫之以姓而弗别，則禮有其義；皇宗祖廟雖毁，子孫皆於宗寺附籍，則今有其文。況朝廷釐改皇族授官之制，而祖免外親統宗襲爵，進預科選，遷官給俸，恩禮優異，悉不與外官匹庶同法，屬雖疏而恩數不絶。若圖籍湮落，則無審其所從證。其宗正寺所修圖録，並請仍舊。」從之。

〔一〕「立」，原脱，據光緒本、文獻通考卷二五九補。
〔二〕「殺」，諸本作「教」，據文獻通考卷二五九校勘記改。

元豐官制行，詔大宗正司不隸六曹。大宗正以宗室團練以上有德望者爲之，次一人爲同知。位高屬尊者爲判〔一〕，掌糾合族屬而訓之以德行道藝，受其詞訟而糾正其愆違。有罪則先劾以聞，法例不能決者，同上殿取裁。凡宗室服屬遠近之數，及其賞罰規式，皆總之。官屬有記室一人掌牋奏〔二〕，講書教授十有二人，講授兼領小學之事。渡江後，頗用南班，多不得其人，無以表率，更生刻削，宗室皆患之。

哲宗紹聖元年，禮部言：「諸宗室係袒免以外兩世，祖父俱亡而無官，雖有官而未釐務，貧不能給者，委大宗正司及所在官司奏給錢米。」從之。

徽宗崇寧元年詔曰：「神宗嘗詔宗室年長者推恩，又嘗詔袒免外兩世貧無官者賜田，又嘗詔外任者許居於兩京，今宜遵先志。」宰臣蔡京等言：「宗室舊來在宮有出入之限，有不許外交之禁，宮門有幾察之令。今疏屬外屬〔三〕，僅遍都下，積日滋久，殆不能容。若不居之兩京，散之近郡，立關譏察之令，或一有非意犯法，則勢有不可已者。

〔一〕「判」，諸本作「制」，據文獻通考卷二五九校勘記改。
〔二〕「官」，諸本脱，據文獻通考卷二五九校勘記補。
〔三〕「外屬」，文獻通考卷二五九作「外居」。

今請非袒免親以下兩世，除北京外，欲分於西京、南京近輔，或沿流便郡居止，各隨州郡大小創置居宇。仍先自兩京爲始，每處置敦宗院，命文武官各一員管幹，參酌在京宮院法禁，不可行者頒下。」從之。

大觀二年正月詔：「自我英宗起於濮邸，入繼大統，濮王之後，於屬雖親，於服已遠。如『不』字之子，論正服則猶是緦麻，視正統則已非袒免，無賜名授官之制，無禄廩賜予之法，比聞貧乏匱困，或不能自存。朕富有天下，而五服内親僅同民庶，非强本之道。欲盡親親之禮，而承統之重，義所不敢。夙夜以思，當使恩義兩得，然後爲稱。應濮陽孫，『士』字可依『仲』字，『不』字及『不』字之子，並依『士』字恩數條例。宗女隨其字行等第施行。庶不失承統之義，而曲盡人倫之親。」

八月，詔：「保州皇族子孫，於屬雖遠，然未有仁而遺其親者。比聞皇族之孫未官者餘三十人，或貧乏不能自存，已令置敦宗院，其六房内各擇最長年二十已上者，與三班奉職二人，一房及六人已上加一人，並與添差監當。」

宣和五年詔：「今後内外宗室，並不稱姓。」七年後詔依熙寧法，並著姓。

建炎末，上以天屬避地者少，詔：「南班宗婦無子孫食禄者，廩給有差。凡祖宗緦麻親，歲給錢九十六千，米三十六斛，帛二十八匹〔一〕。袒免親，錢米減三之一〔二〕，綿帛並減半。四年六月己卯。故事，宗室近臣，吉凶皆有賜予。紹興初，以軍興財匱，罷之。六年正月己巳。十一年秋，皇叔祖右監門衛大將軍仲嵓卒於臨安，至無以斂。判大宗正事、齊安郡王士㒟言於朝，詔緦麻親任環衛以上亡者〔三〕，賜錢三百千，袒免減三之一。九月甲辰。今以爲例焉。本朝宗室，皆聚於京師，熙寧間，始許居於外。蔡京爲政，即河南、應天置西南二敦宗院，設宗官主之。靖康之禍，在京宗室無得免者，而睢、雒二都得全。建炎初，上將南幸，先徙諸宗室於江、淮，於是大宗正司移江寧，南外移鎮江，西外移揚州。元年八月戊午。明年春，又移西外於泰州及高郵軍。正月甲午。三年冬，又移於福州，而南外移泉州以避狄。十二月甲子。紹興元年秋，嗣濮王仲湜請合西南外宗正爲一司，以省財用，有司以泉州乏財不許。九月壬子。是時，兩外宗子女婦合五百餘人，歲費緡錢九萬。紹興府宗正司者，紹興三年以行在未有居第，權分宗子居

〔一〕「二十八匹」下，文獻通考卷二五九補「綿八十兩」四字。

〔二〕「三之一」，諸本作「三之二」，據文獻通考卷二五九改。

〔三〕「衛」，諸本作「列」，據文獻通考卷二五九校勘記改。

之。三十年春，恩平郡王出居會稽，遂以爲判大宗正事。三月丙子。乾道七年，虞丞相秉政，言蜀中闕大宗正司，上欲移紹興府宗正司於成都，五月戊寅。既而不行，但省會稽一司而已。今蜀中宗子甚衆，既無親賢領之，但每州以行尊者一員，檢察錢米請受，由是往往蹈於非彝，而不可訓焉。

東都故事，宗子皆築大舍聚居之。太祖、太宗九王後曰「睦親」，秦王後曰「廣親」，英宗二王曰「親賢」，神宗五王曰「棣華」，徽宗諸王曰「蕃衍」。渡江後，宗子始散居郡邑，惟親賢子孫爲近屬，則聚居之。孝宗子四人，邵悼肅王無後，莊文太子、魏惠憲王早薨，莊文之妃、惠憲之夫人，皆别居賜第。初，莊文既大祥，議者欲皇孫出居於外，或以爲不可。又踰年，竟以知樞密院府爲外第焉。紹熙初〔一〕，寧宗封嘉王，將以所籍富民裴氏之居爲府第，而議者以爲非宜，乃改築。蓋自紹興以來，天屬鮮少，故不復賜宅名云。

續文獻通考：遼皇族有五院、六院、横帳之分。五院有額爾奇木，六院有郎君房、

〔一〕「紹熙」，原作「紹興」，據光緒本、文獻通考卷二五九改。

額爾奇木房、錫里房。橫帳有孟父房、仲父房、季父房，統謂之三父房。自德祖族屬號三父房，始稱橫帳，乃宗室之尤貴者。蓋分益親，則名益貴也。約遼史文。

遼史百官志：肅祖長子學順之族在五院司，仲子噶拉、季子拉哩及懿祖仲子塔拉、季子尼古察之族皆在六院司，此五房者，謂之二院皇族〔一〕。玄祖伯子瑪魯無後，次子葉穆之後曰孟父房；叔子實嚕之後曰仲父房；季子爲德祖，德祖之元子爲太祖，謂之橫帳；次曰埒克，曰特爾格，曰伊德實，曰安圖，曰蘇，皆曰季父房，此一帳三房，謂之四帳皇族。二院治之，以北、南二王，四帳治之以大內特哩袞，皆統於大特哩袞司。遼俗東嚮而尚左，御帳東嚮，約尼九帳南嚮〔二〕，皇族三父帳北嚮，故謂御營爲橫帳。

國語解：國族皆姓耶律，有謂始興之地曰錫里，譯者以錫里爲耶律，契丹國志曰：錫里，上京東二百里之地名也，以所居之地爲姓，譯之則曰耶律。又有言以漢字書曰耶律，以契丹

〔一〕「二院」，原作「三院」，據光緒本、遼史百官志一改。

〔二〕「帳」，諸本作「族」，據遼史百官志一改。

字書曰伊喇。

太祖本紀：元年詔：皇族承約尼氏九帳爲第十帳。二年正月始置特哩衮，典族屬，以皇弟薩喇爲之，即宗正職也。

續文獻通考：大内特哩衮司掌皇族四帳之政教，大横帳詳衮司掌太祖皇帝後九帳皇族之事。「詳衮」亦曰「敞穩」。又有孟父族帳詳衮司、季父族帳詳衮司，皆各掌其房族之事。又有四帳都詳衮司，掌四帳軍馬之事。錫里司掌皇族之軍政。

遼史太祖本紀：六年以皇弟蘇爲南府宰相。南府宰相，自諸弟搆亂，府之名族多罹其禍，故其位久虚。至是告於宗廟而後授之，宗室爲南府宰相自此始。自後皇族四帳，世預其選。

太宗本紀：天顯五年三月，皇弟魯呼請赦宗室錫里郎君以罪繫獄者，詔從之。

興宗本紀：重熙十一年，賑恤三父族之貧者。

金史宗室表：金人初起完顔十二部，其後皆以部爲氏，史臣記録有稱「宗室」者，有稱完顔者。完顔亦有二，有同姓完顔，蓋疏族，若實圖美、都古爾納是也；有異姓完顔，蓋部人，若歡多是也。大定以前稱「宗室」，明昌以後避睿宗諱稱「内族」，其實一而已。宣宗詔宗室皆稱完顔，不復識別焉。大定、泰和之間，袒免以上親皆有屬籍，以叙授官，大功以上，薨卒輟朝，親親之道行焉。貞祐以後，譜牒散失矣。

穆宗子勗傳：皇兄弟皇子爲親王給二品俸。宗室封一字王者給三品俸。

百官志：大宗正府掌敦睦糾率宗屬，以皇族中屬親者充。泰和中，避睿宗諱改爲大睦親府。

熙宗本紀：皇統四年，詔以去年所得宋幣賜始祖以下宗室。

海陵本紀：正隆二年，改定親王以下封爵等第，命追取存亡誥身，存者二品以上，死者一品，參酌削降。公私文書，但有王爵字者，立限毁抹，墳墓碑誌並發而毁之。

世宗本紀：大定十二年十一月，帝謂宰臣曰：「宗室中有不任官事者，若不加恩澤，於親親之道未宏。朕欲授以散官，量與廩禄，未知前代何如？」左丞石琚曰：「陶唐親九族，周家睦九族，見於詩、書，皆帝王美事也。」

十六年正月，詔宗室未附玉牒者，並與編次。

四月，詔定宗室子程試等第。

十七年正月，帝謂宰臣曰：「宗室中年高，往往未有官稱，其先皆有功於國，朕欲稍加以官，使有名位可稱，何如？」對曰：「親親報功，先王之令則。」

五月，尚書奏，定皇家袒免以上親燕饗班次，並從唐制。

二十二年十月〔一〕，徙河間宗室於平州。

二十五年四月，以會寧府即上京地。官一人兼大宗正丞，以治宗室之政。

章宗本紀：明昌元年六月，定親王家人有犯，其長史府掾失覺察，故縱罪。八月，喇嘛節以皇家袒免之親，特收充尚書省祗候郎，仍爲永制。

三年，遣諭諸王府傅尉曰：「朕分命諸王出鎮，蓋欲政事之暇，有以自適耳。然慮其舉措，或違於理，所以分置傅尉，使勸導彌縫，不入於過失。若公餘遊宴，不至過度，亦復何害？今聞爾等用意太過，凡王門細碎之事無妨公道者，一一干與，贊助之道，豈當如是？宜各思職分，事舉其中，無失禮體，仍就諭諸王，使知朕意。」

四年，諸王府增置司馬一人。

承安五年三月，大睦親府進重修玉牒。九月，修玉牒成。定皇族收養異姓男爲

〔一〕「二十二年十月」，此條原在下「二十五年四月」條之下，據年次乙正。

子者徒三年，姓同者減二等，立嫡違法徒一年。

元史世祖本紀：中統元年，賜親王銀、文綺、金素、綿、絹，自是歲以爲常。

明史諸王列傳：明制，皇子封親王，授金册金寶，歲禄萬石，府置官屬。護衛甲士少者三千人，多者至萬九千人。親王嫡長子，年及十歲，則授金册金寶，立爲王世子，長孫立爲世孫。諸子年十歲，則授塗金銀册銀寶，封爲郡王。嫡長子爲郡王世子，嫡長孫則授長孫。諸子授鎮國將軍，孫輔國將軍，曾孫奉國將軍，四世孫鎮國中尉，五世孫輔國中尉，六世以下皆奉國中尉。其生也請名，其長也請婚，禄之終身，喪葬予費。

王圻續通考：鎮國將軍。初定爲三品，永樂時改一品。輔國將軍。初四品，改從二品。奉國將軍。初五品，改從三品。鎮國中尉。初六品，改從四品。輔國中尉。初七品，改從五品。奉國中尉。初八品，改從六品。

諸王世表：洪武中，以子孫蕃衆，命名慮有重複，乃於東宮、親王世系各擬二十字，字爲一世。子孫初生，宗人府依世次立雙名，以上一字爲據，其下一字則取五行偏旁者，以火、土、金、水、木爲序，惟靖江王不拘。東宮擬名曰：允文遵祖訓，欽武大君勝，順道宜逢吉，師良善用晟。秦府曰：尚志公誠秉，惟懷敬誼存，輔嗣資廉直，匡時永信惇。晉府曰：濟美鍾奇表，知新慎敏求，審心咸景慕，述學繼前修。燕府後爲帝系，曰：高瞻祈見祐，厚載翊常由，慈和怡伯仲，簡靖迪先猷。周府曰：有子同安睦，勤朝在肅恭，紹倫敷惠潤，昭格廣登庸。楚府曰：孟季均榮顯，英華蘊盛容，宏才升博衍，茂士立全功。齊府曰：賢能長可慶，睿智實堪宗，養性期淵雅，寅思復會通。魯府曰：肇泰陽當健，觀頤壽以宏，振舉希兼達，康莊遇本寧。蜀府曰：悦友中賓讓，承宣奉至平，懋進深滋益，端居務穆清。湘府曰：久鎮開方岳，揚威謹禮儀，剛毅循超卓，權衡素自持。代府曰：遜仕成聰俊，充庭鼐鼎彝，傳貽連秀郁，炳燿壯洪基。肅府曰：瞻禄貢真弼，縉紳識烈忠，曦暉躋當運，凱諫處恒隆。遼府曰：貴豪恩寵致，憲術儼尊儒，雲仍祺保合，操翰麗龍輿。慶府曰：秩邃寘台鼐，倪伸師倬奇，适完因巨衎，鷺眷發需毘。寧府曰：磐奠覲宸拱，多謀統議中，總添支庶闊，作哲向親衷。岷府曰：徽音膺彦譽，定幹企禋雍，崇理原諮訪，寬鎔喜賁從。谷府曰：賦質信雄敞，叢興闡福昌，篤諧恂懌豫，擴霽昱禎祥。韓府曰：沖範徵偕旭，融謨朗璟達，亶韶愉灝愷，令緒价藩維。瀋府曰：佶幼詮勛胤，恬埕效迥瑝〔一〕，湜源諲晢暐，圭璧澈澄昂。安府曰：斐序斌延賞〔二〕，凝覃濬祉襄，恢嚴顯輯矩，縝密廓程綱。唐府曰：瓊芝彌宇宙，碩器聿琳琚，啓齡蒙頌體，嘉曆協銘圖。郢府曰：偉聞參望奭，箴誨洎皋夔，麒麟餘積兆，奎潁曄璿璣。伊府曰：顒勉諟訏典，褒珂采鳳琛，應疇頒冑選〔三〕，昆玉冠泉金。靖江王曰：贊佐相規約，經邦任履亨，若依純一行，遠得襲芳名。考明代帝系，熹宗、莊烈二帝名，始及「由」字，其他王府，亦多不出十字。

食貨志：太祖洪武九年，定諸王公主歲供之數。親王，米五萬石，鈔二萬五千貫，錦四十匹，紵絲三百匹，紗、羅各百匹，絹五百匹，冬夏布各千匹，綿二千兩，鹽二百引，茶千斤，皆歲支。馬料草，月支五十匹。其緞匹，歲給料匠，付王府自造。靖江王，米二萬石〔四〕，鈔萬貫，餘物半親王，馬料草二十匹。公主未受封者，紵絲、紗、羅各

〔一〕「迥」，明史諸王世表一作「迴」。
〔二〕「延」，明史諸王世表一作「廷」。
〔三〕「頒」，原作「須」，據光緒本、明史諸王世表一改。
〔四〕「二萬石」，諸本脱「二」字，據明史食貨志六補。

十匹，絹、冬夏布各三十匹，綿二百兩；已受封，賜莊田一所，歲收糧千五百石，鈔二千貫。親王子未受封，視公主；已受封郡王，米六千石，鈔二千八百貫，錦十匹，紵絲五十匹，紗、羅減紵絲之半，絹、冬夏布各百匹，綿五百兩，鹽五十引，茶三百斤，馬料草十匹。女已受封及已嫁者，米千石，鈔千四百貫，其緞匹於所在親王國造給。皇太子之次嫡子并庶子，既封郡王，必俟出閣，然後歲賜，與親王子已封郡王者同。女俟出嫁，與親王女已嫁者同。凡親王世子，與已封郡王同。郡王長嫡子襲封郡王者，半始封郡王。女已封縣主及已嫁者，米五百石，鈔五百貫，餘物半親王女已受封者。郡王諸子年十五，各賜田六十頃，除租稅爲永業，其所生子世守之，後乃令止給祿米。

二十八年詔更定諸王歲給。時以官吏軍士俸給彌廣，量減諸王歲給，以資軍國之用。乃更定親王萬石，郡王二千石，鎮國將軍千石，輔國將軍、奉國將軍、鎮國中尉以二百石遞減〔一〕，輔國中尉、奉國中尉以百石遞減。公主及駙馬二千石，郡主及儀賓八百石，縣主、郡君及儀賓以二百石遞減，縣君、鄉君及儀賓以百石遞減。自後爲

〔一〕「鎮國」下，諸本衍「將軍」二字，據明史食貨志六刪。

永制。

太祖本紀：二十二年正月，改大宗正院爲宗人府。

職官志：宗人府掌皇九族之屬籍，書宗室子女適庶、名封、嗣襲，生卒、婚嫁、謚葬之事，凡宗陳請，爲聞於帝，達材能，録罪過。洪武三年置大宗正院，至是改爲宗人府，並以親王領之。其後以勳戚大臣攝府事，不備官〔一〕，而所領盡移之禮部。

王圻續通考：太祖時，定宗室傳世爵級，凡將軍中尉以下，其有文武才能堪任用者，宗人府具以名聞，考驗陞轉，如常選法。如或有犯，宗人府取聞，明白奏聞，輕則量罪降等，重則黜爲庶人，但明賞罰，不加刑責。著爲令。

明史成祖本紀：永樂二十二年九月，時仁宗已即位。增諸王歲禄。

食貨志：仁宗增減諸王歲禄，非常典也，時鄭、越、襄、荆、淮、滕、梁七王未之國，令暫給米歲三千石，遂爲例。

史料前集：洪熙元年，周府加米五千石，通前二萬石，悉支本色。慶府原禄一

〔一〕「備」，原作「攝」，據光緒本、明史職官志一改。

萬石，悉支本色。寧府加米九千石，通前一萬石，悉支本色。代府加米千五百石，通前二千石，悉支本色。瀋府加米七千石，通前萬石，內本色六千石，餘折鈔。唐府加米七百石，通前二千石，悉支本色。魯府加米二千石，通前五千石，悉支本色。遼府加米一千石，通前二千石，悉支本色。肅府加米五百石，通前一千石，悉支本色。秦府原禄一萬石，內加米四千五百石，通前五千石，支本色，餘五千石折鈔。伊府加米一千七百石，通前二千石，悉支本色。靖江王加米七百石，通前一千石，悉支本色。趙、漢二府各加米二萬石，通前三萬石，仍歲加鈔十萬貫。晉府給米三千石，明年，又給韓王歲禄三千石，內一千五百石本色，餘折鈔。襄陵王、樂平王各歲禄千石，內五百石本色，餘折鈔。漢庶人以宣德元年反，削國，而趙王亦辭所加之禄矣。

英宗正統十二年，定王府禄米撥給之制，將軍自賜名受封日爲始，縣主、儀賓自出閤成婚日爲始，於附近州縣秋糧內撥給。至景帝景泰七年，定郡王、將軍以下禄米，出閤在前，受封在後，以受封日爲始；受封在前，出閤在後，以出閤日爲始。

孝宗本紀：弘治三年，禁宗室奏請田土及受人投獻。

魯王傳：世宗嘉靖三年，定宗室毋得以媵子爲嫡之例。

世宗本紀：嘉靖四十年，頒宗藩條例。

續文獻通考：初，太祖大封宗藩，令世世食禄而不任事，親親之誼甚厚。然天潢日繁，民賦有限。其始禄米盡支本色，既而本鈔兼支，有中半者，有本多於折者，厥後勢不能給，而冒濫益多，奸弊百出。自弘治間，禮部尚書倪岳即請節減，以寬民力。嘉靖九年，禮部覆豐林王議處宗室疏，帝意欲封帝之皇子爲郡王、親王，次子爲鎮國將軍，以張璁言宜量減禄而不降封，乃止。四十一年，御史林潤言：「天下財賦，供京師米四百萬石，而各藩禄歲至八百五十三萬石，即無災傷蠲免，歲輸亦不足供禄米之半。將軍以下，飢寒困辱，聚詬有司。守土之臣，每懼生變。夫賦不可增，而宗室日繁，將何以支事？」下諸王議。至是乃定條例：「郡王、將軍七分折鈔，中尉六分折鈔，郡縣主、郡縣鄉君及儀賓八分折鈔。他冒濫者，多所裁減。」於是秦、晉、周、楚、蜀、趙、慶、襄、淮、德、崇歲禄萬石，辭一千石；魯、益、衡歲禄萬石，辭二千石；崇王萬三百石，與唐王六千五百石，俱辭五百石。歲出爲少紓，而將軍以下，益不能自存矣。

嘉靖四十一年，下諸王議時。其明年，南陵王睦楧條上七議：「請立宗學以崇德教，設科選以勵人材，嚴保勘以杜冒濫，革冗職以除素餐，戒奔競以息貪饕，制拜掃以廣孝思，立憂制以省禄費。」詔下廷臣參酌之。其後，諸藩遂稍稍陳利弊。禮部尚書李春芳集而上之，諸吉凶大禮及歲時給賜，皆嚴爲之制。而武岡王顯槐復上書，條藩政，請設宗學，擇立宗正、宗表督課，親郡王以下子弟十歲入學，月米一石。三載，督學使者考績，其中程式者全録之，五試不中科則黜之，給以本禄三之一。其庶人暨妻女，月餼六石。案食貨志，宗室有罪革爵者曰庶人。英宗初，頗給以糧。嘉靖中，月支米六石，當即準此議而行之也。又言，萬曆時減至二石或一石。庶女勿加恩。其頒宗藩條例時，多採睦樸、顯槐二王議云。

王世貞處宗室策：國家待宗室，自親王至中尉凡八等。其支子歷八世，至於庶人，而禄始絶。王國所屬，長史衛校，百千人而止耳。不得臣他吏民，干有司事。親王常禄萬石，郡王二千石，鎮國將軍千石，以至於庶人亦百石，而他婚嫁居第、資送導從之費不與焉。親王米石、軍校官僚居第婚喪之費，又不下數萬，下至於庶人，而人各歲百石，居第二百金，婚娶百金，此不可已也。嘗觀嘉靖二十八年，宗正籍見存者已萬餘人；今又十餘年矣，人益其半而合之，當爲二萬人；又十餘年而人益其半而合之，當爲四萬五千人。酌祿之中人，各得五百石，益萬人，是益萬五百石粟也，大司農何以應之？官又爲厲禁，俾不得從農商之業，其賢者，又不得偕寒士從有司之薦，非所以明親親用賢之道也。今請自將軍以上，少裁其祿數而務實其惠；中尉以下，毋賜爵祿而寬其禁。使其賢者得與寒士角才而授任，不肖者從事於南畝，以其力周其身，而官弗與焉，庶乎其猶可支也。

明史諸王世表：神宗萬曆七年，更定親王承襲之例。親王之子例封郡王，若以支屬嗣者，自後長子襲封親王外，餘子仍照原封世次，授以本等爵級，不得冒濫郡爵。郡王無子，兄弟及兄弟之子不得請襲，違者爲冒封。

王圻續通考：萬曆十年，定各王府玉牒。每年八月，投禮部宗人府收貯，或有嫡庶混淆，名位舛錯，那移封期，增減歲月者，駁回重繕。

宗室之子，年十歲以上俱入宗學，於宗室中推舉一人爲宗正，領其事。年十五乃請封，給祿米三分之一，仍留學五年，驗有進益方出學，始給全祿。

天順八年，定各王府所生子女，年至十五，方許請封。嘉靖四十年，定各王府所生子，五歲即請名。萬曆時，定各府所生子，五歲請名，十歲請封，十五歲選婚。所生女十五歲請封，即與選婚。若因事耽延，未能如期奏請者，聽若所生子請名、請封過期者，五年查題，十年行勘，十五年勘明，另題止給名，糧五十石，本折分支，十五年以上立案。如係聽繼王爵人數過期，年久另題立案者，臨期請旨御定。男選婚、女請封過期至十五年以上者，立案。其庶人請給名糧，亦以十歲爲斷，過期如選婚例。

宗人有罪者錮高墻，高墻在中都。今鳳陽府。凡先後入高墻者，男女且千人。嘉靖四年至十八年，共釋三百八十六人，還原邸給薪米自便，其婚嫁之資，一概免給。萬曆時，令查先年罪案極重者，子孫止從寬釋，不得濫請名糧；稍輕者許現在子孫請名，歲給米十二石，身終即止；輕者，其日後子孫亦得請給。如止遺母妻而無子孫可倚者，歲給米六石，終其身，妾媵不給。凡庶人皆不得更乞冠帶。

明史神宗本紀：十八年更定宗藩事例，始聽無爵者得自便。

三十三年，開宗室科舉入仕例。

續文獻通考：鄭世子載堉於二十二年正月上疏：「請宗室皆得儒服就試，毋論中外職，中式者視才品器使。」詔允行。奉國中尉以下入試，輔國中尉以上爵尊，不得與。其後禮臣李廷機言：「封爵科目，原自兩途，彼既願得科目入仕，應照士子出身資格銓除，何拘原爵？」亦從之，惟不得除京朝官。

明史熹宗本紀：天啓五年十一月〔一〕，行宗室限禄法。

熹宗實録：時禮部尚書薛三省奏：「定宗藩限禄之法，以天啓四年以前之禄數，爲天啓五年以後之禄額，就各府見禄多寡，自爲通融，令各省撫按，酌爲歲額。」又奏言：「祖制，宗室郡王止四妾，將軍以下遞減一人，蓋亦限子之微意。今請郡王以五子爲率，一子襲封，餘四子各得應得封禄。此外多一子，則合四子之禄爲五分，以均給之。子遞增則諸子之禄遞減。俟諸子之禄僅與名禄庶人等，然後官爲增禄一人。將軍中尉之子亦然。乞以此著爲令。」報可。

右漢至明惇叙宗室

〔一〕「十一月」，明史熹宗本紀作「夏五月庚午」。

五禮通考卷一百四十五

嘉禮十八

飲食禮

宗法

周禮天官：大宰之職，以九兩繫邦國之民，五曰宗，以族得民。注：繼别爲大宗，收族者。

疏：大宗子與族食族燕，序以昭穆，所以收族。民即族人也。

張子曰：管攝天下人心，收宗族，厚風俗，使人不忘本，須是明譜繫世族與立宗子法，古人鮮有不知來處者。宗子法廢後，世尚譜牒，譜牒又廢，人家不知來處，無百年之家，骨肉無統，雖至親，恩亦薄。宗子之法不立，則朝廷無世臣。且如公卿，一日崛起於貧賤之中，以至公相，宗法不立，既死，遂族散，其家不傳；宗法若立，則人人各知來處，朝廷大有所益。或問：朝廷何所益？曰：公卿各保其家，忠義豈有不立？忠義既立，朝廷之本豈有不固？今驟得富貴者，止能爲三四十年之計，造宅一區乃其所有，既死則衆人分裂，未幾蕩盡，則家遂不存。如此，則家且不能保，又安能保國家？

李氏覯曰：大宗者，其先祖之負荷，族人之綱紀乎？夫五服者，人道之大治也，然而上盡於高祖，則遠者忘之矣；旁盡於三從，則疏者忘之矣。故立大宗，以承其祖，族人五世外，皆合之宗子之家，序以昭穆，則是世祖常祀，而同姓常親也。

薛氏季宣曰：百夫無長，不散則亂；一族無宗，不離則疏。先王因族以立宗，敬宗以尊祖，故吉凶有以相及，有無有以相通；尊卑有分而不亂，親疏有別而不二，貴賤有繁而不間。然後一宗如出一族，一族如出一家，一家如出一人，此所以得民也。

鄭氏鍔曰：大宗則收族，雖無服之親，亦係屬而不散，故族可以得民。

吕氏大臨曰：古之典禮者，皆以宗名之，故伯夷作秩宗，周官有宗伯，下及乎都家，皆有宗人。宗者，廟也。禮始於親親，親親之法，非廟不統，所以別姓。收族無一，不出於祖廟，不主乎祖宗，故天子之元子，爲天子之大宗，以繼其太祖，而別子爲諸侯。諸侯不敢祖天子，而自爲一國之太祖。故諸侯之元子，亦爲諸侯之大宗，以繼其太祖，而別子爲大夫。大夫亦不敢祖諸侯，而自立家，爲別子之祖。繼別者爲宗，亦謂之大宗，所以別小宗，而百世不遷者也。小宗有四五世則遷者也，故繼高祖之宗，得祀高祖。凡族兄弟，皆宗之族兄弟，同出於高祖，故高祖與族兄弟之服皆三月。至於繼祖、繼曾祖、繼禰所祀所宗，莫不倣此。故其所祀者，皆謂之宗子，以主家政，而宗之者，皆聽命焉。

蕙田案：或謂惟大夫士有宗法，天子諸侯不爲宗，非也。書稱高宗、中宗，詩曰「宗子維城」，又曰「大宗惟翰」，滕文公曰「吾宗國，魯先君」，則天子諸侯亦稱宗明矣。蓋自爲天地、宗廟、社稷之宗，而非五宗之所得擬也。

詩大雅：篤公劉，君之宗之。

朱子集傳：宗，尊也，主也。嫡子孫主祭祀，而族人尊之以爲主也。

李氏樗曰：周禮宗子有五，大宗子一，小宗子四，別子爲祖，繼別爲宗。百世不遷者，大宗也；繼禰之宗、繼祖之宗、繼曾祖之宗、繼高祖之宗，五世則遷者，小宗也。皆所以主祭祀而統族人，如有國有家之重者也。

呂氏祖謙曰：古者建國立宗，其事相須。詩「君之宗之」，言公劉整率其民，上則皆屬於君，下則各統於宗，其相維如此。

欽定義疏：繼別之宗，謂公子及異姓起家爲大夫者。周禮曰「以族得民」，詩曰「君之宗之」，則庶民之家，亦有宗矣。意一姓聚居者，雖無仕宦，朝廷皆爲立宗，以統攝之。

禮記大傳：別子爲祖，繼別爲宗，繼禰者爲小宗。注：別子，謂公子，若始來在此國者，後世以爲祖也。繼別，謂別子之世適也，族人尊之，謂之大宗，是宗子也。繼禰者，父之適也，兄弟尊之，謂之小宗。　疏：此下廣陳五宗義也。別子，謂諸侯之庶子也，諸侯之適子適孫繼世爲君，而第二子以下悉不得禰先君，故云別子，並爲其後世之始祖，故云「爲祖」也。鄭注「若始來在此國」，謂非君之親，或是異姓始來，亦謂之別子，以其別於在本國不來者。繼別謂別子之適子也，繼別子爲大宗也，族人與之爲絶族者，五世外皆爲之齊衰三月，母、妻亦然。繼禰，謂父之適子，上繼於禰，諸兄弟宗之，謂之小宗，以本親之服服之。

陳氏祥道曰：人生而莫不有孝弟之心、親睦之道，先王因其有是道，而爲之節文，故立爲五宗，以糾序族人，而使之親疏有以相附，赴告有以相通，然後恩義不失，而人倫歸厚，此周官所謂「宗以族得民」也。蓋諸侯之適子孫，則繼世爲君，而支子之爲卿大夫者，謂之別子；有自他國而來於此者，亦謂之別子；有起自民庶而致位卿大夫者，亦從別子之義。此三者各立宗而爲大宗，所謂繼別者也，若魯之仲孫、叔孫、季孫之類是也。其適子弟之長子，則謂小宗，所謂繼禰者也。

陳氏澔曰：別子有三，一是諸侯適子之弟，別於正室；二是異姓公子來自他國，別於本國不來者；三是庶姓之起於是邦爲卿大夫，而別於不仕者，皆稱別子也。爲祖者，別與後世，爲始祖也。繼別爲宗者，別子之後，世世以適長子繼別子，與族人爲百世不遷之大宗也。

蕙田案：別子有三，公子之外，其自他國而來及崛起爲卿大夫者，皆指命氏賜族者言之。

通典：薛綜述鄭氏禮五宗圖：天子之子稱王子，王子封諸侯，若魯、衛是也。則諸侯之子稱公子，公子還自仕，食采於其國，爲卿大夫，若魯公子季友者是也。則子孫自立此公子之廟，謂之別子爲祖，則嫡嫡相承作大宗，百代不絶。

呂氏祖謙曰：別子爲祖，如魯桓公生四子，莊公既立爲君，則慶父、叔牙、季友爲別子。繼別爲宗，如公孫敖繼慶父是爲大宗。繼禰者爲小宗，如季武子立悼子，悼子之兄曰公彌，悼子既爲大宗，則繼公彌者爲小宗。所以謂之繼禰者，蓋自繼其父爲小宗，不繼祖故也。

晉杜預宗譜：別子者，君之嫡妻之子，長子之母弟也。君命爲祖，其子則爲大宗。常有一主，審昭穆之序，辨親疏之别，是故百代不遷。若無子，則支子爲後，雖七十，無無主婦。若殤則緦絰加一等，以兄弟之列代之，殤無爲父道，兄弟昭穆同故也。死皆爲之齊縗，其月數各隨親疏爲限，雖尊雖出嫁，猶不敢降也。屬絶則爲之齊縗三月。若始封君相傳，則自祖始封君，其支子孫皆宗大宗。然則繼體君爲宗中之尊，支庶莫敢宗之，是以命别子爲宗主，一宗奉之，故曰「祖者，高祖也」，言屬逮於君則就君，屬絶於君則適宗子家也。而説者或云君代代得立大宗，或云别子之母弟亦得爲祖，或云命妾子爲别子，其嫡妻子則遷宗於君，皆非也。别子之弟，子孫無貴賤，皆宜宗别子之子孫。小宗，一家之長也，同族則宗之，其服隨親疏爲比，姊妹出嫁，不敢降之。五屬斷服，則不宗之矣。

朱子曰：君嫡長爲世子，繼先君爲正統，自母弟以下，皆不得爲宗。其次適爲别子，不得禰其父，又不可宗嗣君，又不可無統屬，故死後立爲大宗之祖，所謂别子爲祖也。其適子繼之，則爲大宗，直下相傳，百世不遷。

別子者，爲諸侯之弟，別於正適，故稱別子也。爲祖者，自與後世爲世祖，謂此別子子孫爲卿大夫，立此別子爲始祖也。繼別爲宗，謂別子之世世長子當繼別子，與族人爲不遷之宗也。

方氏慤曰：諸侯之適子，繼世而爲君，非別弟之所敢宗。諸侯之於庶子，不爲之服，而子亦不敢私相服，故君命長弟以統之，使夫不敢宗君者，有所宗不敢相服者，有以相服，此宗道所以立也。別子爲祖者，適子既爲諸侯，則別子乃大夫耳，大夫不敢祖諸侯，故自別爲祖焉。別子，即庶子也，然庶子有二例：別而言之，妻之子無長幼皆爲適子，妾之子無長幼皆爲庶子；合而言之，自繼世之子爲適子，其餘雖妻之子，亦庶子而已。

蕙田案：疏云：「諸侯第二子以下，悉不得禰先君，故云別子，並爲其後世之世祖。」杜氏宗譜：「別子，君之嫡妻之子，長子之母弟。君命爲祖，其子爲大宗，別子之弟子孫，皆宜宗別子之子孫。」二說不同，據經文下云「有大宗而無小宗，有小宗而無大宗」，又云「公子之公，爲其士大夫之庶者，宗其士大夫之嫡者」，則杜氏之説較爲明確。蓋別子乃由君命爲之置，後故爲先君大宗之祖，群公子皆宗之，世世爲大宗，與凡公子之爲祖者有閒也，詳見「公子有宗道」條下。宗其繼別子之有百世不遷之宗，有五世則遷之宗。百世不遷者，別子之後也。宗其繼別子之所自出者，百世不遷者也。宗其繼高祖者，五世則遷者也。尊祖故敬宗，敬宗，尊祖之義也。注：遷，猶變易也。小宗四，與大宗凡五。疏：此覆説大宗小宗之義。百世不遷，謂大宗也。五世則遷，謂小宗也。宗其繼別子之所自出者，自，由也。別子或由此君而出，或由他國而來，適子適孫，世世繼別子，故鄭注云「世適」也。五宗者，一是繼禰，與親兄弟爲宗；二是繼祖，與同堂兄弟爲宗；三是繼曾祖，與再從兄弟爲宗；四是繼高祖，與三從兄弟爲宗。是小宗四，并繼別子之大宗，凡五宗也。

陳氏禮書：公子不禰先君，故爲別子而繼別者，族人宗之爲大宗。庶子不得祭祖，故諸兄弟宗之爲小宗，以其服服之。大宗，遠祖之正體，則一而已；小宗，高祖之正體，其別有四，四世則親盡族絶，而不爲宗矣。然言繼別爲宗又言繼別子之所自出者，言繼禰爲小宗又言宗其繼高祖者，則繼別者，別子之子也；繼別子之所自出者，即別子也；繼禰者，庶子之子也；繼高祖者，五世之孫也。繼禰言其始，繼高祖言其終，繼別言其宗，繼別子之所自出言其祖。經言繼別子之所自出，而孔穎達言別子之所由出，然則別子所由出即國君也，其可宗乎？穀梁曰：「燕，周之分子也。」分子，即別子也。

陳氏埴曰：宗法源頭，有大宗以統之，則人同知尊祖；分派處有小宗以統之，則人各知敬禰。且始封之君，其適子襲封，則庶子爲大夫，大夫不得以禰諸侯，故自別爲大夫之祖，是謂別子爲祖也。別子之適子則爲大宗，使繼其祖之所自出，從此直下，適子世爲大宗，合族同宗之，是謂繼別爲宗也。別子之庶子，又不得以禰別子，却待其子繼之，而自別爲禰，繼禰遂爲小宗。凡小宗之適子，服屬未盡，常爲小宗。凡小宗之庶子，又别爲禰，而其適子，又各爲小宗，兄弟同宗之，謂繼禰爲小宗是也。大宗是世祖正派，下雖其後，支分派別，皆同宗此祖，則合族皆服齊衰三月，初不以親屬近遠論，是爲百世不遷之宗。小宗是禰正派，下親盡則絶，如繼禰者，親兄弟宗之，爲之服期；繼祖者則從兄弟宗之，爲之服大功；繼曾祖者，再從兄弟宗之，爲之服小功；繼高祖者，三從兄弟宗之，爲之服緦，自此以後代常遷一代，是爲五世則遷之宗。宗法之立，嫡長之尊，有君道焉。大宗，所以統其宗族；小宗，所以統其兄弟。大宗止是一人，小宗儘多。故一人之身，從下數至始祖，大宗惟一；數至高祖，小宗則四。

朱子文集：百世不遷者，以其統先君之子孫，而非統別之子孫也。別子之庶長，義不禰別子，而自爲五世小宗之祖，其適子繼之，則爲小宗。小宗者，繼別子庶子之所自出也，故惟及五世，五世之外則無服，蓋以其統別之子孫而非統先君之子孫也。不知是否，伏乞垂誨。曰：宗子有公子之宗，有大宗，有小宗。國家之衆子不繼世者，若其間有適子，則衆兄弟宗之爲大宗；若皆庶子，則兄弟宗其長者爲小宗，此所謂公子之宗者也。別子即是此宗子既没之後，其適長者各自繼此別子，即是大宗，直下相傳，百世不遷。別子之衆子既没之後，其適長子又宗之，即爲繼禰之小宗。每一易世，高祖廟毁，則同此廟者是爲袒免之親，不復相宗矣，所謂五世而遷也。答董叔重。

有小宗而無大宗者，有大宗而無小宗者，有無宗亦莫之宗者，公子是也。注：公子有此三事也。公子，謂先君之子，今君昆弟。　疏：此明諸侯之子，身是公子〔一〕，上不得宗君，下未爲後世之宗，不可無人主領之義。君無適昆弟，遣庶兄弟一人爲宗，領公子，禮如小宗，是有小宗而無大宗也。

〔一〕「是」，諸本作「自」，據禮記正義卷三四改。

君有適昆弟，使之爲宗，以領公子，更不得立庶昆弟爲宗，是有大宗而無小宗也。公子唯一，無他公子可爲宗〔一〕，是無宗；亦無他公子來宗己，是亦莫之宗也。「公子是也」，言此三事，他人無，唯公子有也。

朱子曰：有有大宗而無小宗者，有適則不立小宗也；有有小宗而無大宗者，無適則不立大宗也。謂如人君有三子，一嫡而二庶，則庶宗其嫡，是謂有大宗而無小宗；皆庶則宗其庶長，是謂有小宗而無大宗。止有一人，則無人宗之，己亦無人宗焉，是謂無宗，亦莫之宗也。下云「公子之公，爲其士大夫之庶者，宗其士大夫之嫡者」，此正解「有大宗而無小宗」一句。「之公」之「公」，猶君也。

公子有宗道，「公子之公」，爲其士大夫之庶者，宗其士大夫之適者，公子之宗道也。注：公子不得宗君，君命適昆弟爲之宗，使之宗之，是公子之宗道也。所宗者適，則如大宗，死爲之齊衰九月，其母則小君也，爲其妻齊衰三月。無適而宗庶，則如小宗，死爲之大功九月，其母、妻無服。公子惟己而已，則無所宗，亦莫之宗。

陳氏澔曰：此又申言公子之宗道。「公子之公」，謂公子之適兄弟，爲君者爲其庶凡弟之爲士大夫者，立適公子之爲士大夫者爲宗，使此庶者宗之，故云宗其士大夫之適者。此適是君之同母弟，適夫

〔一〕「公」，諸本脱，據禮記正義卷三四補。

人所生之子也。

晉曹述初曰：禮，諸侯不服庶子，先君之所不服，子亦不敢私相服也。夫兄弟之恩，既不可以無報，親戚群居，又不可以無主，故君必命長弟以爲之宗。宗立而相服，相服之義，由於其宗，故曰公子有宗道也。「公子之公，爲其士大夫之庶宗者」，公子之公，謂君之庶弟受命爲宗者也，其有功德，王復命爲諸侯，尊群庶所不敢宗，故此君復命其次庶弟代己爲宗主。士大夫，群庶之在位者也。

蕙田案：公子有宗道。「公子之公」，當以曹氏解爲的。

吕氏祖謙曰：假如國君有兄弟，四人庶而一嫡，嫡者君之同母弟，公子既不敢宗君，君則命同母弟爲之宗，使庶兄弟宗焉。若皆庶而無適，則須令庶長權攝祭事，傳至子則自宗矣。

蕙田案：東萊之説是也。亦可見國君之子，不得皆爲别子矣。華霞峰云：「士大夫之庶者，宗其士大夫之嫡者，如滕謂魯爲宗國也。」

吕氏大臨宗子議：國君之嫡長爲世子，繼先君之正統，自母弟而下皆不得宗。次嫡爲别子，别子既不得禰先君，則不可宗嗣君，又不可無所統屬，故爲先君一族大宗之祖。其生也適，庶兄弟皆宗之。別子之母弟，雖適子與群公子同，不得謂之別子。其死也，子孫世世繼之，爲先君一族之大宗，凡先君所出之子孫皆宗之，雖百世不遷。無後，則族人以支子繼之，此謂「別子爲祖，繼別爲宗」。群公子雖宗別子，而自爲五世小宗之祖，死則其子其孫爲繼禰、繼祖之小宗，至五世以上，則上遷其祖，下易其宗，無子孫則絶，此謂「繼禰者爲小宗」。每一君有一大宗，世世統其君之子孫，故曰「宗其繼別子之所自出者，百世不遷者也」。別子所自出，謂別子所出之先君，如魯季友乃桓公之別子所自出，即桓公大宗者，乃桓公一族之大宗。「公子之公，爲其士大夫之庶者，宗其士大夫之適者」，則別子爲先君大宗之祖，群公子皆宗之，是謂「有大宗而無小宗」。若君無次適可立爲別子，止有庶公子數人，則不可無宗以統，當立庶長一人爲小宗，使諸弟皆宗之，是謂「有小宗而無大宗」。若庶長死，國君復追立庶長爲別子，以爲先君一族大宗之祖，而以其子繼之，此雖不經見，然以義求之，則一君之大宗，不可以絶後也。若君之正嫡外，止有一公子，既不可宗君，又無昆弟宗己，是謂「無宗亦莫之宗」。然此公子亦爲其先君一族大宗之祖，没則百世相繼，先君之子孫皆宗之，如大宗法。國君主先君之祀，上可及先君之太祖，而下爲先君子孫之宗，故曰「尊者尊統上」。別子爲先君百世太宗之祖，而不敢禰先君，故曰「卑者尊統下」。大宗者，所以統先君之子孫，非統別子之子孫，故曰「大宗，尊之統也」，又曰「繼別子之所自出」。

蕙田案：鄭注別子有三：曰公子，曰始來此國者，曰庶人崛起爲卿大夫者。此二節則專申公子之宗道，以公子有適庶之分，有大宗、小宗、無宗之異，所以著別子之義也。注疏及吕氏之説得之。

喪服小記：別子爲祖，繼別爲宗，繼禰者爲小宗。有五世而遷之宗，其繼高祖者也。注：別子者，諸侯之庶子，別爲後世爲始祖也。謂之別子者，公子不得禰先君。繼別者，別子之世長子，爲其族人爲宗，所謂百世不遷之宗也。繼禰者，別子庶子之長子，爲其昆弟爲宗也。謂之小宗者，以其將遷也。五世而遷，即小宗也。小宗有四：或繼高祖，或繼曾祖，或繼祖〔一〕，或繼禰，皆至五世則遷。疏：諸侯適子之弟，別於正適，不得禰先君，故稱別子。其子孫爲卿大夫，立此別子爲始祖，故云「別子爲祖」。別子之世世長子恒繼別子，與族人爲百世不遷之大宗，故云「繼別爲宗」也。禰謂別子之庶

〔一〕「或繼祖」，原脱，據光緒本、禮記正義卷三二補。

子，所生長子繼此庶子，與兄弟爲小宗，比大宗爲小，故云「小宗」也。五世者，爲上從高祖，下至玄孫之子。此玄孫之子，則合遷徙，不得與族人爲宗，故云「有五世則遷之宗」。此五世則遷，實是繼高祖者之子，記文略爾。若繼高祖之身，未滿五世，猶爲服也。鄭注「小宗」有四，以別子之後，族人衆多，或繼高祖，與三從兄弟爲宗；或繼曾祖，與再從兄弟爲宗；或繼祖，與同堂兄弟爲宗；或繼禰，與親兄弟爲宗。一身凡事四宗，事親兄弟之適，是繼禰小宗也；事同堂兄弟之適，是繼祖小宗也；事再從兄弟之適，是繼曾祖小宗也；事三從兄弟之適，是繼高祖小宗也，兼大宗爲五。繼高祖者，至子五世，不復與四從兄弟爲宗，故云「皆至五世則遷」，各隨近相宗。然則小宗所繼非一，獨云「繼禰爲小宗」者，雖四，初皆繼禰爲始，據初爲元，故持云「繼禰」也。

是故祖遷於上，宗易於下，尊祖故敬宗，敬宗所以尊祖、禰也。注：宗者，祖、禰之正體。疏：四世之時，尚事高祖，至五世之時，謂高祖之父，不爲加服，是祖遷於上；四世之時，仍宗三從族人，至五世，不復宗四從族人，各自隨近爲宗，是易於下。宗是先祖正體，所以「尊祖故敬宗，敬宗所以尊祖禰也」。

吴氏鼎曰：祖遷於上，謂廟祭之祧遷；宗易於下，謂服屬所不及。二者相因也。

蕙田案：宗有五，大宗一，小宗四。大宗一者，大傳曰「別子爲祖，繼別爲宗」。諸侯之嫡長繼統正位，母弟而下，不得宗之，然不可無所統屬，故以次適爲別子，爲群公子之宗。上以别於君，下以别於諸公子，故曰别子。上不敢祖先君，下自爲後世之祖，故曰「别子爲祖」。其别子之世適，族人宗之，繼繼繩繩，百世不改，故曰「繼别爲宗」，又曰「百世不遷之宗」是也。小宗四者，一繼禰之宗，親兄弟宗之；二繼祖之宗，同堂兄弟宗之；三繼曾祖之宗，再從兄弟宗之；四繼高祖之宗，三從兄弟宗之。大傳曰「繼禰者爲小宗」，又曰「宗其繼高祖者，五世則遷」者也。繼禰言其初，繼高祖言其終，舉初終而四宗備。自此而上，則親盡服絶而宗遷矣。别子亦有三，一謂本國公子爲士大夫而别於君，二謂他國公子來仕而别於不來者，三謂庶姓初起爲士大夫而别於不仕者。鄭氏大傳注云：「别子，謂公子若始來在此國者。」王制注云：「雖非别子，始爵者亦然。」是也。其公子宗道亦有三，有小宗而無大宗者，如君無嫡兄弟，遣庶兄弟一人爲宗，領公子，禮如小宗也；有大宗而無小宗者，如君有嫡兄弟使之爲宗，以領公子，禮如大宗，更不立庶兄弟爲宗也；有無宗亦莫之宗者，公子惟一，無他公子可爲宗，亦無他公子來宗己也。大傳所稱「公子有此三事」是也。凡言宗，皆以繼子言，不以公子言。然而公子亦有宗道，如所稱「有小宗而無大宗，有大宗而無小宗」。一則君命同母弟爲庶兄弟之宗，一則君命庶長權攝宗事。大傳曰：「公子有宗道，公子之公，爲其士大夫之庶者，宗其士大夫之適者，公子之宗道也。」是也。「公子之公」，晉曹氏謂「君之庶弟，受命爲宗」，其解爲是。注疏並指君言，恐非。孔疏別子以爲第二子以下，並爲没世之始祖。張子云：「如別子五人，五人各爲大宗。」按以魯三桓例之，此説亦是。然與大傳公子宗道之義不合，又滕推魯爲宗國，則兄弟相宗，古禮應然。魯三桓實始壞禮之家，恐不當援以爲例也。五宗服制，宗子祭禮，詳見讀禮通考及「大夫士廟祭」門。

又案：以上五宗正義。

儀禮喪服傳：諸侯之子稱公子，公子不得禰先君；公子之子稱公孫，公孫不得祖諸侯，此自卑别於尊者也。若公子之子孫有封爲國君者，則世世祖是人也，不祖公子，此自尊別於卑者也。注：不得禰、不得祖者，不得立其廟而祭之也。卿大夫以下，祭其祖禰，則世世祖是人，不得祖公子者，後世爲君者，祖此受封之君，不得祀別子也。公子若在高祖以下，則如其親服，後世遷之，乃毁其廟耳，因國君以尊降其親，故終説此義云。

楊氏復曰：子夏傳云「自卑别於尊，是以子孫之卑自別於祖之尊」，此義爲是。「自尊別於卑，乃以子孫之尊自別於祖之卑」，此説於理有害。而鄭注遂以爲「因國君以尊降其親」而説此義，則又愈非禮意。蓋國君以尊降其親，謂降其旁親，其正統之服不降。祖服期，曾祖、高祖齊衰三月，是未嘗降其祖也。鄭注蓋惑於自尊别卑之説，乃以封君之不祖公子，爲以尊降其親，而不知公子爲别子，繼别爲宗，謂之大宗，百世不遷，大宗或無後，則爲之立後，世世不絶，而常以公子爲祖矣。若公子之子孫有封爲國君，則後世子孫只得祖封君，而不得祖公子，以紊其别子之宗，非是以封君之尊，别於公子之卑而不祖之也。

蕙田案：傳云「公子之子孫有封爲國君者，則世世祖是人，不祖公子」，此以後世祖此封君者言之，非謂封君之及身降其親而不祀也。鄭云「公子若在高祖以下，則如其親服」，甚得經意。其云「因國君以尊降其親」，正因上文尊同之義，謂降其旁親耳。楊氏誤會鄭意，而以封君自降其祖訾之未是。此不祖公子之義，可以定唐、宋始祖之議矣。

是故始封之君不臣諸父昆弟，封君之子不臣諸父而臣昆弟，封君之孫盡臣諸父昆弟。故君之所爲服，子亦不敢不服也，君之所不服，子亦不敢服也。疏：「始封之君不臣諸父昆弟」者，以其初升爲君，諸父是祖之一體，又是父之一體，其昆弟既是父之一體，又是己之一體，故不臣此二者，仍爲之著服也。云「封君之子不臣諸父而臣昆弟」者，以其諸父尊，故未得臣，仍爲之服；

昆弟卑，故臣之，不爲之服。「封君之孫盡臣諸父昆弟」者，繼世至孫，漸爲貴重，故盡臣之。

朱子曰：始封之君所以不臣諸父昆弟者，以始封君之父未嘗臣之，故始封之君不敢臣也。封君之子所以不臣諸父而臣昆弟者，以封君之子所謂諸父者，即始封君謂之昆弟而未嘗臣之者也，故封君之子亦不敢臣之。封君之子所謂昆弟者，即始封君之子始封君嘗臣之者也，故今爲封君之子者亦臣之。封君之孫所謂諸父昆弟者，即封君之子所臣之昆弟及其子也，故封君之孫亦臣之。故下文繼之以「君之所不服，子亦不敢服也，君之所爲服，子亦不敢不服也」。

蕙田案：朱子之説義最閎遠，疏家以「漸爲貴重」爲言，陋矣。

白虎通：諸侯奪宗，明尊者宜之。大夫不得奪宗，何？曰：諸侯世世傳子孫，故奪宗；大夫不傳子孫〔一〕，故不奪宗也〔二〕。喪服經曰「大夫爲宗子」，不言諸侯爲宗子也。

〔一〕「孫」，原脱，據光緒本、白虎通疏證卷八補。
〔二〕「奪」，原脱，據光緒本、白虎通疏證卷八補。

通典：晉元帝建武初，孫文上事：「宣帝，支子，不應祭章郡、京兆二府君。」僕射刁協云：「諸侯奪宗，聖庶奪嫡，豈況天子乎？自皇祚以來五十餘年，宗廟已序，而又攻乎異端〔二〕，宜加議罪。」案漢梅福云「諸侯奪宗」，此謂父爲士，庶子封爲諸侯，則庶子奪宗嫡，主祭祀也。在諸侯尚有奪義，豈況天子乎？所言聖庶者，謂如武王庶子，有聖德，奪代伯邑考之宗嫡也。

蕙田案：此章廣别子之義。言公子固爲百世不遷之祖，設後世有爲君者，則又當奪宗，祖封君而不祖公子，蓋所謂化家爲國也。此義明，則後世有天下者，始建國，則立親廟，親盡廟遷，則以開國之君爲太祖，如漢、唐、明之太祖，自屬不易，乃列代有紛紛之議，無有以此經爲質者。甚矣！經學之疏也。白虎通、通典二條，足以相證。而士大夫小宗有起而爲卿大夫者，奪宗之義可以類推矣。

春秋桓公二年左氏傳：大夫有貳宗。注：適子爲小宗，次子爲貳宗，以相輔貳。音義：爲小宗，本或作「爲大宗」，誤。疏：禮有大宗、小宗。天子、諸侯之庶子，謂之别子，及異姓受族，爲後

〔二〕「又」，通典卷五二作「文」。

世之始祖者，世適承嗣，百世不遷，謂之大宗。爲父後者，諸弟宗之，五世則遷，謂之小宗。五世遷者，謂高祖以下，喪服未絶，其繼高祖之適，則緦服之内共宗之；其繼曾祖之適，則小功之内共宗之；繼祖、繼禰，所宗及亦然。大夫身是適子，爲小宗，故其次者爲貳宗，以相輔助爲副貳，亦立之，爲此官也。杜知非大宗，而云小宗者，以其大夫不必皆是大宗，據爲小宗者多，故杜言之也。若大夫身爲大宗，亦止得立貳宗官耳。禮記據公族爲説，故言别子爲祖，主説諸侯庶子耳。其實異姓受族，亦爲始祖，其繼者亦是大宗，但記文不及之耳。沈云：「適子爲小宗，謂是大夫之身爲小宗；次者爲貳宗，謂大夫庶弟貳宗，以側室爲例〔一〕，皆是官名，與五宗别。」

蕙田案：大夫，或是大宗，或是小宗，原不必限定。貳宗爲副貳，以治宗事，疏以爲官名，亦無據。記云：「公子之公，爲其士大夫之庶者，宗其士大夫之適者。」亦貳宗之意。

陳氏禮書：儀禮曰：「都邑之士則知尊禰，學士大夫則知尊祖。」荀卿曰：「大夫士有常宗。」左傳曰：「大夫有貳宗。」蓋由士以上，莫不知尊祖禰，知尊祖禰，則尊者常宗。當其爲宗，則宗子統族人於外，主婦統族婦於内。死雖殤也，必喪以成

〔一〕「以」，諸本作「與」，據春秋左傳正義卷五改。

人；齒雖七十也，主婦不可闕；居雖異邦也，正祭不可舉；妻死，雖母在也，禫不可屈。尊與出嫁者不敢降其服，賢者不敢干其任，貴者不敢擅其祭，衆車徒不敢以入其門，凡以尊正統而一人之情也。惟其疾與不肖，然後易之。故史朝言「孟縶非人，將不列於宗」；賀循言「姦回淫亂，則告廟而立其次」。凡此，特義之權耳，非其所得已者也。方周之盛時，宗族之法行，故常棣、行葦之美作於上，角弓、頍弁之刺不聞於下。以此治國而國有倫，以此繫民而民不散，則宗子之於天下，豈小補哉！

右宗法

宗子收族

儀禮喪服傳：大宗者，收族者也。注：收族者，謂别親疏，序昭穆。疏：凡爲大宗，皆以收合族人，使不乖暌者也。

士昏禮：宗子無父，母命之。親皆没，己躬命之。支子則稱其宗，弟則稱其兄。注：支子，庶昆弟也。稱其宗子，命使者。弟，宗子母弟。

祖廟未毁，教於公宫三月。若祖廟已毁，則教於宗室。注：宗室，大宗之家。疏：若與君絶服者，則於大宗之家教之。大宗，謂别子之世適長子，族人所宗事者也。

禮記昏義：祖廟既毁，教於宗室。教成祭之。注：祭之，祭其所出之祖也。

大傳：同姓從宗，合族屬。注：合，合之宗子之家，序昭穆也。

儀禮喪服傳：父子一體也，夫妻一體也，昆弟一體也。故昆弟之義無分，然而有分者，則辟子之私也。子不私其父，則不成爲子。故有東宫，有西宫，有南宫，有北宫，異居而同財，有餘則歸之宗，不足則資之宗。注：宗者，世父爲小宗，主宗事者也。疏：有餘不足，皆統於宗，仍以明一體之義。

蕙田案：此雖以親世父言，然以姪視世父，即繼祖小宗也。由此遞續之，則世父之適子適孫世主宗事，有餘不足，皆統於宗可也，是即收族之義也。

禮記内則：適子、庶子，祇事宗子、宗婦，雖貴富，不敢以貴富入宗子之家；雖衆車徒，舍於外，以寡約入。子弟猶歸器，衣服、裘衾、車馬則必獻其上，而后敢服用其次也。若非所獻，則不敢以入於宗子之門，不敢以貴富加於父兄宗族。注：祇，敬也。宗，大宗。以寡約入，謂入宗子之家。猶，若也。非所獻，謂非宗子之爵所當服也。加，猶高也。獻其賢者，賢，猶善也。疏：此論族人敬事宗子之禮。適子謂父及祖之嫡子，是小宗也。庶子，謂嫡子之弟。

宗子，謂大宗子。宗婦，謂大宗子之婦也。言小宗子及庶子等敬事大宗子及宗婦也。歸，謂歸遺也。子弟若有功德，被尊上歸遺衣服、裘衾、車馬，則必獻其善者於宗子。此文雖主事大宗子，其大宗之外，事小宗子者亦然。

通典奉宗禮〔一〕：賀循曰：「奉宗加於常禮，平居即每事諮告。凡告宗之例，宗内祭祀、嫁女、娶妻、死亡、子生、行來〔二〕、改易名字，皆告。若宗子時祭，則宗内男女畢會，喪故亦如之；若宗内吉凶之事，宗子亦普率宗黨以赴役之。若宗子時祭，則告於同宗，祭畢，合族於宗子之家，男子、女子以班，宗子爲男主，宗婦爲女主，故云『宗子雖七十〔三〕，無無主婦』，以當合族糾宗故也。凡所告子生，宗子皆書於宗籍。大宗無後，則支子以昭穆後之；後宗立，則宗道存，而諸義有主也。立主義存，而有一人不悖者，則會宗而議其罸。族不可以無統，故立宗，宗既定，則常尊歸之，理其親親者也。是故義定於本，自然不移，名存於政，而不繼其人，宗子之道也。

〔一〕「奉宗禮」，通典卷七三作「事宗禮」。
〔二〕「來」，諸本作「求」，據通典卷七三改。
〔三〕「雖」，諸本作「非」，據通典卷七三改。

故爲宗子者，雖在凡才，猶當佐之佑之，奉以爲主。雖有高明之屬、盛德之親、父兄之尊，而不得干其任者，所以全正統而奉一人之情也。若姦回淫亂、行出軌道，有殄宗廢祀之罪者，然後告諸宗廟而改立其次，亦義之權也。

吕氏大臨宗法雜議：宗子法久不行，今雖士大夫，亦無收族之法。欲約小宗之法，且許士大夫家行之。其異宫同財，有餘則歸，不足則取，及昏冠喪祭必告，皆今可行。仍似古法，詳立條制，使之遵行，以爲睦宗之道，亦無害於今法。

蘇氏軾勸親睦：今欲教民和親，則其道必始於宗族。古者諸侯之子弟、異姓之卿大夫始有家者，不敢禰其父，而自使其嫡子後之，則爲大宗。族人宗之，雖百世而宗子死，則爲之服齊衰九月，故曰「宗其繼别子之所自出者，百世不遷者也」。别子之庶子，又不得禰别子，而自使其嫡子爲後，則爲小宗。古者立宗之道，嫡子既爲宗，則其庶子之嫡子又各爲其庶子之宗，其法止於四，而其寔無窮。自秦、漢以來，天下無世卿。大宗之法，不可以復立，而其可以收合天下之親者，有小宗之法存，而莫之行，此甚可惜也。今夫天下所以不重族者，有族而無宗也。有族而無宗，則族不可合。族不可合，則雖欲親之而無由也。族人而不相親，則忘其祖矣。今世之公卿大臣、賢人君子之後，所以不能世其家如古之久遠者，其族散而忘其祖也。故莫若復小宗，使族人相率而尊其宗子。宗子死則爲之加服，犯之則以其服坐。貧賤不敢輕，而富貴不敢以加之。冠婚必告，喪必赴。此非有所難行也。

羅虞臣小宗辨：夫重本始、聯族屬、叙親疏、别嫡庶，莫大乎宗法。宗之爲言尊也，尊無二，明無二嫡也。宗以五世爲限，服盡也。服者，先王所用，爲宗子聯屬族人之具也。服盡則親盡，親盡則廟毁，故曰「祖遷於上，宗易於下」，此之謂也。然自漢儒，論釋紛如，卒不可解。孔穎達曰：「族人一身事四宗，并大宗爲五。」考諸禮經，原無四宗之説，假令四宗爲之宗法，視子孫互有異同，族人以一身事之，將誰適？從此決知其不能也。四宗之説，起於班固。固之言曰：「宗其高祖後者爲高祖宗，宗其爲曾祖後者爲曾祖宗，宗爲祖後者爲祖宗，宗其爲父後者爲父宗。」此固臆説也。夫大宗以世祖爲宗，小宗以高祖爲宗，宗至四世，族人雖各有曾祖及祖禰之親，然視之高祖，彼皆支子，不爲宗。得爲宗者，高祖所傳之嫡而已，是宗安有四乎？或曰禮經所稱曰「繼禰」，曰「繼高祖」，何謂也？曰：據其初言，則爲繼禰，自其終言，則爲繼高祖之傳嫡。下及玄孫，推而上及於禰，然後爲小宗者備矣。夫小宗以五世爲率，五世之内，雖父子祖孫相承，然世止一嫡耳。序之以昭穆，别之以禮義，而後族人尊之爲宗，故曰「宗子有君道焉」。曰：内則有云：「夫婦皆齊而宗敬，終事而後敢私祭。」若子之説，庶子無私祭乎？曰：此小宗事大宗之禮也。小宗雖有嫡子，然要諸大宗，則庶也。小宗雖奉四代之祭，然要諸大宗，則私也。故祭先公而後私，先大宗，後小宗，尊卑之義也，非庶子私之謂也。

蕙田案：宗子之義，經傳諸儒之論詳矣。然其法，古今皆可通行。蘇氏謂大宗不可復立而但立小宗，亦非篤論。夫大小一也，未有大宗不立而可立小宗者也。今世士大夫，雖譜系不必盡備，然亦必有可知者。就其所知之中，或係始遷，或係始貴，或係有道德而能文章，不論世數遠近，皆當奉以爲不祧之祖而爲大宗。其當立廟者，官爲之主，而俾其子孫趨役。即不應立廟者，亦令各建宗祠，皆置公産，以爲祭祠、喪紀、飲食、課讀之費。大宗掌其事，又擇一族人之輩尊而老成者輔之，以下則五世各爲一小宗，而祠堂公産亦如之。小宗有故，則大宗爲之經紀；大宗有故，則各小宗合爲之襄贊。以尊祖敬宗之大義，動其孝弟惇睦之天良，則爭嗣爭産之弊，庶幾可以少替，而游手不肖之徒，亦有所統束而不敢肆，於風俗治化不無小補。四海之廣，固有一二家能行者，亦有行之得其意而不盡合於法者。有全未行者，或爲上者率先而倡導之，示之以規條，申之以勸誘，需之以歲月，知必有起而應之者。此寔道德齊禮之一大端也。

右宗子收族

五禮通考卷一百四十六

嘉禮十九

飲食禮

宗子立後

儀禮喪服：爲人後者。傳曰：何如而可爲之後？同宗則可爲之後。何如而可以爲人後？支子可也。疏：此問其取後取何人爲之，答以「同宗則可爲之後」。以其大宗子，當收聚族人，非同宗則不可，謂同承别子之後。一宗之内，若别宗同姓，亦不可也。又云「支子可也」，以其他家適子當家，自爲小宗，小宗當收斂，五服之内亦不可闕，則適子不可後他，故取支子。支子，則第二已下，庶子也。不言庶子，云支子者，若言庶子，妾子之稱，嫌謂妾子得後人。適妻第二已下子不得後人，是以變庶言支。支者，取支條之義，不限妾子而已。若然，適子既不得後人，則無後亦當有立後之義也。

爲人後者孰後？後大宗也。曷爲後大宗？大宗者，尊之統也。禽獸知母而不知父，野人曰：「父母何筭焉？」都邑之士，則知尊禰矣；大夫及學士，則知尊祖矣。諸侯及其大祖，天子及其始祖之所自出。尊者尊統上，卑者尊統下。大宗者，尊之統也。大宗者，收族者也，不可以絶，故族人以支子後大宗也。適子監本正誤「子」誤作「人」。不得後大宗。注：收族者，謂別親疏，序昭穆。疏：云「爲人後者孰後？後大宗也」，案何休云：「小宗無後當絶」，與此義同。云「曷爲後大宗」，此問必後大宗之意。云「大宗者，尊之統也」者，明宗尊，統領族人，有族食、族燕齒序族人之義，是以須後，不可絶也。云「禽獸」以下，因上尊宗子，遂廣申尊祖以及宗子之事也。學士，謂鄉庠序及國之大學、小學之學士，雖未有官爵，以其習之四術，閑之六藝，知祖義父仁之禮，故敬父，遂尊祖，得與士大夫之貴同也。諸侯及其大祖，天子及其始祖，皆是爵尊者，其德所及遠也。云「適子不得後大宗」者，以其自當家主事，并承重祭祀之事故也。天子始祖，諸侯及大祖，並於親廟外祭之，是尊統遠。大夫三廟，適士二廟，中下士一廟，是卑者尊統近也。此論大宗子，而言天子、諸侯、大夫、士之等者，欲見大宗子統領百世而不遷。又上祭大祖而不易，亦以尊統遠。小宗子惟統五服之内，是尊統近。

敖氏繼公曰：小宗者，族人之所尊，而大宗又統乎小宗，故言尊之統，見其至尊也。大宗爲尊者之統而收族人，故族人不得不爲之立後。

郝氏敬曰：凡繼，繼宗也。宗爲大，則所親爲小，故舉宗法明之。大宗自始祖以下，適長世世相傳，合族人共宗之。小宗謂始祖適子之第二子，亦以適長世世相承，五服内宗之。大宗百世不遷，小宗歷高、曾、祖、考，每四世親盡則遞遷。大宗繼祖，小宗繼禰，各同父以上，各以其四親爲小宗。同父之適，謂繼禰小宗；同祖之適，謂繼祖小宗；此外則五服窮而不相統矣，以彼有五服内繼高祖下者自爲統也。族人各有四宗，又共事其始祖之大宗，故大宗尤重。大宗絶，必擇族人支子繼之。適子不得後大宗，各有所後也。此見宗嗣至重，爲人子者不可輕爲人後，既爲人後，則不得復遂其私也。

盛氏世佐曰：自「曷爲後大宗」以下，皆論大宗不可絶。族人當以「支子後之」之義，蓋爲小宗之支子者，一旦棄其本宗而爲大宗後，人子之心或有所不安於此，故以大義斷之，而曰「後大宗者，即所以尊祖」也，則族人皆知義之無所逃，而不得以親疏易位爲嫌矣。尊謂别子之爲祖者也，大宗者，尊之統，謂祖之正統在大宗也。以母比父，則父尊，父在爲母期是也。以禰比祖，則祖又尊，不以父命辭王父是也。推而上之，至别子之爲祖者，而尊止矣。重言大宗者，尊之統也者，見士大夫之家，以别子爲祖，尊統雖近，而以繼别者爲正統所在，則無異於國耳。統在足以收族，統絶則族遂散而不可紀。勢必有一本之親視爲行路者，其去禽獸不遠矣。此族人必以支子後大宗之故也。適子不得後大宗者，重絶人之祀也。族人多矣，寧必以其適爲後哉？言此者，亦所以杜爭繼之釁也。古之人惡背其親，迫於大義，不得已而爲之，而後世乃貪財爭後者有之，或無所利焉，則聽大宗之絶而莫之顧。噫！時代之升降遠矣。

陳氏禮書辨嫡：子服父三年，父以尊，降服子期，而長子三年，以其傳重也。孫服祖期，祖以尊，降服孫大功，而服適孫期，亦以其傳重也。若適子在而適孫死，則祖亦服大功，以其有適子者，無適孫也。適子不在而祖死，則適孫亦服三年，以其無適子者，適孫承其服也。然則古者父死立嫡子，嫡子死立嫡孫，上以後先祖，下以收族人，謂之大宗。大宗不可以絶，故無子則族人以支子後之，凡以尊正統而重嫡嗣也。春秋左氏傳曰：「太子有母弟則立之，無則立長，年鈞擇賢，義鈞則卜。」又曰：「王后無嫡，則擇立長，年鈞以德，德鈞以卜。」以謂太子死而無後，則立嫡子之母弟，以其猶出於嫡室也。無母弟則立庶長，以其不得已而立妾子之長也。立妾子之長，則無間於貴賤。公羊曰：「立嫡以長不以賢，立子以貴不以長。」桓何以貴？母貴也。」何休曰：「禮，嫡夫人無子，立右媵子；右媵無子，立左媵子；左媵無子，立嫡姪娣子；嫡姪娣無子，立右媵姪娣子；右媵姪娣無子，立左媵姪娣子。」不識何據云然耶？夫嫡室，所以配君子奉祭祀者也。媵與姪娣，所以從嫡室廣繼嗣者也。故内則以冢子母弟爲嫡子，書以母弟與王父同其重。則太子死而無後，立太子之母弟可也。均妾庶也，而立其母之貴者，可乎？左氏曰：「非嫡嗣，何必娣之子？」又曰：「王不立愛，公卿無私。」蓋言此也。禮言爲後者四，有正體而不傳重，嫡子有罪疾是也；有傳重而非正體，庶孫爲後是也；有體而不正，庶子爲後是也；有正而不體，嫡孫爲後是也。然傳至嫡孫，嫡孫無後，則必立嫡孫之弟，猶太子之母弟也。禮謂族人以支子後之，蓋自其無弟者言之也。今令文「諸王公侯伯子男，皆子孫承嫡者傳襲，若無嫡子及有罪疾，立嫡孫；無嫡孫，以次立嫡同母弟；無母弟，立庶子；無庶子，立嫡孫同母弟；無母弟，立庶孫，曾孫以下準此」。若然，是無嫡孫，則舍嫡孫母弟而上取嫡子之兄弟；無嫡曾孫，則舍嫡曾孫母弟而上取嫡孫之兄弟。嫡子之子宜立而不立，嫡子之兄弟不宜立而立之，是絶正統而厚旁支矣，與禮「大宗不可絶」之云，不亦異乎！　木之正出爲本，傍出爲支；子之正出爲嫡，旁出爲庶。故伐枝不足以傷本，伐其本則木斃矣；廢庶不足以傷宗，廢其嫡則宗絶矣。本固而枝必茂，嫡立而庶必寧，此天地自然之理也。先王知其然，於是貴嫡而賤庶，使名分正而不亂，爭奪息而不作。故子生，則冢接以太牢，庶子少牢；冢子未食而見，庶子已食而見；冠則嫡子於阼階，庶子於房外；死則嫡子斬，庶子朞。其禮之重輕隆殺如此，豈有他哉？以其傳重與不傳重故也。禮曰：「庶子不祭祖，明其宗也。」又曰：「庶子不祭禰，明其宗也。」又曰：「父不祭於支庶之宅，君不祭於臣僕之家。」此嫡庶之分，不可不辨也。昔公儀仲子舍孫立子，而檀弓弔以免。司寇惠子舍嫡立庶，而子游弔以麻衰。皆重其服以譏之，欲其辨嫡庶之分而已。春秋之時，宋宣公舍子與夷，立弟穆公，穆公又舍子馮，立與夷，而與夷卒於見殺。莒紀公黜太子僕，愛季佗，而卒於召禍。晉獻殺世子申生，立奚齊，而卒以亂晉。齊靈公廢太子光，立公子牙，而卒以亂齊。蓋嫡一而已，立之足以尊正統而一人之情；庶則衆矣，立之則亂正統而啓覬覦之心。宋、莒、齊、晉之君不察乎此，每每趨禍，良可悼也。或曰：「易言『大君有命，開國承家』，禮言『予以馭其幸，則人君之於臣』，其所以立者，無嫡庶之間耳。」然考之於古，魯武公以括與戲見宣王，宣王立戲，仲山甫曰：「天子立諸侯而建其少，是教逆也。」王卒立之，其後魯人殺戲而立括，則魯之禍，宣王爲之也。古之所謂「開國承家者」，猶之别子爲祖也。爲祖而不爲宗，則其所立者非爲傳襲其先也。果使之傳襲其先而不以嫡長，則宣王已事之驗，可不鑒哉！

右宗子立後

爲後律令

爲人後附：

大清律例：一無子者，許令同宗昭穆相當之姪承繼，先儘同父周親，次及大功、小功、緦麻。如俱無，方許擇立遠房及同姓爲嗣。其或擇立賢能及所親愛者，若於昭穆倫序不失，不許宗族指以次序告爭并官司受理。

田氏序成立後論：古稱父後者，非謂諸子皆可以爲父後也，必嫡子乃足以當之。嫡子者，大宗小宗之統也。身爲小宗之嫡，則五服之親皆其所統，故禮曰：「嫡子不得後大宗，以支子可也。」而漢初之詔，賜民爲父後者爵一級，蓋嫡子之謂也。古稱立後者，非謂昆弟無子者人人爲之立後也，惟大宗乃舉之，故禮曰：「大宗不可絶。」故族人以支子後大宗。非大宗而立後者，蓋義舉也，於禮未之有聞也。古稱爲大宗後者，非必親昆弟之子也，有以從昆弟之子後從世父者矣，有以諸孫後祖者矣，有以諸曾孫後曾祖者矣，有以諸玄孫後高祖者矣，故禮曰：「爲人後者，斬衰三年。」不名所後爲父者，以所後不定，難以預著其名也。後世宗法不明，而嫡子、庶子皆稱父後；立後之義不明，而同居、異居昆弟之無子者皆爲立後；稱謂之義不明，而爲人後者，伯父、叔父皆易爲父，而以孫後祖，以無服之孫後遠祖者，禮既不行，名亦不著，非先王之本旨矣。雖然，生今之世，異居而無後，則族之强無狀者或將攘其所有，而死者無所依歸，故近世立嗣之法，雖與古昔殊科，而弭禍亂以敦彝倫，亦律令之所不廢也。若昆弟同居而無子，而有父母臨之，又從而割昆弟之子以爲子，則於理無當矣。乃今細民之家，惟利其昆弟之無後也。不幸昆弟無後，則汲汲分其支子以嗣之，將以并其所有，是先王明倫之教，反爲薄俗婪利之資也。

立後之禮，先王起之以存宗，後世沿之以定亂。何以言乎「起之以存宗」也？蓋先王明倫之教，莫大於嚴父，嚴父故尊祖，尊祖故敬宗，故禮曰：「別子爲祖，繼別爲宗，繼禰者爲小宗。」繼別之子，是爲大宗，上以承祖廟，下以收族屬，猶木之有本也。没而無子，則族人推其支子之倫序相當者爲之後而奉之，使廟祠有主，而族屬有依。故禮曰：「爲人後者孰後？後大宗也。大宗不可絶，故族人以支子後大宗。」非大宗而立後者，古未有也。蓋有之矣，或者以義舉之乎，禮未之有載也。何言乎「沿之以定亂」也？後世宗法廢而姓氏亂，人但私其近親以相敦附，其下者仁讓陵夷而參商競起，雖同胞屬裏之戚，亦有別籍異居者。没而無子，則魂魄無所依，産業無所屬，攘奪乘之而悖叛作。故王者立法，取上古存宗之意，而著爲律令。凡異居無後者，則近親推其支子之倫序相當者爲之後而主之，幽以爲死者，而明以養生者，所以弭禍亂而敦彝倫也。然則立後有二義矣，一曰大宗，一曰昆弟之異居者，在上古則如此，在後世則如彼。要之，存宗之義，公也，禮也；定亂之義，私也，法也。

蕙田案：如田氏説，是異居立後，同居不立後也。異居同居，豈可以爲立後不立後之準乎？律無之。

羅虞臣爲人後議：如何而可以爲人後？曰：「卜。」子夏曰：「爲人後者孰後？後大宗也。大宗不可絶，故族人以支子後之。」晉張湛曰：「後大宗，所以承正統也，若所繼非正統之重，無相後之義。」今也所後，非大宗之主，小宗五世之嫡，而輒爲之置後，無乃與先王之制異乎？宗之嫡死而無子，然後得爲置後；庶子不置後，不繼祖與禰也。非所後而後焉，是曰誣禮。捨天性之愛而父他人，孝子所不忍也，是曰抑本。苟有田産財計，則争爲之後，無則雖猶子，於世父棄也，是曰懷利。三者皆自叛於先王之教者也，吾何予焉？曰：「然則庶子之無後者，不爲厲乎？」曰：「殤與無後者，從祖祔食，不斬祭也，如之何其爲厲乎？」

柴紹炳立後説：支子後大宗，嫡子不得後大宗，非夫人而可以立後，非夫人而可以爲人後也，明矣。禮稱「别子爲祖，繼别者爲大宗」，以大宗爲嫡長相承，合族所統，不可一朝忽諸毋祀，故以小宗之支子爲後。若以小宗後小宗，以支子後支子，彼無不可絶之道，此無不得已之情，忽然捐本生，稱繼嗣，於情也拂，於禮也過，君子深非之。然則生也不幸無嗣，死竟同於若敖氏之鬼與？禮稱「殤與無後者，從祖祔食」，正爲小宗支子之絶嗣者設爾，又何必强爲立後，自干大宗也？或曰：「諸葛亮在蜀，以己未有子，求兄瑾子喬爲後，其後亮生子瞻，而諸葛恪被吴門誅，仍令喬子攀還奉瑾祀，此於義何居？」夫亮非嫡長，似殊大宗，然諸葛兄弟三人，各仕一國，正禮所謂「别子爲祖」者也。繼别爲宗，豈容遽絶？亮之求喬爲後，攀之還奉瑾祀，可謂允協也。或又曰：「近世陽明王氏曰：『古者士大夫無子，則爲之置後，無後者鮮矣。後世人情偷薄，始有棄貧賤而不問者。古所謂無後，大抵皆殤子之類也。然則古昔無問大小宗，無不立後者。』」夫陽明所稱士大夫置後，亦與諸葛繼别之意相通，至云「無後皆殤子」，此語未的。案禮又云「支子不祭殤與無後者」，殤與無後，明屬兩條。注云：「庶子不得立廟。」故不祭己之殤與兄弟之無後者，必與宗子祭祖之時，與祭於祖廟也。蓋庶子兄弟無子，固不得更爲立後，祇當祔食於祖考爾，是知支庶卑賤，何容越分求繼。若夫富貴亢宗，亦得通於別子之義，而謀爲立後者，尤必辨賢明序，斟酌情理之中焉。

蕙田案：羅氏、柴氏皆主從祖祔食之説，與徐氏同，辨見後。

汪氏琬曰：古者大宗而無後也，則爲之置後，小宗則否。夫小宗猶不得置後，況支庶乎？子夏曰：「爲人後者孰後？後大宗也。」然則族人而不爲後也，其遂不祀矣乎？曰：不然也。孔子曰：「殤與無後者，祭於宗子之家，當室之白，尊於東房。」是雖不置後可也。然則有大宗之家焉，有小宗之家焉，祭者將奚從？曰：視其祖。故曰「庶子不祭殤與無後者」，殤與無後者從祖祔食，此之謂也。孔子曰：「宗子爲殤而死，庶子弗爲後也。」然則大宗其遂絶乎？曰：如之何而絶也？弗後殤者，而後殤者之祖禰，則大宗固有後也。然則莫尚於大宗矣，奚爲不使嫡子後之也？曰：以其傳重也。古人敬宗而尊祖，稱嫡子者，繼祖禰者也，故不可以爲人後也。然則無宗，支嫡庶而皆爲之置後。今人之所行，古人之所禁也，不亦大悖於禮歟？曰：此禮之變也。蓋自宗法廢而宗子不能收族矣。宗子不能收族，則無後者求祔食而無所，其無乃驅之爲厲乎？故不得已爲之置後也，變也。然則今之置後者，必親昆弟之子，次則從父昆弟之子，其於古有合與？曰：不然也。禮，同宗者皆可爲之後也，大夫有適子則後適子，有庶子而無嫡子，則卜所以爲後者，如衛之石祁子是也。況無子而爲之置後，其有不聽於神乎？吾是以知其不然也。卜之則勿問其孰爲親孰爲疏可也，是可行於古亦可行於今者也。

蕙田案：汪氏主卜，尤屬滑突。

徐氏乾學曰：古禮，大宗無子則立後，未有小宗無子而立後者也。自秦、漢以後，世無宗子之法，凡無子者，則小宗亦爲之置後，彼豈盡爲繼嗣起見哉！大要多爲貲産爾。不知小宗無後者，古有從祖祔食之禮，則雖未嘗繼嗣，而其祭祀固未始絶也，又何必立人爲後，始可以承其祭祀哉？今世之紛紛爭繼嗣者，其爲大宗，當斷之律例；若小宗，則舉從祖祔食之禮，而不爲立後，其亦可也。

蕙田案：禮以義起，法緣情立。不衷諸古，則無以探禮之本；不通於時，不足以盡物之情。如宗法「爲人後」一事，此極古今不同之殊致也。禮稱「大宗，尊之統，不可以絶，故族人以支子後大宗」。是惟大宗當立後，而小宗則不立，支庶更無論矣。嗚呼！此誠三代以上之言，不可行於後世者也。何則？古者有井田，有世禄。井田法行則人無兼并，世禄不絶則宗無削奪。有世禄者，皆卿大夫也。禮：別子爲祖。別子者，本國公子、他國公子、庶人崛起，皆卿大夫也。卿大夫則有圭田以奉祭，有采地以贍族，蓋其禄受之於君，傳之於祖，故大宗百世不遷，而立後之法重焉。若後世與古相似者，惟宗室、近戚、勳臣、襲爵者爲然耳。

若卿大夫則多出於選舉，雖公卿之子，其入仕者，或以甲科，或以恩蔭，别無世禄可藉。而士之入仕，崛起者居什九，是以一族之人，或父貴而子賤，或祖賤而孫貴，或嫡賤而庶貴，貴者可爲别子，賤者同于庶人，皆以人之才質而定，非若古「繼别之大宗」，一尊而不可易也。至於兼并勢成，人皆自食其力，勤儉者致富，惰侈者困乏。即一家之中，有父富而子貧，兄貧而弟富，嫡貧而庶富，又以人之勤惰奢儉而分，非若古繼别之大宗，有世禄之可守也。如是而責大宗以收族，其勢必不能。既無大宗，則人各禰其禰，各親其親，亦情與理之不得不然者。乃田氏、羅氏等猶執大宗立後、支庶必不可立後之説繩之，是焉知古者大宗百世不遷，今則人人可以爲卿大夫，則人人可以爲别子。别子未必非支庶也，而謂支庶不立後，可乎？而況小宗乎？古者小宗五世而遷，亦有收族之道。今則小宗之適，不皆可以收族，而支庶可以爲富人，支庶無藉於宗子，而宗子之祭祀有闕，反不能不藉於支庶，若不立後，是奪支子之産以與適，黜賢而崇不肖，此豈近於人情？宗子且不可，而況他人乎？乃議者猶執「殤與無後，從祖祔食」之説繩之，倘果有宗子可也，無宗子則無祖廟、無祭祀，不知祔於何所？食於何人？不亦拘泥而不通於事矣乎？伏讀國家功令：「無子者，許令同宗昭穆相當之姪承繼，先儘同父周親，次及小功、緦麻。如俱無，方許擇立遠房及同姓爲嗣。其或擇立賢能及所親愛者，若於昭穆倫序不失，不許宗族以次序告爭并官司受理。又獨子不許出繼。」夫曰「無子」者，則凡無子皆是，未嘗指大宗、小宗及爲適、爲庶而言也。曰「同父周親」，則兄弟皆是，未嘗專指繼父之適爲言也。由親及疏、由近及遠，又有擇賢之條，即古同宗皆可爲後之義，而次序分明，則爭端不起。獨子不爲人後，尤與嫡子不後大宗之義相符。此真禮以義起，法緣情立，非聖人莫能制也。至爲人後之今於儀禮之後，恭録律令，謹疏其大義，附諸家之説而辨之如此。事，三代以後，變態日滋，兹特統以三條，曰立後之正、立後之權、立後之失，皆臚載其蹟，而準之時制，參之古禮，附論於左方，俾爭後爭産者知所鑒焉。

右爲後律令

立後之正

後漢書袁紹傳注：袁山松書曰：「紹，司空逢之孽子，出後伯父成。」三國志

注：英雄記曰：「紹生而父死，遭母喪，服竟，又追行父服，凡在冢廬六年。」臣松之案：魏書云「紹，逢之庶子，出後伯父成」，如此記所言，則似寔成所生。夫人追服所生，禮無其文，況於所後而可以行之！二書未詳孰是。

蕙田案：生而父死，縱是遺腹，亦便持喪，不須追服。紹之追服，正爲紹生定嗣。成死已久，名爲其子，寔未持服也。東漢之時，三年喪廢，行者輒得高名，而干譽之徒每多過禮，紹之詐黠於斯可見。松之反以此疑爲成所生，誤矣。

晉書安平王孚傳：九子，邕、望、輔、翼、晃、瓌、珪、衡、景。望字子初，出繼伯父朗。

魏書于忠傳：忠自知必死，表曰：「臣薄福無男，臣先養亡第四弟第二子司徒掾永超爲子，猶子之念寔切於心，乞立爲嗣，傳此山河。」靈太后令特聽如請，以彰殊效。

唐書崔祐甫傳：子植嗣。植，祐甫弟廬江令嬰甫子也。祐甫病，謂妻曰：「吾殁，當以廬江次子主吾祀。」及卒，護喪者以聞，帝惻然，召植，使即喪次。

舊唐書王正雅傳：從弟重，伯父翌之子也。重子衆仲，衆仲子凝，凝無子，以弟子鐬爲嗣，鐬兄鉅，位終兵部侍郎。

蕙田案：由翌至凝，四世嫡長矣，而鑣自有兄，則以支子後大宗之正也。

宋史宗室傳：滕王德昭長子惟正，特拜建寧軍節度使，卒，追封同安郡王。無子，以弟惟忠子從讜爲嗣。

蕙田案：惟忠是滕王第四子，從讜是惟忠第八子，是支子後大宗也。

又案：古人立後之法，專爲大宗，而後之之人必以支子。後世宗法不行，是以繼絶之禮，並及支庶。故居今之世，而欲執何休小宗當絶之説，則爲不情，而立自當以幼房支子爲正。若乃習俗成訛，動謂長房無子，當以次房長子爲嗣，此無稽之説也。夫大宗百世不遷，則數百年祖先傳重者，止此一人。敬之所以尊祖，事之比於君道，猶不敢奪人嫡子爲後，況區區繼祖、繼禰，妄號大宗，甚或身爲仲子，乃欲取叔季弟之長子爲嗣，何其謬哉！知禮之士，慎無奪人之嫡，亦不可爲人奪嫡也。

又案：以上以次房支子爲長房後。

晉書義陽王望傳：四子奕、洪、整、楙。奕早亡，以奕子奇襲爵。河間平王洪字孔業，出繼叔父昌武亭侯遺。

安平王第四子翼以兄邕之支子承爲後。

高密王泰傳：四子越、騰、略、模。騰出後叔父。

譙王遜傳：敬王恬四子，尚之、恢之、允之、休之。允之出後叔父愔。

劉毅傳：毅二子暾、總，總後叔父彪。

魏書裴伯茂傳：無子，兄景融以第二子孝才繼。

舊唐書虞世南傳：隋内史侍郎世基弟也。父荔，陳太子中庶子。叔父寄，陳中書侍郎，無子，以世南繼後，故字曰伯施。

蕙田案：支庶無子不必立後之説，前已辨之詳矣。況或暮年賴以承歡，或孀居撫以守志，族人能以支子後之，豈非親親之誼，而必執禮禁之乎！

又案：以上以長房支子爲幼房後。

後漢書伏恭傳：恭字叔齊，瑯琊東武人，司徒湛之兄子也。湛弟黯，字稚文，以明齊詩〔一〕，改定章句，作解説九篇，位至光禄勳。無子，以恭爲後，恭性孝，事所繼

〔一〕「齊詩」，諸本作「魯詩」，據後漢書伏恭傳改。

母甚謹。

晉書皇甫謐傳：謐字士安，幼名静，安定朝那人，漢太尉嵩之曾孫也。出後叔父，徙居新安。年二十不好學，游蕩無度，或以爲癡。嘗得瓜果，輒進所後叔母任氏。任氏曰：「昔孟母三徙以成仁，曾父烹豕以存教，豈我居不擇鄰，教有所闕？何爾魯鈍之甚也？修身篤學，自汝得之，於我何有？」因對之流涕。謐乃感激，就鄉人席坦受書，勤力不怠。居貧，躬自稼穡，帶經而農，遂博綜典籍百家之言。

南齊書王延之傳：延之父昇之，都官尚書，延之出繼伯父秀才粲之。

北齊書袁聿修傳：聿修字叔德，陳郡陽夏人，魏中書令翻之子也，出後叔父躍。

魏書南安王楨傳：楨子英，英子熙，以元叉隔絶二宫，起兵赴難，爲叉斬於鄴街。熙異母弟義興，出後叔父並洛。肅宗初，除員外散騎侍郎。及熙之遇害也，義興以别後，故得不坐。

隋書房彦謙傳：彦謙字孝沖，年十五出後叔父子貞，事所繼母，有踰本生。子貞哀之，撫養甚厚。後丁所繼母憂，勺飲不入口者五日。

唐書盧邁傳：再娶無子，或勸畜姬媵，對曰：「兄弟之子，猶子也，可以主後。」

戴胄傳：胄無子，以兄子至德爲後。至德，乾封中累遷西臺侍郎，同東西臺三品。閲十年，父子繼爲宰相，世詫其榮。

宋史馬廷鸞傳：廷鸞字翔仲，本灼之子，繼灼兄光後，甘貧力學。既冠，里人聘爲童子師，遇有酒食饌，則念母藜藿不給，爲之食不下咽。

曹覲傳：覲字仲賓，曹修禮子也。叔修古卒，無子，天章閣待制杜杞爲言於朝，授覲建州司户參軍，爲修古後。

明外史秦文傳：文引疾歸，惟日督教子姪。弟禮，禮子鳴雷出後伯父文。嘉靖二十二年，舉進士第一，授修撰，終南京禮部尚書。

蕙田案：史傳主於紀事，原不爲立後之法而設，故多直稱後伯父、後叔父，而其兄弟之有無、行次之伯仲，俱不可考。然兄弟子猶子，則立後自當以親者爲始，律文所謂「先儘同父周親，次及大功小功緦麻」，蓋亦人情天理之自然。儀禮言族人後大宗者，見族人雖疏，尚不可坐視其絶，非謂舍親兄弟子，而反立族人子也。故總而列之，以爲取後之常法。

又案：以上以兄弟子爲後。

後漢書鄧騭傳：騭弟閶卒，閶妻耿氏有節操，痛鄧氏誅廢，子忠早卒，乃養河南尹豹子嗣爲閶後。耿氏教之書學，遂以通博稱。永壽中，與伏無忌、延篤著書東觀，官至屯騎校尉〔一〕。

魏志文德郭皇后傳：皇后父永。后早喪兄弟，以從兄表繼永後，拜奉車都尉。

張沖傳〔二〕：沖字思約，吴郡吴人，父柬，通直郎，沖出繼從伯侍中景。

魏書陸俟傳：俟子麗，麗子定國，定國子昕之，尚顯祖女常山公主，奉姑有孝稱，又性不妬忌，以昕之無子，爲納妾媵，而皆育女。公主有三女，以昕之從兄希道第四子彰爲後。彰字明遠，本名士沈，年十六出後，事公主盡禮，丞相高陽王雍嘗言曰：「常山妹雖無男，以子彰爲兒，乃過自生矣。」

隋書薛道衡傳：道衡以忤高熲，帝令自盡，妻子徙且末。有子五人，收最知名，出繼族父孺。孺與道衡偏相友愛，收初生，即與孺爲後，養於孺宅，至於長成，殆不

〔一〕「屯騎」，原作「長田」，據光緒本、後漢書鄧騭傳改。

〔二〕「張沖傳」上，應有「南齊書」二字。

識本生。

唐書薛收傳：收字伯褒，蒲州汾陰人。隋内史侍郎道衡子也，出繼從父孺，年十二能屬文，以父不得死於隋，不肯仕，郡舉秀才，不應。案：隋書、唐書所載互異，故並列之。

蕙田案：古人之兄弟也，其同父者曰兄弟，同祖者曰從父兄弟，同曾祖者曰從祖兄弟，同高祖者曰族兄弟，外此無服，謂之同姓兄弟而已。後世稱名淆亂，同祖者改爲同堂兄弟，同曾祖者爲從堂兄弟，同高祖者爲再從兄弟，五世袒免者亦或稱三從焉。是以史傳所載，或依古之名，則同祖即稱從兄弟；或據今爲號，則同四世、五世並稱從兄弟，苟非寔知其支派，無由懸斷其親疏。然五世以内，親屬未竭，則取子立後，猶一氣也，故總之曰從兄弟子，不復加區別焉。

又案：以上以從兄弟子爲後。

曹植釋思賦序：家弟出養族父郎中伊，予以兄弟之愛，心有戀然，作此賦以贈之。

聞見前録：司馬温公，以康節之故，遇其孤伯温甚厚。公無子，以族人之子康爲嗣。康字公休，其賢似公，識者謂天故生之也。

宋史司馬夢求傳：夢求，叙州人，温國公光之後也。母程，歸及門，夫死，誓不他適，旌其母曰「節婦」。夢求，其族子，取以爲後。

宇文紹節傳：紹節，字挺臣，祖虛中，簽書樞密院事，父師瑗〔一〕，顯謨閣待制。父子皆以使北死。無子，孝宗愍之，命其族子紹節爲之後。

張子全書：爲其父母，不論其族遠近，並以期服服之。據今之律，五服之内，方許爲後。以禮文言，又無此文。若五服之内無人，使絶後可乎？必須以疏屬爲之後也。

羅虞臣爲人後議：曰：「人有抱其同宗之子而育者，則亦可以爲後乎？」曰：「可。螟蛉之體，化爲蜾蠃；班氏之族，乳虎紀焉。養育之恩大矣哉！其稱之爲父母也，豈若今之立繼者之比歟？」曰：「然則其於本生也，其名也如之何？」曰：「父母之名，何可廢也。昔宋崔凱曰：『本親有自然之恩，降一等。』亦足以明所後者爲重，無緣乃絶之矣。夫未嘗謂可以絶其親，而遽謂可以絶其名，是惑矣。」

〔一〕「師瑗」，諸本作「師援」，據宋史宇文紹節傳改。

曰：「不幾於二本乎？」曰：「禮不有繼父、慈母之名乎？」曰：「其服也，則如之何？」曰：「比之爲人後者，爲其父母期服。」

蕙田案：五服以外，乃稱族人。夫族人之子，與我不同高祖。夏、商之世，可通婚姻，立以爲後，疑於不相接續矣。然近支既無其人，豈容束手絶祀。且以我視族子爲疏屬矣，以高、曾祖視彼之高、曾，則未嘗不親也，援而立之，斯亦不失其正者。苟必泥於近親，寧以獨子承兩後，是特吝惜財産，不肯畀之疏屬，名爲不絶，而實已殄矣，是君子之所大惡也。

又案：以上以族人子爲後。

齊書江斅傳：初，宋明帝敕斅繼從叔愻爲從祖淳後。僕射王儉啓：「禮無後小宗之文，近世緣情，皆由父祖之命，未有既孤之後，出繼宗族也。雖復臣子一揆，而義非天屬。江忠簡胤嗣所寄，惟斅一人，傍無眷屬，斅宜還本。」於是斅還本家，詔使自量立後者。

蕙田案：斅本獨子，理無出嗣，而王儉之啓，於無父命爲後，尤爲切著。至云「臣子一揆，義非天屬」，然則苟無父命，雖天子不能奪也。彼貪利財産，甘棄其親而以人爲親者，讀此可以惕然心動矣。

大清律例續增：乾隆四年定例，獨子不許出繼。

蕙田案：以上獨子不爲人後。

晉書羊祜傳：無子，帝以祜兄子暨爲嗣，暨以父没不得爲人後。帝又令暨弟伊爲祜後，又不奉詔。帝怒，並收免之。太康二年，以伊弟篇爲鉅平侯，奉祜嗣。

宋史宗室傳：濮安懿王子宗祐，克己自約，蕭然若寒士，好讀書，尤喜學易。嘉祐中，從父允初未立嗣，咸推其賢，詔以宗祐爲後，泣曰：「臣不幸幼失怙恃，將終身悲慕，忍爲人後乎！敢以死請。」仁宗憐而從之。

蕙田案：以上父没不爲人後。

宋史禮志：紹聖四年，右武衛大將軍克務，乞故登州防禦使東牟侯克端子叔博爲嗣，請赴期朝參起居，而不爲克端服。大宗正司以聞，下禮官議，宜終喪三年。遂詔宗室居父母喪者，毋得乞爲繼嗣。

蕙田案：身爲支子，禮當出後者，固不容不後。且父殁，可從祖命；母殁，可從父命，非必一居重喪，遂無出後之道也。但身在喪中而舍而去之，是猶室女居喪而服中出嫁，於情安乎？寧可虛彼之祀，以待我喪之畢，斯爲進退有禮，而無亡親棄本之罪矣。

又案：此條居喪不爲人後。

袁氏世範：貧者養他人之子，當於幼時。蓋貧者無田宅可養，暮年唯望其子反哺，不可不自其幼時，衣食撫養，以結其心。富者養他人之子，當於既長之時。今世之富人，養他人之子，多以爲諱，故欲及其無知之時撫養，或養所出至微之人，長而不肖，恐破其家，方議逐去，致有爭訟。若取於既長之時，其賢否可以粗見，苟能温淳守己，必能事所養如所生，且不致破家，亦不致興訟也。多子固爲人之患，不可以多子之故輕以與人，須俟其稍長，見其温淳守己，舉以與人，兩家獲福。如在襁褓即以與人，萬一不肖，既破他家，必求歸宗，往往興訟，又破我家，則兩家受其禍矣。

蕙田案：袁氏前一條，計較利害，頗爲偏見。蓋貧者固當撫養以結其心，苟所養不肖，亦何望其反哺？富者固憂其不肖破家，然既長始立，則情誼不相浹洽，亦安能事如所生？要而論之，當云俟其稍長，以覘頭角，撫之婚冠之前，以篤恩誼，則無問貧富，皆爲兩全之道耳。至後一條，爲生子者言之，則誠爲篤論。蓋貧者固……人莫知其子之惡，而但利其兄弟之財，至於所後不肖，破家蕩産，彼家深受其害，而己子曾不享其利，何不任彼擇其賢者，得以善全無害乎？是真以子後人者所當察也。

又案：此論立後必擇人。

宋史范鎮傳：仁宗在位三十五年，未有繼嗣。嘉祐初，暴得疾，中外無不寒心，莫敢先言者。鎮獨奮曰：「天下事尚有大於此者乎？」即拜疏曰：「方陛下不豫，海内皇皇莫知所爲，陛下獨以祖宗後裔爲念，是爲宗廟之慮，至深且明也。昔太祖舍其子而立太宗，天下之大公也。真宗以周王薨，養宗子於宫中，天下之大慮也。願以太祖之心，行真宗故事，拔近屬之尤賢者，優其禮秩，置之左右，與圖天下事，以繫億兆人心。」疏封〔一〕，文彦博使客問何所言，以寔告，客曰：「如是，何不與執政謀？」鎮曰：「自分必死，故敢言。若謀於執政，或以爲不可，豈得中輟乎？」章累上，不報。除兼侍御史知雜事，鎮以言不從，固辭。執政諭鎮曰：「今間言已入，爲之甚難。」鎮復書執政，曰：「事當論其是非，不當問其難易。諸公謂今日難於前日，安知異日不更難於今日乎？」凡見上面陳者三，言益懇切。鎮泣，帝亦泣，曰：「朕

〔一〕「封」，宋史范鎮傳作「奏」。

知卿忠，卿言是也，當更俟二三年。」章十九上，待命百餘日，鬚髮爲白。朝廷知不能奪，乃罷知諫院，改集賢殿修撰。鎮雖解言職，無歲不申前議。每因事及之，冀感動帝意。至是，因入謝，首言：「陛下許臣，今復三年矣。願早定大計。」又因祫享，獻賦以諷。

歐陽修傳：修嘗因水災上疏曰：「陛下臨御三紀，而儲宮未建。昔漢文帝初即位，以群臣之言，即立太子，而享國長久，爲漢太宗。唐明宗惡人言儲嗣事，不肯早定，致秦王之亂，宗社遂覆。陛下何疑而久不定乎？」其後建立英宗，蓋原於此。

司馬光傳：仁宗始不豫，國嗣未立，天下寒心，而莫敢言。諫官范鎮首發其議，光在并州聞而繼之，且貽書勸鎮以死爭。至是，復面言：「臣昔通判并州，所上三章，願陛下果斷力行。」帝沉思久之曰：「得非欲選宗室爲繼嗣者乎？此忠臣之言，但人不敢及耳。」光曰：「臣言此，自謂必死，不意陛下開納。」帝曰：「此何害？古今皆有之。」光退，未聞命，復上疏曰：「臣向者進説，意謂即行，今無所聞，此必有小人言陛下春秋鼎盛，何遽爲不祥之事。小人無遠慮，特欲倉卒之際，援立其所厚善者耳。『定策國老』、『門生天子』之禍，可勝言哉？」帝大感動曰：「送中書。」光見韓琦等曰：「諸公不及今定議，異日禁中夜半出寸紙，以某人爲嗣，則天下莫敢違。」琦等拱手曰：「敢不盡力。」

韓琦傳：仁宗嘉祐六年，遷昭文館大學士。帝既連失三王，自至和中得病，不能御殿，臣下爭以立嗣固根本爲言，包拯、范鎮尤激切。積五六歲，依違未之行。至是，琦乘間進曰：「皇嗣者，天下安危之所係。自昔禍亂之起，皆由策不早定。陛下春秋高，未有建立，何不擇宗室之賢者，以爲宗廟社稷計？」帝曰：「後宫將有就館者，姑待之。」已又生女。一日，琦懷漢書孔光傳以進，曰：「成帝無嗣，立弟之子。彼中材之主，猶能如是，況陛下乎？」又與曾公亮、張昇〔一〕、歐陽修極言之。會司馬光、吕誨皆有請，琦進讀二疏，未及有所啓，帝遽曰：「朕有意久矣，誰可者？」琦惶恐對曰：「此非臣輩所可議，當出自聖擇。」帝曰：「宫中嘗養二子，小者甚純，近不慧，大者可也。」琦請其名，帝以宗寔告。宗寔，英宗舊名也。琦等遂力贊之，議乃定。英宗居濮王喪，議起知宗正，英宗固辭。帝復問琦，琦對曰：「陛下既知其賢而

〔一〕「張昇」，諸本作「張昪」，據宋史韓琦傳改。

選之，今不敢遽當，蓋器識遠大，所以爲賢也。願固起之。」英宗既終喪，猶堅臥不起。琦言：「宗正之命初出，外人皆知必爲皇子，不若遂正其名。」乃下詔立爲皇子。明年，英宗嗣位。

蕙田案：四條皆宋仁宗時立英宗爲嗣之事也。當時言者，如包拯、吕誨、吴奎、張述傳中皆有諫詞，兹以發端於范鎮，繼以歐陽、司馬，而韓魏公成之，故摘録以見其概。夫天子之尊，固宜早定，士庶之家，亦在預圖。苟希圖生育，觀望遷延，一旦變生，爭名施奪，亡國破家，階於此矣。韓、范、司馬諸公之言，真中年無子者之炯鑒也。

宋史富直柔傳：上虞縣丞婁寅亮上書言：「宗社大計，欲選太祖諸孫『伯』字行下有賢德者，視秩親王，使牧九州，以待皇嗣之生，退處藩服。」疏入，上大歎悟。直柔從而薦之，召赴行在，除監察御史。於是孝宗立爲普安郡王，以寅亮之言也。

范如圭傳：時宗藩並建，儲位未定，如圭憂之，掇至和、嘉祐間名臣奏章，合爲一書以獻，請深考群言，仰師成憲。或以越職危之，如圭曰：「以此獲罪，奚憾？」帝感悟，謂輔臣曰：「如圭可謂忠矣。」即日下詔以普安王爲皇子，進封建王。

蕙田案：二條宋孝宗嗣位之事也。厥後大統有屬，而大孝彰聞，豈非盛德之至哉！

明史梁儲傳：正德十一年春，以國本未定，請擇宗室賢者居京師，備儲貳之選，皆不報。八月，儲等以國無儲副，而帝盤遊不息，中外危疑，力申建儲之請，亦不報。

王鎮傳：乾清宮災，疏請養宗室子宮中〔一〕，定根本，不報。

石天柱傳：乾清宮災，上言：「前星未耀，儲位久虛，既不常御宮中，又弗預選宗室。何以消禍本，計長久哉？」

黃鞏傳：正德十四年，上疏曰：「陛下春秋漸高，前星未耀，祖宗社稷之託摇摇無所寄。方且遠事觀遊，屢犯不測，收養義子，布滿左右，獨不能豫建親賢以承大業，臣以爲陛下殆倒置也。伏望上告宗廟，請命太后，旁諏大臣，擇宗室親賢者一人養於宮中，以繫四海之望。他日誕生皇子，仍俾出藩，寔宗社無疆之福也。」員外郎陸震草疏將諫，見鞏疏稱歎，因毀己稾，與鞏連署以進。帝怒甚，下二人詔獄。

〔一〕「子」，原脱，據光緒本、明史王鎮傳補。

越二十餘日，廷杖五十，斥爲民。

蕙田案：梁儲諸人，諄諄於建儲之議，使武宗能決之於早，如宋之立英、孝二宗，則父子素定，可以潛消議禮之禍。而正人貶謫，元氣彫喪，不若是之甚矣！徙薪曲突無恩澤，至於焦頭爛額而後已，惜哉！

願體集：繼嗣一節，多有不肯早立，以致身後爭繼，禍起蕭墻。且爭繼者何心？原圖繼産，非爲繼嗣也。及至紛爭，家産蕩廢，應繼者反不願繼。何如身在之日，早於應繼之中，擇其善者繼之，加意撫養，令其感恩深重，不特無身後爭端，亦且頂戴過於親生矣。

蕙田案：古之立後，早定而獲福者，宋之英宗、孝宗，其明驗也。不早定，而漠如途人者，明世宗其炯鑒也。乃世之愚夫，至於耄老，猶思博取廣求，而不早定嗣，無論爭奪破家。即晚而定嗣，情義淡漠，不相比附，豈非自貽之慼哉！宋、明諸名臣，多以早定皇嗣爲言，皆愛君憂國之苦心，特時有聽有不聽耳。天子庶人，其揆一也。

又案：以上立後宜早定。

宋書謝弘微傳：弘微從叔峻無後，以弘微爲嗣。童幼時，精神端審。所繼叔父混名知人，見而異之。年十歲出繼。襲爵建昌縣侯。弘微家素貧儉，而所繼豐泰，惟受書數千卷，國吏數人而已。

梁書阮孝緒傳：孝緒，父彦之。孝緒七歲，出後伯父胤之。胤之母周氏卒，有遺財百餘萬，孝緒一無所納，盡以歸胤之姊琅琊王之母，聞者咸歎異之。

宋史蔡齊傳：齊無子，以從子延慶爲後。既殁，有遺腹子，曰延嗣。乃歸其宗籍，家所有付之，無一毫自予，萊人義焉。

金史伊喇履傳：履父裕嚕早亡，裕嚕之兄興平節度使德元無子，以履爲後。及長，德元生子震，德元殁，盡推家貲與之。

世宗紀：大定十三年四月，定出繼子所繼財産不及本家者，以所繼與本家財産通數均分。

蕙田案：此蓋以貧者無後，富者多子，必有互相推諉之弊，遂至坐視其絶者，故酌此以通之。庶幾繼絶之道得以盡行，立制之意，可謂苦心矣。若知禮，君子當以義命自安，何屑屑於此哉？

元史孝友傳：王薦兄孟鞈早世，嫂林氏更適劉仲山，仲山嘗以田鬻於薦。及死，不能葬，且無子，族以其貧，莫肯爲之後。薦即以田還之，使置後，且治葬焉。

蕙田案：傳言王薦之善，與立後之禮無涉。然王以路人，能返其田，以存人之祀；劉有同族，乃以田之有無，爲立後之進退，人之度量相越，豈不遠哉！故列諸此，以愧世之規家計而圖立後者。

明外史王燾傳：燾字濬仲，崑山人，少孤貧，九歲爲人後。族人有謀其産者，燾舉以讓之，獨迎養嗣祖母及母惟謹。

大清律例：若義男、女婿爲所後之親喜悦者，聽其相爲依倚，不許繼子并本生父母用計逼逐，仍酌分給財産。若無子之人家貧，聽其賣産自贍。

蕙田案：流俗多以立後起爭奪傷情誼，或棄親而不恤謂之不情，或不應立而强求謂之非禮，其端總爲財産起見。若夫有志之士，薄此而不爲，坐視其絶而不顧，則又以財産爲浼己而激而過焉者也。若謝弘微以下諸人，既不廢禮，又不貪利，心事皭然，如青天白日，聞者足使頑夫廉，薄夫敦。

又案：以上爲後不計財産。

右立後之正

立後之權

後漢袁紹傳：紹三子，譚、熙、尚。譚長而惠，尚少而美。紹後妻劉有寵，而偏愛尚，數稱於紹，亦奇其姿容，欲使傳嗣。乃以譚繼兄後，出爲青州刺史。

晉書周顗傳：顗三子，閔、恬、頤。閔無子，以弟頤長子琳爲嗣。

明史外戚錢貴傳：長子欽爲錦衣衛指揮使，與弟忠俱没於土木。欽無子，以忠遺腹子雄爲後。

鄭濂傳：鄭文厚生欽，文融無子，以欽嗣，欽嘗刺血療本生父文厚疾。

通典：漢石渠議：「大宗無後，族無庶子，己有一嫡子，當絶父祀以後大宗不？戴聖云：『大宗不可絶。言嫡子不爲後者，不得先庶耳。族無庶子，則當絶父以後大宗。』聞人通漢云：『大宗有絶，子不絶其父。』宣帝制曰：『聖議是也。』」

魏劉德問：「爲人後者，支子可也，長子不以爲後。同宗無支子，惟有長子，長子不後人則大宗絶，後則違禮，如之何？」田瓊答曰：「以長子後大宗，則成宗子。禮，諸父無後，祭於宗家，後以其庶子還承其父。」

晉范汪祭典云：廢小宗，昭穆不亂；廢大宗，昭穆亂矣。先王所以重大宗也。

豈得不廢小宗，以繼大宗乎？漢家求三代之後弗得，此不立大宗之故也。豈不以宗子廢絶，圖籍莫紀。若常有宗主，雖喪亂，要有存理，或可分布掌録，或可藏之於名山。設不盡在，決不盡失。且同姓百代不婚，周道也。而姓氏變易，何由得知？一己不知，或容有得婚者，此大違先王之典，而傷自然之理。由此言之，宗子之重於天下久矣！

性理會通：程子曰：「禮，長子不得爲人後。若無兄弟，又繼祖之宗絶，亦當繼祖。禮雖不言，可以義起。」

薛蕙爲人後解：禮之所以立後，曰重大宗也。小宗無子，以爲可絶者也，故不爲之立後。大宗無子，不可以絶，故立後以繼之。小宗不可擬大宗，故曰重大宗也。曷爲後大宗，不後小宗？重本也。大宗者，祖之正體也，本也。小宗者，祖之旁體也，支也。本存而支亡，亡而猶存也，尊者存焉耳；本亡而支存，存而猶亡也，存者微矣。是故小宗無後祖不絶，大宗無後祖絶矣。禮之後大宗，不後小宗，重絶祖也。雖然，大宗者，卿大夫之禮也。古者公子爲卿大夫，及始仕而爲大夫者，謂之别子，繼别子者謂之大宗，故曰「大宗者，卿大夫之禮也」。此卿大夫也而不可絶，益知天子之不可絶矣。大宗者，繼别云爾，曰尊之統也，故同族云爾，曰收族者也。天子之統，受之始祖，始祖受之天，不啻尊之統也；内治同姓，外治異姓，不啻收族者也。甚大宗矣，是故不可絶也。故天子無嗣，建支子以後天子，禮也。支子後天子，適子不爲後乎？禮之正者，支子爲後；禮之變者，適子亦爲後矣。何言乎「禮之變者，適子亦爲後」？適子不爲後者，非他也，傳小宗之統焉爾。明小宗之統爲重也，益知天子之統爲尤重矣，故適子可以後大宗，可以後大宗，斯可以後天子矣。天子者，始祖之體，大統之所在，尊則無上，親則本始也。諸侯雖有尊焉，不敢信其尊矣；雖有親焉，不敢專其親矣。信其尊，嫌於貳君；專其親，嫌於貳祖。故諸侯適子後天子者，不敢遂其尊親也。尊親者，人之至重也。然而不敢遂焉，亦猶有至重者也。繼大統者，因斯舉也，而知其所由來，則可以事天，可以保宗廟，可以有天下。是故明於爲人後之義者，措諸天下無難矣。

羅虞臣長子亦可爲人後議：孫遠死而無嗣，其弟重以長子彬後之。或曰重之命非也，長子不得爲後。曰：斯重宗之義也，吾將以重爲知禮矣。昔子思兄死，而使其子白續，以主祖及曾祖之祭，蓋遠嫌也。以己代兄，是謂奪宗；以子繼伯父，則有父命焉，其孔氏之家之變禮乎？重之命，惡得爲非？

大清律箋釋：承繼之法，由親而疏，自近而遠。又有擇賢立愛之條，可謂情義交盡，周晰無遺矣。乃末俗圖財起爭，兼有執小宗可絶、大宗不可絶之説者，殊不知此指兩房之嗣、僅有可繼之一人而言也。

蕙田案：人之生子必有長，然後有次。子雖衆多，而適子猶獨子也，安可爲人後乎？且爲後亦有不同。設是身爲支子，而大宗適長無子，又別無支子可嗣，以我長子後之，則爲大宗之適，義之權也。若己爲繼禰長子，何敢廢父之適孫，以後堂兄乎？己爲繼祖長孫，何敢廢祖之適曾孫，以後從兄乎？而世俗不明宗子之法，動云「絶幼不絶長」，於是有伯兄無子，奪仲叔之適以後之者，已爲誤矣。甚有仲兄無子，亦欲絶叔季以後之者，豈非誤而又誤者乎？箋釋剖明之曰：「小宗可絶，大宗不可絶，此指兩房乏嗣、僅有可繼一人而言。」足以破舉世之惑矣。

又案：以上以幼房適子爲長房後。

晉書荀顗傳：顗無子，以從孫徽爲子。

阮孚傳：無子，從孫廣嗣。

劉頌傳：頌無子，養弟和子雍早卒，更以雍弟翊子鷟爲嫡孫，襲封。

齊書江斅傳：初，宋明帝敕斅繼從父悉爲從祖淳後。僕射王儉啓：「江忠簡胤嗣所寄，唯斅一人，斅宜還本。若不欲江悉絶後，可以斅小兒繼悉爲孫。」尚書參議，謂：「間世立後，禮無其文。荀顗無子立孫，墜禮之始，何琦又立此論〔一〕，義無所

〔一〕「何琦」，諸本作「何期」，據南齊書江斅傳改。

據。」於是敦還本家，詔使自量立後者。

王奐傳：出繼從祖中書令球，故字彦孫。爲雍州刺史，輒殺寧蠻長史劉興祖。上大怒，收之。奐子彪陳兵閉拒，皆伏誅。奐弟伷女爲長沙王晃妃，世祖詔曰：「奐自陷逆節，長沙王妃男女並長，且奐又出繼，前代或當有准，可特不離絶。」

魏書王叡傳：叡次子椿無子，以兄孫叔明爲後。

宋史禮志：元豐國子博士孟開請以姪孫宗顔爲孫，據晉侍中荀顗無子，以兄之孫爲孫；其後王彦林請以弟彦通爲叔母宋繼絶，詔皆如所請。

宗室傳：越王傑無子，仁宗以恭憲王元佐之孫、允言子宗望爲之後。允初無子，以允成孫仲連爲之後。

李昉傳：昉字明遠，深州饒陽人。父超，晉工部郎中、集賢殿直學士。從大父右贊善大夫沼無子〔一〕，以昉爲後。初，沼未有子〔二〕，昉母謝方娠，指謂叔母張曰：

〔一〕「從大父」，宋史李昉傳删「大」字。「沼」，諸本作「右」，據宋史李昉傳改。

〔二〕「沼」，諸本作「超」，據宋史李昉傳校勘記改。

「生男當與叔母爲子。」故昉出繼於沼[一]。

元史魏初傳：初從祖璠無子，以初爲後。

通典間代立後議：晉何琦議以爲：「卿士之家，别宗無後，宗緒不可絶。若昆弟以孫若曾孫後之，理宜然也。禮緣事而興，不應拘常以爲礙也。魏之宗聖[二]，遠繼宣尼；琦從父以孫紹族祖；荀顗無子，以兄孫爲嗣，此成例也。」宋庾蔚之謂：「間代取後，禮未之聞。宗聖，時王所命，以尊先聖，本不計數，恐不得引以比也。」

徐乾學立孫議：舅氏亭林先生，立從子洪慎之子世樞爲孫。或者曰：「無子而立孫，非昭穆之序，是使世樞有祖而無禰也。先生即有子而殤，殤不立後，盍擇諸族兄弟之子以爲嗣乎？」余應之曰：「不然。自夫子之告子游，已謂三代以後，天下爲家，各親其親，各子其子，爲人之同情。是則兄弟之子，必親於從兄弟之子；從兄弟之子，必親於族兄弟之子也，明矣。古人之立宗也，自非大宗，五世親盡，則族屬絶。苟謂兄弟之子無當立者，舍兄弟之孫弗立，而立疏遠族屬之子爲嗣，其於祖若考之意，果無憾乎？有國者之繼世，與士大夫之承家，其理則一而已矣。吾外家顧氏侍郎公有二子，贊善公爲

〔一〕「沼」，諸本作「右」，據宋史李昉傳校勘記改。
〔二〕「宗聖」，原作「宗室」，據光緒本、通典卷九六改。

大宗，夢菴公繼禰之宗也。夢菴公有子，未婚而夭，貞孝王孺人服喪衰，以歸於顧。又十二年，先生生，方在襁褓，夢菴公撫而立之，爲貞孝後。先生寔贊善公之孫，吾外祖賓瑤公之子，於賓瑤公子孫爲至親，賓瑤公諸孫，洪善冢適也。洪泰孤子，不得爲人後。吾仲舅子嚴，失明年老，唯洪慎一子，非支子，不得爲人後。洪慎生三子矣，立世樞爲先生後，不亦可乎！晉書荀顗傳：『顗無子，以從孫徽嗣。』中興初，以顗兄玄孫序爲顗後，封臨淮公。荀氏，潁川名族，子姓甚繁，豈無昭穆之倫可立爲嗣者，而獨以從孫嗣，其必不舍親屬而他立也，禮之權而不失經者也。何琦之從父，以孫紹族祖，琦以爲宗緒不絕，若昆弟以孫若曾孫後之，理宜然也。理緣事而興，不必拘常以爲礙也。故雷次宗釋儀禮『爲人後者』之文，以爲不言所後之父者，或後祖父，或後高曾，凡諸所後皆備於其中。庾純云『爲人後者三年』，或爲子，或爲孫。若荀太尉養兄孫以爲孫，是小記所謂『爲祖後』者也。何琦、庾純，古所稱知禮之君子，其言鑿鑿如此。惟庾蔚之謂『間代取嗣，古未之聞』，然試以各親其親之常情準之，則必喟然發悟，以爲不悖於先王之道矣。故昭穆相續，其常也。如親屬無當立者，不得已而立從孫爲孫，如父子之誼，仍不改其昭穆之倫，毋亦勢之不得不然，而聖人之所許與。故詳論之，以告吾母黨云。」

蕙田案：無子立孫，固爲變禮。然立後之義，但取祖宗一氣可相承接，非詐冒爲己所親生也。則無子有孫，亦復何害？且立後之不可紊者，惡其亂昭穆也。正其名曰祖孫，則昭穆序矣。夫弟之不可後兄者，以其本是同輩，即長兄撫其幼弟，異時幼弟生子，仍可後兄也。倘暮年無子，而兄弟之子死亡已盡，或存者皆爲獨子，苟不立孫，則其人之絶祀也必矣，無可望矣，是安得不變而通之以濟其窮乎？且雷次宗解經論之於前，亭林先生行之於後，名儒成例，可遵而行也。世人拘泥，反以立孫爲失序，而或强借夭殤之子，或扳立兄弟夭殤之子，而後以孫繼之，此似乎得禮，而實爲矯誣。知禮君子，直須名正言順，定祖孫之分可矣。何必强爲緣飾，而反蹈於非禮哉！

又案：以上立兄弟之孫爲後。

晉書河間平王洪傳：洪二子威、混，威嗣，徙封章武。其後，威既繼義陽王望，更立混爲洪嗣。

蕙田案：此條本生祖父無子，立出後子之子爲後。

晉書王戎傳：子萬年十九卒，有庶子興，戎所不齒，以從弟陽平太守愔子爲嗣。

蕙田案：有子立嗣，似屬創見。然繼體祖宗，事關重大，子出微賤，而猥以承祧，是不敬其先人也。世有嫡妻無子，即以婢妾之子爲後，甚而女僕外婦姦生庶孽，而概以主持匕鬯，可乎？聞王戎之風，可以識古人尊祖敬宗之義矣。

分。

大清律例：分析家財田産，不論妻妾婢生，止以子數均分。姦生之子，量與半分。如別無子，立應繼之人爲嗣，與姦生均分。無應繼之人，方許承繼全分。

蕙田案：此條有子别立後。

周書杞簡公連傳：子光寶爲齊神武所害，以章武公導子亮嗣。

邵惠公顥傳：翼字乾宜，武成初封西陽郡公。早薨，謚曰昭，無子，以杞國公亮子温爲嗣。

王懋竑立嗣辨：吾家同寰公生四子，重甫、純甫、和甫、玉甫。重甫公生繩武，和甫生祖武、宗武、成武。純甫公、玉甫公俱絶無後。宗武繼純甫公，其繼玉甫公者當在成武，而繩武已有二子天擎、楚材，於是以楚材繼玉甫公爲孫，此議之前定者也。其後天擎早卒，無子，則重甫公及繩武之世又絶。天擎與楚材爲嫡兄弟，自當以楚材子爲嗣，而楚材止有一子，故天擎臨没，遺言且無立嗣，以待楚材次子之生。今次子生已週歲矣，即宜立爲天擎嗣，以奉同寰公及繩武之後。此揆之禮律而合，度之人鬼而安，斷斷無疑者也，而議者紛紜不一。時宗武子麟勱生四子，祖武子子倫生二子，或主次序之説，謂宜立麟勱之子；或謂宗武已承嗣其後，不得更承嗣，宜立子倫之子。此兩説者，愚請得而辨之。禮曰：「如何而可以爲人後？支子可也。」律曰：「凡立後者，先儘同父周親。」天擎、楚材，則同父也。楚材之子，於天擎爲嫡姪，於繩武爲嫡孫，同父周親，更無二人。以天擎言之，固不肯舍嫡姪而立從姪；以繩武言之，更安肯舍己之孫，而立他人之孫哉！且楚材之子之後天擎也，爲歸宗不爲繼嗣，即使楚材止一子，亦當以其子歸宗。楚材之不得歸宗者，以兄弟不相爲後。天擎之世不可絶，而必以其子歸宗者，以祖父爲重，而不得自有其子也。萬一不生次子，則寧更繼他人，而推祖父之意，必以其子還爲後，并不得拘支子、適子之説也。況今楚材已有次子，正合禮「支子爲後」之云，則更何所擬議而紛紜不已哉！或謂楚材已嗣玉甫公，則與麟勱、子倫同，不得以同父論，是又不考於禮律之過也。禮：「爲人後者，爲其父母期。」凡私親，皆降一等，今律亦然。故以名言之，麟勱、楚材於繩武，皆從父，而麟勱之服小功，楚材之服則期矣；麟勱、楚材於天擎，皆再從兄弟，而麟勱之服小功，楚材之服則大功矣。是皆不没其父子兄弟之實，而麟勱烏得以房分次序，與楚材較哉！麟勱子之不得爲嗣也，以與楚材子較，而其親不敵也，非夫已承嗣、不得更承嗣之説也。已承嗣、不得更承嗣，不知出於何書，而乃據以爲説？設使子倫無次子，而拘於此，將舍同寰公之後而別取之乎？故非楚材與天擎爲嫡兄弟，則承嗣者必麟勱之子無疑也。是子倫且不得與麟勱較，而又烏得以與楚材較哉？成武之不繼玉甫公，是欲均房分也。今謂楚材已嗣玉甫公，其子不得更嗣天擎，而當以子倫之子，是重甫公之後不可兼其二，而和甫公之後反可據其三，此又豈平情之論乎？若謂楚材家少自足而子倫貧乏，爲哀益之計。先王之制禮律也，固爲一定之法，以杜後世之爭，不得以私意轉移其間。今子倫之子必不得立，即使得立，而據禮律以爭者，必不能以已，是啓無窮之隙，而失兩盡之道也。況使重甫公不得有其曾孫，繩武不得有其孫，而天擎臨没拳拳之言付之不聞，三世之魂，必有嘆息痛恨於地下者，而徬徨躑躅，不肯以享非其後之祀，人鬼之情，皆有不安，其不可也決矣！或謂楚材本不當嗣玉甫公，今其子既歸宗，則楚材不得擅玉甫公之所有。夫楚材之嗣玉甫公也，專以房分論，而不以昭穆次序論也，其誤已在前，不可改矣。然以今推之，嗣玉甫公者，當在成武，成武無子，嗣成武者，仍在楚材，固非有誤也，奈何藉口而欲分楚材之所有哉！同寰公於新莊公爲長子，至天擎累世正嫡，所謂繼高祖之宗。今自重甫公以後斬焉，煢煢孤魂，孑然無依，四時祭享，誰爲其主？在同族之親，故復爲此辨，以告於諸叔、諸昆弟，以定其議，要使重甫公、繩武、天擎不至斬焉乏祀，則志願畢矣。

蕙田案：王氏辨是也。以人情言之，出後之兄弟，其情固親兄弟也。則出後者之子，其情亦親於從子矣。若其出後之人無子，則當依所後之親疏立後，而不可强扳本生兄弟之子爲後承統，於彼不得狥其私親矣。

又案：以上本生兄弟無子，立出後兄弟之子爲後。

宋史禮志：紹聖元年，尚書省言：「元祐南郊赦文，户絶之家，近親不爲立繼者，官爲施行。今户絶家許親近尊長命繼，已有著令，即不當官爲施行。」

大觀四年詔曰：「孔子謂興滅繼絶，天下之民歸心。王安石子雱無嗣，有族子棣，已嘗用安石孫恩例官，可以棣爲雱後，以稱朕善善之意。」

邵寶日格：人之子而子於人，遂爲之子，尊父命也。父殁則母命之。父母殁矣，伯叔雖絶嗣，將不得子之乎？請于君，君命之，猶父命之也。民之微，曷以請於君？請於令長，猶請於君也。

蕙田案：二泉先生之言，恐世人拘守「父殁不爲人後」之説，而絶後者多，故申明其説以通之，可謂以君子待人者矣。夫繼絶存亡，盛德之事，果是當後，固可以官長斷之，猶父命也。然必宗族公議，萬無推諉，然後請之於官而命之可也。若其投牒訴訟，自陳當後者乃貪財背親之人，官長當重懲之，以敦風俗。不可以二泉先生之言，而反致成人之惡也。

又案：以上官爲絶户立後。

陳龍正家矩一：親友無後者，不論貧富，必與立嗣。有田産及女者，半給贅婿，半留嗣子。如親房無可繼之人，公議于遠房擇而嗣之。遠房又無可繼，先變産價，置買棺槨葬地，餘田方入義莊公用。每歲清明前一日，守祠人備三牲、酒飯、燭帛，往掃其墓，餕餘即給守祠人。每墓約費米三斗，開義租内銷筭。孤魂一生勤積，惠遺後人，令無祀而有祀，以明報也。貧無産者，亦如之，又不以報論。

大清律例：户絶，財産果無應繼之人，所有親女承管；無女者，聽地方官詳明，上司酌撥充公。

蕙田案：「地方官酌撥充公」，指絶户無族者言。若其家有宗祠義莊，可以收族祔祭，則原聽其宗族主持矣。然如陳幾亭先生所云，亦必宗族蕃盛，而祠堂義莊規模遠大，實足以收族贍貧，主無後之祭者，乃可行之。若末俗貪夫，見人絶後，便生瓜剖之心，强名曰作祭田充義舉，實則共相噉噬之而已。甚有已議立後，而近支弟姪猶欲各析其貲者。此無良之事非義之財，族人苟稍有識者，當明目張膽以救正之，不惟己身不可染指，亦不可狥貪夫之欲，而坐視無子者之侵削於人也。

又案：以上絶户財産充公。

右立後之權

五禮通考卷一百四十七

嘉禮二十

飲食禮爲人後附

立後之失

禮記曾子問：孔子曰：「宗子爲殤而死，庶子弗爲後也。」注：族人以其倫代之，明不序昭穆立之廟。其祭之，就其祖而已，代之者主其禮。疏：以其未成人，庶子不得代爲之後，庶子既不爲後，宗子禮不可闕，族人以其倫輩與宗子昭穆同者代之，此爲大宗。族人但是宗子兄弟行，無親疏，皆得代之。知此是指大宗者，以何休公羊注云：「小宗無子則絶，大宗無子則不絶，重適之本也。」

徐氏乾學曰：此庶子，即宗子之弟也。蓋言宗子殤没，庶子即爲父後，不必爲宗子後，故云「庶子弗爲後也」。若依注疏之言，則是父有親子，反舍之不立，而别立他人之子，盡以己之世爵禄産授之，此豈近于人情耶？且有宗子，則宗子爲後，宗子夭則庶子爲後，此理之必然也，豈有庶子不可爲父後，而反以族人代宗子爲後乎？難者曰：「此庶子既不爲殤後，小記何以有爲殤後之文？」不知小記本文上言「男子冠而不爲殤」，下即繼之曰：「爲殤後者，以其服服之。」則彼之所謂殤，指已冠婚者而言；此之所謂殤，指未冠婚者而言。已冠婚者得以立後，未冠婚者不得立後。故記文有不同也，又何疑乎？

晉書文六王傳：城陽哀王兆，字千秋，十歲而夭。武帝踐阼，詔曰：「亡弟千秋，有夙成之質，不幸早亡。其以皇子景度爲千秋後，雖非典禮，亦近世之所行，且以述先后本旨也。」於是追加封謚。景度薨，復以第五子憲繼哀王後。薨，復以第六子祇爲東海王，繼哀王後。薨，又封第十三子遐爲清河王，以繼兆後。

遼東悼惠王定國，年三歲薨。咸寧初追加封謚，以齊王攸長子蕤爲嗣。

廣漢殤王廣德，年二歲薨〔一〕，咸寧初追加封謚，以齊王第五子贊紹封。薨，更以第二子實嗣。

武十三王傳：毗陵悼王軌二歲而夭，以楚王瑋子義嗣。

始平哀王裕，年七歲薨，以淮南王允子迪嗣。

蕙田案：殤子立後，其情有二。一是寵愛其子，思念不忘，於是爲之冥婚，立後，封爵贈謚，建廟立碑，以爲榮寵，若晉書所載是也，其失也愚。一是兄弟子行中，已無應繼之人，惟孫行尚有支子，又恐無子立孫，則其孫有祖而無父，于是强借夭殤之子，或别立兄弟夭殤之子爲子，而後以孫繼之，其失也詐。夫殤，無爲父之道，必以立後爲厚之，未見其爲厚也。孫有後祖之義，必以無父而諱之，未見其可諱也。是皆明禮者所不爲也。

又案：以上爲殤子立後。

禮記射儀：孔子射於矍相之圃，蓋觀者如堵牆。射至於司馬，使子路執弓矢出延

〔一〕「薨」，原脱，據光緒本、晉書文六王傳補。

射，曰：「僨軍之將、亡國之大夫、與音義：與音預。爲人後者不入，其餘皆入。」注：與，猶奇也。後人者，一人而已。既有爲者而往奇之，是貪財也。疏：謂有人無後，既立後訖，此人復往奇之。奇，謂配合之外，復有奇隻也。

舊唐書盧簡辭傳：無子，以弟簡求子貽殷、玄禧入繼。貽殷終光禄少卿；玄禧登進士第，終國子博士。

宋史留從效世家：從效無子，以兄從願之子紹錤、紹鎡爲子。

劉敞與爲人後議：孔子射於矍相之圃，子路誓客曰：「僨軍之將、亡國之大夫、與爲人後者不入，其餘皆入。」蓋去者半，敢問何如斯謂之「與爲人後」矣。與之也者，干之也，求之也。庶子奪其宗，非干歟？適子不爲族人後，適子而後其族，非干歟？諸父、諸兄，尊也；諸弟，倫也，義不可以爲後，非干歟？禮，不後異姓，異姓而爲人子，非干歟？庶子而奪其宗，則篡其祖也；適子而後其族，則輕其親也；諸父、諸兄、諸弟而後其子，兄弟則亂昭穆也；異姓而後於人，則背其姓也。當周之衰，僨軍之將、亡國之大夫、與爲人後者蓋多，此仲由所惡也。或曰：「昔之言禮，與子異。」曰：「然昔之言禮者，以爲人有後矣，而又往與之者也。有後人而又往與之，是兩後矣，安見有兩後者歟？且人惟無後故求後焉，未有有後而又求副焉者也，此非子路之指。」或曰：「立後者，立族人，族人既爲人之後矣，而晚父有子，立族人歟？立子歟？」曰：「諸侯將立後，必告於天子而見於祖；大夫將立後，必告於諸侯而見於祖。傳爲人後者爲之子也，降其私親，所以重之也。故有子則反，苟代匱而已，非立後也。」

吕枏春官外署語：胡林問：「射禮延射云：『敗軍之將、亡國之大夫、與爲人後者不得入。』夫爲人後者，自是昭穆應繼，不得已而爲之，何以與敗軍之將、亡國之大夫等？」先生曰：「此爲人後，當是異姓養子之類，背父離母，失其家矣，與敗軍、亡國者，又何異也？若同姓爲後，禮經有明徵矣。」周璞曰：「注疏謂與爲求。」先生曰：「此説更明，可見古注疏不可不讀。」

朱氏國禎曰：射禮：「敗軍之將、亡國之大夫、與爲人後者不得入。」敗亡之恥莫甚焉，不入固宜，爲人後者亦如之，何故？馮文所云「賤夫妄爲者」也。然則宜爲後者當入矣，蓋射本觀德，德以孝爲先，既爲人後，則本生父母不得執三年喪，人子之心何安？而敢上觀德之場乎？先王蓋以教孝也。由是觀之，爲人後者，當列不幸之科矣。馮又曰：「非大宗、非賢、非德而後之，皆曰安棄其親而親人，幾於禽獸。」吁，何至若是之甚！其不妄者，豈無十之四乎？或者，馮公有感之言，不可爲據。

蕙田案：一人二後，情事亦有不同。其爭奪承繼，以兩立爲解紛者，其爲貪利喪行，不待言矣。亦有富貴之家，已雖無子，而樂見子孫之蕃盛，此其意亦無大惡，然於情理有不可者。蓋我既無子，而兄弟以子後之，此存亡繼絶之大德，非常破格之義，舉聖人之所甚重也。今乃一之不足，而至于再，于彼于此，可以唯吾所欲立，其視己之衣食貲財爲甚重，而視人之以子後己爲甚輕，于情于理，其可安乎？又有貧富不均，誼敦手足，見兄弟之多男，而多取之以紓其累者，此尤近于美意。然不思兄弟之子猶子，兄弟貧窘而我獨豐盈，飲之食之，教之誨之，皆伯叔父分中之事也，何必斤斤焉使舍其父而父我，然後可以施其撫育？何其隘而私乎？且彼兄弟之子，並無干求爭奪之心，而自兩後並立之後，旁觀之人皆以爲與爲人後而卑鄙之，是愛之適以害之也。既不以禮自處，又不以禮處人，亦何所取意而爲之也哉！注疏與劉氏説不同，其義一也，當並存之。

又案：以上一人立二後。

漢書張安世傳：兄賀有一子早死，無子，子安世小男彭祖。師古曰：言養以爲子。封陽都侯。賀有孤孫霸，年七歲，拜散騎中郎將，賜爵關内侯。

蕙田案：上言無子，謂賀無子。孤孫即早死之子所生，非無孫矣。夫立後，所以繼絶也，不絶而取人爲後，則與義男、養子何異？取者受者，皆失之矣。

又案：以上有孫復立子。

春秋成公十五年：春，王三月乙巳，仲嬰齊卒。公羊傳：仲嬰齊者何？公孫嬰齊也。公孫嬰齊，則曷爲謂之仲嬰齊？爲兄後也。爲兄後，則曷爲謂之仲嬰齊？爲人後者爲之子也。爲人後者爲其子，則其稱仲何？孫以王父字爲氏也。然則嬰齊孰後？後歸父也。歸父使於晉而未反，何以後之？叔仲惠伯，傅子赤者也。文公死，子幼，公子遂謂叔仲惠伯曰：「君幼，如之何？願與子慮之。」叔仲惠伯曰：「吾子相之，老夫抱之，何幼君之有？」公子遂知其不可與爲謀，退而殺叔仲惠伯，殺子赤而立宣公。宣公死，成公幼，臧宣叔者相也。君死不哭，聚諸大夫而問焉，曰：「昔者叔仲惠伯之事，孰爲之？」諸大夫皆雜然曰：「仲氏也，其然乎？」於是遣歸父之家，然後哭君。歸父使乎晉，還自晉，至檉，聞君薨家遣，墠帷哭君成踊，反命於介，自是走之齊。魯人徐傷歸父之無後也，於是使嬰齊後之也。

胡傳：嬰齊者，公子遂之子，公孫歸父之弟也。歸父出奔齊，魯人徐傷其無後也，于是使嬰齊後之，故書曰「仲嬰齊」。此可謂亂昭穆之序，失父子之親者。以後歸父，則弟不可爲兄嗣；以後襄仲，則以父字爲氏亦非矣。

杜氏預曰：嬰齊，襄仲子，歸父弟。宣十八年逐東門氏，既而使嬰齊紹其後，曰仲氏。

徐氏乾學曰：卿大夫以下繼世，與天子不同。天下不可一日無天子，國不可一日無君，是故繼嗣不立，則取于旁支，以弟後兄可也，以兄後弟可也，甚至以叔後姪，古亦爲之。君之生存，既以盡臣其諸父昆弟，身没而旁支入繼，必爲之服斬衰。既爲之服斬衰，即以祖禰事之可也。大夫則不然，以別子爲祖，亦不能臣其宗族，繼世相傳，以宗法齊之而已。春秋之法，大夫以罪廢逐，不得入宗廟。即思其先世而爲之立後，亦直以廢逐者之兄弟，代主大宗之祀，世及相傳，而不及於廢逐者之子姪，正所以嚴昭穆之序也。魯于叔孫氏，嘗逐僑如，而立其弟豹矣；於臧氏嘗逐紇，而立其兄爲矣；于東門氏，則逐歸父而立嬰齊，其事正同。不聞豹禰僑如，爲禰紇，而顧必以嬰齊禰歸父，此魯人之創舉也。其意若謂吾逐歸父以其父故，父罪之大，不可後，寧後其子爾，乃不自知其已大悖典制矣。故何氏以爲亂昭穆之序，失父子之親；胡氏以爲弟不可爲兄後，父字不可爲氏，真不易之論也。然則魯人之處此，宜何如？曰：歸父固宗子，又一時所稱賢大夫也。左氏、公、穀皆以書其出奔爲善之，魯人既察其無罪而爲之立後，則自有宗法在，不得復同於廢逐之臣矣。禮曾子問篇曰：「若宗子有罪，居於他國，庶子爲大夫，其祭也，祝曰：『孝子某，使介子某執其常事。』攝主不厭祭，不旅，不假，不綏祭，不配。」又曰：「宗子去在他國，庶子無爵而居者，望墓爲壇，以時祭。若宗子死，告於墓，而後祭于家。宗子死，稱名不言孝，身没而已。」蓋卿大夫家，乃宗法所自始，其禮固甚嚴也。使歸父有子，當直立之，無子則當立嬰齊之子，嬰齊又無子，則當使爲攝主，以待其子之生。季孫有疾，命正常曰：「南孺子之子，男也，則以告而立之；女也，則肥也可。」季孫卒，康子即位。既葬，康子在朝，正常以告，康子請退。此卿大夫之庶子攝位，以待宜立者之生之證也。

魏書文成五王傳：河間王若未封而薨，詔京兆康王子太安爲後。太安與若爲從弟，非相後之義，廢之，以齊郡王子琛繼〔一〕。

蘇淑傳：淑字仲和，武邑人也。立性敦謹，頗涉經傳。兄壽興，坐事爲閹官。後爲河間太守，賜爵晉陽男。及壽興將卒，遂冒養淑爲子。

舊唐書淮陽王道玄傳：無子，詔封其弟道明爲淮陽王，以奉道玄之祀。

宋史李筠世家：城陷，筠將赴火，妾劉欲俱死，筠以其有娠，麾令去。守節筠子。既購得之，果生子焉。守節無子，以劉氏所生之弟爲嗣。

王欽若傳：欽若子從益無子，以叔之子爲後〔二〕。

〔一〕「子琛」，原脱「子」字，「琛」作「琢」，據光緒本、魏書文成五王傳補、改。
〔二〕「之」，原作「二」，據光緒本、宋史王欽若傳改。

袁氏世範：同姓之子，昭穆不同，亦不可以爲後。鴻雁微物，猶不亂行，人乃不然，至以叔拜姪，於理安乎？況啓爭端。設不得已，養弟、養姪孫以奉祭祀，惟當撫之如子，以其財産與之。受所養者，奉所養如父母，如古人爲嫂制服，如今世爲祖承重之意，而昭穆不亂，亦無害也。

大清律：若立嗣，雖係同宗而尊卑失序者，罪亦如之。如立異姓，杖六十。其子亦歸宗，改立應繼之人。

蕙田案：仲嬰齊以弟後兄，千古未有不知其非者。而近世士民之家，猶有紊亂名分，以弟繼兄者，何歟？大都長子早亡，理當立後，則此一分家産，屬之他人，不若取一幼子，畀其寡婦爲子，則我之家産，仍是我子所有。但知取後於人，則我子少一分財産，不思人來後我，則我家添一分子孫，此大惑也。若人以子少則富，未聞多子之家留其一，而其餘推以與他人者，是愛子之心無異，貧與不貧不暇計也。獨至立後繼絶，則雖親兄弟孫，猶忍弗能予，而寧以幼子當之？不知幼子固我子也，而家適則已絶矣，是謂惜財産而甘爲絶户也，豈不謬哉？

又案：以上以弟後兄。

舊唐書德宗諸王傳：文敬太子謜，順宗之子，德宗愛之，命爲子。

宋史陳洪進世家：子文顯、文顥、文顗、文頊。文頊本文顯子。初，洪進在泉州〔一〕，有相者言一門受禄，當至萬石。時洪進與三子皆領州郡，而文頊始生，乃以文頊爲子，欲應其言。

蕙田案：孫之於祖，可謂親矣，何必改稱爲子乃爲親愛乎？不能加親於孫，而適使之絶於父也，有是理乎？

又案：以上名孫爲子。

晉書司馬彪傳：彪字紹統，高陽王睦之長子也。出後宣帝弟敏。少篤學不倦，然好色薄行，爲睦所責，故不得爲嗣，雖名出繼，實廢之也。彪由此不交人事，而專精學習，故得博覽群集，終其綴集之務。

蕙田案：睦父進爲敏兄，且身列諸侯王，則彪乃繼祖之適孫也。敏雖無子，而兄弟之子，固不乏人。睦以愛憎之私，妄將適子後敏，長幼昭穆，皆所不顧，人之愚昧，一至此乎！

〔一〕「泉州」，原作「泉妙」，據光緒本、宋史陳洪進世家改。

又案：此以長房適子爲幼房後。

魏書胡叟傳：年八十而卒，無子，無有家人營主凶事者。胡始昌迎而殯之於家，葬於墓次，即令一弟繼之，襲其爵始復男、虎威將軍。叟與始昌雖爲宗室，不相好附，于其存也，往來乃簡，及亡而收恤至厚，議者以爲非必敦衰疏宗，或緣求利品秩也。

宋史李至傳：至七歲而孤，鞠於飛龍使李知審家。及貴，即逐其養子，以利其資，知審因之亦至右金吾衛大將軍。

癸辛雜識：止安陳公振，字震亨，居吴門，無子。有同姓昌世者，爲人端慤，每加敬愛，因延之家塾，常從容與言命繼之事，且託之訪。歷久未有所啓，問之，以難其人爲對，則曰：「得如子者乃佳。」昌世皇恐不敢當。又久之，問如初，昌世謝，未敢輕有所進。乃曰：「如此，則無出于子矣。」昌世固辭不敢，强之再三，乃勉承命。後因語及曩嘗夢謁家廟，覺有拜於後者，顧視則昌世也，此意遂決。昌世以其澤入仕，嘗倅三州，攝郡，於公帑纖毫無所取，穆陵聞之，擢爲郎。淳祐間事也。

北溪字義：在今世論之，立同宗，又不可泛。蓋姓出于上世，聖人之所造，正所以别生分類，自後有賜姓、匿姓者，又皆混雜。故立宗者，又不可恃同姓爲憑，須擇近親有來歷分明者立之，則一氣所感，父祖不至失祀。

蕙田案：同姓而不知世系所出，猶異姓也。夫虞有出於帝舜者，爲嬀姓；有出於虞仲者，爲姬姓。曹有出於振鐸者，爲姬姓；有出於邾婁者，爲曹姓。後世之姓，與古初之姓，有名異而實同，或字同而實異，安在其可以爲後乎？

又案：此以同姓非宗爲後。

春秋襄五年：夏，叔孫豹、鄫世子巫如晉。公羊傳：外相如不書，此何以書？爲叔孫豹率而與之俱也。叔孫豹則曷爲率而與之俱？蓋舅出也。何注：巫者，鄫前夫人襄公母姊妹之子也，俱莒外孫，故曰舅出。莒將滅之，故相與往殆乎晉也。注：殆，疑，疑讞于晉，齊人語。莒將滅之，則曷爲相與往殆乎晉？取後乎莒也。其取後乎莒奈何？莒女有爲鄫夫人者，蓋欲立其出也。注：時莒女嫁爲鄫後夫人，夫人無男有女，還嫁之于莒，有外孫。鄫子愛後夫人而無子，欲立其外孫，書者善之。得爲善者，雖揚父之惡，救國之滅者可也。

秋，公會晉侯、宋公、陳侯、衛侯、鄭伯、曹伯、莒子、邾婁子、滕子、薛伯、齊世子光、吴人、鄫人於戚。公羊傳：吴何以稱人？注：據上善稻之會不稱人。「吴、鄫人」云則不辭。注：方以吴抑鄫國，故進吴稱人。何以抑鄫者？經書「莒人滅鄫」，文與巫訴〔一〕，

〔一〕「文」，諸本作「又」，據春秋公羊傳注疏卷一九改。

巫當存〔一〕，惡鄫，文不見，見惡必以吴者〔二〕，夷狄尚知父死子繼，故以甚鄫也。

襄六年，莒人滅鄫。公羊何注：莒稱人者，莒公子，鄫外孫。稱人者，從莒無大夫也。言滅者，以異姓爲後，莒人當坐滅也。不月者，取後于莒，非兵滅。穀梁范注：莒是鄫甥，立以爲後，非其族類，神不歆其祀，故言滅。

穀梁傳：非滅也。注：非以兵滅。中國日，卑國月，夷狄時。鄫，中國也，而時，非滅也。家有既亡，國有既滅。注：滅，猶亡。亡，猶滅。家立異姓爲後則亡，國立異姓爲嗣則滅。既，盡也。滅而不自知，由別之而不別也。莒人滅鄫，非滅也。立異姓以莅祭祀，滅亡之道也。楊疏：言鄫所以滅者，立嗣須分別同姓，而鄫不別也。

胡傳：或曰鄫取莒公子爲後，罪在鄫子，不在莒人。春秋應以梁亡之例而書鄫亡，不當但責莒人也。今直罪莒舍鄫，何哉？曰：「莒人之以其子爲鄫後，與黄歇進李園之妹於楚王，吕不韋獻邯鄲之姬于秦公子，其事雖殊，其欲滅人之祀而有其國則一也，春秋所以釋鄫而罪莒歟？以此防民，猶有以韓謐爲世嗣，昏亂紀度如郭氏者。」

〔一〕「巫」，諸本作「晉」，據春秋公羊傳注疏卷一九改。
〔二〕「不見見惡」，諸本脱，據春秋公羊傳注疏卷一九補。

李氏廉曰：滅鄫之説，先儒所以不取左氏者，豈非以昭四年復有魯取鄫之文，故以此爲非實滅乎？趙子案其事情，以爲莒人以兵破鄫，立其子使守之，而爲附庸。其子又鄫之外甥，令奉鄫祀，然神不歆非類，是使鄫絶祀，故須書滅。公、穀但傳得立鄫甥守祀之説，而不知事實耳。莒今滅爲附庸，後魯取之，故復書取也。究此則三傳亦互相通，此恐得其實。

三傳折諸：徐健菴曰：「汪氏云：『鄫無後而以莒之子爲後。』鄫未嘗無後也。襄五年經稱鄫世子巫，是知其立巫爲後，告於大國者也。舍衆著之適長，而暱於牀笫之情，迎異姓爲後，其罪浮於賈充輩遠矣。先王之制禮也，大宗無後者，爲之置後。今鄫本有後也，而反立異姓以爲後，何爲而不滅亡與？按律：『乞養異姓、義子以亂宗族者，杖六十；若以子與異姓人爲嗣者，罪同，其子歸宗。』此乞養異姓子，亦言無後者耳。若鄫、莒之事，又律文所不載，當從重科斷者也。」

三國志馬忠傳：忠字德信，少養外家，姓狐名篤，後乃復姓，改名忠。

王平傳：平字子均，本養外家何氏，後復姓王。

朱然傳：然字義封，治姊子也，本姓施氏。初治未有子，然年十三，乃啓策，乞以爲嗣。

魏氏春秋：陳矯本劉氏子，出嗣舅氏，而婚于本族。徐宣每非之，庭議其闕。太祖惜矯才量，欲擁全之，乃下令曰：「喪亂以來，風教凋薄，謗議之言，難用褒貶。

自建安五年以前，一切勿論，其以斷前誹議者，以其罪罪之。」

晉書陳騫傳：騫父矯，魏司徒。矯本廣陵劉氏，爲外祖陳氏所養，因而改焉。

賈充傳：充無嗣，及薨，充婦郭槐輒以外孫韓謐爲黎民子，充子黎民，三歲死。奉充後。郎中令韓咸、中尉曹軫諫曰：「禮，大宗無後，以小宗支子後之，無異姓爲後之文。無令先公懷腆后土，良史書過，豈不痛心？」槐不從。咸等上書，求改立嗣，不報。槐遂表陳是充遺意。詔曰：「太宰、魯公充，崇德立勳，勤勞佐命，背世殂殞，每用悼心。又胤子早終，世嗣未立。古者列國無嗣，取始封支庶，以紹其統，而近代更除其國。至於周之公旦、漢之蕭何，或預建元子，或封爵元妃，蓋尊顯勳庸，不同常例。太宰素取外孫韓謐爲世子黎民後，吾退而斷之，外孫骨肉至近，推恩計情，合於人心。其以謐爲魯公世孫，以嗣其國。自非功如太宰，始封無後，皆不得以爲例。」

秦秀傳：充薨，秀議曰：「充舍宗族弗授，而以異姓爲後，悖禮溺情，以亂大倫。昔鄫養外孫莒公子爲後，春秋書『莒人滅鄫』。聖人豈不知外孫親耶！但以義推之，則無父子耳。又案詔書『自非功如太宰，始封無後如太宰，所取必己自出如太宰，不得以爲比』。然則外孫爲後，自非元功顯德，不之得也。天子之禮，蓋可然乎？絶父祖之血食，開朝廷之禍門，謚法：『昏亂紀度曰荒』，請謚荒公。」不從。

魏書高崇傳：崇字積善，父潛，顯祖初歸國，賜爵開陽男，居遼東。詔以沮渠牧犍女賜潛爲妻，封武威公主。拜駙馬都尉，加寧遠將軍，卒。舅氏坐事誅，公主痛本生絶嗣，遂以崇繼牧犍後，改姓沮渠。景明中，啓復本姓，襲爵。

舊唐書李叔明傳：本姓鮮于氏。大曆末，有閬州嚴氏子上疏稱「叔明少孤，養子於外，遂冒姓焉，請復之」。詔從焉。叔明初不知其從外氏姓，意醜其事，遂抗表乞賜宗姓。代宗以戎輳寄重，許之，仍寘嚴氏子于法。

宋史葉夢鼎傳：本陳待聘之子，七歲後於母族。

蕙田案：異姓爲後，固爲非禮，然直書不諱，則本系尚明。傳中言召赴行在，丁本生母憂，蓋與爲伯叔後者，同行出降之禮，此是當時父命使然。倘葉氏無後可立，而待聘別自有子，固不容自復本宗，而視葉之絶嗣也。若諱言非禮，而没所由來，則尤不可矣。

元史王鶚傳：無子，以壻周鐸子之綱承其祀。

明史外戚傳：陳公，淳皇后父也，追封揚王。王無子，生二女，長適季氏，次即皇太后。晚以季氏長子爲後。

陳泰傳：幼從外家曹姓，既貴，乃復故。

王得仁傳：本謝姓，父避讐外家，因冒王氏。

夏良勝傳：徐鰲本高氏子，少孤，依舅京師，冒徐姓，從其業爲醫。

蕙田案：世俗視兄弟之子甚疏，而視女及女夫甚親，于是有不立應繼，而甘招贅壻，亦有不得已而立後，而與贅壻分支作兩房者，其爲非禮，不待論矣。倘有微族單門伶仃孤子，實無宗支應繼之人者，若不招壻則無以自存，此安得不以外孫承祀乎？曰：是有説焉。夫既無應繼，則所有財産不得不歸之女壻、外孫，女壻、外孫既得其財産，不得不承其祭祀，此情理之必然者也。雖曰「鬼神不享，非類」，然古之有功德於天下者，則天下祭之；有功德於一國一鄉者，則一國一鄉祭之，以云報也。今以庶民之家，宫室衣食俱蒙婦翁外祖之庇，則亦有功德於一家一人者也，柰何不祭之以報乎？然其祭之也，宜主之以外孫而不主之以壻，没外孫之身而止；或外孫生子，早識其祖母之父母，則亦祭之，没身而止，明其殺於本宗也。而其祝文稱謂，則仍以外祖、外曾祖爲名，而外孫、外曾孫仍自姓其本姓，此不得已之變通，亦庶幾亡於禮者之禮也。若乃更其姓氏、易其稱謂，使自廢其祖先之祀，甚乃忘其所自而通婚於同宗，是謂陷人非禮，有識者所當深戒。

又案：此以女壻、外孫爲後。

北齊書高隆之傳：隆之字延興，本姓徐氏，云出自高平金鄉。父幹，魏白水郡守，爲姑壻高氏所養〔一〕，因從其姓。

五代史周本紀：世宗本姓柴氏，柴氏女適太祖，是爲聖穆皇后。后兄守禮子榮，幼從姑長太祖家，以謹厚見愛，太祖遂以爲子。

宋史程瑀傳：瑀字伯寓，饒州浮梁人。其姑臧氏婦，養瑀爲子。及姑歿，始復本姓，累官至校書郎，爲臧氏父母服。

蕙田案：姊妹之子，猶有血氣之屬。妻兄弟子何人，而可以爲後乎？在己則妻爲夫綱，在其子必知母而不知父矣，真可憫也。

〔一〕「氏」，原脱，據光緒本、北齊書高隆之傳補。

又案：以上以妻兄弟子爲後。

北齊書獨孤永業傳：永業字世基，本姓劉。母改適獨孤氏，永業幼孤，隨母爲獨孤家所育養，遂從其姓。

隋書王充傳：充字行滿，祖支頹耨，徙居新豐。頹耨死，其妻少寡，與儀同王粲野合，生子曰瓊，粲遂納之，以爲小妻。其父收幼孤，隨母嫁粲，粲愛而養之，因姓王氏。官至懷、汴二州刺史。王充本王世充，隋書以唐諱，去之也。

唐書安禄山傳：禄山，營州柳城胡也，本姓康。母阿史德，爲覡，居突厥中〔一〕，禱子于軋犖山〔二〕，虜所謂鬬戰神者，既而妊。及生，有光照穹廬，野獸盡鳴，望氣者言其祥。范陽節度使張仁愿遣搜廬帳，欲盡殺之，匿而免。母以神所命，遂字軋犖山。少孤，隨母嫁虜將安延偃。開元初，偃攜以歸國，與將軍安道買亡子偕來，得依其家，故道買子安節厚德偃，約兩家子爲兄弟〔三〕，乃冒姓安，更名禄山。

〔一〕「突厥」，原脱「厥」字，據光緒本、新唐書安禄山傳補。
〔二〕「子」，原作「之」，據光緒本、新唐書安禄山傳改。
〔三〕「子」，原脱，據光緒本、新唐書安禄山傳補。

子嗣。

郭子儀傳：子曖，曖子銛，尚西河公主。主初降沈氏，生一子，銛無嗣，以沈氏子嗣。

舊唐書元載傳：家本寒微，父景昇任員外官。載母攜載適景昇，冒姓元氏。

青箱雜記：范文正公幼孤，隨母適朱氏，因冒姓朱，名説，後復本姓，以啓謝時宰曰：「志在投秦，入境遂稱於張禄；名非霸越，乘舟乃效于陶朱。」以范睢、范蠡亦嘗改姓名故也。

明史熊概傳：幼孤，隨母適胡氏，冒其姓。巡撫南畿、浙江還，始復姓。

蕙田案：既娶改嫁之婦，孤兒無依，後夫養之，亦聖人所不禁也。但易姓以亂其宗則不可。若其間情誼之厚薄，禮制之重輕，詳喪服「繼父同居」條，宜參考焉。

又案：以上以妻前夫子爲後。

詩小雅小宛：螟蛉有子，蜾蠃負之。教誨爾子，式穀似之。注：螟蛉，桑上小青蟲。蜾蠃，土蜂也，取桑蟲負之于木空中，七日化爲其子。式，用。穀，善也。「螟蛉有子」，則「蜾蠃負之」，以興不似者可教而似。教誨爾子，用善而似之可也。

蜀志：衛繼字子業，兄弟五人，繼父爲縣功曹。繼兒時，與兄弟隨父遊戲庭寺中，縣長成都張君無子，每呼其子省弄，甚憐愛之。因語功曹，欲乞繼，功曹即許之，遂養爲子。繼敏達夙成，學識通博，進仕州郡，歷職清顯。而其餘四人，無堪當世者，父恒言己之將衰，張明府將盛也。時法禁以異姓爲後，故復爲衛氏。

陳書周文育傳：文育字景德，義興陽羨人也。少孤貧，本居新安壽昌縣，姓項氏，名猛奴。年十一，能反覆遊水中數里，跳高五六尺，與群兒聚戲，衆莫能及。義興人周薈爲壽昌浦口戍主，見而奇之，因召與語。文育對曰：「母老家貧，兄姊並長大，困於賦役。」薈哀之，乃隨文育至家，就其母請文育養爲己子，母遂與之。及薈秩滿，與文育還都，見于太子詹事周捨，請製名字，捨因爲立名文育，字景德。

魏書胡叟傳：叟字倫許，安定臨涇人也。不治産業，常苦饑貧，然不以爲恥。養子字螟蛉，以自給養。每至貴勝之門，恒乘一牸牛，弊韋袴褶而已。作布囊，容三四斗，飲噉醉飽，便盛餘肉餅以付螟蛉。見車馬榮華者，視之蔑如也。

五代史王晏球傳：晏球字瑩之，洛陽人也。少遇亂，爲盜所掠，汴州富人杜氏得之，以爲子，冒姓杜氏。

宋史安德裕傳：父重榮，晉成德軍節度。德裕生未朞，重榮舉兵敗，乳母抱逃水竇中，爲守兵所得，執以見軍校秦習，習與重榮有舊，因匿之。習先養石守瓊爲子，及年壯，無嗣，以德裕付瓊養之，因姓秦氏。習卒，德裕行三年服，然後還本姓。習家盡以橐裝與之，凡白金萬餘兩，德裕却之，曰：「斯秦氏之蓄，於我何有？」聞者高之。

薛居正傳：惟吉字世康，居正假子也。居正妻妬悍，無子，婢妾皆不得侍側，故養惟吉，愛之甚篤。

孝義傳：劉孝忠，母死，孝忠傭爲富家奴，得錢以葬。富家知其孝行，養爲己子。後養父兩目失明，孝忠爲舐之，經七日復能視。

申積中，成都人。襁褓中，揚繪從其父起求之爲子。及長，知非揚氏，而絶口不言。年十九，登進士第，事所養父母，盡孝終身。有二弟一妹，爲畢婚娶，始歸本族，復爲申氏。

江萬里傳：萬里無子，以蜀人王橚子爲後，即鎬也。

韓侂胄傳：侂胄娶憲聖吴皇后姪女，無子，取魯䛍子爲後，名珍。既誅侂胄，削籍流沙門島。

癸辛雜識：戴良齊云：「昔有宦家過屠門，見幼穉而愛之，抱以爲子，戒抱者以勿言。既長，且承序矣。嘗因祀先，恍惚見受享者皆佩刀正坐，而裹章服者列位其傍，愕然以語保者，保者始告以實。自是嘗祀，必先祀其所生，而後祀其所爲後者云。命後者不可不知也。」

遼史耶律隆運傳：隆運本姓韓，名德讓，西南面招討使匡嗣之子也，賜姓名。薨，無子。清寧三年，以魏王塔布子頁嚕爲嗣。天祚立，以皇子額嚕温繼之。

蕙田案：隆運本宗韓氏，有弟有姪，乃舍之不立，而偏以耶律氏子爲嗣。細人之愛以姑息，而不知適以殄其嗣，悲夫！

金史章宗紀：承安五年九月，定皇族收養異姓男爲子者〔一〕，徒三年，姓同者減二等。

明史外戚傳：馬公，高皇后父也，追封徐王。王無後，以外親武忠、武聚爲之。

張詩傳：詩字子言，順天人，本農家李氏子。八歲時，育於官恐當作「宦」家張氏。

〔一〕「養」，原作「義」，據光緒本、金史章宗紀改。

閲三十年始知，乃痛自悲悼，覓得其兄弟，哭諸父母之墓，議歸宗，終以張氏無子，遂仍其舊。

蕙田案：張詩可謂孝矣。夫己之父母尚有兄弟，張氏宗祀，寄之一詩。少受撫育，長而背之，于李無大益，而于張爲酷禍，宜仁孝之人所不忍爲也。

羅虞臣譜法：或問譜法有進有黜，曰：他姓之子後吾宗，雖成派，吾其猶黜諸？吾宗之子爲他姓後，雖易世，吾其猶進諸？

大清律：其乞養異姓子以亂宗族者，杖六十；若以子與異姓人爲嗣者，罪同，其子歸宗。凡文武官員應合襲廕者，若無嫡長、嫡次、庶出子孫，許令弟姪應合承繼者襲廕。若將異姓外人乞養爲子，瞞昧官府，詐冒承襲者，乞養子杖一百，發邊遠充軍，本家所關俸給，事發截日住罷；他人教令詐冒者，同罪。

蕙田案：異姓爲後之失，人皆知之，不必爲之贅説矣。余獨以爲事變無窮，固有已成父子于前，而不容頓然改正者，又當量其緩急輕重而善處之。若安德裕、申積中、張詩諸人，或報恩而後反其宗，或繼絶而終守其祀，觀過知仁，無乖情理，是亦君子之所諒也。若乃衣食乳哺深受其恩，家産田園親享其利，一旦托返本復始之名，以行其負義忘恩之實，以是爲禮，又所謂是惡知禮意者矣。

又案：以上以異姓爲後。

管子：入國所謂恤孤者，凡國都皆有掌孤。士人死，子孤幼，無父母所養，不能自生者，屬之其鄉黨知識故人。養一孤者，一子無征；養二孤者，二子無征；養三孤者，盡家無征。掌孤數行問之，必知其食飲饑寒，身之膌胜而哀憐之，此之謂恤孤。

魏書馮熙傳：熙字晉昌，文明太后之兄也。父朗坐事誅，熙生於長安，爲姚氏魏母所養。以叔父樂陵公邈因戰入蠕蠕，魏母攜熙逃避至氐、羌中撫育。年十二，好弓馬。有勇幹，氐、羌皆歸附之。魏母見其如此，將還長安，始就博士學問。事魏母孝謹，如事所生。魏母卒，乃散髮徒跣，水漿不入口三日。詔不聽服，熙表求依趙氏之孤，高祖以熙情難奪，聽服齊衰期。

宋史后妃傳：神宗欽成朱皇后，開封人。父崔傑，早世，母李更嫁朱士安，后鞠於所親任氏。熙寧初，入宮進婕妤，生哲宗。哲宗即位，尊爲皇太妃。紹聖中贈崔、任、朱三父皆至師、保。崇寧元年薨，追册爲皇后。

蕙田案：三姓並贈，典禮濫極矣。然鞠養之恩，不敢忘報，固忠厚之道也。凡在民庶，可恕然歟？

大清律例：其遺棄小兒年三歲以下，雖異姓仍聽收養，即從其姓，但不得以無子遂立爲嗣。例：凡乞養義子，有情願歸宗者，不許將分得財産攜回本宗。其收養三歲以下遺棄之小兒，仍依律即從其姓，但不得以無子遂立爲嗣，仍酌分給財産，俱不必勒令歸宗。如有希圖貲財，冒認歸宗者，照律治罪。

箋釋：四歲以上不報官收養者，以收留迷失子女論。輯注駁之，蓋收養遺棄，意在哀其死；收留迷失，意在利其人，情若有異也。縱年至四五歲，不能自知其父母姓氏居址者，自應收養，以全其生。如能明言父母姓名及居址何處，即應查訪送還，或報官，喚人認領。竟留而不言，亦有不合第，不宜科以杖徒重罪耳。或謂三四歲兒，成人後生父告認，問以冒認良人爲子之罪，斷還養父。議者謂，子無絶父母之理。案父母忍心遺棄，揆義已絶，他人養成而認爭之，固有不合第，其中或有正妻嫉妬，拋棄不留，夫主知情，甚有家庭謀佔財産，私抱棄置，無由根尋者。事變多端，似不宜執一而論。倘查明訊確，實非本生父母遺棄，現在年老無兒，當令認償養費，加倍謝酬。勸諭收養者放回，延其宗嗣，亦體悉民情之一端也。余曾有所見聞，故特附筆於此。

大清律：凡收留人家迷失子女，不送官司，而自收爲妻妾子孫者，杖九十，徒二年半；其收留在逃者，杖八十，徒二年，給親完聚。

蕙田案：收養遺棄而藉以爲後，則非禮矣。

又案：以上收養遺棄附。

漢書外戚惠后傳：吕太后欲其生子，萬方終無子，乃使陽爲有身，取後宫美人子名之，殺其母，立所名子爲太子。惠帝崩，太子立爲帝，四年，乃自知非皇后所出，曰：「太后安能殺我母而名我！我壯，即爲所爲。」太后恐其作亂，乃幽之永巷，言帝病甚，左右莫得見。太后下詔廢之，更立恒山王弘。

蕙田案：太后欲張后有子，詐取後宫子名之，後宫所生，亦安見其盡非帝子？然推太后之心，則其爲是否亦所不論，嫌疑之際，大臣遂盡舉誅之。倘四子之中，有一真惠帝子，豈不因之而斬乎？甚矣！作僞之爲害也。

趙充國傳：傳子至孫欽，欽尚敬武公主，無子。主教欽良人習詐有身，名它人子。欽薨，子岑嗣侯。岑父母求錢財無已，忿恨相告，岑坐非子免，國除。

三國志齊王芳紀：芳字蘭卿。明帝無子，養王及秦王詢，宫省事秘，莫有知其所由來者。

北溪字義〔二〕：神不歆非類，民不祀非族。古人繼嗣，大宗無子，以族人之子續之，取其氣脉相爲感通，可以嗣續無間，此亦至正大公之舉，而聖人所不諱也。後世理義不明，人家以無嗣爲諱，不肯顯立同宗之子，多潛養異姓之兒，陽若有繼，而陰已絶矣。仲舒繁露載漢一事，有人家祭，用祝降神，祭畢語人曰：「適所見甚怪，有官員公裳盛服，欲進而躊躇不敢進。有一鬼蓬頭裸袒，手提屠刀，勇而前歆其祭。」主人不曉其由。有長老説，其家舊日無嗣，乃取異姓屠家之子爲嗣，即今主祭者。所以只感召得屠家父祖而來，其繼立本家之祖先，非其氣類，自無交接感通之理。

蕙田案：今繁露中絶無此文，蓋是書本多殘闕，或宋時善本，尚多别有見也。但詳其文氣，殊與繁露不類，豈或有記憶之誤歟？否則繁露曾有此事，撮其事述之，而非董之原文歟？皆不可知也。疑即癸辛雜識「戴良齋云云」一條，北溪誤憶耳。

明史諸王傳：楚恭王英㷲薨。子華奎幼，萬曆八年，始襲爵。三十一年，楚宗人華趆等言：「華奎與弟宣化王華壁皆非恭王子。華奎乃恭王妃兄王如言子，抱養宫中。華壁則王如綍家人王玉子也。華趆妻，即如言女，知之悉。」禮部侍郎郭正

〔二〕「北溪字義」，原作「北溪事義」，據味經窩本、乾隆本、光緒本改。

域請行勘。大學士沈一貫右華奎，委撫按訊，皆言僞王事無左驗。而華越妻持其説甚堅，不能決，廷議令覆勘。中旨以楚襲封已二十餘年，宜治華越等誣罔。御史錢夢皋爲一貫劾正域，正域發華奎行賄一貫事。華奎遂訟言正域主使，正域罷去。東安王英燧、武岡王華增、江夏王華埴等，皆言僞迹昭著，行賄有據。諸宗人赴都投揭。奉旨切責，罰禄、削爵有差。華越坐誣告，降庶人，錮鳳陽。未幾，華奎輸賄入都，宗人遮奪之。巡撫趙可懷屬有司捕治。宗人藴鈔等方恨可懷治楚獄不平，遂大鬨，毆可懷死。巡按吴楷以楚叛告，一貫擬發兵會勦。命未下，諸宗人悉就縛。於是斬二人，勒四人自盡，錮高牆及禁閒宅者復四十五人。三十三年四月也。自是無敢言楚事者。久之，禁錮諸人以恩詔得釋，而華奎之真僞竟不白。

○郭正域傳：先是，楚恭王得廢疾，隆慶五年薨。遺腹宫人胡氏孿生子華奎、華壁，或云内官郭綸以王妃兄王如言妾尤金梅子爲華奎，妃族人如綍奴王玉子爲華壁。儀賓汪若泉嘗訐奏之，事下撫按。王妃持甚堅，得寢。萬曆八年，華奎嗣王，華壁亦封宣化王。宗人華越者，素强禦忤王。華越妻，如言女也。是年遣人訐華奎異姓子也，不當立。一貫屬通政使沈子木格其疏勿上。月餘，楚王劾華越疏至，乃上之，命下部議。未幾，華越入都，訴通政司邀截實封及華奎行賄狀，楚宗與名者，凡二十九人。子木懼，召華越，令更易月日以上〔一〕。旨并下部。正域請敕撫按公勘〔二〕，從之。初，一貫屬正域毋言通政司匿疏事，及華越疏上，正域主行勘。一貫言親王不當勘，但當體訪。正域曰：「事關宗室，臺諫當亦言之。」一貫微笑曰：「臺諫斷不言也。」及帝從勘議，楚王懼，奉百金爲正域壽，且屬毋竟楚事，當酬萬金，正域嚴拒之。已而湖廣巡撫趙可懷、巡按應朝卿勘上，言詳審毋左驗，而王氏持之堅，諸郡主、縣主則云「罔知真僞」，乞特遣官再問。詔公卿雜議於西闕門，日晏乃罷。議者三十七人，各具一單，言人人殊。李廷機以左侍郎代正域署部事，正域欲盡録諸人議，廷機以辭太繁，先撮其要以上。一貫遂嗾給事中楊應文、御史康丕揚劾禮部壅閼群議，不以實聞。正域疏辨，且發子木匿疏、一貫阻勘及楚王饋遺狀。一貫益恚，謂正域遣家人導華越上疏，議令楚王避位聽勘，私庇華越。當是

〔一〕「令更」，諸本誤倒，據明史郭正域傳乙正。
〔二〕「勘」，原作「按」，據光緒本、明史郭正域傳改。

時，正域右宗人，大學士沈鯉右正域，尚書趙世卿、謝傑，祭酒黄汝良則右楚王。給事中錢夢皐遂希一貫旨論正域，詞連次輔鯉。應文又言正域父懋嘗笞辱於楚恭王，故正域因事陷之。正域疏辨，留中不報。一貫、鯉以楚事皆求去，廷機復請再問。帝以王嗣位二十餘年，何至今始發，且夫訐妻證，不足憑，遂罷楚事勿按。正域四疏乞休去。

○沈一貫傳：萬曆三十一年，楚府鎮國將軍華越訐楚王華奎爲假王，一貫納王重賄，令通政司格其疏月餘，先上華奎劾華越欺罔四罪疏。正域，楚人，頗聞假王事有狀，請行勘虚實，以定罪案。一貫持之。正域以楚王饋遺書上，帝不省。及撫按臣會勘并廷臣集議疏入，一貫力右王，嗾給事中錢夢皐、楊應文劾正域，勒歸聽勘，華越等皆得罪。董漢儒傳：楚宗五十餘人，訐假王事獲罪，囚十載。漢儒力言，王，假也，請釋繫者。

外戚邵喜傳：世宗大母邵太后弟也，封昌化伯。子蕙嗣，嘉靖六年卒〔一〕。無

〔一〕「六年」，原作「二年」，據光緒本、明史邵喜傳改。

子，族人爭嗣。初，太后入宫時，父林早殁。太后弟四人，宗、安、宣、喜。宗、宣無後。及蕙卒，帝令蕙弟萱嗣。蕙姪錦衣指揮輔、千户茂言，萱非嫡派，不當襲，蕙母爭之，議久不決。大學士張璁等言：「邵氏子孫已絶，今其爭者皆傍支，不宜嗣。」時帝必欲爲喜立後，乃以喜兄安之孫杰爲昌化伯。明年，明倫大典成，命武定侯郭勛頒賜戚畹，弗及杰。杰自請之，帝詰勛。勛怒，録邵氏爭襲章奏，訐杰實他姓，請覆勘，帝不聽。會給事中陸粲論大學士桂萼受杰賂，使奴隸冒封爵。帝怒，下粲獄，而盡革外戚封，杰亦奪襲。

蕙田案：三代以下，各親其親，各子其子，人情所同也。已無子，而可取他人子名之，是己子不足以爲親，人子不足以爲疏也，此豈其情也哉？觀史書所載，詐爲有子者，若漢之惠后、敬武公主，明之楚藩類，皆出於婦女之所爲，内懷嫉妬，外要權寵，遂至斬其夫之世緒而不顧，斯已惑矣。至若近世士夫之家，尚有合謀妻妾，詐爲有身，及宗族訴訟，而折獄之官不容，舍其父母之言，偏狥無稽之訐告，以致所名之子，多得守田廬，承祭祀，不自知其爲餒而之鬼。雖其事隱秘，而所見所聞，蓋間有之。嗚呼！彼獨非人情乎？蓋嘗深原其故，而知其吞聲飲恨，甘心爲此下下之策者，良由憤激至深，而非真以爲宗支享祀之計也。何則？人生無子，大不幸之事也。無子而人以子繼之，甚盛德之舉也。當大不幸之時，而受其甚盛德之舉，此其兄弟之情宜益篤，而其繼立之父子宜益親。然而若是者不多見，何也？薄俗寡恩，惟知貪利，其人中年無子，方以爲憂，而兄弟之間已若有喜色；其人晚年得子，方以爲喜，而兄弟之子反若失所望。此其幸災樂禍之心，根于寤寐，見諸聲色，無子之人，未有不爲之痛心者也。卒也耄年無子，或有子而不育，而彼之久懷覬覦者，遂將肆然據之爲己有。是所爲兄弟叔姪者，乃路人之不若，而讐人之不啻也。然則無子者，欲以我之田園産業，一旦付之讐人，則寧付之路人之爲愈也。然又不可正告親族曰：「我將以與路人也。」則莫如取路人之子而强名之，陽以博嗣續之名而快意於一時，隱以絶覬覦之心而洩憤於平日。即彼明知其爲抱養他族，而勢不容以口舌爭也。至於身後之事，鬼神之享，杳渺無憑之事，亦何暇計及哉？此其所以悍然行之而不顧也。夫人以私情之忿，遂至亂其族類，絶其享祀而不恤，其爲非禮無識，誠無所逃其罪矣。然以情事言之，則激成其事者，罪又甚焉。何也？無子之人，處凄涼煢獨之境，罄其資財以與人者，期于無子而有子也。乃未事之先，耽耽虎視；得之之後，了無德色。此其撫心悲恨，情事固所難堪。若彼爲兄爲弟爲姪者，處安常之境而生兼并之謀，利羡餘之財而幸骨肉之絶，致使其人痛心疾首，忽思變計，從此遂成讐隙而不可復合，則族類之所以亂，祭享之所以絶。雖曰彼自爲之，其能不以激成之者，爲罪之魁也哉！

又案：以上名他人子附。

魏書崔玄伯傳：弟徽子衡，衡長子敞，敞弟鍾。敞亡後，鍾貪其財物，誣敞息子積等三人非敞之嗣，辭訴累歲，人士嫉之。

宋史韓億傳：知洋州。州豪李甲，兄死，迫嫂使嫁，因誣其子爲他姓，以專其貲。嫂訴於官，甲輒賂吏掠服之，積十餘年，訴不已。億視舊牘，未嘗引乳醫爲證，召甲出乳醫示之，甲亡以爲辭，冤遂辨。

元史順帝紀：及明宗崩，文宗復正大位。至順元年四月，明宗后班布爾實被讒遇害，遂徙帝於高麗，使居大青嶼中，不與人接。閱一歲，復詔天下，言明宗在朔漠之時，素謂非其己子，移于廣西之静江。虞集傳：文宗在上都，將立其子喇特納達喇爲皇太子，乃以托歡特穆爾太子乳母夫言，明宗在日，素謂太子非其子，黜之。

明史孫燧傳：六月乙亥，宸濠生日，宴鎮巡三司。明日，燧及諸大吏入謝，宸濠伏兵左右，大言曰：「孝宗爲李廣所誤，抱民間子，我祖宗不血食者十四年。今太后有詔，令我起兵討賊，亦知之乎？」衆相顧愕眙，燧直前曰：「安得此言，請出詔示我。」宸濠曰：「毋多言，我往南京，汝當扈駕。」燧大怒，曰：「汝速死耳！吾豈從汝爲逆哉！」

蕙田案：宸濠叛逆，所謂路人皆知其心者也。然其發端，藉口於民間子，可謂詐而愚矣。乃世之謀奪承嗣者，猶紛紛以誣訐抱養爲得計，其皆宸濠之故智乎？然宸濠曾借是以成其事乎？夫亦可以悟矣。

王守仁傳：子正億，隆慶初，襲新建伯。子承勛嗣。子先進，無子，以弟先達子業弘繼，先達妻曰：「伯無子，爵自傳吾夫，由父及子，爵安往？」先進怒，因育族子業洵爲後。及承勛卒，先進未襲死。業洵自以非嫡嗣，終當歸爵先達，且虞其爭，乃謗先達爲乞養，而別推承勛弟子先通當嗣，屢爭於朝，數十年不決。崇禎時，先達子業弘與先通疏辨。而業洵兄業浩時爲總督，所司懼忤業浩，竟以先通嗣。業弘憤，持疏入禁門訴。自刎不殊，執下獄，尋釋。先通襲伯四年，流賊陷京師，被殺。

蕙田案：先進爲陽明嫡曾孫，義不可絕者也。業弘雖不言有兄弟與否，然嫡伯無子，便當入嗣襲爵，禮之正也。先達妻既不肯以子入嗣，則當別立兄弟之子；近支果無其人，則育業洵而子之，亦禮之正也。夫業洵之支屬雖疏，然於先進爲子行；先通之服屬雖近，然於先進爲堂弟。既可絕先進而別嗣其爵，則先達爲承勛次子，宜其有以藉口，而爭者反至無詞，於是而乞養之謗興矣。是其爭訐不已之端，一起於業弘之不肯入嗣，再搆於業洵之不襲，而反襲一堂弟之先通也。故先通有子則當改嗣，無子則立業洵，此兩言而決者也。乃告訐紛紛，至於朝議不能爲之決，何歟？蓋大禮議後，倫紀不明。先達妻之説，正世宗所謂「嗣位不嗣統」者也，利始祖之爵禄而絕大宗之祭祀，上行下效，相襲成風，揆厥所由，蓋璁、蕚之流毒遠矣。

又案：以上誣指人爲非其父所生附。

宋史程顥傳：爲晉城令，富人張氏父死，旦有老叟踵門曰：「我，汝父也。」子驚疑莫測，相與詣縣。叟曰：「身爲醫，遠出治疾，而妻生子，貧不能養，以與張。」顥質其驗。取懷中一書，進其所記曰：「某年月日，抱兒與張三翁家。」顥問：「張是時纔四十，安得有翁稱？」叟駭謝。

大清律：若冒認良人爲妻妾子孫者，杖九十，徒二年半。

蕙田案：晉城老叟，特欲誣此少年，冀其養贍，不知即果其子，亦當令張氏別立應繼，而子隨叟歸，富人之利，仍無與也。又有孤兒幼小，宗族爭繼，而賄買閒人，冒認己子，并質證者，此皆譸張爲幻之徒。彼貧窶之人，以子與富人抱養，必不利一時之酬謝，而使子失一生之産業，此人情也。然則真者必不認，認者必不真，居官者，慎無爲所惑也。

又案：以上冒認人爲己所生附。

又案：立後之失，至異姓亂宗止矣。其間若收養遺棄，名他人子，甚至誣指人爲非其父所生，冒認人爲己所生，皆異姓爲後之變態也。自立後之義不明，遂爲世道人心之害，因連類附之，以爲炯鑑。若夫史傳所載，更有義兒及中官養子，則又理外之事，與立後無關，不贅入焉。

右立後之失

爲後歸宗

蜀志諸葛亮傳：喬字伯松，亮兄瑾之第二子也，本字仲慎。初亮未有子，求喬爲嗣，亮以喬爲己嫡子，故易其字焉。年二十五卒，子攀。諸葛恪見誅於吴，子孫皆盡，而亮自有胄裔，故攀後爲瑾後。

晉書彭城王權傳：子康王釋薨，子雄立，坐奔蘇峻伏誅，更以釋子紘嗣。紘字偉德，初繼高密王據，雄誅，入繼本宗。

嵇紹傳：子眕早夭，以從孫翰襲封。成帝時以翰爲奉朝請，翰以無兄弟，自表還本宗。

魏書城陽王長壽傳：長壽長子多侯早卒。次子鸞，字宣明，始繼叔章武敬王，及兄卒，還襲父爵。

宋史禮志：熙寧二年，同修起居注、直史館蔡延慶父褒，故太尉齊之弟也。齊初無子，子延慶，後齊有子，而褒絶，請復本宗。禮官以請，許之。

大清律：若所養父母有親生子，及本生父母無子欲還者，聽。若養同宗之人爲子，所養父母無子，所生父母有子而捨去者，杖一百，發付所養父母收管。

蕙田案：以上本生無子，歸宗。

晉書皇甫謐傳：出後叔父，後叔父有子既冠，謐年四十喪所生後母，遂還本宗。

南齊書魚服侯子響傳：子響字雲音，世祖第四子也。豫章王嶷無子，養子響，後有子，表留爲嫡。永明六年，有司奏：「子響體自聖明，出繼宗國。大司馬臣嶷昔未有嗣，所以因心鞠養。陛下弘天倫之愛，臣嶷深猶子之恩，遂乃繼體扶疏，世祚垂改，茅蔣菴蔚，冢嗣莫移，誠欣惇睦之風，實虧立嫡之教。臣等參議，子響宜還本。」乃封巴東郡王。

隋書鄭譯傳：譯父道邕，魏司空。譯從祖開府文寬，尚魏平陽公主，則周太祖元后之妹也。主無子，太祖令譯後之，由是譯少爲太祖所親。文寬後誕二子，譯復歸本生。

大清律例：若立嗣之後却生子，其家産與原立子均分。

蕙田案：以上所後有子，歸宗。

通典：東晉成帝咸和五年，散騎侍郎賀喬妻于氏上表云：「妾昔初奉醮，歸於賀氏，後嗣不殖。母兄群從以妾犯七出，數告賀氏，求妾還。妾姑薄氏過見，矜愍無子歸之天命，婚姻之好義無絶離，故使夫喬多立側媵。喬仲兄群哀妾之身，恕妾之志，數謂親屬曰：『于新婦不幸無子，若群陶新婦生前男，以後當以一子與之。』陶氏既産澄、馥二男，其後子輝在孕〔一〕，群即白薄：『若所育是男，以乞新婦。』妾敬諾拜賜，先爲衣服，以待其生。輝生之日，洗浴斷臍，妾即取還，服藥〔二〕下乳以乳之〔三〕。陶氏時取孩抱，群恒訶止，婢使有言其本末者，群輒責之，誠欲使子一情以親妾，而絶本恩於所生。輝百餘日，無命不育，妾誠自悲傷，爲之憔悴。姑長上下，益見矜憐。群續復以子率，重見鎮撫，妾所以訖心盡力者如養輝，故率至于有識，不自知非妾之子也。率生過周，而喬妾張始生子纂，于是群尚平存，不以爲疑。原薄及群以率賜妾之意，非唯以續喬之嗣，乃以存妾之身，妾所以得終奉烝嘗於賀氏，緣守群信言也。率年六歲，纂年五歲，群始喪亡。其後言語漏洩，而率漸自嫌爲非妾所生。率既長，與妾九族内外修姑姨之親而白談者，或以喬既有纂，其率不

〔一〕「在」，諸本作「再」，據通典卷六九改。
〔二〕「藥」，原脱，據光緒本、通典卷六九補。

得久安爲妾子，若不去，則是與爲人後。去年，率即歸還陶氏。喬時寢疾，曰：『吾母兄平生之日所共議也，陌上遊談之士，遽能深明禮情？當與公私共論正之。』尋遂喪亡。率既年小，未究大義，動於遊言，無以自處。妾亦婦人，不達典儀，惟以聞於先姑，謂妾養率以爲己子，非所謂爲人後也。妾受命不夭，嬰此煢獨，少訖心力，老而見棄，曾無蜾蠃式穀之報，婦人之情，能無怨結？謹備論其所不解者六條，其所疑十事如左：

○夫禮，所謂爲人後者非養子之謂〔一〕，而世不深案禮文，恒令此二事以相疑亂，處斷所以大謬也。凡言後者，非並時之稱，明死乃主喪，生不先養。今乃以生爲人子，亂於死爲人後，此妾一不解也。今談者以喬自有纂，不嫌率還本也。原此失禮爲後之意，傳曰：『爲人後者孰後？後大宗也。』今喬上非大宗，率不爲父後，何繫於有纂無纂乎？此妾二不解也。夫以支子後大宗者，爲親屬既訖，無以序昭穆、列親疏，故繫之以宗，使百代不遷，故有立後之制。今以兄弟之子，而比之族人

〔一〕「爲」，原脱，據光緒本、通典卷六九補。

之子後大宗，此妾三不解也。凡爲後者，降其本親一等，以成人之性，奉父母之命，而出身於彼，豈不異嬰孩之質，受成長於人，不識所生，惟識所養者乎？鄙諺有之曰：『黄雞生卵，烏雞伏之，但知爲烏雞之子，不知爲黄雞之兒。』此言雖小，可以喻大。今以義合之後，比成育之子，此妾四不解也。禮傳曰〔一〕：『爲人後者，爲所後祖父母、妻、妻之父母、昆弟、昆弟之子，若子。』『若子』者，義比於子而恩非子也，故曰：『爲後者異於爲子也。』今乃以爲後之公義，奪育養之至恩，此妾五不解也。與爲人後者，自謂大宗無後，族人既以選支子爲之嗣矣。今人之中，或復重爲之後，後人者不二之也，自非殉爵，則必貪財，其舉不主於仁義，故尤之也。非謂如率爲嫡長先定，庶少後生，而當以爲譏，此妾六不解也。

○妾又聞，父母之於子，生與養，其恩相半，豈胞胎之氣重而長養之功輕〔二〕？孔子曰：『子生三年，然後免於父母之懷，故服三年。』詩曰：『父兮生我，母兮鞠

〔一〕「禮傳」，原作「孔傳」，據光緒本、通典卷六九改。
〔二〕「胞」，諸本作「抱」，據通典卷六九改。

我，長我育我〔一〕，顧我畜我〔二〕，出入腹我。欲報之恩，昊天罔極。』凡此所歎，皆養功也。螟蛉之體，化爲蜾蠃；班氏之族，乳虎紀焉。由此觀之，哺乳之義，參於造化也。今率雖受四體於陶氏，而成髮膚於妾身，推燥居濕，分肌損氣，二十餘年，已至成人，豈言在名稱之間，而忘成育之功？此妾一疑也。夫人道之親，父子、兄弟、夫妻皆一體也。其義，父子，首足也〔三〕；兄弟，四體也。夫惟一體之親，故曰兄弟之子猶己子，故以相宗也。今更以一體之親，擬族人之疏，長養之實，比出後之名，此妾二疑也。夫子之於父母，其情一也。而有以父之尊，厭母之親〔四〕；以父之故，斷母之恩；以父之命，替母之禮，其義安取？蓋取尊父命也。凡嫡庶不分，惟君所立〔五〕，是君命制于臣也。慈母如母，生死弗怠，是父命之行于子也。妾之母率，尊命則由群之成言，本義則喬之猶子，計恩則妾之懷抱。三者若此，而今棄之，此妾三疑也。

〔一〕「長我育我」上，通典卷六九有「拊我育我」四字。
〔二〕「畜」，通典卷六九作「復」。
〔三〕「首」，諸本作「手」，據通典卷六九校勘記改。
〔四〕「親」，原作「情」，據光緒本、通典卷六九改。
〔五〕「君」，通典卷六九作「群」。

諸葛亮無子，取兄瑾子喬爲子。喬本字仲慎，及亮有子瞻，以喬爲嫡，故改字伯松，不以有瞻而遺喬也〔一〕。蓋以兄弟之子猶己子也。陳壽云：『喬卒之後，諸葛恪被誅，絶嗣，亮既自有後，遣喬子攀，還嗣瑾祀。』明恪不絶嗣，則攀不得還。亮，近代之純賢；瑾，正達之士，其兄弟行事如此，必不陷子弟于不義，而犯非禮於百代，此妾四疑也。春秋傳曰：『陳女戴嬀生桓公，莊姜以爲己子。』取而字之。傳又曰『爲人後者，爲之子』，往而承之也。取而字之者，母也；往而承之者，子也。在母，母之仁也，則螟蠃之育螟蛉；在子，子之義也，則成人之後大宗也。苟能別『以爲己子』與『爲後之子』不同文也，則可與求禮情矣。以義相況，則宗猶父也，父猶母也。莊姜可得子戴嬀之子，繫之于夫也；兄弟之子可以爲子，繫之于祖。名例如此，而論者弗尋，此妾五疑也。董仲舒一代純儒，漢朝每有疑義，未嘗不遣使者訪問，以片言而折中焉。時有疑獄，曰：『甲無子，拾道旁棄兒乙養之以爲子。及乙長，有罪殺人，以狀語甲，甲藏匿乙，甲當何論？』仲舒斷曰：『甲無子，振活養乙，雖非所生，誰

〔一〕「遺」，諸本作「遣」，據通典卷六九改。

與易之？詩云：螟蛉有子，蜾蠃負之。春秋之義，父爲子隱，甲宜匿乙。』詔不當坐。夫異姓不相後，禮之明禁。以仲舒之博學，豈闇其義哉？蓋知有後者不鞠養，鞠養者非後，而世人不別，此妄六疑也。又一事曰：『甲有子乙，以乞丙，乙後長大，丙所成育。甲因酒色，謂乙曰，汝是吾子。乙怒，杖甲二十，甲以乙本是其子，不勝其忿，自告縣官。』仲舒斷之曰：『甲生乙，不能長育以乞丙，於義已絶矣。雖杖甲，不應坐。』夫拾兒路旁，斷以父子之律，加杖所生，附于不坐之條，其爲予奪不亦明乎！今説者不達養子之義，唯亂稱爲人後，此妄七疑也。漢代秦嘉早亡，其妻徐淑乞子而養之。淑亡後，子還所生。朝廷通儒移其鄉邑，録淑所養子，還繼秦氏之祀。異姓尚不爲嫌，況兄弟之子，此妄八疑也。吴朝周逸博達古今，逸本左氏之子，爲周氏所養，周氏又自有子，時人不達，亦譏逸。逸敷陳古今，故卒不復本姓，識學者咸謂當矣。此妄九疑也。爲人後者，止服所後，而爲本父服周，一也；女子適人，降所生，二也；爲父後者，爲出母無服，三也；諸侯之庶子，不得服其母，四也；庶子爲王，不敢服其母，五也。凡此五者，非致人情，禮稱以義斷恩，節文立焉。率情立行者，蠻貊之道也。患世人未能錯綜禮文，表裏仁義，亂於大倫，故漢哀以諸侯嗣天子，各還尊其私親，以爲得周公嚴父之義，而不知其大悖國典。夫未名之子死而不哭；既名之後，哭而不服；三殤之差及至齊斬〔一〕。所禀所受其體一也，而長幼異制，等級若此。又今世人生子，往往有殺而不舉者，君子不受不慈之責，有司不行殺子之刑，六親不制五服之哀，賓客不修弔問之禮，豈不以其蠢爾初載，未夷於人乎？生而殺之如此，生而棄之，受成長於他人，則追名曰本吾子也，乃全責以父子之恩，自同長養之功，此妄十疑也。」

〇敕下太常、廷尉、禮律博士，案舊典決處上。

〇博士杜瑗議云：「夫所謂爲人後者，有先之名也，言其既没於以承之耳，非並存之稱也。率爲喬嗣，則猶吾子，群之平素，言又惻至，其爲子道，可謂備矣。而猥欲同之與爲人後，傷情棄義，良可悼也。昔趙武之生，濟由程嬰，嬰死之日，武爲服三年喪。夫異姓名義，其猶若此，況骨肉之親，有顧復之恩而無終始之報？凡于氏所據，皆有明證，議不可奪。」

〔一〕「斬」，原作「衰」，據光緒本、通典卷六九改。

○廷史陳序議：「令文：無子而養人子以續亡者後，於事役復除無迴避者聽之，不得過一人。令文：養人子男，後自有子男，及閹人非親者，皆別爲户。案：喬自有子纂，率應别爲户。」

○尚書張闓議：「賀喬妻于氏表，與群妻陶辭所稱不同。陶辭：喬妻于氏無子，夫群命小息率爲喬嗣。一年，喬妾張生纂，故驃騎將軍顧榮謂群，喬已有男，宜使率還，問與爲人後者不同。故司空賀循取從子紘爲子，鞠養之恩皆如率，循後有晚生子，遣紘歸本。率今欲喬，即便見遣。于表養率以爲己子，非謂爲人後，立六義十疑，以明爲後不並存之稱，生言長嫡，死乃言後，存亡異名。又云『乞養人子而不以爲後』，見於何經？名不虚立，當有所附，于古者無此事也。今人養子，皆以爲後。于又云：『爲人後者，族人選支子爲之嗣，非謂如率爲嫡長先定，庶幼後生，而以爲譏。』此乃正率宜去，非所以明其應留也。且率以若子之輕義，奪至親之重恩，是不可之甚也。于知禮無養子之文，故欲因今世乞子之名，而博引非類之物爲喻，謂養率可得自然成子，避其與後之譏乎？」

○丹陽尹臣謨議：「言辭清允，析理精練，難于之説，要而合典，上足以重一代之式，愚以爲宜如閶議。」

周書豆盧寧傳：初寧未有子，養弟永恩子勣〔一〕。及生子讚，親屬皆請讚爲嗣，寧曰：「兄弟之子，猶子也，吾何擇焉。」遂以勣爲世子，世以此稱之。及寧薨，勣襲爵。

癸辛雜識：昌化章氏昆弟二人，皆未有子。其兄先抱育族人一子，未幾，其妻得翃，其弟言兄：「既有子，盍以所抱子與我？」兄告其妻，妻猶在蓐，曰：「不然，未有子而抱之，甫得子而棄之，人其謂我何？且新生那可保也。」弟請不已，嫂曰：「不得已，寧以我新生與之。」弟初不敢當，嫂卒與之。已而二子皆成。立長曰翃，字景韓；季曰詡，字景虞。翃之子樵、櫄，詡之孫鑄、鑑，皆相繼登第，遂爲名族。孝友睦婣之報如此，婦人有識，尤可尚也。

歸有光金守齋墓誌：初，子喬未生時，即以沐齋先生守齋兄。之季子爲嗣，名之曰嵒，撫愛如己子，嵒亦不知其非己出也。君春秋六十有三，以嘉靖某年月日終，

〔一〕「永恩」，諸本作「永安」，據周書豆盧寧傳改。

二子即郘、喬。

蕙田案：以上所後生子不歸宗。

歸有光題立嗣辨：錫命無子，而同父弟宜亦未有子，故以同祖兄寵之子能白爲子。時寵有三子，故以能白與錫命子之，其理順矣。迨後宜生三子，而寵子皆殁，議者謂能白當還寵，而宜子當後錫命。錫命是以爲此辨，以爲等之兄弟之子而二十餘年，蜾蠃式穀之恩，不忍更也。不忍更者情也，情之所在即禮也。昔諸葛亮取兄瑾子喬爲子，及亮有子瞻，而恪被誅無嗣，亮遺喬還嗣瑾祀。錫命今尚無子，與亮異，而寵未嘗無子而無孫，獨可使能白之子嗣之，庶乎無憾也已。

蕙田案：此條本生喪子可立孫者，不歸宗。

晉書高密王泰傳：據薨，無子，以彭城康王子紘爲嗣，其後紘歸本宗，立紘子俊以奉其祀。

蕙田案：據與紘，本從祖兄弟，此襲封之制，如古諸侯禮，故不以行輩拘也。歸宗立後，則行輩無誤，而情理兩合，是可爲法，雖間代亦可也。

又案：此條歸宗，而以子後所後。

宋史禮志：淳熙四年十月二十七日，户部言：「知蜀州吴擴申明：乞自今養同宗昭穆相當之子，夫死之後，不許其妻非理遣還。若養子破蕩家産，不能侍養，實有顯過，即聽所養母愬官，近親尊長證驗得實，依條遣還，仍公共繼嗣。」

大清律例：若繼子不得於所後之親，聽其告官，别立。

蕙田案：以上所後不肖，歸宗。

晉書河間王洪傳：章武王混薨，諸子皆没於胡。少子滔初嗣新蔡王確，亦與其兄俱没。後得南還，與新蔡太妃不協。大興二年上疏，以兄弟並没遼東，宜還所生。太妃訟之，事下太常。太常賀循議：「章武、新蔡俱承一國不絶之統，義不得替其本宗而先後傍親。案滔既被命爲人後矣，必須無復兄弟，本國永絶，然後得還所生。今兄弟在遠，不得言無，且鮮卑恭命，信使不絶，自宜詔下遼東，發遣令還，繼嗣本封。滔今未得便離所後也。」元帝詔曰：「滔雖出養，自有所生母。新蔡太妃相待甚薄，滔執意如此，如其不聽，終當紛紜，更爲不可。今便順其所執，還襲章武。」

蕙田案：太常之議，禮也；元帝之詔，情也。據禮，則兄弟尚存，不應歸宗；論情，則母子既乖，不容强合。蓋雖不可以爲常法，而不幸處變，亦宜有以變通而兩全之矣。

宋書東平王子嗣傳：子嗣字孝叔，孝武帝第二十七子也。大明七年生，仍封東平王。繼東平沖王休倩。休倩母顔性理嚴酷，泰始二年，子嗣所生母景寧園昭容謝上表曰：「故東平沖王休倩託荄璿極，岐嶷夙表，降年弗永，遺緒莫傳。孝武皇帝敕妾子臣子嗣出繼爲後，既承國祀，方奉烝薦，庶覃遐慶，式延于遠。而妾顔訓養非恩，撫導乖理，情闕引進，義違負螟。昔世祖平日，詭申慈愛，崩背未幾，真性便發，猶逼畏崇憲，少欲藏掩。自兹以後，專縱嚴酷，實顯布宗戚，宣灼宫闈，用傷人倫，爰惻行路。妾天屬冥至，感切實深，伏願乾渥廣臨，曲垂照賜〔一〕，復改命還依本屬，則妾母子雖隕之辰，猶生之年。」許之。

晉熙王昶傳：昶二妾，各生一子，並卒。泰始六年，以第六皇子燮字仲綏繼昶，改封爲晉熙王。燮襲爵。太宗既以燮繼昶，乃下詔曰：「夫虎狼護子，猴猨負孫，毒性薄情，亦有仁愛，故識念氣類，尚均群品，況在人倫，可亡天屬。晉熙太妃謝氏，

〔一〕「垂」下，諸本衍「末」字，據宋書東平王子嗣傳删。

沈刻無親，物理罕比，征北公雖孝道無替，而遭此不慈，自少及長，闕恩育之，闕。乃至休否莫關，寒温不訪，晨昏屏塞，定省靡因。事無違忤，動致誚責，毒句發口，人所難聞。加惡備苦，過於讎隙，遂事憤于宗姻，義傷于行路。公故妃郗氏，婦禮無違，逢此嚴酷，遂以憂卒，用夭盛年。又謝氏食則豐珍，衣則文麗，奉己之餘，播覃群下；而諸孫纊不温體，食不充饑，付於姆嬭之手，縱以任軍之路。遇其所生，棄若糞土，繼縷比之重囚，窮困過於下使。誠皇規方遠，沙塞將一，公修短不諱，亦難豫圖。兼妾女累弱，一第領主，防閑之道，人理斯急。朕所以詔第六子爕奉公爲嗣，欲以吡整一門，爲公繼紹。但謝氏待骨肉至親，尚相棄蔑，況以義合，免苦爲難。患萌防漸，危機須斷，便可還其本家，削絶蕃秩。」

蕙田案：以上所後不慈，歸宗。

右爲後歸宗

五禮通考卷一百四十八

嘉禮二十一

冠禮

蕙田案：大宗伯：「嘉禮，以昏、冠之禮親成男女。」曲禮：「人生十年曰幼學，二十曰弱冠。」又曰：「男子二十，冠而字。」内則：「二十而冠，始學禮。」冠義所謂「責以成人之道」是也。山堂考索云：「三代之盛，冠禮頗備。東遷以後，禮樂廢壞。魯襄公可冠而未冠，則晉悼公問其年，而告之曰：『盍爲冠具？』春秋之時猶如此，則盛時可知也。秦、漢以來，人自爲禮，家自爲俗，雖縉紳大夫，豈知所謂筮日、筮賓卜筮之制爲如何？始加緇布，再加皮弁，三加爵弁，其弁之制爲如何？夏用葛屨，冬用皮屨，其屨之制又如何？」唐柳宗元答韋中立書云：「冠禮，數百年來，人不復行。近有孫昌胤者，獨發憤行之。既成禮，明日造朝至外廷，薦笏言於卿士曰：『某子冠畢。』應之者咸憮然。京兆尹鄭叔則怫然曳笏却立曰：『何預我耶？』廷中皆大笑。天下不以非鄭尹而快孫子，何哉？獨爲所不爲也。」由是觀之，則冠禮之廢也久矣。考其制度，天子、諸侯、大夫冠禮之有無，見於經傳者已無定論。所紀十二、十三、十五行冠之年歲，又不盡如曲禮、內則之云，特士冠之見於儀禮者爲稍完耳。今從朱子經傳通解，以儀禮爲首，摭拾經史遺文以綴於篇。

儀禮士冠禮

儀禮士冠禮： 鄭目録云：童子任職居士位，年二十而冠。主人玄冠朝服，則是仕於諸侯。天子之士，朝服皮弁素積。古者四民世事，士之子恒爲士。冠禮於五禮屬嘉禮。　疏：天子、諸侯同十二而冠，自有天子、諸侯冠禮，但儀禮之內亡耳。士既三加，爲大夫早冠者，亦依士禮三加。若天子、諸侯則多。故大戴禮公冠篇云「公冠四加」，緇布、皮弁、爵弁後加玄冕。天子亦四加，後當加衮冕矣。天子之子，亦用士禮而冠。案家語冠頌云：「王大子之冠，擬冠。」則天子元子，亦擬諸侯四加。若諸侯之子不得四加，與士同三加可知。

敖氏繼公曰：此篇主言士冠其適子之禮。

筮於廟門。注：冠必筮日於廟門者，重以成人之禮成子孫也。廟，謂禰廟。

敖氏繼公曰：於廟門者，爲將有事於廟中也。必於門者，明其求於外神也。

蕙田案：疏云：「不筮月者，夏小正云：『二月，綏多士女，冠子、取妻時也。』既有常月，故不筮。」非也。「綏多士女」，專指昏言。周禮「仲春之月，令會男女」是也。云「冠子取妻」，乃注家之誤耳。下經云「屨，夏用葛，冬皮屨可也」，則冠無常月明矣。筮日而不筮月，筮之常法也。

主人玄冠、朝服、緇帶、素韠，即位於門東，西面。注：主人，將冠者之父兄也。玄冠，委貌也。朝服者，十五升布衣而素裳也。衣不言色者，衣與冠同也。筮必朝服，尊蓍龜之道也。緇帶，黑繒帶也。天子與其臣，玄冕以視朔，皮弁以日視朝。諸侯與其臣，皮弁以視朔，朝服以日視朝。

郝氏敬曰：玄冠，玄繒爲之。朝服，見君之禮。

陳氏禮書：特牲筮、祭同玄端，少牢筮與祭同朝服，而士冠筮服朝服、冠服玄端者，特牲、少牢，祭事也，筮不可尊於先祖，故同服；士冠非祭事也，筮可尊於子孫，故異服也。

有司如主人服，即位於西方，東面，北上。注：有司，群吏有事者，謂主人之吏所自辟除，府史以下也，今時卒吏及假吏皆是也。

敖氏繼公曰：有司，即筮者、占者、宰、宗人之類。

筮與席、所卦者，具饌于西塾。注：筮，謂蓍也。所卦者，所以畫地記爻。饌，陳也。具，俱也。西塾，門外西堂也。布席於門中，闑西閾外，西面。注：闑，門橛也。閾，閫也。

張氏爾岐曰：布席，將坐以筮也。前具之西塾，至此乃布之。云門中者，以大分言之。闑西閾外，則布席處也。

筮人執筴，抽上韇，兼執之，進受命於主人。注：筮人，有司主三易者也。韇，藏筴之器也。自西方而前。受命者，當知所筮也。

張氏爾岐曰：筴即蓍。兼執之者，兼上韇與下韇而并執之。此時蓍尚在下韇，待坐時乃取出以筮。

宰自右少退，贊命。注：宰，有司主政教者也。贊，佐也，佐主人告所以筮也。筮人許諾，右還，即席坐，西面，卦者在左。注：東面受命，右還，北行就席。卦者，有司主畫地識爻者也。卒筮，書卦，執以示主人。注：書卦者，筮人以方寫所得之卦也。主人受眂，反之。注：反，還也。筮人還，東面，旅占，卒，進告吉。注：旅，衆也。還與其屬共占之。若不吉，則筮遠日，如初儀。注：遠日，旬之外。　疏：曲禮：「吉事先近日。」冠，吉事，故先筮近日。不吉，乃更筮遠日。是上旬不吉，乃更筮中旬；又不吉，乃更筮下旬。云「如初儀」者，自「筮於廟門」已下至「告吉」是也。徹筮席。注：徹，去也。宗人告事畢。注：宗人，有司主禮者也。

陳氏禮書：筮必於廟，尊其尊也。廟必於禰，親其親也。士筮於門而不於堂，避其君也。筮必面西，求諸陰也。卦者必居筮之左，上其北也。聘禮：「君受聘於先君之祧，卿受問於祖廟。」士冠、士昏皆止言廟，則凡言廟者，禰廟也。記曰「凡行事，受於禰廟」是也。若諸侯則冠於祖廟。左氏曰「以先君之祧處之」是也。

蕙田案：以上筮日。

主人戒賓，賓禮辭，許。注：戒，警也，告也。賓，主人之僚友。古者有吉事則樂與賢者歡成之，有凶事則欲與賢者哀戚之。今將冠子，故就告僚友使來。禮辭，一辭而許也。再辭而許曰固辭。三辭曰終辭，不許也。主人再拜，賓答拜。主人退，賓拜送。

盛氏世佐曰：凡拜送者，客不答拜，禮有終也。

蕙田案：以上戒賓。

前期三日，筮賓，如求日之儀。注：前期三日，空二日也。筮賓，筮其可使冠子者，賢者恒吉。冠義曰：「筮日筮賓，所以敬冠事。」

張氏爾岐曰：前日戒賓，汎及僚友。此又於僚友中專筮一人，使爲加冠之賓也。

蕙田案：以上筮賓。

乃宿賓。賓如主人服，出門左，西面，再拜。主人東面答拜。注：宿，進也。宿者必先戒，戒不必宿。其不宿者爲衆賓，或悉來或否。主人朝服。

蕙田案：宿賓在冠前二日，爲筮賓之明日也。

乃宿賓。賓許，主人再拜，賓答拜。主人退，賓拜送。注：乃宿賓者，親相見，致其辭。

宿贊冠者一人，亦如之。注：贊冠者，佐賓爲冠事者，謂賓若他官之屬，中士若下士也。宿之以筮賓之明日。

張氏爾岐曰：佐賓爲冠事，即下文坐櫛、設纚、卒紘諸事。助賓成禮，故取其屬降於賓一等者爲之。

蕙田案：以上宿賓。

厥明夕，爲期於廟門之外。主人立於門東，兄弟在其南，少退，西面，北上。有司皆如宿服，立於西方，東面，北上。注：厥，其也。宿服，朝服。

張氏爾岐曰：宿賓之明夕，冠前一日之夕也。爲期，猶言約期也。

擯者請期，宰告曰：「質明行事。」注：擯者，有司佐禮者，在主人曰擯，在客曰介。質，正也。

辛告曰，旦日正明行冠事。**告兄弟及有司。**注：擯者告也。**告事畢。**注：宗人告也。**擯者告期於賓之家。**

敖氏繼公曰：賓謂賓及衆賓也。

蕙田案：以上爲期。

夙興，設洗，直於東榮，南北以堂深。水在洗東。注：洗，承盥洗者棄水器也，士用鐵。榮，屋翼也。

敖氏繼公曰：說文曰：「屋梠之兩頭起者爲榮。」又曰：「梠，楣也。」爾雅曰：「楣謂之梁。」然則榮者，乃梁東西之兩端也。直東榮，謂遥當之也。周制，卿大夫以下爲夏屋，故其設洗以東榮爲節；人君爲殿屋，故以東霤爲節。其處同也。

陳服於房中西墉下，東領，北上。注：墉，牆也。

張氏爾岐曰：所陳之服即下文爵弁服、皮弁服、玄端三服也。房在堂上之東。北上者，爵弁服在北，皮弁服次南，玄端最南也。冠時先用卑服，北上便也。

爵弁服：纁裳、純衣、緇帶、韎韐。注：此與君祭之服。雜記曰：「士弁而祭於公。」爵弁者，冕之次，其色赤而微黑，如爵頭然，或謂之緅。其布三十升。纁裳，淺絳裳。凡染絳，一入謂之縓，再入謂之赬，三入謂之纁，朱則四入與？純衣，絲衣也。餘衣皆用布，惟冕與爵弁服用絲耳。先裳後衣者，欲令下近緇，明衣與帶同色。韎韐，緼韍也。士緼韍而幽衡，合韋爲之。士染以茅蒐，因以名焉。今齊人名蒨爲韎韐。韍之制似韠。冠弁者不與衣陳而言於上，以冠名服耳。疏：凡冕，以木爲體，長尺六寸，廣八寸，績麻三十升布，上以玄，下以纁，前後有旒。其爵弁制大同，惟無旒，又爲爵色爲異。又名冕者，俛也，低前一寸二分，故得冕稱。其爵弁則前後平，故不得冕名。其尊卑次於冕，故云「冕之次也」。陳服則於房，緇布冠、皮爵弁在堂下，是冠弁不與服同陳。今以弁在服上並言之者，以冠弁表明其服耳，不謂同陳之也。**皮弁服：素積、緇帶、素韠。**注：此與君視朔之服也。皮弁者，以白鹿皮爲冠，象上古也。積，猶辟也，以素爲裳，辟蹙其要中。皮弁之衣用布亦十五升，其色象焉。**玄端：玄裳、黄裳、雜裳可也。緇帶、爵韠。**注：此莫夕於朝之服。玄端，即朝服之衣，易其裳耳。上士玄裳，中士黄裳，下士雜裳。雜裳者，前玄後黄。士皆爵韋爲韠，其爵同。不以玄冠名服者，是爲緇布冠陳之。

敖氏繼公曰：爵弁服，士之上服也。皮弁次於爵弁，亦士之尊服也。二弁之衣用絲者，宜别於冠服也，冠服之衣用布。

緇布冠缺項，青組纓屬于缺；緇纚，廣終幅，長六尺；皮弁笄、爵弁笄；緇組紘，纁邊：同篋。注：缺讀如「有頍者弁」之頍。緇布冠無笄者，著頍，圍髪際，結項中，隅爲四綴，以固冠也。項中有𦅻，亦由固頍爲之耳。今未冠笄者著卷幘，頍象之所生也。屬猶著。纚，今之幘梁也。終，充也。纚，一幅長六尺，足以韜髮而結之矣。笄，今之簪。有笄者，屈組爲紘，垂爲飾。無笄者，纓而結其條。纁邊，組側赤也。同篋，謂此以上凡六物。隋方曰篋。

敖氏繼公曰：下經言賓受冠，右手執項，左手執前，則是冠後亦謂之項也。此缺項者，蓋別以緇布一條圍冠而後不合，故名之曰缺項，謂其當冠項之處則缺也。其兩端有緪，別以物貫穿而連結之以固冠。其兩相又皆以纓屬之，而結於頤下以自固。蓋太古始知爲冠之時，其制如此。後世之冠，縫著於武，亦因缺項之法而爲之也。纚，舊説謂縚爲之纚，長六尺，則固足韜其髮矣。然廣惟一幅，則圍髮際而不足，或亦缺其後與？古者布帛幅廣二尺，經言纚於缺項、二笄之間，以見三加同一纚也。紘，弁之繫也，以組一條爲之。冠用纓，弁用紘，各從其便也。

蕙田案：敖氏説極明。陳用之謂注讀「缺」爲「頍」，無所經見。姜上均云：「説文頍從支，頁聲，乃舉首貌。詩『有頍者弁』蓋又以弁有舉首之形，而釋爲弁之貌也。則頍初非首服之名，又何得讀缺爲頍，而指爲首服之制乎？」注説未妥。

張氏爾岐曰：此所陳者，飾冠之物，非謂冠也。缺項、青組纓屬於缺，共一物；緇纚一物，並緇布冠所用皮弁笄一物、爵弁笄一物；緇組紘，皮弁、爵弁各有一，共二物。凡六物同篋貯之，待冠時隨各冠致用也。

櫛實於簞。注：簞，笥也。**蒲筵二，在南。**注：筵，席也。

張氏爾岐曰：一爲冠子，一爲醴子也。在南，在三服之南，通指缺項、纚、笄、組、櫛等，不專言蒲筵。

側尊一甒醴，在服北。有篚實勺、觶、角柶，脯醢，南上。注：側，猶特也。無偶曰側，置酒曰尊。側者，無玄酒。服北者，纁裳北也。篚，竹器如笭者。勺，尊升，所以㪺酒也。爵三升曰觶。柶，狀如匕，以角爲之者，欲滑也。南上者，篚次尊，籩豆次篚。古文「甒」作「廡」。

敖氏繼公曰：尊，設尊也。甒，瓦甒。醴尊設於房，臣禮也。國君則於東厢，南上，醢在北。

爵弁、皮弁、緇布冠各一匴，執以待於西坫南，南面，東上。賓升則東面。注：爵弁者，制如冕，黑色，但無繅耳。周禮：「王之皮弁，會五采玉璂，象邸玉笄。諸侯及孤卿大夫之冕、皮弁，各以其等爲之。」則士之皮弁又無玉象邸飾。緇布冠，今小吏冠，其遺象也。匴，竹器名，今之冠箱也。執之者，有司也。坫在堂角。

陳氏祥道曰：士之服，止於爵弁。而荀卿曰：「士韋弁。」孔安國曰：「雀韋弁也。」則爵弁即韋弁耳。又曰：「古文弁，象形。」則其制上鋭如合手然。韋，其質也。爵，其色也。

敖氏繼公曰：爵弁、皮弁，其制同也。周禮言：「王與諸侯及孤卿大夫之弁，飾以玉琪，各以其等爲之。」于西方而統於賓，蓋以賓專掌冠事。執匴者，皆主人之贊者也。南面而東上，及東面則北上矣。不言者，可知也。坫在東西堂之南。

張氏爾岐曰：有司三人，各執一冠，豫在西階西，以待冠事。賓未入，南面序立。賓升堂，則東面向賓也。

蕙田案：以上冠日陳設。

主人玄端、爵韠，立于阼階下，直東序，西面。注：玄端，士入廟之服也。阼，猶酢也，東階所以答酢賓客也。堂東西牆謂之序。

張氏爾岐曰：案特牲祭服用玄端，玄端是士自祭其先之服，與上所陳爲子加緇布冠之玄端一服也，但玄冠耳。主人服此服立阼階下以待賓至，其立處與堂上東牆相直。

兄弟畢袗玄，立於洗東，西面，北上。注：兄弟，主人親戚也。畢，猶盡也。袗，同也。玄者，玄衣、玄裳也。緇帶韠。位在洗東。退於主人，不爵韠者，降於主人也。古文「袗」爲「均」也。

敖氏繼公曰：袗，如袗絺綌之袗，乃被服之别稱。玄，玄端也。畢袗玄者，謂盡服玄端也。洗東，於主人爲東南。

蕙田案：朱子通解：「袗，古文作『均』，而鄭注訓『同』，漢書字亦作『袀』，則是當從『均』、『袀』爲是。但疏乃云當讀如左傳『均服振振』一也，則未知其以『袗』字爲『均』耶？抑以『袗』音爲『振』也？集韵又釋『袀』爲『戎衣偏裻』，今亦未詳其義。」盛世佐以古文作「均」爲是。考經文有「女從者畢袗玄」，不應兩處皆誤，敖繼公説似屬自然。

擯者玄端，負東塾。注：東塾，門内東堂，負之北面。

張氏爾岐曰：擯者立此以待傳命。疏謂別言「玄端」，不言「如主人服」，則與主人不同可知，當衣冠同而裳異也。下文贊者別言「玄端」亦然。

將冠者采衣，紒，在房中，南面。注：采衣，未冠者所服。玉藻曰：「童子，緇布衣，錦緣，錦紳，并紐，錦束髮，皆朱錦也。」紒，結髮，古文「紒」爲「結」。

朱子曰：房户宜當南壁東西之中。而將冠者在房中，當户而立也。

蕙田案：以上即位。

賓如主人服，贊者玄端從之，立於外門之外。注：從，猶隨也。外門，大門外。擯者告。

主人迎，出門左，西面再拜。賓答拜。注：左，東也。出以東爲左，入以東爲右。主人揖贊者，與賓揖，先入。注：與賓揖，先入道之，贊者隨賓。每曲揖。注：周左宗廟，入外門將東曲，揖；直廟將北曲，又揖。至於廟門，揖入。三揖，至於階，三讓。注：入門將右曲，揖；將北曲，揖；當碑，揖。

張氏爾岐曰：上文「每曲揖」，據入大門向廟時。既入廟，主人趨東階，賓趨西階，是主人將右，欲背賓，宜揖。既當階，主賓將北面趨階，與賓相見，又宜揖。廟中測影、麗牲之碑在堂下，三分庭之一，在北，是庭中之大節，至此，又宜揖。皆因變，伸敬以道賓也。

主人升，立于序端，西面。賓西序，東面。注：主人、賓俱升，立相向。

贊者盥于洗西，升，立于房中，西面，南上。注：盥於洗西，由賓階升也。立於房中，近其事也。南上，尊於主人之贊者。

蕙田案：以上迎賓。

主人之贊者筵于東序，少北，西面。朱子曰：贊者西面，則負東墉，而在將冠者之東矣。注：主人之贊者，其屬中士若下士。筵，布席也。東序，主人位也。適子冠於阼，少北，辟主人。將冠者出房，南面。注：南面，立於房外之西，待賓命。贊者奠纚、笄、櫛于筵南端。注：贊者，賓之贊冠者也。奠，停也。賓揖將冠者，將冠者即筵坐。贊者坐，櫛，設纚。注：即，就。設，施。賓降，主人降。賓辭，主人對。注：主人降，爲賓將盥，不敢安位也。辭對之辭未聞。賓盥，卒，壹揖，壹讓，升。主人升，復初位。注：揖讓皆壹者，降於初。賓筵前坐，正纚，興，降西階一等。執冠者升一等，東面授賓。注：正纚者，將加冠，宜親之。興，起也。降，下也。下一等，升一等，則中等相授。冠，緇布冠也。

賓右手執項，左手執前，進容，乃祝。坐如初，乃冠。興，復位，贊者卒。注：進容者，行翔而前鶬焉，至則立祝。坐如初，坐筵前。興，起也。復位，西序東面。卒，謂設缺項、結纓也。疏：項謂冠後。翔，謂行而張拱也。鶬與蹌同。

敖氏繼公曰：右手執項，以冠時進右手便也。容者，示之以威儀。

蕙田案：上「缺項」之「項」，宜與此「項」字同解。卒者，終其事也。以青組纓束冠，而又爲之結於項下也。

冠者興，賓揖之。適房，服玄端、爵韠。出房，南面。注：復出房南面者，一加禮成，觀衆以容體。

蕙田案：以上初加。

賓揖之，即筵坐。櫛，設笄。賓盥，正纚如初。降二等，受皮弁，右執項，左執前，進祝，加之如初。復位，贊者卒紘。注：如初，爲不見者言也。卒紘，謂繫屬之。

張氏爾岐曰：即筵坐櫛者，當再加皮弁，必脱去緇布冠更櫛也。方櫛訖，即云設笄。疏以爲此紒內安髮之笄，非固冠之笄。其固冠之笄，則加冠時賓自設之。

興，賓揖之。適房，服素積素韠，容，出房，南面。注：容者，再加彌成，其儀益繁。

蕙田案：以上再加。

賓降三等，受爵弁，加之。服纁裳韎韐。其他如加皮弁之儀。注：降三等，下至地。

徹皮弁、冠、櫛、筵，入於房。注：徹者，贊冠者主人之贊者爲之〔一〕。

五經名義：士冠禮三加：緇布冠，欲其尚質重古；次皮弁，欲其行三德三行；次爵弁，欲其承事神明。

蕙田案：以上三加。

陳氏禮書：士禮，始加緇布，不忘本也；次加皮弁，朝服也；三加爵弁，祭服也。不忘本，然後能事君。能事君，然後能事神。所謂「三加彌尊，喻其志」者，如是而已。賓盥，所以致潔。降盥、降受冠弁，所以致敬。始加，受冠降一等，執者升一等；再加，降二等；三加，降三等。以服彌尊，故降彌下也。

筵于户西，南面。注：筵，主人之贊者。户西，室户西。

敖氏繼公曰：户西，即户牖間也，後皆倣此。户西，客位也。筵於此者，以其成人，尊之。

蕙田案：敖氏説是也。大夫、士皆有東西房，故以牖間爲客位也。詳見「前

〔一〕「贊冠者」，原作「賓贊及」，據儀禮注疏卷二改。

室」條下。

贊者洗於房中，側酌醴，加柶，覆之，面葉。注：洗，盥而洗爵者。昏禮曰：房中之洗「在北堂，直室東隅。篚在洗東，北面盥」。側酌者，言無爲之薦者。面，前也。葉，柶大端。贊酌者，賓尊不入房。

張氏爾岐曰：注引昏禮證房中別有洗，非在庭之洗也。側酌者，贊者自酌，還自薦也。柶，類今茶匙，葉即匙頭。贊者前其葉以授賓者，欲賓得前其柄以授冠者，冠者得之，乃前其葉以扱醴而祭也。柶用時仰之，贊者不自用，故覆之以授也。

賓揖，冠者就筵，筵西，南面。賓受醴於户東〔一〕**，加柶，面枋，筵前北面。**注：户東，室户東。

張氏爾岐曰：酌醴者出房，向西授賓，賓至室户東受之。筵前北面，致祝當在此時，祝辭見後。

冠者筵西拜受觶，賓東面答拜。注：筵西拜，南面拜也。賓還答拜於西序之位。東面者，明成人與爲禮，異於答主人。

張氏爾岐曰：冠者拜訖，進受觶。賓既授觶，乃復西序之位答之。賓答主人拜，當西階，北面，此西序東面，故注云「異於答主人」。

〔一〕「受」，諸本作「授」，據儀禮注疏卷二改。

薦脯醢。注：贊冠者也。薦，進也。冠者即筵坐，左執觶，右祭脯醢，以柶祭醴三。注：祭於脯醢之豆間也。祭者示有所先也。疏：祭醴三者，如昏禮，始扱一祭，又扱再祭也。注云「有所先」，即先世之造此食者也。興，筵末坐，啐醴，捷柶。興，降筵，坐奠觶，拜。執觶興。賓答拜。冠者奠觶于薦東。注：啐，嘗也，其拜皆如初。

蕙田案：以上醴冠者。

陳氏禮書：冠必用醴，若不用醴，則醮焉。以醴者，太古之物，故其禮簡，所以示質。酒者，後世之味，故其禮煩，所以示文。故適子用醴，庶子用醮。適婦有醴與享，庶婦使人醮之不享，是醮輕於醴也。

降筵，北面坐取脯，降自西階，適東壁，北面見于母。注：適東壁者，出闈門也。時母在闈門之外，婦人入廟由闈門。

敖氏繼公曰：取脯亦右取而左奉之。必取脯者，見其受賜也。執脯見於母，因有脯而爲之，且明禮成也。云適東壁而見之，則是時母位在此與？

蕙田案：廟在宅東，闈門當在廟西。注「適東壁，出闈門」，非是。

母拜受，子拜送，母又拜。注：婦人於丈夫，雖其子，猶俠拜。

敖氏繼公曰：母於其子乃俠拜者，重冠禮也。子拜送亦再拜，此拜非主於受送也，亦因有脯而言之耳。凡婦人與丈夫爲禮，其禮重者亦俠拜。

蕙田案：子冠畢，北面見母，母拜受脯，欽其有成人之德，是謂重承先祖之正，欲見禮子之體，將爲宗廟之主，故拜成人，非失尊序也。冠義云：「成人而與爲禮也。」與之爲禮，進之也。禮，凡婦人，肅拜。少儀云：「婦人雖君賜，肅拜。」肅拜者，立拜也，立而俯下手也。周禮九拜，肅爲輕。鄭注謂「雖其子，猶俠拜」，則太重矣。

又案：以上見於母。

賓降，直西序，東面。主人降，復初位。注：初位，初至階讓升之位。冠者立於西階東，南面，賓字之，冠者對。注：對，應也。其辭未聞。疏：未字先見母，字訖乃見兄弟之等，急於母，緩於兄弟也。

蕙田案：以上字冠者。

賈氏公彥曰：殷質，二十爲字之時，兼伯仲叔季稱之；周文，爲字之時未呼伯仲，至五十乃加而呼之。故檀弓云：「幼名，冠字，五十以伯仲，周道也。」

賓出，主人送於廟門外。請醴賓，賓禮辭，許。賓就次。注：醴賓者，謝其勤勞也。次，門外更衣處也，以帷幕簟席爲之。

蕙田案：以上賓出就次。

冠者見於兄弟，兄弟再拜，冠者答拜。見贊者，西面拜，亦如之。注：見贊者西面拜，則見兄弟東面拜。贊者後賓出。疏：亦如之者，言贊者先拜，而冠者答之也。**入見姑姊，如見母。**注：入，入寢門也。廟在寢門外。如見母者，亦北面，姑與姊亦俠拜也。不見妹，妹卑。

蕙田案：以上見兄弟、贊者、姑姊。

乃易服，服玄冠、玄端、爵韠，奠摯見於君。遂以摯見於鄉大夫、鄉先生。注：易服，不朝服者，非朝事也。摯，雉也。鄉先生，鄉中老人爲卿大夫致仕者。

張氏爾岐曰：見君、見鄉大夫先生，非必是日，因見兄弟等，類言之耳。

蕙田案：以上見君與鄉大夫先生。

乃醴賓以壹獻之禮。注：壹獻者，主人獻賓而已，即燕無亞獻者。獻、酢、酬，賓、主人各兩爵而禮成。特牲、少牢饋食之禮獻尸，此其類也。士禮一獻，卿大夫三獻。禮賓不用柶者〔二〕，泲其醴。內則曰：「飲，重醴清糟。」凡醴事，質者用糟，文者用清。**主人酬賓，束帛儷皮。**注：飲賓客而從之以財

〔二〕「禮賓」，諸本作「賓禮」，據儀禮注疏卷二改。

貨曰酬，所以申暢厚意也。束帛，十端也。儷皮，兩鹿皮也。贊者皆與，贊冠者爲介。注：贊者，衆賓也。皆與，亦飲酒爲衆賓。介，賓之輔，以贊爲之，尊之。飲酒之禮，賢者爲賓，其次爲介。

敖氏繼公曰：言此於酬賓之後者，明酬幣惟用於正賓也。贊者，亦兼贊冠者而言。介，副也，以副於正賓名之。飲酒之禮，有賓、有介、有衆賓，此贊冠者爲介，其餘爲衆賓也，衆賓之位亦在堂。鄉飲酒禮，賓席於户牖間，介席於西序，衆賓之席繼而西。

蕙田案：以上醴賓。

陳氏禮書：既冠，乃醴賓以壹獻之禮，酬賓束帛儷皮。贊者皆與，蓋君子之於人，勞之必有以禮之故。昏禮享送者，鄉飲司正祭禮賓尸，冠禮醴賓，其義一也。

賓出，主人送于外門外，再拜，歸賓俎。注：一獻之禮，有薦有俎，其牲未聞。使人歸諸賓家也。

蕙田案：以上送賓，歸俎。

朱子曰：此以上正禮已具，以下皆禮之變。

張氏爾岐曰：以上士冠禮正經，頗疑數事。冠於廟，重成人也，未冠不以告，既冠不以見，何也？見於母而不見于父，見贊者而不見賓，疏以爲冠畢已見，似矣。然醴畢即見于母，儀節相承，則見父、見賓當于何時？豈在酌醴定祥之前與？又言歸俎而不言載俎，其牲未聞，注已陳之，要皆文不具也。

蕙田案：曲禮言取妻者，齊戒以告鬼神，而士昏禮不具，何疑乎冠禮之無告廟文也？文王世子「冠、取妻必告」，有明證矣。父爲主人，與賓皆行冠事，何必再行見禮？張氏之説泥矣。

若不醴，則醮用酒。注：若不醴，謂國有舊俗可行，聖人用焉不改者也。曲禮曰「君子行禮，不求變俗。祭祀之禮、居喪之服、哭泣之位，皆如其國之故，謹修其法而審行之」是也。酌而無酬酢曰醮，醴亦當爲禮。　疏：自此以上，説周禮冠子之法。自此以下，至「取籩脯以降如初」，説夏、殷冠子之法。

蕙田案：疏分周禮，夏、殷禮，其説非，辨見後。

尊于房户之間，兩甒，有禁。玄酒在西，加勺，南枋。注：房户間者〔一〕，房西室户東也。禁，承尊之器也，名之爲禁者，因爲酒戒也。玄酒，新水也，雖今不用，猶設之，不忘古也。洗，有篚在西，南順。注：洗，庭洗，當東榮，南北以堂深。篚亦以盛勺、觶，陳於洗西。南順，北爲上也。始加，醮用脯醢。賓降，取爵於篚〔二〕，辭降如初。卒洗，升酌。注：始加者，言一加一醮也。加冠於東序，醮之於户西，同耳。始醮，亦薦脯醢。賓降者，爵在庭，酒在堂，將自酌也。辭降如初，如將冠時降

〔一〕「户」，諸本作「中」，據儀禮注疏卷三改。
〔二〕「爵」，諸本作「尊」，據儀禮注疏卷三改。

盥，辭主人降也。凡薦，出自東房。**冠者拜受，賓答拜如初。**注：贊者筵於户西，賓升，揖冠者就筵。乃酌，冠者南面拜受，賓授爵，東面答拜，如醴禮也。於賓答拜，贊者則亦薦之。**冠者升筵，坐。左執爵，右祭脯醢，祭酒。興，筵末坐，啐酒。降筵，拜。賓答拜。冠者奠爵於薦東，立於筵西。**注：冠者立俟賓命，賓揖之，則就東序之筵。**徹薦、爵，筵、尊不徹。**注：徹薦與爵者，辟後加也。不徹筵、尊，三加可相因，由便也。**加皮弁，如初儀。再醮，攝酒，其他皆如初。**注：攝，猶整也。整酒，謂撓之。**加爵弁，如初儀。三醮，有乾肉折俎，嚌之。其他如初。北面取脯，見于母。**注：乾肉，牲體之脯也。折其體以爲俎。嚌，嘗之。**若殺，則特豚，載合升，離肺實於鼎。設扃鼏。**注：特豚，一豚也。凡牲皆用左胖，煮於鑊曰亨，在鼎曰升，在俎曰載。載合升者，明亨與載，皆合左右胖。離，割也。割肺者，使可祭也，可嚌也。

高氏愈曰：士田禄微，故不殺，殺則爲盛禮。

蔡氏德晉曰：醮止於乾肉折俎，而不殺牲。此言其盛，則殺牲也。

始醮，如初。注：亦薦脯醢，徹薦爵，筵尊不徹矣。**再醮，兩豆：葵菹、蠃醢；兩籩：栗、脯。**注：蠃醢，蜱蝓醢。**三醮，攝酒如再醮，加俎，嚌之，皆如初，嚌肺。**注：攝酒如再醮，則再醮亦攝之矣。加俎嚌之，嚌當爲祭，字之誤也。祭俎如初，如祭脯醢。**卒醮，取籩脯以降，如初。**

蕙田案：以上醮及殺牲而醮。

劉氏敞曰：若不醴，則醮用酒，謂庶子也。醴重醮輕。昏禮，適婦醴之，庶婦醮之。丈夫之冠，猶婦人之嫁，則醮用酒者，必庶子也。下文曰「庶子冠於房外，南面，遂醮焉」是矣。注云：「謂國有舊俗可行，聖人用焉。」又注：「醮于客位，云夏、殷禮也。」皆非也。夏、殷有天下千有餘歲，冠禮行之久矣。設以醮爲禮焉，溥天之下皆醮也，周公何以改之？然則「醮於客位」，當曰「醴於客位」。嫡子冠於阼，醴於客位，以變爲敬也。庶子冠與醮相因，不於阼，亦不於客位，略庶子也。醮禮繁，醴禮簡，以簡爲貴也。醮三舉，醴一辭，以少爲貴也。醮用酒，醴用醴，以質爲貴也。醮有折俎，醴脯醢而已，不尚味也。酒在房外，醴在房中，以變爲敬也。此皆聖人分别嫡庶，異其儀也。

朱子曰：不醴而醮，乃當時國俗不同。有如此者，如魯、衛之幕有繆布，祔有離合，皆周禮自不同，未必夏、殷法也。記注所云，若以宋、杞二代之後及它遠國未能純用周禮者言之，則或可通，然亦未有明文可考也。此注又言改字者，上下文異，故須别出也。

敖氏繼公曰：此醮與醴，大意略同，惟用酒而儀物繁爲異。上既見醴禮矣，此復言不醴則醮者，蓋冠禮之始，惟醴而已，然少近於質，故後世聖人又爲此醮禮，與之並行焉。言若者，文質在人，用之惟所欲耳。

郝氏敬曰：醮，釂也，盡飲之名。醴一酌，醮三酌，加折俎，盛者殺牲，較醴多文矣。凡禮，先質而後文，醴與醮，皆歷世已行之迹。若者，隨時不定之辭。若醴則用醴，若醮則用酒，醴濁而酒清。

張氏爾岐曰：醴、醮二法，其異者，醴側尊在房，醮兩尊於房户之間。醴用觶，醮用爵。醴篚從尊在房，醮篚從洗在庭。醴待三加畢，乃一舉；醮每一加，即一醮。醴薦用脯醢；醮每醮皆用脯醢，至三醮，又有乾肉折俎。醴贊冠者，酌授賓，賓不親酌；醮則賓自降取爵，升酌酒。醴則每加入房，易服出房，立待賓命；醮則每醮訖，立筵西，待賓命。醴者，每加冠必祝，醴時又有醴辭；醮者，加冠時不祝，至醮時有醮辭。其餘儀節，並不異也。

姜氏兆錫曰：若不醴及若殺，皆禮之變。用酒禮，盛於醴；殺牲禮，盛於脯醢、折俎。而冠禮不以盛禮先之者，聖人於始冠示以淳古之意，即始加用緇布冠之意也。其又及於用酒殺牲者，則權也夫。拜下改爲拜上，聖人雖違衆而不從其泰。若麻冕改純，則聖人亦以無害於禮而從之。若不醴，若殺，意亦如此。若如疏者之説，則夏尚忠，商尚質，而反謂其文勝於周也，豈理之所可通哉？

盛氏世佐曰：衆説不同，當以朱子爲正。凡禮，皆由質而趨於文。疏以醴之質者爲周禮，醮之文者爲夏、殷禮，倒矣，宜後儒莫之從也。劉氏知疏説之非，而其自爲説亦未善。如以此節爲醮庶子，經當云「若庶子，則醮用酒」，而下文亦不應别見庶子冠法矣。朱子謂庶子一醮以酒，安得有若此及下文殺牲之盛禮哉？蓋冠禮之初，惟醴而已，庶子則一醮以酒，所謂醴重而醮輕也。醴重醮輕，鄭注曾子問語。若三醮殺牲，乃後人爲此，以尊異適子，而庶不敢干焉。敖氏知冠禮始惟有醴，後乃爲醮，所見最卓。而以醮爲聖人所制，則惑也。此特叔世變禮之後，國俗有此不同，記者以其無甚害於禮而存之，猶夫子從純之意耳。姜説實本朱子，然亦不能堅守其説而遷就之，至以用酒殺牲爲聖人之權。蓋見此節列於經文之内，不敢斷然以爲變禮，不得不曲爲回護，而其辭屈矣。是皆不知此篇，經、記混淆之所致也。竊謂此篇之經，至「歸賓俎」而止矣。自此以下，皆記也。凡爲記者有三：有記經所未備者，有記禮之變異者，變以時代言，異以國俗言。有各記所聞頗與經義相違者。記經所未備者，周公之徒爲之，與經並行者也。記禮之變異，則非周之盛時之書矣。至於各記所聞而頗失經意者，則七十子後學所記也。意其初，經與記分，記與記亦不相雜。至漢儒掇拾灰燼之餘，竄以經師之説，而三者之辨不可復知。且有經連於記，記混於經者矣。何以明其爲記也？試以昏禮較之，若不醴及若殺，猶昏禮記「若不親迎」也。所謂記禮之變異也。若孤子、若庶子及冠者母不在，猶昏禮記「庶婦及宗子無父」之類。所謂記經未備也。諸辭，則昏禮俱屬記，尤爲明證。惟屨制一節，朱子移附「陳器服」節之末，或是彼處脱簡。然詳其文體，亦似昏禮記「摯不用死，腊必用鮮」之類。經蓋以屨賤不與冠服並言，而記者詳之，亦是記所未備也。自「冠義」以下，乃漢儒取戴記、家語以成文，非本記之舊矣。觀其首「冠義」二字，若小戴記篇目，十七篇無此例也。疑作者原不敢自附於本經之記，而編禮者誤以「記」之一字加之。若移彼「記」字於「若不醴」之首，則得矣。朱子謂醴賓節以上正禮已具，以下皆禮之變，是也。特未正其爲記耳。

蕙田案：盛説頗有見地，存參。

觀承案：醴重而醮輕，醮文而醴質，醮繁而醴簡，此注家所以互異也。舊説以醴爲周禮，醮爲夏、殷禮者，固爲無據。謂適子用醴，庶子用醮，下文又別見庶子冠法，亦未見其然。竊謂饗以訓恭儉，適子用醴，所以慎選古儀，而不從俗之煩以重之，且以著冠禮之正義。如從俗而用醮，亦非有害於禮者，故別具其儀於後。經義上下，原自貫通，即不移「記」字於「若不醴」之首，未始不分明也。

若孤子，則父兄戒、宿。注：父兄，諸父諸兄。冠之日，主人紒而迎賓，拜，揖，讓，立於序端，皆如冠主。禮於阼。注：冠主，冠者親父若宗兄也。古文「紒」爲「結」，今文「禮」作「醴」。

凡拜，北面於阼階上。賓亦北面於西階上答拜。若殺，則舉鼎陳于門外，直東塾，北面。注：孤子得申禮，盛之。父在，有鼎不陳於門外。

蕙田案：以上孤子冠。

觀承案：士冠禮不言告廟。諸侯以上告廟，且將之以裸享，節之以金石，已變士禮矣，而不知仍士禮也。士之父没而冠，埽地而祭於禰，以示不敢自擅。蓋冠者，父冠其子，祖亦不可以冠孫。諸侯以上之有告廟，皆自爲主人時也，與士之父没而祭禰義同。禮，孤子之冠，父兄戒、宿。冠之日，主人紒而迎賓。紒，冠者之飾，方其未冠，故紒而迎賓。則冠者之孤，皆得自爲主人，故曰仍士禮也。

若庶子，則冠于房外，南面，遂醮焉。注：房外，謂尊東也。不於阼階，非代也。不醮於客位，成而不尊。

蕙田案：以上庶子冠。

冠者母不在，則使人受脯于西階下。

張氏爾岐曰：母不在，謂有他故也。使人受脯，當於後見也。

蕙田案：以上見母權法。

戒賓曰：「某有子某，將加布於其首，願吾子之教之也。」注：吾子，相親之辭。吾，我也。子，男子之美稱。古文「某」爲「謀」。賓對曰：「某不敏，恐不能共事，以病吾子，敢辭。」注：病，猶辱也。古文「病」爲「秉」。主人曰：「某猶願吾子之終教之也。」賓對曰：「吾子重有命，某敢不從。」注：敢不從，許之辭。宿曰：「某將加布於某之首，吾子將莅之，敢宿。」賓對曰：「某敢不夙興。」注：莅，臨也。今文無「對」。

蕙田案：以上戒賓、宿賓之辭。

始加，祝曰：「令月吉日，始作元服。注：令、吉，皆善也。元，首也。棄爾幼志，順爾成德。壽考惟祺，介爾景福。」注：爾，女也。既冠爲成德。祺，祥也。介，景，皆大也。因冠而戒，且勸之。女如是，則有壽考之祥，大女之大福也。再加，曰：「吉月令辰，乃申爾服。注：辰，子、丑也。申，重也。敬爾威儀，淑慎爾德。眉壽萬年，永受胡福。」注：胡，猶遐也，遠也，遠無窮。三加，曰：「以歲之正，以月之令，咸加爾服。注：正，猶善也。咸，皆也。皆加女之三服，謂緇布冠、皮弁、爵弁也。兄弟具在，以成厥德。黄耇無疆，受天之慶。」注：黄，黄髮也。耇，凍黎也。皆壽徵也。疆，竟。

蕙田案：以上加冠祝辭。

醴辭曰：「甘醴惟厚，嘉薦令芳。注：嘉，善也。善薦，謂脯醢。芳，香也。拜受祭之，以定爾祥。承天之休，壽考不忘。」注：不忘，長有令名。

蕙田案：以上醴辭。

醮辭曰：「旨酒既清，嘉薦亶時。注：亶，誠也。古文「亶」爲「癉」。始加元服〔一〕，兄弟具來。孝友時格，永乃保之。」注：善父母爲孝，善兄弟爲友。時，是也。格，至也。永，長也。保，安也。行此乃能保之。今文「格」爲「嘏」。凡醮者不祝。

張氏爾岐曰：「孝友時格」，孝友極其至也，教以盡孝友之道，乃可長保之也。注「凡醮者不祝」，謂用酒以醮者，每加冠畢，但用醮辭醮之，其方加冠時，不用祝辭也。詳醮辭「始加元服」等句，與祝辭相類，兼用之則複矣。疏以爲醮庶子不用祝辭，錯會注意。

再醮，曰：「旨酒既湑，嘉薦伊脯。乃申爾服，禮儀有序。祭此嘉爵，承天之祜。」注：祜，福也。三醮，曰：「旨酒令芳，籩豆有楚。注：旨，美也。楚，陳列之貌。咸加爾服，肴升折俎。注：肴升折俎，亦謂豚。承天之慶，受福無疆。」

〔一〕「元」，原作「玄」，據味經窩本、乾隆本、光緒本、儀禮注疏卷三改。

蕙田案：以上醮辭。

字辭曰：「禮儀既備，令月吉日，昭告爾字。爰字孔嘉，注：昭，明也。爰，於也。孔，甚也。髦士攸宜。宜之于假，注：髦，俊也。攸，所也。于，猶爲也。假，大也。宜之是爲大矣。永受保之，曰伯某甫。」仲叔季，惟其所當。注：伯仲叔季，長幼之稱。甫是丈夫之美稱。孔子爲尼甫，周大夫有家甫，宋大夫有孔甫，是其類。甫，字或作「父」。

白虎通：人所以有字，何？冠德明功，敬成人也。故禮士冠經曰：「賓北面字之，曰伯某甫。」又曰：「冠而字之，敬其名也。」所以五十乃稱伯仲者，五十知天命，思慮定也，能順四時長幼之序，故以伯仲號之。禮檀弓曰：「幼名冠字，五十乃稱伯仲。」

蕙田案：以上字辭。

屨，夏用葛。玄端黑屨，青約繶純，純博寸。注：屨者，順裳色。玄端黑屨，以玄裳爲正也。約之言拘也，以爲行戒，狀如刀衣鼻，在屨頭。繶，縫中紃也。純，緣也。三者皆青。博，廣也。

張氏爾岐曰：此下言三服之屨，不與上服同陳者，屨賤，故別言之。夏葛屨，冬皮屨，春秋熱則從夏，寒則從冬。此玄端黑屨，初加時所用。注云「以玄裳爲正」者，玄端兼有黄裳、雜裳，屨獨用黑，與玄同色，故云「以玄裳爲正也」。約在屨頭，繶其牙底相接縫中之條，純謂緣口緣邊，三者皆青色也。

素積白屨，以魁柎之，緇約繶純，純博寸。注：魁，蜃蛤。柎，注也。

張氏爾岐曰：此皮弁服之屨，再加時所用，以魁蛤之灰注於上，使色白也。

爵弁纁屨，黑約繶純，純博寸。注：爵弁屨以黑爲飾。爵弁尊，其屨飾以繢次。

張氏爾岐曰：此三加所用之屨。疏云「爵弁尊，其屨飾以繢次」者，案冬官畫繢之事，云青與白相次，赤與黑相次，玄與黄相次，繢以爲衣。青與赤謂之文，赤與白謂之章，白與黑謂之黼，黑與青謂之黻，繡以爲裳。是對方爲繢次，比方爲繡次。又鄭注屨人云：「複下曰舄，禪下曰屨。」凡舄之飾，如繢之次；凡屨之飾，如繡之次。上文黑屨青飾，白屨黑飾，皆繡之次。此爵弁纁屨而黑飾，不取比方之色，而以對方黑色爲飾，是用繢次，與舄同，故云「爵弁尊」也。

朱子曰：三屨，經不言所陳處，疑在房中。既冠而適房改服，并得易屨也。

冬，皮屨可也。不屨繐屨。注：繐屨，喪屨也。縷不灰治曰繐。疏：言此者，欲見大功未可以冠子，故於屨末因禁之也。

蕙田案：以上三服之屨。

記：冠義。始冠，緇布之冠也。太古冠布，齊則緇之。其緌也，孔子曰：「吾未之聞也，冠而敝之可也。」注：太古，唐、虞以上。緌，纓飾。未之聞，太古質，無飾。重古，始冠，冠其齊冠。白布冠，今之喪冠是也。

春秋昭公九年左氏傳：豈如弁髦，而因以敝之。注：童子垂髦始冠，必三加冠成禮，而棄其始冠，故言「弁髦，因以敝之」。疏：弁謂緇布冠，斂括垂髦。三加之後，去緇布之冠，不復更用，故云「因以敝之」。

郊特牲孔疏：太古之時，其冠惟用白布，常所冠也。若其齊戒，則染之爲緇。今始冠，重古，故先冠之也。古禮布冠，不合有緌，而後世加緌，故記者云「其緌也」。引孔子之言，謂未聞緇布冠有緌之事。「冠而敝之」者，言緇布冠初加暫用冠之，罷冠則敝棄之可也。以其古之齊冠，後世不復用也。

皇氏曰：鄭云雜記緇布冠無緌，而玉藻云緇布冠繢緌者，此經所論謂大夫、士，故緇布冠無緌；諸侯則位尊盡飾，故有緌也。

方氏慤曰：緇布之冠，太古尚質，未聞有緌，末世寖文，乃加緌耳。玉藻言「緇布冠繢緌」者，兼末世言之也。孔子未嘗聞其緌者，指盛世言之也。

蕙田案：此記用緇布冠之義。

適子冠於阼，以著代也。醮於客位，加有成也。三加彌尊，諭其志也。冠而字之，敬其名也。注：名者質，所受於父母。冠成人，益文，故敬之。

郊特牲孔疏：士冠禮冠者在主人之少北，是近主位也。庶子則冠於房户外，南面。客位，謂户牖之間。南面，此謂適子。

方氏慤曰：冠者，成人之服。阼者，主人之階。成人則將代父爲主，故冠於阼，以著代也。醮，則以酒澤之也。每一加，則一醮，蓋酒以饗賓。冠於阼，是以主道期之。醮於客位，是以賓禮崇之也。以其有成人之道，故以是禮加之，故曰加有成也。然緇布之粗，不若皮弁之精；皮弁之質，不若爵弁之文，故曰「三加彌尊」。服彌尊，則志宜彌大，故曰「喻其志」也。以冠考之，非特冠彌尊，而衣也、屨也亦彌尊；非特衣、屨彌尊，至於祝辭、醮辭亦然。所以喻其志，則一而已。

蕙田案：此記重適子之義。

委貌，周道也。章甫，殷道也。毋追，夏后氏之道也。注：或謂委貌爲玄冠。委，猶安也，言所以安正容貌。章，明也。殷質，言以表明丈夫也。甫，或爲「父」。毋，發聲也。追，猶堆也。夏后氏質，以其形名之。三冠皆所服以行道也〔一〕，其制之異同未之聞。

蕙田案：注意以三者皆爲玄冠，蓋始加本當用此，因重古而用緇布冠，既乃以易之也。張氏爾岐謂：「此因冠者既畢，易服玄冠，故記之。」

周弁，殷冔，夏收。注：弁名出於槃。槃，大也，言所以自光大也。冔名出於幠。幠，覆也，言所

〔一〕「服」上，諸本衍「常」字，據儀禮注疏卷三删。

以自覆飾也。收，言所以收斂髮也。齊所服而祭也，其制之異未聞。

張氏爾岐曰：此因三加爵弁，而記其制之相等者，殷則冔，夏則收也。

三王共皮弁、素積。注：質不變。疏：言三代再加所同用也。

蕙田案：以上記三代冠之同異。

無大夫冠禮，而有其昏禮。古者五十而后爵，何大夫冠禮之有？注：據時有未冠而命爲大夫者。周之初禮，年未五十而有賢才者，試以大夫之事，猶服士服、行士禮。二十而冠，急成人也。五十乃爵，重官人也。大夫或時改娶，有昏禮是也。

敖氏繼公曰：「無大夫冠禮，而有其昏禮」，據禮經而言也。其下二句，所以釋無大夫冠禮之意也。古者謂始有冠禮之時，五十而爵者，以其年艾德盛，乃可服官政也。

公侯之有冠禮也，夏之末造也。注：造，作也。自夏初以上，諸侯雖父死子繼，年未滿五十者，亦服士服，行士禮，五十乃命也。至其衰末，上下相亂，篡弒所由生，故作公侯冠禮，以正君臣也。

葉氏夢得曰：諸侯既冠而即位，固已同於士禮矣。未冠而即位，則既爲諸侯，何緇布、皮弁、爵弁之云？則冠禮無復施，安得有公侯之冠禮？此所以爲夏之末造也。鄭氏謂諸侯雖父死，年未及五十，亦服士服，行士禮，五十乃命。古禮雖不可盡見，然諸侯固未當以年斷。審如其說，不幸有未冠而立，立未及五十而死，則終身不得爲諸侯乎？此理之必不然者也。

張氏爾岐曰：此言不獨大夫無冠禮，雖公侯冠禮，亦夏末始作，非古也。據注訓造爲作，則「末」字當一讀。近徐師曾解郊特牲云：「末造，猶言末世。」則二字連讀。

天子之元子猶士也，天下無生而貴者也。注：元子，世子也。無生而貴，皆由下升。繼世以立諸侯，象賢也。注：象，法也。爲子孫能法先祖之賢，故使之繼世也。以官爵人，德之殺也。注：殺，猶衰也。德大者爵以大官，德小者爵以小官。

敖氏繼公曰：元子，長子。其冠時，猶用士禮，以其未即位，則無爵故也。舉天子之元子以見其餘。

方氏慤曰：嗣諸侯者有冠禮，嗣大夫則無之。蓋諸侯繼世以立，大夫以官爵之，而不繼世也。諸侯必繼世以立，所以象賢；大夫不繼世，爲其德之殺也。

王氏安石曰：天子元子，冠同於士。雖君儲副，有君父在上，故冠用士禮，所謂無生而貴者也。象，法象也。父祖之賢，子孫能法象之，故使之雖未冠，南面君國，是以諸侯別有冠禮也。爵，言命爲大夫也，視諸侯德有殺，故冠惟士禮，與諸侯不同。此言大夫之所以無冠禮也。

盛氏世佐曰：記自「無大夫冠禮」下，即劉歆所謂「倉等推士禮而致於天子」之説也。古者，謂殷以前耳，非周初也。喪服「殤小功」章云「大夫爲昆弟之長殤」，此周公之書也。身爲大夫，其兄乃有未冠而殤者，則年未二十而爲大夫者有矣。如謂試爲大夫，而仍行士禮，則爲昆弟之長殤，當服大功，不得降而爲小功也。降而爲小功，則已爵也。又案：大夫以上，本無冠禮，而玉藻記天子諸侯始冠之冠，家語載成王冠頌及公侯冠禮，左傳載魯襄公冠事，國語載趙文子冠事。然則諸侯冠禮，始於夏末；天子冠禮，始於周初；大夫冠禮，其始於周之季世乎？孔穎達謂此記直云諸侯，不云天子，又下云「天子之元子，猶與士同」，則天子冠禮，由來已久，但無文以明之。此臆説也。家語言天子冠禮，而直以成王之事實之，且曰「此周公之制也」，足徵其所自起矣。惟其先有諸侯冠禮，而後有天子冠禮，故大戴禮公冠篇「公冠」，今本作「公符」。云：「天子儗焉。」歸有光作天子諸侯無冠禮論乃訾之，殆未之深考與？

死而謚，今也。古者生無爵，死無謚。注：今，謂周衰，記之時也。古，謂殷。殷士生不爲爵，死不爲謚。周制以士爲爵，死猶不爲謚耳，下大夫也。今記之時，士死則謚之，非也。

張氏爾岐曰：爵以德升，故冠從乎賤，用士禮。古者生不以士爲爵，死不爲之立謚，士固賤者也。

朱子曰：自「繼世」以下，於冠義無所當，疑錯簡也。

蕙田案：錯簡之説近是，存參。

又案：禮記郊特牲文與此冠義同，今不復載。

右儀禮士冠禮

經傳天子諸侯大夫冠禮

家語冠頌：郕隱公既即位，將冠，使大夫因孟懿子問禮於孔子。子曰：「其禮如世子之冠。冠於阼者，以著代也。醮於客位，加其有成。三加彌尊，導喻其志。冠而字之，敬其名也。雖天子之元子，猶士也，其禮無變，天下無生而貴者故也。行冠事必於祖廟，以祼享之禮將之，以金石之樂節之，所以自卑而尊先祖，示不敢擅也。」懿子曰：「天子未冠即位，長亦冠乎？」孔子曰：「古者王世子雖幼，其即位，則尊爲人君。人君，治成人之事者，何冠之有？」懿子曰：「然則諸侯之冠，異天子與？」孔子曰：「君薨而世子主喪，是亦冠也已。人君無所殊也。」懿子曰：「今郕君之冠，非禮也？」孔子曰：「諸侯之有冠禮也，夏之末造也。有自來矣，今無譏焉。天子冠者，武王崩，成王年十有三而嗣立，周公居冢宰，攝政以治天下。明年夏六月，既葬，冠成王而朝於祖，以見諸侯，示有君也。周公命祝雍作頌曰：『祝王辭達，而勿多也。』祝雍辭曰：『使王近於民，遠於年，嗇於時，惠於財，親賢而任能。』其頌曰：『令月吉日，王始加元服。去王幼志，服衮職，欽若昊命，六合是式。率爾祖考，永永無極。』此周公之制也。」懿子曰：「諸侯之冠，其所以爲賓主，何如？」孔子曰：「公冠，則以卿爲賓，公自爲主。迎賓，揖升自阼，主於席北。其醴也，則如士，饗之以三獻之禮。既醴，降自阼階。諸侯非公而自爲主者，其所以異，皆降自西階，玄端與皮弁異，朝服、素韠。公冠四加，玄冕祭。其酬幣於賓，則束帛乘馬。王太子、庶子之冠擬焉，皆天子自爲主。其禮與士無變，饗食賓也皆同。」懿子曰：「始冠必加緇布之冠，何也？」孔子曰：「示不忘古。太古冠布，齊則緇之，其緌也，吾未之聞，今則冠而敝之可也。」懿子曰：「三王之冠，其異何也？」孔子曰：「周弁、殷冔、夏收，一也。三王共皮弁、素積。委貌，周道也；章甫，殷道也；毋追，夏后氏之道也。」

禮記玉藻：始冠緇布冠，自諸侯下達，冠而敝之可也。玄冠朱組纓，天子之冠也。緇布冠繢緌，諸侯之冠也。注：皆始冠之冠也。玄冠，委貌也。諸侯緇布冠有緌，尊者飾也。

陳氏澔曰：天子始冠之冠則玄冠，而以朱組爲纓。諸侯雖是緇布冠，却用雜采之繢爲纓。緌爲尊者飾耳，非古制也。

大戴記公符：自爲主，迎賓，揖升自阼，立於席。既醴，降自阼。其餘自爲主者，其降也自西階以異，其餘皆與公同也[一]。公玄端以皮弁皆韠，朝服素韠。公冠四加玄冕[二]。饗之以三獻之禮，無介，無樂，皆玄端。其醻幣朱錦綵，四馬，其慶也同[三]。天子儗焉。太子與庶子，其冠皆自爲主，其禮與士同，饗賓也皆同。注：公符，公冠也。

「四」當爲「三」，「玄」當爲「衮」，字之誤。

春秋襄公九年左氏傳：十二月，晉悼公以諸侯之師伐鄭而還，公送晉侯。晉侯以公宴於河上，問公年，季武子對曰：「會於沙隨之歲，寡君以生。」注：沙隨，在成十六年。晉侯曰：「十二年矣！是謂一終，一星終也。注：歲星十二歲而一終矣。國君十五而生子。冠而生子，禮也，注：冠，成人之服，故必冠而後生子。君可以冠矣，大夫盍爲冠具？」武子對曰：「君冠，必以裸享之禮行之，注：裸，謂灌鬯酒也。享，祭先君。行，將也。以金石之樂節之，注：以鐘磬爲舉動之節。以先君之祧處之。注：諸侯以始祖之廟爲祧。今寡君在行，未可

[一]「與」，諸本脱，據大戴禮記匯校集解卷一三補。
[二]「四加」，原誤倒，據光緒本、大戴禮記匯校集解卷一三乙正。
[三]「同」，原脱，據光緒本、大戴禮記匯校集解卷一三補。

具也。請及兄弟之國而假備焉。」晉侯曰：「諾。」公還，及衛，冠於成公之廟。注：成公，今衛獻公之曾祖，從衛所處。假鐘磬焉，禮也。

國語晉語：晉趙文子冠，注：文子，趙盾之孫，趙朔之子趙武也。冠，謂以士禮始冠。見欒武子，武子曰：「美哉！注：武子，欒書也。禮，既冠，奠贄于君，遂以贄見于鄉大夫、先生。昔吾逮事莊主，注：莊，莊子，趙朔之謚，大夫稱主。趙朔嘗將下軍，欒書佐之。華則榮矣，實之不知，請務實乎。」注：榮者，有色貌。實之不知，華而不實也。見范文子，注：文子，范燮。文子曰：「而今可以戒矣。夫賢者寵至而益戒，不足者爲寵驕。注：智不足者，得寵而驕。故興王賞諫臣，逸王罰之。先王疾是驕也。」見韓獻子，注：獻子，晉卿韓厥。獻子曰：「戒之，此謂成人。成人在始與善。始與善，善進善，不善蔑由至矣。始與不善，不善進不善，善亦蔑由至矣。如草木之產也，各以其物。注：物，類也。人之有冠，猶宮室之有牆屋也，糞除而已，又何加焉？」注：糞除，喻自修潔。見智武子，武子曰：「吾子勉之，注：武子，晉卿，荀首之子荀罃。成子之文，宣子之忠，其可忘乎？吾子勉之，有宣子之忠，而納之以成子之文，事君必濟。」見張老而語之，注：張老，晉大夫張孟〔一〕。張老曰：「善矣。從欒伯之言，可以滋；注：滋，益也。范叔之教，可以大；韓子之戒，可以成。物備矣，志在子。注：物，事也。人事已備，能行與否，在子之志。智子之道善矣，是先主覆露子也。」注：先主謂成、宣。露〔二〕，潤也。

白虎通：王者太子亦稱士，何？舉從下升，以爲人無生得貴者，莫不由士起。是以舜時稱爲天子，必先試於士。禮士冠經：「天子之元子，士也。」

陳氏禮書：諸侯始加緇布冠繢緌，次加皮弁，三加爵弁，四加玄冕。天子則始加玄冠朱組纓，次加皮弁，三加爵弁，四加玄冕，五加衮冕矣。郊特牲言：「玄冠朱組纓，天子之冠。緇布繢緌，諸侯之冠。」鄭氏皆以爲始冠之冠。家語稱成王冠，祝雍辭曰：「去幼志，服衮職。」而賈公彦、孔穎達皆言天子當加衮冕，則始終之所加，與士異也。家語曰「王太子之冠，亦擬諸侯四加」，則天子五加，可知矣。諸侯四，則其子三加，可知矣。王太子四加，而禮記言「天子之元子，猶士」者，非謂加數也。

〔一〕「張孟」，諸本作「張老」，據國語晉語改。
〔二〕「露」，諸本作「覆」，據國語晉語改。

儀禮士冠無祼享之禮，無金石之樂。而季武子曰「君冠，必祼享之禮行之，金石之樂節之」，而家語之説亦然。此蓋國君之禮歟？國君自冠有享禮，大夫、士自冠亦然。曾子問曰：「父没而冠，則已冠，埽地而祭於禰。」

楊氏復曰：儀禮所存者，惟士冠禮。自士以上，有大夫、諸侯、天子冠禮，見於家語冠頌、大戴公冠與禮記特牲、玉藻者，雖遺文斷缺不全，而大概亦可考。如趙文子冠，則大夫禮也。魯襄公、邾隱公冠，則諸侯禮也。周成王冠，則天子禮也。大夫無冠禮，古者五十而後爵，何大夫冠禮之有？其冠也，則服士服，行士禮而已。

歸氏有光天子諸侯無冠禮論：儀禮有士冠禮，無天子冠、諸侯冠禮，非逸也。記曰：「無大夫冠禮，而有其昏禮。古者五十而後爵，何大夫冠禮之有？公侯之有冠禮，夏之末造也。天子之子，猶士也，天下無生而貴者也，繼世以立諸侯，象賢也。」明天子、諸侯、大夫之無冠禮也。冠者將責爲人子、爲人弟、爲人臣、爲人少之禮，故冠必有主人。孤子則父兄戒、宿，父謂諸父，蓋父兄以成人之禮責子弟也。天子爲元子之時，以士冠禮，所謂「有父在，則禮然」也。已奉宗統，君臨天下，將又責之爲人子、爲人弟、爲人臣、爲人少之禮乎？家語稱孔子答孟懿子之問，吾取焉。曰：「古者王世子雖幼，其即位，則尊爲人君。人君，治成人之事者，何冠之有？」曰：「諸侯之冠，異天子與？」曰：「君薨而世子主喪，是亦冠也。與人君無所殊也。諸侯之有冠禮也，夏之末造也。」此孔子之遺言也，益以祝雍頌公冠之篇，則誣矣。公冠曰：「公冠，自爲主。迎賓，揖升自阼，立於席。既醴，降自阼。享之以三獻之禮，無介，無樂。其酬幣朱錦綵，四馬，其慶也。天子儗焉。」曰「自爲主」，曰「賓降阼」，嫌尊矣。非爲人子、爲人弟、爲人臣、爲人少之禮也。且禮自上達，而曰天子擬冠，何也？此非孔氏之言也〔二〕。公冠曰：「公冠四加玄冕。」左傳季武子曰：「君冠，必以祼享之禮行之，以金石之樂節之，以先君之祧處之。」玉藻曰：「始冠，緇布冠。自諸侯下達，冠而敝之可也。玄冠朱組纓，天子之冠也。緇布冠繢緌，諸侯之冠也。」蓋務爲天子、諸侯、士庶之別，而不知先王制冠禮之義所以同之於士庶者也。

郝氏敬曰：古無大夫冠禮，亦附會之説。禮所以獨有士者，禮莫不始於士也。明乎士禮，而大夫以上可引而伸之，加其等益其數，天子、諸侯皆可知矣。今謂五十爲大夫，故無大夫冠禮。天子、諸侯，未聞必五十而後爲，其亦無冠禮，又何也？玉藻云：「玄冠朱組纓，天子之冠；緇布冠繢緌，諸侯之冠。」大戴記云：「諸侯冠禮，四加玄冕。」春秋傳云：「公冠，用祼享之禮行之，金石之樂節之。」此禮皆起於夏末乎？焉知士冠之獨始於古也？古有士，即有大夫，有士冠，即有大夫冠，而諸侯、天子所損益可知也。

徐氏師曾曰：古者，天子、諸侯十二而冠，與大夫皆用士禮。故儀禮無天子、諸侯、大夫之冠禮，

〔二〕「言也」下，光緒本有「周衰先王之禮不具傳者既失其本但知其略而欲求之於詳而不知禮之失在於略而又在於求詳之過」四十一字。

非逸也。設不幸天子崩，太子未冠，則冕而踐祚，不行冠禮。蓋已奉宗統，君天下，不可復責以成人之道也。故家語孔子曰：「古者王世子雖幼，其即位，則尊爲人君。人君，治天下之事者，何冠之有？」又曰：「君薨而世子主喪，是亦冠也。」所謂因喪而冠也。蓋世子未命於天子，故不言即位，而言主喪。周氏不考於禮，乃謂元子、世子不當用士禮，而引玉藻、公符、左傳、冠頌以補之。殊不知玉藻、公符、左傳所云，皆後世之失。成王冠頌，如誠有之，意者周公欲王修德，故因仍夏末之禮，而使祝雍作頌以勗之爾，安可取以補儀禮之逸乎？

盛氏世佐曰：大、小戴記、家語、左傳、國語諸書，及儀禮之記，所論天子、諸侯、大夫冠禮之有無，何其殊也！有謂天子、諸侯即位已冠，無冠禮者。冠頌云：「古者王世子雖幼，其即位，則尊爲人君。人君，治成人之事者，何冠之有？」又云：「君薨而世子主喪，是亦冠也已。人君無所殊也。」是也。有援此以證大夫者，鄭注喪服云：「大夫無殤服。」疏云：「已爲大夫，則冠矣，大夫冠而不爲殤。」朱子云：「得爲大夫之時，已治成人之事，如家語所說人君之例。」有謂天子之元子、諸侯之世子，其冠與古士禮同者。冠頌：「邾隱公既即位，將冠，問禮於孔子。子曰：『其禮如世子之冠，雖天子之元子，猶士也。其禮無變，天下無生而貴者故也。』」此記亦云「天子之元子，猶士」是也。有謂諸侯、大夫因喪而冠，後不改冠者。曾子問云：「天子賜諸侯、大夫冕弁，服於太廟，歸設奠，服賜服，于是乎有冠醮，無冠醴。」注云：不醴，明不爲改冠。然則此諸侯、大夫亦因喪而冠者。疏乃謂其幼弱未冠，總角從事，至當冠之年，因朝天子。非。是也。有謂諸侯、大夫年未五十，猶服士服，行士禮，至五十乃命，所以無冠禮者，此記與郊特牲所云是也。此皆論其無者之據也。言天子冠者，冠頌記冠成王之頌，公冠云「天子儗焉」，玉藻記天子之冠是也。言諸侯、王太子、世子之冠與士異者，冠頌記公冠則以卿爲賓，至其酬幣於賓，則束帛乘馬等儀節；又云王太子、世子之冠儗焉，公冠篇略同；及左傳季武子之説、玉藻記諸侯之冠是也。言大夫冠者，國語云晉趙文子冠是也。此則論其有者也。或一禮而異議，或一篇而異詞，覽者幾茫乎不知所從矣。然其説，蓋各有指焉，未可是彼而非此也。夏以前，諸侯無冠禮；周以前，天子無冠禮；春秋以前，大夫無冠禮。凡言無者，皆推本古義，以見世代之升降，而其中有二説焉：即位已冠，爲繼世者言之也；五十乃命，爲崛起者言之也。至於除喪不改冠者，爲其先已冠訖，特與吉冠不同耳，今亦略見於雜記，記云：「既冠於次，入哭，踴三者三，乃出。」非無其禮也。夫自天子、諸侯之冠禮既作，必有成書以著其詳，中更去籍滅學之變而亡之，故本經不能具。要其大節目之所在，未嘗不以士禮爲準，而其中四加、三獻之類，則亦尊卑隆殺之所由辨也。見謂同者不盡同，見謂異者不盡異，自天子以至諸侯之世子，其冠禮大略可覩矣。惟大夫之冠僅一見於國語，而其禮不得聞，記殆以其衰世之制而略之與？

蕙田案：自家語以下各條，與儀禮記互相發，類附於後。諸家之説，盛氏近之。

右經傳天子諸侯大夫冠禮

冠年

禮記曲禮：男子二十，冠而字。

内則：男女未冠、笄者，雞初鳴，咸盥漱，櫛、縰，拂髦、總角。二十而冠，始學禮，可以衣裘帛，舞大夏，惇行孝悌，博學不教，内而不出。

荀子大略篇：古者天子、諸侯子十九而冠，冠而聽治，其教至也。

説苑建本篇：周召公年十九，見正而冠，冠則可以爲方伯、諸侯矣。

白虎通：陽小成於陰，大成於陽，故二十而冠，三十而娶。陰小成於陽，大成於陰，故十五而笄，二十而嫁也。

冠義孔疏：世本云：「黄帝造火食、旃冕。」是冕起於黄帝也。但黄帝以前，則以羽皮爲之冠；黄帝以後，乃用布帛。其冠之年，即天子、諸侯十二，故襄九年左傳云：「國君十五而生子。冠而生子，禮也。」又云：「一星終也。」十二年歲星一終。又：「文王十五而生武王，尚有兄伯邑考。」又金縢云：「王與大夫盡弁。」時成王十五而已著弁。既已著弁，則已冠矣。是天子十二而冠，與諸侯同。又祭法云：「王下祭殤五。」若不早冠，何因下祭五等之殤？大夫冠年，雖無文，案喪服：「大夫爲昆弟之長殤。」大夫既爲昆弟之長殤，則不二十始冠也。其士則二十而冠也。曲禮云「二十曰弱冠」是也。

杜佑通典：文王十三生伯邑考。左傳曰：「冠而生子，禮也。」許慎五經異義曰：「春秋左氏傳說〔一〕：『歲星爲年紀十二而一周於天，天道備，故人君于十二可以冠。自夏、殷，天子皆十二而冠。』」譙周五經然否論云：「古文尚書說，武王崩，成王年十三。推武王以庚辰歲崩，周公以壬午歲出居東，癸未歲反。禮公冠記，周公冠成王，命史作祝辭告，是除喪冠也。周公未反，成王冠弁，開金縢之書，時十六矣。是成王十五，

〔一〕「說」上，諸本衍「曰」字，據通典卷五六删。

周公冠之而後出也。許慎五經異義云『武王崩，後管、蔡作亂，周公出居東，是歲大風，王與大夫冠弁，開金縢之書，成王年十四，是喪冠也』者，恐失矣。案禮傳，天子之年，近則十二，遠則十五，必冠矣。」

陳氏禮書：二十而冠，士禮也。天子、諸侯，則十二而冠。故春秋傳曰：「十二年謂一終，一星終也。國君十五而生子。冠而生子，禮也。」考之經傳，文王十三生伯邑考，成王十五而弁，則十二而冠可知。荀卿曰：「天子、諸侯十九而冠。」失之矣。小記曰：「大夫冠而不爲殤。」則大夫不待五十而爵者，亦不待二十而冠，豈天子、諸侯之冠，特先士禮一歲哉？

陸氏佃曰：二十曰弱冠。則二十而冠，禮之大節在是也。惟天子、諸侯十五而冠，早成其德。先儒謂晉侯曰：「國君十五而生子。冠而生子，禮也。君可以冠矣。」魯襄公是時年十二，諸侯十二而冠，誤矣。蓋曰「可以冠」，則非禮之正也。金縢「王與大夫盡弁」，成王時年十五，則冠在是歲可知。

蕙田案：陳氏、陸氏説俱可通。

右冠年

告廟祭禰

禮記文王世子：五廟之孫，祖廟未毁，雖爲庶人，冠、取妻必告。

曾子問：父没而冠，則已冠，埽地而祭於禰；已祭而見伯父、叔父，而后饗冠者。

右告廟祭禰

有喪而冠

曾子問曰：「將冠子，冠者至，揖讓而入，聞齊衰、大功之喪，如之何？」注：冠者，賓及贊者。孔子曰：「内喪則廢。外喪則冠而不醴，徹饌而埽，即位而哭。如冠者未至，則廢。注：内喪，同門也。不醴，不醴子也。其廢者，喪成服，因喪而冠。如將冠子而未及期日，而有齊衰、大功、小功之喪，則因喪服而冠。」注：廢吉禮而因喪冠，俱成人之服。及，至也。「除喪不改冠乎？」疏：曾子疑除喪之後，更改易而行吉冠之禮。孔子曰：「天子賜諸侯、大夫冕弁服於太廟，歸設奠，服賜服，於斯乎有冠醮，無冠醴。」注：酒爲醮，冠禮醴重而醮輕。此服賜服，酌用酒，尊賜也。不醴，明不爲改冠，改冠當醴之。

雜記：以喪冠者，雖三年之喪可也。既冠於次，入哭，踊三者三，乃出。注：言雖者，明齊衰以下，皆可以喪冠也。始遭喪，以其冠月，則喪服因冠矣。非其冠月，待變除、卒哭而冠。次，廬也。疏：謂將冠值喪，當成服時，因喪服加冠。非但輕服得冠，雖三年重喪，亦可因喪服而冠，故云可。冠於次，謂加冠於廬次之中。若齊衰以下，加冠於次舍之處。冠後入喪所，哭而跳踴。每哭一節，三踊，如此者三，凡九踊，乃出就次所。

蕙田案：冠以責人爲人子、爲人弟之道，遭喪則盡哀盡敬，全子道焉，可不冠乎？冠者以喪冠，冠以喪之冠也，曾子問「因喪服而冠」是也。

大功之末，可以冠子，可以嫁子。父小功之末，可以冠子，可以嫁子，可以取婦。己雖小功，既卒哭，可以冠、取妻，下殤之小功則不可。注：此皆謂可用吉禮之時。父大功卒哭而可以冠子、嫁子，小功卒哭而可以取婦。己大功卒哭而可以冠子，小功卒哭而可以取妻。必偕祭乃行也。下殤小功，齊衰之親，除喪而後可爲昏禮。凡冠者，其時當冠，則因喪而冠之。

方氏苞曰：大功以上，其情切而爲期遠，故因喪服而冠。小功、緦麻則俟焉，而用吉可矣。此人情之實也。

梁氏萬方曰：注「己大功卒哭而可以冠子」句，「子」字當爲衍文。

通典大功小功末冠議：晉傅純難曰：「雜記本文，己在小功則得冠，大功不得冠也。鄭云『己大功卒哭，可以冠』，與本文不同，何耶？」賀循答曰：「道父爲子嫌，但施於子，不施於己，故下言己雖小功，著己與子亦同也。俱同，則大功之末，己可以冠。以理推之，正自應爾，非謂與本文不同。」高崧問范汪曰：「小功之末，可以冠子，己雖小功，卒哭可以冠，而鄭、孫二家注並云：『己大功卒哭可以冠』，求之於禮，無可冠之文。」范汪答曰：「『大功之末，可以冠子』，此於子，已爲無服。又云『父小功，可以冠子』，疑與上章俱有末語，特於下言『己雖小功，卒哭，可以冠』，是爲小功卒哭，皆得行冠、娶之事也。大夫三月而葬，葬而後虞，虞而後卒哭，是爲父雖小功，子服盡也。大功許冠、婚，則小功便無所不可也。」高崧重問范汪曰：「下殤小功則不可，而云小功之末可以冠、婚，何？」范汪重答曰：「下殤小功，此是周服之下殤，不可以服輕而恩疏也。」或曰：「因喪而冠，亦禮之明文，何以復於大功、小功喪中，每言冠乎？」答曰：「在喪，冠而已，不行冠禮也。於大功、小功之末，故可行冠禮。因喪而冠，與備行冠禮殊也。」或問者曰：「禮，大功之末，可以冠子、嫁子；父小功之末〔二〕，可以冠子、嫁子，可以取婦。己雖小功，既卒哭，可以娶妻。案經，大

〔二〕「父」，諸本脱，據通典卷五六校勘記補。

功之末，雖云可以冠子、嫁子，不言己可以冠。鄭注云：『己大功卒哭而可以冠。』未解。經又云『大功之末』，而注云『卒哭』，不知此言末，便是卒哭，爲非卒哭耶？」答曰：「記云『大功之末，可以冠子、嫁子』，而注又云『己大功卒哭而可以冠，小功卒哭而可以冠、娶妻』者，冠而後娶。今既云冠、嫁其子，則於文不得復自著己冠，故注家合而明之。以小功得娶妻，則大功亦可以得冠。冠輕昏重，故大功之末得自冠，小功之末得自娶，以記文不備，故注兼明之。注之有此比。禮，三月既葬，卒哭，於小功則餘有二月，是末也；於大功，則正三分之一，便謂之末，意嘗以疑之。然鄭氏注喪服經云：『葬，喪之大事。』既畢，故謂之末耶？」重問曰：「省及申釋注意，甚爲允也。然僕猶有所未了。禮，小功卒哭可以取者，婚禮，娶婦之家三日不舉樂，明婚雖屬吉，而有嗣親之感。小功餘喪，不重祖考之思，故可以娶也。大功可冠，猶有疑焉。夫吉禮將事，必先筮賓，然後成禮。大功之末可以冠、嫁其子者，以己大功之末，於子則小功服已過半，情降既殊，日算浸遠，故子可以行吉事。至於己身，親有功布重制，月數尚近，而便釋親重之服，行輕吉之禮，於此稱情，無乃薄耶？且非禮正文，出自注義耳。若有廣比，想能明例以告之。」答曰：「齊衰之喪，則冠、婚皆廢；大功則廢婚而行冠，冠吉輕，而婚吉重故也。冠吉輕，故行之於大功之末；婚吉重，故行之於小功之餘。但以大功末云可以冠子，而自著己冠之文不便。賢者以三隅反之，推小功得自娶，則大功得自冠。以身有功服，月數尚近，釋親重之服，行輕吉之事。今正以大功、小功之末，俱得行吉禮，故施輕吉於重末，行重吉於輕餘。重服不可以行重吉，故許其輕者；輕服可以通重吉，故因得行之。若大功之冠，則行吉冠之禮，而反喪服。若服在齊衰，不得行吉，則因喪而冠，以冠禮貴及，不可踰時。而齊衰之服崇重，則大功之末差輕，輕則行以吉，重則因以凶也。」

蕙田案：范汪之答，於經、注兩合。

右有喪而冠

冠義

周禮春官大宗伯：以嘉禮親萬民。以昏、冠之禮親成男女。

鄭氏鍔曰：昏者，禮之本。冠者，禮之始。昏則親男女之情，冠則成男女之德也。

地官黨正：凡其黨之昏、冠，教其禮事。

禮記樂記：昏姻冠笄，所以別男女也。

冠義：凡人之所以爲人者，禮義也。禮義之始，在於正容體，齊顔色，順辭令。容體正，顔色齊，辭令順，而後禮義備。以正君臣，親父子，和長幼。君臣正，父子親，長幼和，而後禮義立。故冠而後服備，服備而後容體正，顔色齊，辭令順。故曰：「冠者，禮之始也。」是故古者聖王重冠。古者冠禮，筮日、筮賓，所以敬冠事。敬冠事所以重禮，重禮所以爲國本也。故冠於阼，以著代也。醮於客位，三加彌尊，加有成也。已冠而字之，成人之道也。見於母，母拜之，見於兄弟，兄弟拜之，成人而與爲禮也。玄冠、玄端，奠摯於君，遂以摯見於鄉大夫、鄉先生，以成人見也。注：國本，國以禮爲本也。阼，謂主人之北也。適子冠於阼。若不醴，則醮用酒於客位，敬而成之也。户西爲客位。庶子冠於房户外，又因醮焉，不代父也。鄉先生，謂鄉老而致仕者。服玄冠、玄端，異於朝也。疏：阼是主人接賓處，適子冠於阼，所以著代父之義也。鄭注阼爲主人之北。若不醴，則醮用酒，庶子冠於户外，又因醮焉，皆士冠禮文。周禮，適子則以醴禮之，庶子則以酒醮之。其於周時，或有舊俗，行先代之禮，雖適子亦用酒醮，則因而行，不必改也。醮者，醮盡之義，鄭注士冠禮「酌而無酬酢曰醮」是也。冠於客位，尊以成人，若賓客待之也。加有成也，謂益加有成人之事。此記是士冠禮，故三加，若大夫亦同。士冠禮云：「古者五十而後爵，何大夫冠禮之有？」是大夫雖冠，用士禮。若諸侯則有冠禮，故左傳云：「公冠，用祼享之禮行之，金石之樂節之，其加則四，而有玄冕」，故大戴禮公冠四加也。諸侯四加，則天子亦當五加袞冕也。今唐禮，母見子，但起立不拜。案儀禮，廟中冠子，以酒脯奠廟訖，子持所奠酒脯以見於母，母拜其酒脯，重從尊者處來，故拜之，非拜子也。

呂氏大臨曰：母拜之義，古今學者疑焉。孔氏疏義曰：「廟中冠子，以酒脯奠廟，子持所奠脯以見母，母以脯自廟中來，故拜之，非拜子也。」此說未然。所薦脯醢，爲醴子設，非奠廟也。蓋古者有庸敬，有斯須之敬。子之於母，固所尊也，所尊則庸敬矣。然婦人之義，在家從父，已嫁從夫，夫死從子。母雖尊也，卒有從子之道，故當其冠也，以成人之禮禮之，則屈其庸敬，以申斯須之敬，明從子之義，猶未害乎母之尊也，庸何疑焉？

陳氏祥道曰：儀禮曰主人玄冠而朝服，緇帶而素韠，立於廟門之東面以筮日者，以日月往來，而吉凶無常者也。古之人舉大事，興大功，則必擇之以玄辰，占之以卜人，況冠，禮之大者也。玄冠，以象道之幽；朝服、皮弁，以致其誠之潔。緇以黑爲主，素以白爲主，黑與白，純而不變者也。惟夫有道之君子，素其誠而不雜其行，此所以筮日而日無不吉也。筮其賓客，儀禮所謂「前期三日，如求日之儀」是也。昔之人有吉事，則與賢者歡成之，有凶事則亦與賢者哀戚之。冠事，吉禮，所以筮賓而歡成之也。上而有冠，則天道也；中而有服，則人道也；下而有履，則地道也，故三加而彌尊。每加，莫不有此三者焉。夫始加也，其冠則緇布，而服則玄端、爵韠，屨則白而絇繶。及其三加，則冠非特此而授之以纁裳、靺韐也，屨則纁而其絇黑。其加之有序，其序之有章，而衆人由之，亦足以得性命之文，而況夫君子者乎？所謂喻其志則有成者，凡在是也。母，所以生我者也；兄，所以長我者也。而見於母，母拜之；見於兄弟，兄弟拜之，豈非以見其既冠而深責之以成人耶！此家與之成禮也。君者，出令以正我者也，而不可以不見。故玄端、玄冠以奠摯見於君，非特家與之成禮也，而國又與之成禮也。鄉大夫，以智帥我者也；鄉先生，以德先我者也，而不可以不見。故遂以摯見於鄉大夫、鄉先生者，非特國與之成禮，而鄉黨鄰里亦與之成禮也。故自一家達於一鄉，自一鄉達於一國，莫不與之成禮。故曰將責成人者，將責其爲人子、爲人弟、爲人臣、爲人少之禮行焉，其是之謂乎！蓋冠必用醴，若不醴則醮焉。以醴者，太古之物，故其禮簡，所以示質；酒者，後世之味，故其禮煩，所以示文。故適子用醴，庶子用醮，適婦有醴與饗，庶婦使人醮之不饗。諸侯、大夫受賜服於天子，歸設奠，服賜服，於斯乎有冠醮，無冠醴，是醮輕於醴也。士冠若不醴則醮者，則冠適子或醴或醮，惟其所用矣。

方氏慤曰：所謂玄冠、玄端者，禮運曰：「天子齊，玄衣、玄冠、玄裳。」郊特牲曰：「玄冕齊戒。」司服曰：「其齊服有玄端。」或曰玄冕，或曰玄冠，或曰玄衣，或曰玄端，何也？蓋有旒則謂之玄冕，無旒則謂之玄冠。以其身之所依，則謂之玄衣；以其服有兩端，則謂之玄端；或玄衣而加玄冕，或玄衣而加玄冠，皆謂之玄端。玉藻曰：「天子玄端而祭。」則玄冕、玄端者，祭服也；玄冠、玄端，齊服也。然而玄冕雖以祭，亦有用之以齊者，郊特牲言「玄冕齊戒」是也。玄冠雖以齊，亦有用之以燕者，玉藻言「玄端而居」是也。

成人之者，將責成人禮焉也。責成人禮焉者，將責爲人子、爲人弟、爲人臣、爲人少者之禮行焉。將責四者之行於人，其禮可不重歟？故孝弟忠順之行立，而後可以爲人。可以爲人，而後可以治人也。故聖王重禮。故曰：「冠者，禮之始也，嘉事之重者也。」是故古者重冠。重冠，故行之於廟。行之於廟者，所以尊重事。尊重事而不敢擅重事，不敢擅重事，所以自卑而尊先祖也。疏：先王重冠，故行之於廟，士行之於禰廟，故士冠禮注「廟謂禰廟」。既在禰廟，此云「尊先祖」者，尊禰即尊先祖之義。且下士祖禰共廟。其諸侯則冠於太祖之廟，故左傳云「先君之祧處之」。聘禮云「不腆先君之祧」，鄭注以爲始祖之廟，則天子當冠於始祖之廟也。

説苑：冠者，所以别成人也。修德束躬〔一〕，以自申飭，所以檢其邪心、守其正意也。君子始冠必祝，成禮加冠以勵其心。故君子成人，必冠帶以行事，棄幼小嬉戲惰慢之心，而衎衎於進德修業之志。是故服不成象，而内心不變。内心修德，外被

〔一〕「德」，諸本作「道」，據説苑校證卷一九改。

禮文，所以成顯令之名也。是故皮弁素積，百王不易。既以修德，又以正容。孔子曰：「正其衣冠，尊其瞻視，儼然人望而畏之，斯不亦威而不猛乎？」

白虎通：冠者，帷也，所以帷持其髮也。人懷五常，莫不貴德，示成禮有修飾首，别成人也。

小學：司馬温公曰：「冠者，成人之道也。成人者，將責爲人子、爲人弟、爲人臣、爲人少者之行也。將責四者之行於人，其禮可不重與！冠禮之廢久矣，近世以來，人情尤爲輕薄。生子猶飲乳，已加巾帽。有官者，或爲之製公服而弄之。過十歲猶總角者，蓋鮮矣！彼責以四者之行，豈能知之？故往往自幼至長，愚騃如一，由不知成人之道故也。古禮雖稱二十而冠，然世俗之弊，不可猝變。若敦厚好古之君子，俟其子年十五以上，能通孝經、論語，粗知禮義之方，然後冠之，斯其美矣！」

右冠義

五禮通考卷一百四十九

嘉禮二十二

冠禮

秦漢

史記始皇本紀：始皇九年四月己酉，王冠，帶劍。

漢書惠帝本紀：四年三月甲子，皇帝冠，赦天下。

蕙田案：此皇帝冠肆赦之始。

通典：漢改皇帝冠爲加元服。惠帝加元服，用正月甲子若丙子爲吉。

蕙田案：甲子、丙子，用剛日也，亦桑弧蓬矢之意。

景帝本紀：景帝後三年正月，皇太子冠，賜民爲父後者爵一級。

三輔黃圖博望苑：武帝立子據爲太子，爲太子開博望苑。漢書曰：「武帝年二十九，乃得太子，甚喜。太子冠，爲立博望苑，使之通賓客，從其所好。」

蕙田案：太子年甫冠，即通賓客，從其所好，失豫教之道矣。

昭帝本紀：元鳳四年，帝加元服，見於高廟。賜諸侯王、丞相、大將軍、列侯、宗室下至吏民金帛牛酒各有差。賜中二千石以下及天下民爵。毋收四年、五年口賦。三年以前逋更賦未入者，皆勿收。

蕙田案：冠而見廟，始見於此。

續漢書禮儀志注：博物記曰：「孝昭帝冠辭曰：陛下擒顯先帝之光耀，以承皇天之嘉祿，欽奉仲春之吉辰，普尊大道之郊域〔二〕，秉率百福之休靈，始加昭明之元服。推遠沖孺之幼志，蘊積文、武之就德，肅勤高祖之清廟，六合之内，靡不蒙德，

〔二〕「郊」，諸本作「邦」，據後漢書禮儀志上改。

永永與天無極。」

蕙田案：此别製冠詞之始。時用仲春，不用正月，蓋不拘於時矣。

宣帝本紀：五鳳元年，皇太子冠。皇太后賜丞相、將軍、列侯、中二千石帛，人百匹，大夫人八十匹，又賜列侯嗣子爵五大夫，男子爲父後者爵一級。

元帝本紀：竟寧元年，皇太子冠，賜列侯嗣子爵五大夫，天下爲父後者爵一級。

漢書匡衡傳：衡上疏曰：「臣聞室家之道修，則天下理得，故詩始國風，禮本冠、昏。適子冠乎阼，禮之用醴，衆子不得與列，所以貴正體而明嫌疑也。非虚加其禮文而已，乃中心與之殊異，故禮探其情而見之外也。」

哀帝本紀：孝哀皇帝，元帝庶孫，定陶恭王子也。年三歲嗣立爲王。元延四年入朝，盡從傅、相、中尉。上以問定陶王，對曰：「令，諸侯王朝，得從其國二千石。」上令誦詩，通習，能説。成帝由此賢定陶王，數稱其材，爲加元服而遣之，時年十七矣。

平帝本紀：元始五年冬十二月丙午，崩。有司議曰：「禮，臣不殤君。皇帝年十有四歲，宜以禮斂，加元服。」奏可。

司馬彪漢儀志：漢制，正月甲子若丙子爲吉日，可加元服，儀從冠禮。乘輿，初加緇布進賢，次爵弁，次通天。冠訖，皆於高廟如儀謁見。

蕙田案：漢禮用四加。

續漢書：加元服、乘輿，皆於高祖廟謁見。案世祖廟，始冠緇布冠於宗廟，從古制。

漢書王莽傳：莽令天下，冠以戊子爲元日，婚以戊寅之旬爲忌日，百姓多不從者。

後漢書和帝本紀：永元三年，皇帝加元服，賜諸侯王、公、將軍、特進、中二千石、列侯、宗室子孫在京師奉朝請者黄金，將、大夫、郎吏、從官帛。賜民爵及粟帛各有差，大酺五日。郡國中都官繫囚死罪贖縑，至司寇作及亡命，各有差。庚辰，賜京師民酺，布兩户共一匹。

通典黄香太子冠頌：惟永元之盛代，仰皇德之茂純。躬烝烝之至孝，崇敬順以奉天。以三載之孟春，建寅月之上旬，皇帝將加玄冕，簡甲子之元辰。厥日正於太皞，厥時叶於百神。皇輿幸夫金根，駕玄虯之連蜷。建螭龍以爲旂，鳴節路之和鸞。既臻廟以成禮，乃迴軫而反宫。正朝服以享宴，撞太簇之庭鐘。祚蕃屏與鼎輔，暨夷蠻之君王。咸進酒於金罍，獻萬年之玉觴。

蔡邕上始加元服與群臣上壽表：伏惟陛下，應天淑靈，丁期中興，誕及幼齡。

聖姿碩異，威儀孔備，俯仰龍光，顔如日星。言稽典謨，動蹈規矩，緝熙光明，思齊周成。早智夙就，參美顯宗。令月吉日，始加元服，進御幘結，以章天休。臣妾萬國，遐邇大小，同喜逸豫，式歌且舞。臣等不勝踴躍鳧藻，謹奉牛一頭酒九鍾〔一〕，稽首再拜，上千萬壽。陛下享兹吉福，永守皇極，通遵太和，靖綏六合，宜民宜人，受禄於天。書曰：「一人有慶，兆民賴之，其寧惟永。」詩曰：「顒顒卬卬，如圭如璋。」令聞不忘，萬壽無疆。

後漢書周防傳：防年十六，仕郡小吏。世祖巡狩汝南，召掾史試經，防能誦讀，拜爲守丞。防以未冠，謁去。

下邳惠王衍傳：衍有容貌，肅宗即位，常在左右。建初初冠，詔賜衍師傅已下官屬金帛各有差。

馬防傳：拜防光禄勳，光爲衛尉〔二〕。子鉅，爲常從小侯。六年正月，以鉅當冠，

〔一〕「牛一」，諸本作「生」，據全上古三代秦漢三國六朝文全後漢文卷七一改。
〔二〕「拜防光禄勳光爲衛尉」，原作「防爲衛尉」，據光緒本、後漢書馬防傳改。

特拜爲黄門侍郎。肅宗親御章臺下殿，陳鼎俎，自臨冠之。

蕙田案：皇帝臨冠廷臣，止此。

後漢書安帝本紀：永初三年，皇帝加元服，大赦。賜王、主、貴人、公、卿以下金帛各有差。男子爲父後及三老、孝悌、力田爵，人二級，流民欲占者人一級。

順帝本紀：永建四年正月丙子，帝加元服。賜王、主、貴人、公卿以下金帛各有差。賜男子爵及流民欲占者人一級，爲父後、三老、孝悌、力田人二級；鰥、寡、孤、獨、篤癃、貧不能自存者，人帛一匹。

晉書禮志：周禮雖有服冕之數，而無天子冠文。儀禮云，公侯之有冠禮，夏之末造也。王、鄭皆以爲夏末上下相亂，篡弑由生，故作公侯冠禮，則明無天子冠禮之審也。大夫又無冠禮，古者五十而後爵，何大夫冠禮之有？周人年五十而有賢才，則試以大夫之事，猶行士禮也。故筮日、筮賓，冠於阼以著代，醮於客位，三加彌尊，皆士禮耳。然漢代以來，天子諸侯頗採其儀。正月甲子若丙子爲吉日，可加元服，儀從冠禮是也。漢順帝冠，又兼用曹褒新禮，乘輿初加緇布進賢，次爵弁、武弁，次通天，皆於高廟，以禮謁見世祖廟。王公以下，初加進賢而已。案此文，始冠緇布，從古制也，冠於宗廟是也。

蕙田案：據晉志，曹褒新禮，皇帝冠於高廟，惟皇帝四加，初用緇布冠。王公以下三加，初加進賢冠，則不用緇布冠也。

桓帝本紀：建和二年，皇帝加元服，大赦天下。賜河間、渤海二王黄金各百斤，彭城諸國王各五十斤，公主、大將軍、三公、特進、侯、中二千石、二千石、將、大夫、郎吏、從官、四姓及梁鄧小侯、諸大夫以下帛，各有差。年八十以上賜米、酒、肉，九十以上加帛二匹、緜三斤。

靈帝本紀：建寧四年，帝加元服，大赦天下。賜公卿以下各有差，惟黨人不赦。

禮儀志注：獻帝傳：「興平元年，帝加元服，司徒淳于嘉爲賓，加賜玄纁、駟馬，貴人、王公〔一〕、卿、司隸、城門五校及侍中、尚書、給事黄門侍郎各一人，爲太子舍人。」

蕙田案：加元服用賓，見此。

〔一〕「王公」，諸本作「公主」，據後漢書禮儀志上改。

禮儀志注：獻帝起居注曰：建安十八年正月，濟北王加冠户外，以見父母，給事黄門侍郎劉瞻兼侍中，假貂蟬加濟北王給之。

通典：後漢何休冠儀約制：將冠子者，具衣冠。冠者父兄若諸父宗族之尊者，一人爲主。主人告所素敬僚友一人爲冠賓，必自告其家。告曰：「某之子某，若弟某長矣。將加冠於首，願吾子教之。」賓既許，主人自定吉日。先冠一日，宿告賓曰：「請以明日行事。」賓曰：「敢不從命。」主人灑掃内外，皆肅。執事者於兩楹間爲冠者設北享筵，又設賓東享筵，兩筵相接，授冠以篋器，設於兩筵。又設尊爵於東方。冠者如常服，待命於房。夙興，賓到，迎延揖讓如常。坐定，執事白：「請行事。」主人跪，告曰：「請勞吾子。」賓跪答曰：「敬諾。」賓起，立西序，東面，聽命之。禮畢，冠者興，西向拜賓，賓答拜。訖，命就筵。賓主各還坐，冠者北享筵坐，伏，賓跪曰：「吾子之使，請將命。」主人跪答曰：「勞吾子。」賓起，就東享筵。執事者執爵跪，向冠者祝曰：「令月吉日，始加元服，棄爾幼志，順爾成德，壽考惟祺，介爾景福。」冠者即坐，賓跪加冠訖，冠者執爵酹地，然後啐酒。訖，賓興，復還本坐。主人亦起，乃俱坐。冠者還房，自整飾。出，拜父，父爲起。若諸父、群從及兄應答拜者，答拜如常。入拜母，母答拜。其餘兄弟、姑姊妹皆相拜如常。主人命冠者出，更設酬爲勸，乃罷。異日，有祭事自告祖考者，自如舊祭禮常儀。

蕙田案：此漢時士庶冠禮大概，仿佛儀禮，添出拜父一節。

右秦漢

三國南北朝

三國魏志齊王本紀：正始四年，帝加元服，賜群臣各有差。

晉書禮志：魏天子冠一加。其説曰，士禮三加，加有成也。至於天子、諸侯無加數之文者，將以踐阼臨下，尊極德備，豈得與士同也。魏氏太子再加，皇子、王公世子乃三加。孫毓以爲一加再加，皆非也。又舊禮，皆冠於廟，自魏以來，始於正殿行事，别卜日謁廟。侯、太尉奠獻九室以下，帝衮服執鎮圭入再拜，乃出會群臣。

通典：其説曰：古之士禮，服必三加彌尊，所以喻其志。至於天子、諸侯數無文，將以踐阼臨人，尊極德成，不復與士以加喻勉爲義。禮冠於廟，自魏不復在廟矣。

蕙田案：據此，自魏以前，天子加元服，猶用古禮。至是，始分一加二加三加之別，又改爲正殿行事，非禮也。

晉書武帝本紀：武帝泰始七年，皇太子冠，賜王公以下帛各有差。

禮志：惠帝之爲太子，將冠，武帝臨軒，使兼司徒高陽王珪加冠，兼光禄大夫屯騎校尉華廙贊冠。

蕙田案：臨軒行事，從魏制也。

泰始十年，南宫王承年十五，依舊應冠，有司奏議：「禮，十五成童，國君十五而生子，以明可冠之宜。又漢、魏遣使冠諸王，非古典。」於是制王十五而冠，不復加使命。王彪之云，禮、傳冠皆在廟。案武帝既加元服，車駕出拜於太廟，以告成也。蓋亦猶擬在廟之儀。禮醮辭曰：「令月吉日，以歲之正，以月之令。」案魯襄公冠以冬，漢惠帝冠以三月〔一〕，明無定月。而後漢以來，帝加元服，咸以正月。及咸寧二年秋閏九月，遣使冠汝南王柬，此則必非歲首。

〔一〕「三月」，原作「二月」，據光緒本、晉書禮志下改。

惠帝本紀：惠帝永平元年，皇太子冠，見於太廟。

禮志：冠禮於廟，然武、惠冠太子，太子皆即廟見，斯亦擬在廟之儀也。

通典：晉王堪冠禮儀：永平元年正月戊子，冠中外四孫。立於步廣里舍之阼階，設一席於東厢〔一〕。引冠者以長幼次於席南，東上；賓、宗人立於西厢，東面，南上；堪立於東軒西，南面，西上。陳元服於席上。宗人執儀，以次呼冠者，各應曰：「諾。」宗人申誡之曰：「以歲之正，以月之令，兄弟具來，咸加爾服。棄爾幼志，順爾成德，敬慎威儀，惟人之則。壽考惟祺，永受景福。」冠者皆跪而冠，各自著布。興，再拜，從立於賓，南上。酌四杯酒，各拜醮而飲。事訖，上堂，向御史府君再拜。訖，冠者皆東面坐，如常燕禮。

蕙田案：此晉士大夫冠禮。

成帝本紀：咸康元年春正月庚午朔，帝加元服，大赦，改元，增文武位一等，大酺三日，賜鰥寡孤獨不能自存者米，人五斛。

〔一〕「厢」，原作「廟」，據光緒本、通典卷五六改。

禮志：江左諸帝將冠，金石宿設，百僚陪位。又豫於殿上鋪大牀，御府令奉冕、幘、簪導、衮服以授侍中常侍，太尉加幘，太保加冕。將加冕，太尉跪讀祝文曰：「令月吉日，始加元服。皇帝穆穆，思弘衮職。欽若昊天，六合是式。率遵祖考，永永無極。眉壽惟祺，介兹景福。」加冕訖，侍中繫玄紞〔一〕，侍中脱帝絳紗服，加衮服、冕冠。事畢，太保率群臣奉觴上壽，王公以下三稱萬歲乃退。

華恒傳：恒領太常，及帝加元服，寇難之後，典籍靡遺，冠禮無所依據。恒推尋舊典，撰定禮儀，事並施用。

蕙田案：冠用金石之樂見此。

孫毓五禮駁：魏氏天子一加，三加嫌同諸侯。毓案，玉藻記曰：「玄冠朱組纓，天子之冠也。緇布冠繢緌，諸侯之冠也。」其説謂皆始冠，則是有次加之辭。此二冠皆卑服質古，勢不一加，必重加朝祭之服，以崇彌尊。聖人制禮，所以一時歷加衆服者，今始成人。卜擇令日而徧加之，所以重始也。若冠日有不加者，後必不擇

〔一〕「紞」，原作「紘」，據光緒本、晉書禮志下改。

吉而服，非重始也。又禮器有以少爲貴者，冠不在焉。記有「彌尊」、「喻志」之言，蓋以服從卑始，象德日新，不可先服尊服，轉而即卑。今嫌士禮喻志之文，因從魏氏一加之制，考之玉藻，似非古典。今三加者，先冠皮弁，次冠長冠，後冠進賢冠，以爲彌尊，於意又疑。裴頠答治禮問：「天子禮玄冠者，形之成也。爲君未必成人，故君位雖定，不可孩抱而服冕、弁。」摯虞以爲天子即位之日，即爲成君，冕服以備，不宜有加。諸侯即位爲成君，位豈不定〔一〕？諸侯成君，不拘盛典而可以冠，天子成君，獨有火龍黼衣，便不可乎？意爲宜冠有加。

蕙田案：魏氏一加，非禮也，孫毓等議是。

穆宗本紀：升平元年正月，帝加元服，告於太廟，始親萬幾。大赦，改元，增文武位一等。

禮志：穆帝、孝武將冠，皆先以幣告廟，訖，又廟見也。

通典：臺符問：「修復未畢，吉凶不相干，可加元服與不？」太常王彪之議：「禮

〔一〕「君位」二字，諸本脱，據通典卷五六補。

有喪冠，當是應冠之年服制未終，若須服終，便失應冠之年故也。禮所以冠無定時月，春夏不可，便用秋冬。若今歲内修復未畢，入新年，卜仲春之日加元服，不失年，不失禮。今便準喪冠，闕享樂而行事，誠有依傍。然加衮冕，火龍焕然，以準喪儀，情有不體。若别有事，必速加元服，權諸輕重，不須修復畢者，便當準喪冠耳。」又議：「新年至尊當加元服。今若依成帝故事用三元日者，冠有金石之樂，恐修山陵未畢，於樂便闕。禮，冠自卜日。又云：『夏葛屨，冬皮屨。』無定時，不必三元也。案晉故事及兩漢，皆非三元，當任時事之宜耳。」又議：「近訪得成皇帝加元服儀注，闕無拜廟事。案禮，冠皆於廟。儀禮云：『既畢，賓出，主人送於廟門。』明必在廟。近代以來，不復在廟。成皇帝既加元服，拜太廟以告成，蓋亦猶擬在廟之儀。今既加元服，亦應拜廟。」

蕙田案：王彪之議，頗得漢、魏之詳。所稱冠無定時日，必在廟，尤合禮意。

孝武帝本紀：太元元年，帝加元服，見於太廟。

康獻褚皇后傳：穆帝既冠，太后詔曰：「昔遭不造，帝在幼沖，皇緒之微，眇若贅旒。百辟卿士率遵前朝，勸喻攝政。以社稷之重，先代成義，僶俛敬從，弗違固守。仰憑七廟之靈，俯仗群后之力，帝加元服，禮成德備，當陽親覽，臨御萬國。今歸事反政，一依舊典。」於是居崇德宮。簡文帝即位，尊后爲崇德太后。及帝崩，孝武帝幼沖，太后復臨朝。帝既冠，乃詔曰：「皇帝婚冠禮備，遐邇宅心，宜當陽親覽，緝熙維始。今歸政事，率由舊典。」於是復稱崇德太后。

安帝本紀：隆安元年，帝加元服，增文武位一等。

晉書輿服志：緇布冠，蔡邕云即委貌冠也。太古冠布，齊則緇之。緇布冠，始冠之冠也。其制有四形，一似武冠；又一似進賢；其一上方，其下加幘顔〔一〕；其一剌上而方下。進賢冠，古緇布遺象也，斯蓋文儒者之服。前高七寸，後高三寸，長八寸，有五梁、三梁、二梁、一梁。人主元服，始加緇布，則冠五梁進賢。三公及封郡公、縣公、郡侯、縣侯、鄉亭侯，則冠三梁。卿、大夫、八座尚書、關中内侯、二千石及千石以上，則冠兩梁。中書郎、秘書丞郎、著作郎、尚書丞郎、太子洗馬舍人、六百石以下至於令史、門郎、小史，並冠一梁。漢建初中，太官令冠兩梁，親省御膳爲

〔一〕「加」，晉書輿服志作「如」。

重也。博士兩梁，崇儒也。宗室劉氏亦得兩梁冠，示加服也。

蕙田案：此以進賢冠爲緇布冠遺象，故晉王公以下，初加進賢冠。惟天子用古制，始加緇布也。進賢冠，又以梁之多少分貴賤。

宋書文帝本紀：元嘉十六年十二月乙亥，皇太子冠，大赦天下。

孝武帝本紀：孝武帝大明七年冬十月壬寅，太子冠，賜王公以下帛有差。

宋謝莊太子元服上至尊表：伏惟皇太子殿下，明兩承乾，元良作貳，抗法遷身，英華自遠。樂以修中，禮以治外，三美克懋，德成教尊。令日昭辰，顯加元服。對靈祇之望，儔上庠之歡。率天罄世，莫不載躍。　上太后表：離景承宸，樞光陪極。毓問東華，飛英上序。樂正歌風，司成頌德。清明神鏡，温文在躬。練日簡辰，顯被元服。懋三王之教，孎少陽之重。

後廢帝本紀：元徽二年，御加元服，大赦。賜民男子爵一級，爲父後及三老孝悌力田者爵二級。鰥寡孤獨篤癃不能自存者，穀五斛；年八十以上，加帛一匹。大酺五日，賜王公以下各有差。

南齊書鬱林王本紀：鬱林王昭業，文惠太子長子，封南郡王。永明五年冠於東宫崇政殿。其日小會，賜王公以下帛各有差。

禮志：永明五年十月，有司奏：「南郡王昭業冠，求儀注未有前準。」尚書令王儉議：「皇孫冠事，歷代所無。禮，雖有嫡子，無嫡孫〔一〕，然而地居正體，下及五世。今南郡王體自儲暉，實惟國裔，元服之典，宜異列蕃。案士冠禮『主人玄冠朝服，賓加其冠，贊者結纓』，鄭玄云：『主人，冠者之父兄也。』尋其言父及兄，則明祖在，父不爲主也〔二〕。大戴禮記公冠篇云：『公冠自爲主，四加玄冕，以卿爲賓。』此則繼體之君及帝之庶子不得稱子者也。小戴禮記冠義云：『嫡子冠於阼，以著代也。醮於客位〔三〕，三加彌尊，加有成也。』注稱：『嫡子冠於阼，庶子冠於房。』記又云：『古者重冠，故行之於廟，所以自卑而尊先祖也。』據此而言，彌與鄭注儀禮相會。是故中朝以來，太子冠則皇帝臨軒，司徒加冠，光禄贊冠。諸王則郎中加冠，中尉贊冠。今同於儲皇則重，依於諸王則輕。又春秋之義，『不以父命辭王父命』。禮：『父在斯爲子，君在斯爲

〔一〕「無」，諸本脱，據南齊書禮志上補。
〔二〕「父」，原脱，據光緒本、南齊書禮志上補。
〔三〕「客」，原作「賓」，據光緒本、南齊書禮志上改。

臣。』皇太子居臣子之節，無專用之道。南郡雖處蕃國，非支庶之列，宜稟天朝之命，微申冠阼之禮。晉武帝詔稱漢、魏遣使冠諸王，非古正典。此蓋謂庶子封王，合依公冠自主之義，至於國之長孫，遣使爲允。宜使太常持節加冠，大鴻臚爲贊，醮酒之儀，亦歸二卿，祝醮之辭，附準經記，别更撰立，不依蕃國常體。國官陪位拜賀，自依舊章。其日内外二品清官以上，詣公車門集賀，并詣東宫南門通牋。别日上禮，宫臣亦詣門稱賀，如上臺之儀。既冠之後，剋日謁廟，以宏尊祖之義。此既大典，宜通關八座丞郎，并下二學詳議。」僕射王奂等十四人議並同，并撰立贊冠醮酒二辭。詔「可」。祝辭曰：「皇帝使給事中、太常、武安侯蕭惠基加南郡王冠。」祝曰：「筮日筮賓，肇加元服。弃爾幼志，從厥成德。親賢使能，克隆景福。」醮酒辭曰：「旨酒既清，嘉薦既盈。兄弟具在，淑慎儀型。永届眉壽，於穆斯寧。」

蕙田案：此天子嫡孫冠禮，王儉等議是也。集賀上禮見此。

明帝本紀：建武三年，皇太子冠，賜王公以下帛各有差，爲父後者賜爵一級，斷遠近上禮。

禮志：明帝永泰元年，徐孝嗣議曰：「案士冠禮，三加畢乃醴冠者，醴則惟一而已，故醴辭無二。若不醴，則每加輒醮以酒，故醮辭有三。王肅云：『醴本上古，其禮重，酒用時味，其禮輕故也。』或醴或醮，二三之義，詳記於經文。今皇王冠畢，一酌而已，即可擬古設醴。而猶用醮辭，實爲乖衷。謂自今王侯以下冠畢一酌醴，以遵古之義。醴即用舊文，於事爲允。」

蕙田案：用醴一酌，徐議是。

梁書武帝本紀：天監十四年正月，皇太子冠，赦天下，賜爲父後者爵一級，王公以下頒賚各有差。停遠近上慶禮。

蕙田案：通典、政和禮儀俱作十三年，與本紀不同。

梁蕭子範冠子箴：是月惟令，敬擇良辰。式遵士典，詰筮於賓。嘉字爰錫，醮酒方陳。禮莊爾質，德成爾身。永變童心，長移悼齒。朱錦辭髮，青絇在履。丹石爲操，冰泉厲己。務簡朋匹，田蘇遊止。在我尚謙，推物盡美。面諂退言，弗納於耳。直弦矢辭，斯爲良士。

沈約冠子祝文：蠲兹令日，元服肇加。成德既舉，童心自化。行之則至，無謂道賒。敦以秋實，食以春華。無恥下問，乃至高車。子孫千億，廣樹厥家。

阮孝緒傳：孝緒字士宗，陳留尉氏人也。年十三，徧通五經。十五，冠而見其父，彦之戒曰：「三加彌尊，人倫之始。宜思自勗，以庇爾躬。」答曰：「願迹松子於瀛海，追許由於穹谷，庶保促生，以免塵累。」自是屏居一室，非定省未嘗出户，家人莫見其面，親友因呼爲「居士」。

陳書文帝本紀：天嘉六年春，皇太子加元服，王公以下賜帛各有差，孝悌力田、爲父後者，賜爵一級，鰥寡孤獨不能自存者穀，人五斛。

後主本紀：至德二年秋七月，太子加元服，在位文武賜帛各有差，孝悌力田、爲父後者，各賜一級，鰥寡癃老不能自存者，人穀五斛。

北魏書高祖本紀：高祖太和十九年，皇太子冠於廟。

禮志：太和十九年五月甲午，冠皇太子恂於廟。丙申，高祖臨光極堂，太子入見，帝親詔之。事在恂傳。六月，高祖臨光極堂，引見群官。詔曰：「比冠子恂，禮有所闕，當思往失，更順將來。禮，古今殊制，三代異章。近冠恂之禮有三失。一，朕與諸儒同誤；二，諸儒違朕，故令有三誤。今中原兆建，百禮維新，而有此三失，殊以愧歎。春秋，襄公將至衛，以同姓之國，問其年幾，而行冠禮。古者皆灌地降神，或有作樂以迎神。昨失作樂。至廟庭，朕以意而行拜禮，雖不得降神，於理猶差完。司馬彪云，漢帝有四冠：一緇布，二進賢，三武弁，四通天冠。朕見家語冠頌篇，四加冠，公也。家語雖非正經，孔子之言與經何異？諸儒忽司馬彪四冠之志，致使天子之子而行士冠禮，此朝廷之失。冠禮，朕以爲有賓，諸儒皆以爲無賓，朕既從之，復令有失。孔所云『斐然成章』，其斯之謂。」太子太傅穆亮等拜謝，高祖曰：「昔裴頠作冠儀，不知有四，裴頠尚不知，卿等復何愧。」

廢太子恂傳：太和十七年七月癸丑，立恂爲皇太子。及冠恂於廟，高祖臨光極東堂，引恂入見，誡以冠義曰：「夫冠禮，表之百代，所以正容體，齊顏色，順辭令。容體正，顏色齊，辭令順，故能正君臣，親父子，和長幼。然母見必拜，兄弟必敬，責以成人之禮。字汝元道，所寄不輕。汝當尋名求義，以順吾旨。」

蕙田案：此用冠於廟之禮，從古也。所謂三失，不作樂，一也；不用四加，二也；不用賓，三也。親臨告誡，不傳制，尤爲重禮。

肅宗本紀：正光元年秋，帝加元服，內外百官進位一等。

禮志：肅宗加元服，時年十一。既冠，拜太廟，大赦，改元，官有其注。

劉芳傳：王肅之來奔也，高祖雅相器重，朝野屬目。芳未及相見。高祖宴群臣於華林，肅語次云：「古者惟婦人有笄，男子則無。」芳曰：「推經禮正文，古者男子婦人俱有笄。」肅曰：「喪服稱『男子免而婦人髽，男子冠而婦人笄』，如此，則男子不應有笄。」芳曰：「此專謂凶事也。禮，初遭喪，男子免時則婦人髽，男子冠時則婦人笄。言俱時變，而男子婦人免髽、冠笄之不同也。又冠尊，故奪其笄稱。且互言也，非謂男子無笄。又禮内則稱『子事父母，雞初鳴，櫛、縰、笄、總』。以兹而言，男子有笄明矣。」高祖稱善者久之，肅亦以芳言爲然，曰：「此非劉石經耶？」

北齊書後主本紀：天統三年二月，帝加元服，大赦，九州職人各進四級，内外百官普進二級。

隋書禮儀志：後齊皇帝加元服，以玉帛告圜丘方澤，以幣告廟，擇日臨軒。中嚴，群官位定，皇帝著空頂介幘以出。太尉盥訖，升，脱空頂幘，以黑介幘奉加訖，太尉進太保之右，北面讀祝。訖，太保加冕，侍中繫玄紘，脱絳紗袍，加衮服。事畢，太保上壽，群官三稱萬歲。皇帝入温室，移御座，而不上壽〔一〕。後日，文武群官朝服，上禮酒十二鍾，米十二囊，牛十二頭。又擇日，親拜圜丘方澤，謁廟。皇太子冠，則太尉以制幣告七廟，擇日臨軒。有司供帳於崇正殿。中嚴，皇太子空頂幘公服出，立東階之南，西面。使者入，立西階之南，東面。皇太子受詔訖，入室盥、櫛，出，南面。使者進揖，詣冠席，西面坐。光禄卿盥訖，詣太子前梳櫛。使者又盥，奉進賢三梁冠，至太子前，東面祝，脱空頂幘，加冠。太子興，入室更衣，出，又南面就席。光禄卿盥櫛。使者又盥祝，脱三梁冠，加遠遊冠。太子又入室更衣。設席中楹之西，使者揖就席，南面。光禄卿洗爵酌醴，使者詣席前，北面祝。太子拜受醴，即席坐，祭之，啐之，奠爵，降階，復本位，西面。三師、三少及在位群臣拜事訖。又擇日會宫臣，又擇日謁廟。

五禮新儀：至設會，因奉觴上壽禮，各有宜也。辭云：「某臣某言，伏惟皇帝陛下，吉辰元服，禮制樂和，臣等不勝大慶，謹上萬歲壽也。」

蕙田案：齊制，太子初加黑介幘，次加冕。皇太子初加進賢，次加遠遊冠，止

〔一〕「而」上，隋書禮儀志四有「會」字。

似二加，未詳其義。

北周書宣帝本紀：宣帝，高祖長子也。建德元年，高祖親告廟，冠於阼階，立爲皇太子。

蕙田案：親告廟而冠於阼階，是在廟也。

右三國南北朝

隋唐

隋書禮儀志：隋皇太子將冠，前一日，皇帝齋於大興殿。皇太子與賓、贊及預從官，齋於正寢。其日質明，有司告廟，各設筵於阼階。皇帝衮冕，即御座。賓揖皇太子進，升筵，西向坐。贊冠者坐櫛，設纚。賓盥訖，進加緇布冠。贊冠進設頍纓。賓揖皇太子適東序，衣玄衣素裳以出。贊冠者又坐櫛，賓進加遠遊冠。改服訖，賓又受冕。太子適東序，改服以出。賓揖皇太子南面立，賓進受醴，進筵前，北面立祝。皇太子拜受觶。賓復位，東面答拜。贊冠者奉饌於筵前，皇太子祭奠。禮畢，降筵，進當御東面拜。納言承詔，詣太子戒訖，太子拜。贊冠者引太子降自西階。賓少進，字之。贊冠者引皇太子進，立於庭，東面。諸卿拜訖，贊冠者拜，太子皆答拜。與賓、贊俱復位。納言承詔降命〔一〕，令有司致禮。賓、贊又拜。皇帝降復阼階，拜，皇太子以下皆拜。皇帝出，更衣還宮。皇太子從至闕，因入見皇后，拜而還。

蕙田案：初加緇布，次加遠遊，次加冕，三加也。

唐書太宗本紀：貞觀八年，皇太子加元服，降死罪以下。賜五品以上子爲父後者爵一級，民酺三日。

通典：貞觀五年，有司上言：「皇太子將冠，禮宜用二月爲吉，請追兵以備儀注。」太宗曰：「今東作方興，恐妨農事。」令改用十月。太子少保蕭瑀奏稱：「準陰陽家，用二月爲勝。」上曰：「陰陽拘忌，朕所不行。若動靜必依陰陽，不顧禮義，欲求福祐，其可得乎？若所行皆遵正道，自然當爲吉會。且吉凶在人，豈假陰陽拘忌？農事甚要，不可暫失。」原本「追兵」闕，疑一本作「遣官」。

高宗本紀：永徽六年，皇太子加元服，降死罪以下，賜酺三日。五品以上爲父後

〔一〕「命」，隋書禮儀志四無。

者勳一轉。

顯慶四年十月，皇太子加元服，大赦，賜五品以上子孫爲祖父後者勳一轉。民酺三日。

唐會要：開元六年，侍中宋璟上表曰：「臣伏以太常狀，以皇太子冠，準東宮典記，有上禮之儀。謹案，上禮非古，從南齊、後魏始有此事，而垂拱、神龍更扇其道。群臣斂錢獻食，君上厚賜答之，姑息施恩，方便求利，每緣一事，有此再煩。齊、魏乃吴虜之風，故不足效；後車轍有前車之戒，應當取適。皇太子冠乃盛禮，自然合有錫賚。上臺、東宮兩處宴會，非不優厚，其上禮宜停。」

蕙田案：上禮，五禮精義云：「古者君臣之有嘉事，必設賀慶之禮，所以通上下之情。庾蔚之云：『凡事吉，則遣送酒肉以賀之。』則上禮自魏行之。晉王彪之云：『上禮，惟酒犢而已，犢十二頭，酒十二斛，以應天地之大數也。於朝堂設禮，訖，牛酒付所司。』」相沿已久，習尚成風。宋文貞公以爲群臣斂錢爲獻，君上厚賜答之，姑息施恩，方便求利，應當停止，可謂卓見矣。

舊唐書玄宗本紀：開元八年春正月甲子朔，皇太子加元服。

開元禮皇帝加元服：卜日如別儀。

告圜丘方丘附

前一日，諸告官清齋於告所，其守衛及設鐏、坫等前一日陳設，如巡狩圜丘攝事儀。告方丘，自前一日陳設及告官清齋等，亦如之。爲埋埳於壝南外壝之内，北出陛。未明二刻，諸告官各服其服，郊社令、良醖令入實鐏、罍及玉帛。太鐏二：一實明水，爲上；一實汎齊，次之。山罍二：一實玄酒，爲上；一實清酒，次之。玉以四珪有邸，幣以蒼。告方丘，太鐏二：一實明水，一實醴齊；玉兩珪有邸，幣以黃。未明一刻，奉禮帥贊者先入就位，贊引引御史、太祝以下入行埽除如常儀。質明，謁者引告官以下俱就門外位，奉禮帥贊者先入就位。贊引引御史以下入就位。謁者引告官，贊引引執事者次入就位。立定，奉禮曰：「再拜。」贊者承傳〔一〕，凡奉禮有辭〔二〕，贊者皆承傳。告官以下皆再拜。謁者進告官之左曰：「有司謹具，請行事。」儀至禮畢，燔祝版於齋所，並同巡狩告圜丘攝事儀。告方丘，其儀同，但改「皇天」爲「皇地祇」，其玉帛埋之。

〔一〕「贊」上，諸本衍「謁」字，據通典卷一二二、開元禮卷九一刪。

〔二〕「有辭」，諸本作「者謁」，據通典卷一二二、開元禮卷九一改。

告宗廟

其禮與巡狩告宗廟儀有司攝事同，惟祝文臨時撰。

臨軒行事

先一日，尚舍奉御設御冠席於太極殿中楹間，南向，莞筵紛純，加藻席繢純，加次席黼純。守宮設群官次於朝堂。太樂令展宮懸於殿庭，並如常儀。設協律郎舉麾位於殿上西階之西，東向；一位於樂懸東南，西向。鼓吹令分置十二案於建鼓之外。乘黄令陳車輅。尚輦奉御陳輿輦，並如常儀。典儀設文官一品以下、五品以上位於懸東，六品以下於横街南，皆重行，西面北上；設武官一品以下、五品以上位於懸西，六品以下於横街南，當文官，皆重行，東面北上；設朝集使位分方於文武官當品之下；設諸親位於四品、五品之中；皇帝親在東，異姓親在西。設蕃客位各分方於朝集使六品之南，諸州使人分方位於朝集使九品之後；又設太師、太尉位於横街之南道東，北面西上；又設典儀位於懸之東北，贊者二人在南，少退，俱西向。奉禮設門外位於東西朝堂，皆如元日之儀。其日，諸衛勒所部屯門列黄麾仗如常，群官依時刻集朝堂，俱就次，各服其服。通事舍人引就朝堂前位，侍中版奏：「請中嚴。」太樂令、鼓吹令帥工人入就位。奉禮郎設罍洗於阼階東南，罍在洗東，加勺、冪；篚在洗西，南肆，實巾加冪。尚舍奉御設席於東房內近西，又張帷於東序外。殿中監陳衮服於東房內席上，東領，玄衣，纁裳十二章。八章在衣，日、月、星辰、山、龍、華蟲、火、宗彝；四章在裳，藻、粉米、黼、黻。白沙中單，黼領，青褾、襈、裾，革帶，玉鉤鰈，大帶，青帶朱裏，紕其外，上以朱，下以緑，紐約用組〔一〕。朱韍三章。龍、山、火。鹿盧；玉具劍，火珠鏢首；白玉雙珮，玄組，雙大綬六綵：玄、黄、赤、白、縹、緑，純玄質，長二丈四尺，五百首，廣一尺。小雙綬，長二尺六寸，色同大綬而首半之，間施二玉環。朱襪赤舄，金飾。纘纚、玉簪及櫛三物同箱，在服南〔二〕，北向。尚舍奉御設莞筵一，粉純，加藻席繢純，加次席黼純，又在南。尚食奉御實醴罇於東序外帷內〔三〕，坫在罇北，實角觶、柶各一，加冪；饌陳於罇西，籩、豆各十二，俎三，在籩豆北，設罍、洗於罇東，罍在洗西，加勺、冪，篚在洗東，北肆，實巾加冪。執罍、罇、籩、豆

〔一〕「紐約用組」，諸本作「鈎用組之」，據通典卷一二三、開元禮卷九一改。
〔二〕「南」，諸本脱，據通典卷一二三補。
〔三〕「食」，諸本作「舍」，據通典卷一二三、開元禮卷九一改。

及在廷罍、篚者，並絳公服，立於其所。衮冕，垂白珠，十二旒，以組爲纓，色同其綬〔一〕，黈纊充耳，玉導，置於箱〔二〕。太常博士一人立於西階下，近西，東面。諸侍衛之官各服其器服，俱詣閤奉迎。典儀帥贊者先入就位，通事舍人各引群官入就位，太常博士引太常卿升西階，立於西房外，當户，北向。侍中版奏：「外辦。」皇帝著空頂黑介幘、雙童髻、雙玉導，絳紗袍以出，侍衛警蹕如常儀。皇帝將出，太樂令令撞黃鐘之鐘，右五鐘皆應。協律郎舉麾，鼓柷〔三〕，奏太和之樂。皇帝出自西房，太常博士引太常卿，太常卿引皇帝即御座，南向立，樂止。太常卿與博士退立於皇帝之左。通事舍人引太師、太尉就位。凡太師、太尉進，皆舍人導引。太師初入門，舒和之樂作，至位，樂止。典儀曰「再拜」，贊者承傳，群臣在位者皆再拜。太師升自西階，太師初行，樂作，至階，樂止。太師升立於西階上，東面。太尉詣阼階下罍洗，盥手，升東階，詣東房内，取纚、櫛箱，進跪，奠於御座西端。太師詣御座前，跪奏稱「請坐」。退，復位。皇帝坐，太尉進當

〔一〕「綬」，原作「纓」，據光緒本、通典卷一二二改。
〔二〕「置」，諸本脱，據通典卷一二二、開元禮卷九一補。
〔三〕「柷」，諸本作「吹」，據通典卷一二二、開元禮卷九一改。

御座前，少左，跪脱空頂幘，置於櫛箱，櫛畢，設纚，興，少西，東面立。太師降盥，初降，樂作，盥訖，詣西階下，樂止。太師受冕〔一〕，左執項，右執前，升西階，進當皇帝前左，樂作。太師祝曰：「令月吉日，始加元服，壽考維祺，以介景福。」乃跪冠，興，復西階上位。太尉進皇帝前，少左，跪設簪、纓，興，復位。皇帝興，太常卿引適東房。殿中監進徹櫛、纚箱以退。皇帝著衮服，太常卿引即席，南向坐，樂止。太尉詣序外帷内，盥手，洗觶，酌醴，加柶，覆之，面葉，立於序内，南向。太師進受醴，面柄，進御前，北面，祝曰：「甘醴唯厚，嘉薦令芳，承天之休，壽考不忘。」訖，跪進觶，興，退，降立於西階下，東面。將祝，殿中監帥進饌者奉饌〔二〕，設於御座前，皇帝左執觶，右執脯，擩於醢〔三〕，祭於籩豆間。太師取胏一以進皇帝，皇帝奠觶於薦西，受胏，却左手執本，右手絶末以祭，上左手〔四〕，嚌之，

〔一〕「太師」，原作「太常」，據光緒本、通典卷一二二、開元禮卷九一改。
〔二〕「帥」，原作「進」，據光緒本、通典卷一二二改。
〔三〕「醢」，諸本作「醢」，據通典卷一二二、開元禮卷九一改。
〔四〕「左」，諸本作「右」，據通典卷一二二、開元禮卷九一改。

授太尉。太尉加於俎〔一〕，降立於太師之南。皇帝帨手，侍中一人進帨巾。取觶以柶，祭醴，啐醴，建柶，奠觶於薦東。皇帝初受觶，休和之樂作，奠觶訖，樂止。太師、太尉俱復横街南位。太師初行，樂作，至位，樂止。典儀唱「再拜」，贊者承傳，在位者皆再拜。太師、太尉出，初行，樂作，出門，樂止。侍中前跪奏：「禮畢。」皇帝興，太樂令令撞蕤賓之鐘，左五鐘皆應，太和之樂作。太常卿引入東房，侍衛警蹕如來儀。入訖，樂止。通事舍人引東西面位者以次出。

見太后

其日冠訖，著通天冠服，詣太后所御殿，如常朝見之式。尚宫引就殿前，北面再拜。訖，尚宫引出，還宫如常。

謁太廟

將謁，有司卜日如别儀。前一日，皇帝清齋於太極殿，太尉以下清齋於廟所，近侍之官應從入廟者，各於本司清齋一宿。諸衛令其屬晡後一刻，各以其方器服守衛

〔一〕「太尉」二字，諸本脱，據通典卷一二二補。

廟門，與太樂工人俱清齋一宿。前三日，尚舍直長施大次於太廟南門之外道西，東向。尚舍奉御鋪御座。守宮設文武侍臣次於大次之後，文左武右，俱東向；設太尉以下次於齋坊内；設三師次於侍臣次之西，東向。前二日，太樂令設宮懸之樂於廟庭，如常儀。右校清掃内外。前一日，奉禮設御座於樂懸之南道西，北向；設太尉以下及御史等位於内外，如常儀；設酒罇之位於廟堂上前楹間，各於室戶之左，北向。每室雞彝一、鳥彝一、犧罇二、山罍二，皆加勺、冪，皆西上，各有坫；以置瓚爵。設罍、洗、篚如常。篚實圭瓚、巾、爵。其執罇、罍、篚、冪及烹牲皿，並如巡狩告謁儀。日未明三刻，太尉以下各服其服，太廟令、良醖令各帥其屬入實罇、罍。雞彝、犧罇之上罇皆實以明水〔一〕，山罍之上罇實以玄酒，鳥彝實以鬱鬯，犧尊實以醴齊，山罍實以清酒。太官令帥進饌者實籩豆，行埽除及奉出獻祖以下祖主各置於座，如常儀。訖，各就位，如巡狩告儀。質明，謁者引太尉以下俱就門外位，太樂令帥工人次入就位。其升堂坐者，皆脱履於階下，降納如常。謁者引太尉，贊引引執事者次入就位，立定。奉禮曰「再拜」，太尉以下皆再拜。其

〔一〕「之」，諸本脱，據通典卷一二二補。

先拜者不拜。謁者進太尉之左，白有司請行事，其行事儀至讀祝文，如時享攝事儀。惟無燔、膟膋及莫毛血。讀祝文曰：「維某年歲次月朔日，子孝曾孫皇帝某〔一〕，太祖以下稱臣某。謹遣太尉臣名，敢昭告於獻祖宣帝、祖妣某氏，敬尊常典，禮加元服，以今吉辰祗見，謹以一元大武、明粢、薌合、薌萁、嘉蔬、嘉薦、醴齊，尚饗。」訖，興，太尉再拜。初，讀祝文訖，樂作，太祝進跪，奠版於神座。俛伏，興，還罇所。太尉拜訖，樂止。謁者引太尉以次獻，皆如獻祖之儀。惟不盥洗。偏獻訖，其飲福、受胙如常儀。訖，謁者引太尉降，復位，贊引引御史、太祝及執罇、罍、篚、冪者，俱就執事位，重行，西面立以候。皇帝既謁廟出門，太祝等升，復位，登歌，作雍和之樂。諸祝各進，入室，徹豆，出，還罇所，登歌止。奉禮曰：「賜胙。」其贊拜及納神主、燔祝版，並如時享攝事儀。

親謁

前出三日，本司宣攝内外各供其職。前一日，守宮設群官五品以上次東西朝堂

〔一〕「子」，諸本脱，據通典卷一二二、開元禮卷九二補。

如常。謁日〔一〕，晝漏上水三刻，鑾駕出宮。發引前七刻，槌一鼓爲一嚴；三嚴時節，前一日侍中奏裁〔二〕。發引前五刻，槌二鼓爲再嚴。其鑾駕發引之儀，與時享出宮儀同，惟乘小駕鹵簿乘金輅爲異〔三〕。駕過〔四〕，通事舍人引文武群官不從者退就次以候。駕至大次，迴輅東向，將軍降立於路〔五〕，侍中進當鑾駕前，跪奏稱：「侍中臣某言，請降輅。」俛伏，興，還侍位，皇帝降輅，乘輿之大次，繖扇、華蓋、侍衛如常儀。通事舍人引三師各就便位，各服其服，出立於大次門外。太常博士引太常卿立於大次門外，當門西向。侍中版奏「外辦」。皇帝出次，華蓋、侍衛如常。侍中負寶，陪從如式。博士引太常卿，太常卿引皇帝，凡太常卿前導，皆博士先引。至廟門外，殿中監進鎮珪，皇帝執鎮珪，華蓋仗衛停於門外，三師近侍者從入如常。皇帝初入門，太和之樂作，至版位，北向立，樂止。太常卿與博士退立於左，太常卿前奏稱「請再拜」，皇帝再拜。少頃，太常卿又奏

〔一〕「日」，諸本脱，據通典卷一二二、開元禮卷九二補。
〔二〕「節前一日」，原作「即一刻」，據通典卷一二二、開元禮卷九二改。
〔三〕「乘小駕」，通典卷一二二作「陳小駕」。
〔四〕「過」，諸本作「迴」，據通典卷一二二、開元禮卷九二改。
〔五〕「路」，通典卷一二二改作「輅右」。

稱「請再拜」，皇帝又再拜。訖，太常博士引太常卿，太常卿引皇帝出，還大次，初行，樂作，出門，樂止。殿中監受鎮珪，華蓋、侍衛如常儀。皇帝既還大次，請解嚴，轉仗衛，至既入閤，侍中版奏「請解嚴」。叩鉦將士各還本所〔一〕，如時享還宮儀。

會群臣

皇帝見廟之明日，會群臣，如元會之儀。其上壽詞云：「具官臣某言，伏惟皇帝陛下，吉辰元服，禮備樂和，臣等不勝大慶，謹上千萬歲壽。」

群臣上禮

前一日，守宫量設次於東朝堂，如常儀。其日，應上禮之官依時刻各集於次，皆服朝服。奉禮先設上禮之官位於東朝堂之前，近南，文東武西，重行，北面，相對爲首；又設中書舍人位於吏部爲首者之北，南向；設奉禮位於文官東北，贊者二人在南，差退，俱西向。通事舍人各引應上禮之官就位，立定，令史二人對舉表案。禮部郎中引就中書舍人前，取表授舍人。訖，引案退，奉禮唱「再拜」，贊者承傳，在位者皆

〔一〕「鉦」，諸本作「缸」，據通典卷一二三改。

再拜。中書舍人奉表入進，通事舍人引在位者退。

蕙田案：開元禮，皇帝冠止一加冕而已。

唐書車服志：天子未加元服，以空頂黑介幘，雙童髻，雙玉導，加寶飾。三品以上亦加寶飾，五品以上雙玉導，金飾，六品以下無飾。緇布冠，始冠之服也。天子五梁，三品以上三梁，五品以上二梁，九品以上一梁。

五禮精義：古者冠布，齋則緇之，明冠制不殊，但緇白有異。今喪冠則古緇布，無梁幘也。鄭注冠禮云：「緇布冠，今小吏冠，其遺象也。」漢小吏之冠，即委貌矣。晉志「緇布，即委貌」是也。又云：「進賢冠，緇布遺象。」然進賢加梁幘，與古不同，若從今制，當類進賢而無幘梁者也。又云：「古者天子之士服，皆皮弁素幘，而夕則玄冠、玄端。」玄冠，委貌也，緇布象之，故服則玄端，即素裳也。

開元禮義鑑：將冠者何服？禮云：「童子之冠也，緇布衣，錦緣、錦紳并紐，錦束髮，皆朱錦也。」士冠禮曰：「將冠者綵衣、紒，在房中，南面。」鄭氏云：「綵衣，是未冠者之服。」禮説童子幘無屋，故云空頂也。士冠禮云：「將冠者綵衣，紒。」鄭云：「綵衣，未冠者所服。」又云：「冠禮，緇纚廣終幅，長六尺。」鄭云：「纚，今之幘梁也。終，充也。纚，一幅長六尺，足以韜髮而結之。」蓋古者以黑繒爲纚，先韜髮，而後加冠幘卷梁。故鄭引漢事言之。

開元禮皇太子加元服：

告太廟

皇太子將冠，先告太廟，如常吉之儀。

臨軒命賓、贊〔一〕

所司先奏，請司徒一人爲賓，卿一人爲贊冠，吏部承以戒之。前一日，尚舍奉御整飾御幄於太極殿，衛尉設群臣、朝集使、諸蕃客次於左右朝堂。太樂令展宫懸之樂於殿庭，設舉麾位於殿上，一位於懸下，鼓吹令設十二案，乘黄令陳車輅，尚輦奉御陳輿輦。典儀設文官一品以下、五品以上位於横街之北，西面北上；諸州使人五品以上合班；六品以下位於横街南，諸州使人六品以下、諸蕃客又在南，皆西面北上。設武官五品以上位於横街北，東面北上，諸州使人五品以上合班，諸親位於其南；六品以

〔一〕「命」，諸本作「會」，據通典卷一二六改。

下位於橫街南，諸州使人六品以下及蕃客等又於其南，皆東面北上。設典儀位於懸之東北，贊者二人在南，少退，俱西向；設賓受命位於橫街南道東，北面，贊者位又於其後，少東，北面。奉禮郎設門外文官一品以下位於順天門外道東，每等異位重行，西面；武官三品以下位於門西，每等異位重行，東面，並以北爲上。其日，諸衛勒所部列黃麾仗如常儀。群臣各依時刻集朝堂，俱就次，各服其服。侍中量時版奏：「請中嚴。」協律郎、太樂令帥工人就位，諸侍衛之官各服其器服奉迎，典儀帥贊者先入就位。通事舍人引先置群官入，立定；又引賓、贊入，立於太極門外道東，西向。黃門侍郎引主持節〔二〕，中書侍郎引制書案，立於樂懸東南，面西北上。侍中版奏：「外辦。」皇帝服通天冠、絳紗袍以出，曲直華蓋、警蹕侍衛如常儀。皇帝將出，仗動，太樂令令撞黃鍾之鐘，右五鐘皆應。協律郎舉麾，鼓柷，奏太和之樂。皇帝升輿，出自西房，即御座，南向坐，符寶郎奉寶置於御座，樂止。通事舍人引賓、贊入就位，賓、贊初行入門，舒和之樂作，至位，樂止。立定，典儀曰「再拜」，侍中及舍人前承制，侍中降至賓前，

〔二〕「主持節」，開元禮卷一一〇作「主節持幡節」。

稱「有制」，公再拜。「將加冠於某之首，公其將事。」公少進，北面再拜稽首，辭曰：「臣不敏，恐不能供事，敢辭。」侍中拜奏〔一〕，又承制，降稱：「制旨某公將事，無辭。」公再拜，退復位，侍中退，舍人至卿前，稱「敕旨」，卿再拜。「將加冠於某之首，卿宜贊冠。」卿再拜，舍人退，黄門侍郎引主節至賓所，主節以節授黄門侍郎〔二〕，黄門侍郎執節立於賓東，北面〔三〕，賓再拜受節，付主節。訖，又再拜，主節立於賓後，黄門侍郎退。中書舍人引制書案至賓所〔四〕，取制書，在賓東北，面西立。賓再拜受制書，執立，又再拜。持案者立於賓後，中書侍郎退，典儀曰「再拜」，贊者承傳，群官在位者皆再拜。舍人引賓、贊出，賓、贊初行，樂作，出門，樂止。侍中前跪奏稱：「侍中臣某言，禮畢。」俛伏，興，還侍位。皇帝興，太樂令令撞蕤賓之鐘，左五鐘皆應，鼓柷，奏太和之樂。皇帝降座，侍衛、警蹕如來儀，入自東房，樂止。舍人引一品以下以次出。初，賓、贊

〔一〕「拜」，開元禮卷一一〇作「升」。
〔二〕「以節」二字，諸本脱，據通典卷一二六、開元禮卷一一〇補。
〔三〕「賓東北面」，開元禮卷一一〇作「賓東北西面」。
〔四〕「舍人」，開元禮卷一一〇作「侍郎」。

出門，賓以制書置於案，升車〔一〕，從輅而行，威儀鼓吹，詣東宫，降輅入次，賓、贊具服其服。一品以下以次出，蕃客各還館。九品以上詣東宫朝堂次，服其服就位，如冠儀。

冠

前一日，衛尉設賓次於重明門外道西，南向，贊冠次又於其西，南向，並鋪牀席；又於重明門内道西施一次，擬會賓、贊；設文武群官九品以上及群親并宫臣次如常儀。奉禮設文武群官九品以上、諸親在五品之下及宫臣門外位〔二〕，如常儀。設殿庭位：文武群官共典儀〔三〕、共宫臣合班。諸親在五品下，文官在東，西面；武官在西，東面，皆以北爲上。又設皇太子位於閤外道東，西向。設三師位於閤外道西，三少位於三師之南，少退，東向。典儀又設皇太子受制位於樂懸北，北面。所司設軒懸之樂於

〔一〕「升車」上，開元禮卷一一〇有「幡節引制書案」六字。
〔二〕「門」，原脱，據光緒本、通典卷一二六、開元禮卷一一〇補。
〔三〕「共典儀」，開元禮卷一一〇無「共」字，「典儀」二字在「設殿庭位」上。

殿庭〔一〕，又設舉麾位於庭上〔二〕，一位於懸下。有司設皇太子羽儀、車輿於殿庭，如常儀。典設郎帥其屬鋪解劍席於懸之東北。

○冠日平明，宫臣皆朝服，非宫臣者公服，三師、三少公服，並集於重明門外次。宗正卿乘犢車侍從，詣左春坊權停，左右二率各勒所部屯門列仗，左庶子版奏：「請中嚴。」工人及諸行事之官各入就位。奉禮郎設罍洗於東階東南，罍在洗東，篚在洗西，南肆。篚實爵〔三〕，加勺冪。典禮郎鋪皇太子冠席於殿上〔四〕，東壁下近南〔五〕，西向；設賓席於西階上，東向；設主人席於皇太子席西南，西向；設三師席於冠席北，三少席於冠席南。典設郎張帷幄於東序内，設褥席於帷中，又張帷幄於序外，擬置饌物等。内直郎陳服於帷内，東領，北上。衮冕服，玄衣、纁裳，九章；白紗中單，黼領，青褾〔六〕、

〔一〕「司」，開元禮卷一一〇作「由」。
〔二〕「庭」，開元禮卷一一〇作「殿」。
〔三〕「爵」，光緒本、開元禮卷一一〇作「巾」。
〔四〕「禮」，諸本作「設」，據通典卷一二六、開元禮卷一一〇改。
〔五〕「東」下，原衍「向」字，據光緒本、通典卷一二六删。
〔六〕「青褾」，諸本作「襟」，據通典卷一二六、開元禮卷一一〇補改。

襈、裾，革帶〔一〕、金鉤䚢、大帶，朱韍二章；玉具劍，火珠鏢首，瑜玉雙珮。朱組〔二〕，雙大綬，四綵：赤、白、縹、紺，純朱質，長一丈八尺，三百二十首，廣九寸。小綬長二尺六寸，色同大綬而首半之，間施二玉環。白韈赤舃，金飾，象笏。遠遊冠服，絳紗袍，白紗中單，皂領、褾、襈、裾，白方心曲領，假帶，絳紗蔽膝，白練裙襦，白韈，黑舃，其革帶、劍珮、綬、笏與冕服同。緇布冠，玄衣，素韠，白紗中單，青領、褾、襈、裾，履、韈，革帶、大帶、笏、緇纚。用皂羅巾方六寸，屬帶於前兩隅。犀、簪二物同箱，在服南，櫛實於箱，又在南。莞筵四，紛純；繅席四，繢純，又在南。良醞令實側罇甒醴，加勺、冪於序外帷內，設罍在洗北，篚在洗南，東肆。實巾一、角觶、角柶各一，加冪。太官令實饌，豆九、籩九於罇西，俎三在豆北〔三〕。執在庭罍洗者絳公服，立於罍洗之南，北向。執帷內罇、罍、洗、籩、豆、俎等，並絳公服立於罇、罍、豆、俎之所。冕白珠九旒，犀導組纓，青纊充耳；遠

〔一〕「帶」，諸本脫，據通典卷一二六、開元禮卷一一〇補。
〔二〕「朱」，諸本作「珠」，據通典卷一二六、開元禮卷一一〇改。
〔三〕「三」，諸本脫，據通典卷一二六、開元禮卷一一〇補。

遊三梁冠，金附蟬九首，施珠翠；黑介幘，犀導，肆髮纓綏〔一〕；緇布冠，青組纓屬於冠，冠、冕各一箱盛，奉禮郎二人各執立於階之西〔二〕，東面北上。主人贊冠者庶子爲之。升詣東序帷内〔三〕，少北，户東西面立。典謁引群官以次入，就常位。

○初，賓、贊入次，左庶子版奏「外辦」，通事舍人引三師等入就閤外道西位，東面立。皇太子著空頂黑介幘，雙童髻，玉導寶飾，綵衣，紫褶緣袴，織成褾領，緑錦紳，烏皮履。乘輿以出，洗馬迎於閤門外，左庶子跪奏稱：「左庶子臣某言，請殿下降輿。」俛伏，興，還侍位。皇太子降輿，洗馬引之道東位，西向立。左庶子又前，跪奏稱：「左庶子臣某言，請殿下再拜。」皇太子再拜，三師、三少答再拜。洗馬引就階東南位，三師訓導在前，三少訓從於後，千牛仗二人夾左右，其餘仗衛列於師保之外。通事舍人引宗正卿入見皇太子，訖，通事舍人引出，迎賓。洗馬引皇太子，初行，樂作，至階東，西面立，偃麾，樂止。宗正卿引迎賓於門東，西面；賓立於門西，東面。宗正卿再拜，賓不答

〔一〕「肆髮纓綏」，通典卷一二六删補作「髮纓翠綏禮」。
〔二〕「二人」，開元禮卷一一〇作「三人」。
〔三〕「贊」上，諸本衍「各」字；「詣」，諸本作「諸」，據通典卷一二六、開元禮卷一一〇删改。

拜，賓入門，樂作，主人從入，立於樂懸東北，西面。賓入，贊冠者從入，舍人引賓、贊詣殿階間，南面立，樂止。贊冠者立於賓西南，東面；節在賓東少南，西面；制案在贊冠西南，東面，賓就案取制執。洗馬引皇太子詣受制位，北面立，皇太子初行，樂作，至位，樂止。主節脱節衣，賓稱「有制」，皇太子再拜。宣詔曰：「制，皇太子某，吉日元服，率由舊章，命太尉就宫展禮。」訖，皇太子又再拜，少傅進詣賓前，受制書，退授皇太子。皇太子受制書，付庶子，案退。洗馬引皇太子、師保等如式升東階。量人從升。初行，樂作，至階，樂止。入東序帷内近北，西向立，師保等就席位。訖，賓升西階，宗正卿升東階，各立席後。初，賓升，舍人引贊冠者詣罍洗，盥手，升自東階，詣序帷内，於主人、贊冠之南，俱西面。贊引皇太子出，立於席東，西面。賓之贊冠者取纚、櫛二箱，坐，奠於皇太子南端〔一〕，興，席北少東，西向立。賓揖皇太子進，升筵，西向坐。賓之贊冠者進筵前，東面坐。脱空黑介幘置於箱〔二〕，櫛畢，設纚，興，少北，南面立。賓

〔一〕「南」上，開元禮卷一一〇有「筵」字。
〔二〕「空」下，開元禮卷一一〇有「頂」字。

降盥，主人從降，樂作，賓升，樂止。主人從升。執緇布冠者升，賓降一等受之，右執項，左執前，進皇太子筵前，東向立。祝曰：「令月吉日，始加元服。棄厥幼志，順其成德。壽考維祺，以介景福。」乃跪，冠，興，復位，東面立。賓之贊冠者進筵前〔一〕，東面，跪結纓，興，復位。皇太子興，賓揖皇太子。贊冠者引皇太子適東序帷内，著玄衣素裳之服以出，立於席東，西面。賓揖皇太子進，升筵，西向坐。賓之贊冠者進筵前，東面，跪脱緇布冠，置於黑介幘之箱，櫛、纚依舊不解，興，復位。賓降二等，受遠遊冠，右執項，左執前，進皇太子筵前，東向。祝曰：「吉月令辰，乃申嘉服。克敬威儀，式昭厥德。眉壽萬年，永受祺福。」乃跪，冠，興，復位。賓之贊冠者引皇太子適東序帷内，著朝服以出，立於席東，西面。賓揖皇太子進，升筵，西向坐。賓之贊冠者進筵前，東面，跪脱遠遊冠，置於纚箱，櫛、纚依舊不解，興，復位。賓降三等，受冕，右執項，左執前，進皇太子筵前，東向，祝曰：「以歲之正，以月之令，咸加其服，以成厥德。萬壽無

〔一〕「者」，諸本脱，據通典卷一二六補。

疆，承天之慶。」乃跪，冠，興，賓復位。賓之贊冠者跪設簪[一]，結纓，興，復位。皇太子興，賓揖皇太子。贊冠者引皇太子適東序，著衮冕之服以出，立於席東，西面。贊冠者徹纓、櫛二箱，入於帷内。

〇主人贊冠者又設醴皇太子席於室户西，南向，下莞上藻。賓之贊冠者於東序帷内盥手洗觶，典膳郎酌醴，加柶，覆之，面柄。賓之贊冠者受，面葉，立於序内，南面立。賓揖皇太子，贊冠者引皇太子就筵西，南面立。賓進受醴，加柶，面柄，進皇太子筵前，北面立。祝曰：「甘醴惟厚，嘉薦令芳。拜受祭之，以定厥祥。承天之休，壽考不忘。」皇太子筵西拜受觶，賓復位，東面答拜。贊冠者興，進饌[二]，陳於皇太子筵前。皇太子升筵坐，左執觶，右執脯，擩於醢，祭於籩豆之間。贊冠者取饁菹，徧擩於豆，以授皇太子，又祭於籩豆之間。贊冠者取肺一以授皇太子，皇太子奠觶於薦西；興，受肺，却左手執本，坐繚，右手執末以祭，上左手，嚌之；興，以授贊冠者加於俎。皇太

〔一〕「設」，諸本作「受」，據通典卷一二六、開元禮卷一一〇改。
〔二〕「進饌」下，開元禮卷一一〇有「者承饌」三字。

子帨手，興，取觶，以柶祭醴三〔一〕，始扱一祭，又扱再祭，加柶於觶，面葉；興，筵末坐，啐醴，建柶；興，降筵西南，南面坐，奠觶，再拜，執觶興，賓答拜。皇太子升筵坐，奠觶於薦東，興，降筵。贊冠者引皇太子降自西階，立於西階之東，南面。賓初答拜訖，降立於西階之西近南，東面，引賓之贊冠者隨降，立於賓西南，東面。皇太子立定，賓少進，字之曰：「禮儀既備，令月吉日，昭告厥字。君子攸宜，宜之於嘏，永受保之。奉敕字某。」皇太子再拜曰：「某雖不敏，敢不祗奉。」又再拜，洗馬引皇太子降，初行，樂作，至阼階下位，樂止。三師在南，北面；三少在北，南面，立定。皇太子西面再拜，三師等答再拜以出。於三師拜訖，典儀曰「再拜」，贊者承傳，群官在位者皆再拜。左庶子前，稱「禮畢」。皇太子乘輿以入，侍臣從至閤，如常儀。初，皇太子降，通事舍人引賓、贊及宗正出，就會所。

會賓、贊

〔一〕「醴」，諸本作「禮」，據通典卷一二六改。

賓既出，立於會所門外之西〔一〕，東面，北上；宗正卿立於門東，西面，立定，一揖一讓而入。宗正卿立於座東，西面；賓、贊立於座西，東面，俱再拜就座，俛伏，坐，遂行酒。酒至，賓主俱興，再拜，就席坐飲。食至，賓主俱興。設食訖，賓主俱坐食。會訖，贊立於西厢〔二〕，東面南上；宗正卿立於東厢，西面。執事奉束帛之篚以授宗正卿，又執事者奉帛篚立於宗正卿之後，後牽乘馬入陳於庭，北首，西上；賓、贊俱迴，北面，西上，再拜。宗正卿以幣篚進，西南向授賓，執事者以幣進授贊冠者，宗正卿與執事者退，復位。賓、贊降，從者互受幣〔三〕，賓當庭實，揖左右馬以出〔四〕，三馬從出，從者互受馬。宗正卿出門東，西面；賓出門西，東面，北上。宗正卿與賓俱揖而退，賓、贊就車輅，詣順天門外復命。

朝謁

〔一〕「立」，諸本脱，據通典卷一二六、開元禮卷一一〇補。

〔二〕「贊」上，開元禮卷一一〇有「賓主俱興賓」五字。

〔三〕「互」，開元禮卷一一〇作「訝」，下同。

〔四〕「右」，開元禮卷一一〇無。

朝前，衛尉先於順天門外東朝堂之北設太子次，又於後設三師、三少及詹事等次。皇太子冠訖，諸衛尉率依常鹵簿陳列威儀仗衛，前後部鼓吹備列。師傅以下及宮臣皆服其服。皇太子服遠遊冠，絳紗袍，乘輿以出，儀衛侍從如常禮。洗馬前導，皇太子出重明門，左庶子跪奏：「請降輿，升輅。」又左庶子稱「令曰諾」。左庶子俛伏，興，皇太子降輿，升金輅。三師乘軺車，訓導在前，三少亦乘軺車，訓從在後，威儀仗衛依鹵簿，發引鳴鐃而行，至長樂門，鐃吹止。至順天門次，迴輅，西向。左庶子跪奏：「請降輅就次。」又左庶子稱「令曰諾」。左庶子俛伏，興。皇太子降輅，洗馬前導入次，左庶子侍左，右庶子侍右〔一〕，舍人引三師、三少、詹事就次。皇太子停於次，少頃，舍人奏聞。典儀先於皇帝所御殿前設皇太子位。左庶子跪奏：「請入。」又左庶子稱「令曰諾」。左庶子俛伏，興。皇太子出次，左庶子等夾侍〔二〕，舍人引洗馬導引，當門揖，引入。外宮諸儀衛鹵簿等悉陳列於門外〔三〕。皇太子自東上閤，洗馬、左庶子等

〔一〕「左右庶子侍」五字，諸本脱，據通典卷一二六、開元禮卷一一〇補。
〔二〕「侍」，諸本作「持」，據通典卷一二六改。
〔三〕「外宮」下，開元禮卷一一〇有「不入」二字。

從入，至皇帝所御殿前位，北向立，從官陪後。左庶子贊拜，皇太子再拜。侍中宣敕戒曰：「事親以孝，接下以仁。使人以義，養人以惠。」訖，皇太子再拜。少進，稱：「臣雖不敏，敢不祗奉〔一〕。」又再拜。訖，引下，詣皇后所御殿。至殿院，內給事奏聞，出，則皇太子入，洗馬、左庶子等不入。太子至皇后所御殿前，北向立，再拜。尚儀前承令，降詣皇太子西北，東面，稱「令旨」。皇太子再拜。宣令戒之，詞如皇帝。皇太子再拜，少進，稱：「臣夙夜祗奉，不敢失墜。」又再拜。司言引至閤，舍人承引以出，皇太子還，如來儀。

皇太子謁太廟

前一日，皇太子宿齋於正殿，其宮臣從入廟者宿齋於家正寢。所司拂除廟之內外。衛尉設皇太子次於正寢西南角〔二〕，東向；又設三師以下及宮官次於皇太子之後，少近西，俱東向；又設宮官次於東宮官堂。奉禮郎設皇太子版位於廟庭道東〔三〕，北

〔一〕「奉」，原作「承」，據光緒本、通典卷一二六改。
〔二〕「正寢」，開元禮卷一一〇作「廟」。
〔三〕「廟庭」，諸本作「朝廷」，據通典卷一二六、開元禮卷一一〇改。

向。典儀設宫官位於重明門外，文官在東，西面；武官在西，東面，每等異位重行，俱以北爲上。其日未明，所司依鹵簿陳設於重明門外，宫臣應從者依時刻集朝堂次，皆服朝服，非朝服者服常服。諸衛率各勒所部陳設如式〔一〕。左庶子版奏：「請中嚴。」僕策輅於西閤外，南向。左右執刀立於輅前〔二〕，北向。舍人引宫官各就位，侍衛之官各服其器服，右庶子負寶如式〔三〕，俱詣閤，奉迎。左庶子版奏「外辦」，僕奮衣而升，正立，執轡，皇太子服遠遊冠、絳紗袍以出，左右侍衛如常。洗馬引皇太子升，僕立授綏，命車右升。訖，車驅，左庶子以下夾侍如式。出重明門，左庶子進當輅前，跪奏稱：「左庶子臣某言，請車輅權停，請侍臣上馬。」俛伏，興，退，稱「侍臣上馬」。贊者唱「侍臣上馬」，文武侍臣皆上馬。宫官上馬畢，左庶子進當輅前，跪奏稱：「左庶子臣某言，請發引。」俛伏，興，退復位〔四〕。皇太子車輅動，鐃吹不作，文官在左，武官在右，至

〔一〕「衛」，諸本脱，據通典卷一二六、開元禮卷一一〇補。
〔二〕「左」，通典卷一二六、開元禮卷一一〇作「車」。
〔三〕「右」，諸本作「其」，據通典卷一二六、開元禮卷一一〇改。
〔四〕「復」，諸本作「侍」，據通典卷一二六、開元禮卷一一〇改。

下馬所，侍臣並下車馬。皇太子至次所，迴輅南向，左庶子跪奏稱〔一〕：「左庶子臣某言，請殿下降輅。」俛伏，興，還侍位。皇太子降輅，洗馬引入次，侍臣立如常。皇太子入次一刻頃，左庶子跪奏稱：「左庶子臣某言，請殿下出次。」俛伏，興。皇太子出次，謁者引家令，家令引皇太子，入自南門，三師、三少導從如式。庶子二人，一人贊左，一人贊右，舍人二人從，近仗量人從入。皇太子至位，立定，家令奏：「請殿下再拜。」皇太子再拜。少頃，家令奏「禮畢」〔二〕。謁者引家令，家令引皇太子，出自南門，升輅，還宮如來儀。至重明門外，皇太子乘輅入，將士停，三師、三少還，皇太子至殿前，迴輅。左庶子跪奏：「請殿下降輅。」俛伏，興。皇太子降入，侍臣從至閤，左庶子跪奏：「請將士各還本位。」其還宮，鳴鐃吹如常。

會群臣

皇太子冠，見廟之明日，皇帝會群臣，如元會之儀。其上壽詞云：「皇太子爰以吉

〔一〕「左」，諸本脱，據通典卷一二六、開元禮卷一一〇補。
〔二〕「家令」上，開元禮卷一一〇有「家令奏皇太子再拜辭皇太子又再拜訖」十六字。「禮畢」，通典卷一二六、開元禮卷一一〇作「事畢」。

辰，載加元服。德成禮備，普天同慶。臣等不勝悦慶，謹上千萬歲壽。」

群臣上禮

先上禮三日，本司宣令諸應上禮文武之官，一品以下，五品以上。前一日，衛尉量設次於東朝堂。晝漏上水七刻〔一〕，各集於次，皆朝服。奉禮郎先設上禮之官位於東朝堂南，文東武西，北面，重行，相對爲首。又設中書舍人位於文官爲首者之北，南向。設奉禮郎位於文官東北，贊者二人在其南〔二〕，差退，俱西向。牛酒在文武二位之間，少前。舍人各引應上禮之官就位，立定〔三〕。令史二人對舉賀録案，禮部郎中引就中書舍人前，取賀録授舍人。訖，引案退，奉禮郎唱「再拜」，贊者承傳，在位者皆再拜。中書舍人奉賀録入進，舍人引在位者退。酒十二斛、犢十二頭，赤繩爲籠頭，奏訖，並付所司。

皇太子會宫臣

〔一〕「晝」，諸本脱，據通典卷一二六補。
〔二〕「其」，諸本作「東」，據通典卷一二六改。
〔三〕「立」，諸本脱，據通典卷一二六、開元禮卷一一〇補。

皇太子會宮臣，如常會之儀，上壽與上同詞。

宮臣上禮

先上禮一日，詹事宣告上禮之官，詹事以下，七品以上。晝漏上水七刻，皆朝服集東宫南門之左。典儀先設群官位於中門外，北面，以西爲上。牛酒置其位西五步，少近。晝漏上水八刻，通事舍人引群官皆就位，立定〔一〕。詹事丞奉群官簡録案於詹事前，東面跪授導客舍人，導客舍人西面立受，迴南向立。典儀唱「再拜」，詹事以下俛伏，興，皆再拜。導客舍人以簡録案入，通事舍人引群官詹事以下退〔二〕。酒九斛〔三〕，盛以銅鍾一斛，犢九頭，赤繩爲籠頭，皆付所司。

蕙田案：開元禮義鑑云：「家語云：『皇太子之冠，擬諸侯四加，三同士禮，後加衮冕也。』漢儀，王公初加進賢冠。魏王子及王公子並三加，先皮弁，次長冠，次進賢冠。晉惠帝爲太子冠，一加幘冕。北齊皇太子初進賢冠三梁冠，再遠遊

〔一〕「立」，諸本脱，據通典卷一二六補。
〔二〕「詹事」，開元禮卷一一〇無；「退」，開元禮卷一一〇無。
〔三〕「酒」上，開元禮卷一一〇有「左庶子省進」五字。

冠。隋皇太子初加緇布冠，再加遠遊冠。開元之制三加，初加緇布冠，再加遠遊冠，三加衮冕。」五禮精義云：「皇帝加元服，告天地。太子冠，獨告太廟者，天子爲天下之主，將有大事，必先告天地。皇太子雖儲貳之尊，然未接天地，故獨告宗廟，示親也。」

開元禮親王冠：百官一品以下盡九品、庶人並附，其嫡子但以品第，庶子與親王同，其降殺則異。

前三日，本司帥其屬筮日、筮賓於廳事。五品以上嫡子筮於廟門外。無廟，筮於正寢之堂。主人公服立於楹間之東，西面；於寢則堂上楹間近東。掌事者各服其服，立於門西，東面；於寢則楹間近西，東面。布筮席於主人之西，西面，餘並如別儀。前三日筮賓，如求日之儀。主人，謂將冠者之父也。賓，謂可使冠子者。

○前二日，主人至賓第，掌次者引之次。主人公服出，立於大門外之西，東面；賓公服立於阼階下，西面。儐者公服，進於賓之左，北面，受命，出立於門東，西面。曰：「敢請事。」主人曰：「皇子某王，一品以下曰「某之子某」〔一〕，其下倣此。將加冠，請某公教

〔一〕「某之子某」，諸本作「某之子其」，據通典卷一二八改。

之。」相稱各隨官爵。儐者入告，賓出，立於門左，西面，再拜，主人答拜。主人曰：「皇子某王將加冠，願某公教之。」一品以下云「吾子」，下倣此。賓曰：「某不敏，恐不能供事，一品以下，加「以辱吾子」。敢辭。」主人曰：「某猶願某公教之。」賓曰：「王重有命，某敢不從！」主人再拜，賓答拜，主人還，賓拜送。主人命使者戒贊冠者，如戒賓。一品以下，主人戒冠贊者如戒賓，亦通使子弟戒之。

○前一日，掌次者設次於大門外之右，南向。其日夙興，掌事者一品以下贊者，庶子同。設洗於阼階東南，東西當東霤〔一〕，六品以下當東榮。南北以堂深；罍水在洗東，加勺、冪；篚在洗西，南肆。篚實巾一、勺一〔二〕，加冪。席於東房內，西墉下。無房者張帷。陳衣於席，東領北上。

○衮冕服：青衣纁裳，九章。五章在衣：山、龍、華蟲、火、宗彝；四章在裳：藻、粉米、黼、黻。

〔一〕「西」，諸本作「向」，據通典卷一二八、開元禮卷一一四改。
〔二〕「勺」，開元禮卷一一四作「爵」。

一品冕服同上。二品鷩冕服七章，三章在衣：華蟲、藻、火〔一〕；四章在裳：宗彝、粉米、黼、黻〔二〕。三品毳冕服五章，三章在衣：宗彝、藻、粉米〔三〕；二章在裳：黼、黻。四品繡冕服三章，一章在衣：粉米；二章在裳：黼、黻。五品玄冕，衣無章，裳刺黼一章〔四〕。六品以下，爵弁服，青衣纁裳。白紗中單，黼領，青褾、襈、裾，革帶，鉤鞢，大帶。青帶紕其外〔五〕，上朱下緑，紐約用組〔六〕。一品、二品大帶〔七〕，皆紕其外，上以朱，下以緑。三品大帶，四品、五品素帶，皆紕其垂，外以玄，内以黄，紐約皆用青組。六品以下練帶，紕其垂，内外以緇〔八〕，約用青組。中單，青領。朱韍二章〔九〕，山、火。三品以上飾以裳色山、火二章。四品繡冕山一章，五品玄冕無章，六品爵韠。劍飾以珠玉，三品以上飾以金玉，四品、五品飾以

〔一〕「藻」，開元禮卷一一七作「宗彝」，並在「火」字下。
〔二〕「宗彝」，開元禮卷一一七作「藻」。
〔三〕「米」，諸本脱，據通典卷一二八補。
〔四〕「黼」，開元禮卷一一七作「黻」。
〔五〕「青」，開元禮卷一一四作「素」。
〔六〕「紐」，諸本作「紉」，據通典卷一二八、開元禮卷一一四改，下同。
〔七〕「大」，通典卷一二八、開元禮卷一一七作「素」。
〔八〕「垂」，諸本脱；「緇」，諸本作「編」，據通典卷一二八、開元禮卷一一七補改。
〔九〕「韍」，諸本作「黼」，據通典卷一二八、開元禮卷一一四改。

金。山玄玉雙珮，纁朱雙綬，四綵：赤、黄、縹、紺，純朱質，纏文織，長丈八尺，二百四十首，廣九寸。小雙綬長二尺六寸，色同大綬而首半之，間施二玉環。一品雙佩山玄玉，五品以上水蒼玉。雙綬，一品緑綟綬，四綵：緑、紫、黄、赤〔一〕，純緑質〔二〕，長丈八尺，二百四十首，廣九寸。二品、三品紫綬，三綵：紫、黄、赤，純紫質，長丈六尺，一百八十首，廣八寸。皆有小雙綬，長二尺六寸，色同大綬而首半之，一品施二玉環。四品青綬，三綵：青、白、紅，純青質，長丈四尺，一百二十首，廣七寸。五品黑綬，二綵：青、紺，純紺質，長丈二尺，一百首，廣六寸。皆有小雙綬，長二尺六寸〔三〕，色同大綬而首半之。六品以下無劍珮綬。朱韈赤舄。五品以上同。六品以下白韈赤履。庶人黑介幘服，絳公服，方心，革帶，鉤䚢〔四〕，假帶，韈履。庶子以上皆同。

○遠遊冠服〔五〕：絳紗單衣，白紗中單，皁領、褾、襈、裾，白裙襦，赤裙衫。一品以下進

〔一〕「緑」，諸本脱，據通典卷一二八、開元禮卷一一七補。
〔二〕「純」，諸本脱，據通典卷一二八、開元禮卷一一七補。
〔三〕「二尺」，諸本作「三尺」，據通典卷一二八改。
〔四〕「鉤䚢」，諸本作「紉緤」，據通典卷一二八、開元禮卷一一七改。
〔五〕「服」，諸本脱，據通典卷一二八、開元禮卷一一四補。

賢冠。假帶，曲領方心，絳紗蔽膝，白韈，黑舄。一品以下革帶、鈎䚢〔一〕，珮雙綬。六品以下無劍綬。八品以下去中單、曲領、蔽膝、黑履。庶人黑介幘服，白裙襦，青領，革帶，韈履。

○緇布冠服：青衣素裳，白紗中單，青領、褾、裾，素韠。其革帶、大帶、劍、珮、綬與冕服同，韈舄與遠遊冠服同。三品以上中單、革大帶、劍、珮、綬與冕服同，韈舄與進賢冠同。六品以下，中單、革帶、繡帶與爵弁同，韈履與進賢冠服同〔二〕，庶人帶、韈、履與介幘服同，去韠。緇纚、其纚用皂巾，方六寸，屬於前西隅〔三〕。犀簪、櫛實於箱，在服南。莞筵三，紛純，加藻席三，緇純，在南。三品以上莞筵四，加藻席四。四品、五品蒲筵四，緇布純，加萑席四，玄帛純。六品以下蒲筵四，不加萑席。其庶子各如其品。嫡子之席，各用三。罇於房户外之西，兩甒，玄酒在西，加勺冪。設坫於罇東，置二爵，加冪。豆十、籩十在服北，俎三在籩、豆北。凡牲體節折〔四〕，加離肺〔五〕。俎三，

〔一〕「䚢」，諸本作「緤」，據通典卷一二八改。
〔二〕「冠」，諸本脱，據通典卷一二八補。
〔三〕「屬於前西隅」，通典卷一二八作「屬帶於前兩隅」。
〔四〕「體」，諸本作「醴」，據通典卷一二八、開元禮卷一一四改。
〔五〕「加」，諸本作「如」，據通典卷一二八、開元禮卷一一四改。

實羊、豕及腊。籩實脯、棗之類，豆實菹、醢之屬。一品以下側罇甒醴，在服北，加勺冪。設坫在罇北〔一〕，實角觶、柶各一，加冪。饌陳於坫北。四品以下無坫，同設篚。庶子尊於房户外之西，兩甒，玄酒在西，加勺冪。設坫於罇東，置二爵於坫，加冪。饌陳於坫北〔二〕。一品俎三、籩十、豆十，三品八，四品、五品六；六品以下用特牲，俎一、籩二、豆二〔三〕。庶子同嫡子牲器。設洗於東房近北，罍水在洗西，篚在洗東，北肆，實以巾。

○質明，賓、贊至於主人大門外，掌次者引之次。賓、贊俱公服，諸行事者各服其服，六品以下無公服者，服常服。執罇、罍、篚者皆就位。冕：青珠九旒，青纊充耳，犀簪導，組纓色如其綬。三品以上衮冕，垂青珠九旒，以組爲纓，色如其綬，青纊充耳，角簪導，鷩冕七旒，毳冕五旒，餘皆同衮冕。四品、五品繡冕，垂青珠四旒，以組爲纓，色如其綬，青纊充耳，角簪導，玄冕三旒，餘同繡冕。六品以下爵弁，玄纓導。庶人則黑介幘。庶子同嫡子。遠遊冠，三

〔一〕「坫」，諸本脱，據通典卷一二八、開元禮卷一一七補。
〔二〕「坫」，諸本作「服」，據通典卷一二八、開元禮卷一一八改。
〔三〕「二」，諸本作「三」，據通典卷一二八、開元禮卷一二一改。

梁，金附蟬，黑介幘，纓青緌，犀簪導〔一〕。三品以上，進賢冠，三梁，纓青緌，犀導〔二〕；四品、五品二梁〔三〕；六品以下一梁。庶人則黑介幘。緇布冠，青組纓。冠、冕各一箱，各一人執之，侍於西階之東，西面北上〔四〕。設主人之席於阼階上，西面；設賓席於西階上，東面；皇子席於房户之西，南面。房外罇東。俱下莞上藻。一品以下，冠者席於主人東，北面〔五〕。庶子如親王儀。主人公服立於阼階東，當序，西面。諸親公服〔六〕，非公服者常服，立於罍洗東南，西面北上。一品以下偕諸尊者停别室，儐者公服立於門内道東，北面。皇子雙童髻，空頂幘，玉導金寶飾〔七〕，綵袴褶，錦紳，烏皮履，四品、五品導飾以金，六品以下無金飾。立於房内，南面。主人、贊冠者公服立於房内户東，西面。賓及贊冠者出次，立於門西；贊冠者

〔一〕「簪」，諸本脱，據通典卷一二八、開元禮卷一一四補。
〔二〕「犀導」，通典卷一二八、開元禮卷一一七無「犀」字。
〔三〕「五品」下，諸本有「以上」二字，據通典卷一二八、開元禮卷一一九删。
〔四〕「西階之東西面北上」，開元禮卷一一四作「西階之西東面北上」。
〔五〕「主人東北面」，開元禮卷一一七作「主人東北西面」。
〔六〕「諸」，諸本脱，據通典卷一二八、開元禮卷一一四補。
〔七〕「玉」上，通典卷一二八、開元禮卷一一四有「雙」字。

少退，俱東面，北上。儐者進於主人之左，北面受命，出立於門東，西面，曰：「敢請事。」賓曰：「皇子某王將冠，某謹應命。」一品以下云：「某子有嘉禮，命執事〔一〕。」庶子同。儐者入告〔二〕。主人迎賓於大門外之東，西面，再拜，賓答拜。凡賓主拜揖，入、出皆贊者相導〔三〕。主人揖贊冠者，贊冠者報揖。主人又揖賓，賓報揖。主人入，賓及贊冠者次入。及内門，主人揖賓，賓報揖，主人與賓入，贊冠者從。至内霤，將曲揖，賓報揖。主人及階，主人立於階東，西面；賓立於階西，東面。主人曰：「請公升。」一品以下「請吾子升」，他倣此。賓曰：「某備將事，敢辭。」主人曰：「固請公升。」賓曰：「某敢固辭。」主人曰：「終請公升。」賓曰：「敢終辭。」主人升自阼階，立於席東，西面；賓升自西階，立於席西，東面。贊冠者及庭，盥洗〔四〕，升自阼階，入東房，立於主人贊冠者之南，俱西面。

○主人贊冠者引皇子出，立於户外之西，南面。賓之贊冠者取纚、櫛、簪箱，跪奠

〔一〕「命」下，開元禮卷一一九有「某」字。

〔二〕「者」，諸本作「曰」，據通典卷一二八改。

〔三〕「皆」，諸本作「階」，據通典卷一二八改。

〔四〕「盥」下，通典卷一二八有「於」字。

於皇子筵東端，一品以下筵南，庶子筵東。興，席東少北，南面立。一品以下席北少東，西面立，庶子南面。賓揖皇子，賓主俱即席坐，皇子進，升席，南面坐。一品以下西面坐，庶子南面。賓之贊冠者進筵前，北面。一品以下東面，庶子北面。跪脱雙童髻，置於箱，櫛畢〔一〕，設纚，興，復位。賓主俱興，賓降盥，主人從降，賓東面辭曰：「願王不降〔二〕。」一品以下云「吾子」，下倣此。主人曰：「公降辱〔三〕，敢不從。」賓降，至罍洗，盥手。訖，詣西階，賓主一揖一讓，升，主人立於席後，西面，賓立於西階上，東面。執緇布冠者升，賓降一等受之，右執項，左執前，詣皇子筵前，北面跪，冠，興，復西階上席後，東面立。祝文曰：「令月吉日，始加元服。棄爾幼志，順爾成德。壽考維祺，介爾景福。」乃跪奠冠，興。賓之贊冠者進筵前，北面跪，設頍，結纓，興，復位。一品以下東向跪，結纓。庶子同親王而無頍。皇子興，賓揖，皇子適房，賓主俱坐。皇子著青衣素裳之服出〔四〕，户西南面立，賓主俱興，賓揖，皇子進立

〔一〕「箱櫛」，諸本誤倒，據通典卷一二八、開元禮卷一一四乙正，下文徑改。
〔二〕「王」，諸本作「主」，據通典卷一二八、開元禮卷一一四改。
〔三〕「降辱」，開元禮卷一一四作「辱降」。
〔四〕「素」，諸本作「紫」，據通典卷一二八、開元禮卷一一四改。

於席後，南面。一品以下進升席，西向坐，一品以下庶子同親王。賓降盥，主人從降，辭對如初，賓盥手，跪取爵於篚，興，洗。訖，詣西階，賓主一揖一讓，升，主人立於席後，西面。賓詣酒罇所，酌酒，進皇子筵前，北向立，祝曰：「旨酒既清，嘉薦亶時。始加元服，兄弟具來。孝友時格，永乃保之。」皇子筵西拜受爵，賓復西階上，東面答拜。執饌者薦籩、豆於皇子筵前。皇子升筵坐，左執爵，右取脯，擩於醢，祭於籩、豆之間，祭酒，興，筵末坐，啐酒，執爵興，降筵西，跪奠爵，再拜，執爵興，賓答拜。冠者升筵，跪奠爵於薦東，興，立筵西〔一〕，執饌者徹薦爵。

○賓揖，皇子進升筵，南面坐。一品以下無賓降盥主人從降，下至此儀。其一品以下嫡子三加冠後，酌醴以禮之，又有祝辭。其庶子則醮而不醴。親王冠同於庶子。賓之贊冠者跪脱緇衣冠，置於箱。櫛畢，設纚，興，復位。賓降二等受遠遊冠，一品以下進賢冠，庶人黑介幘。左執項，右執前，詣皇子筵前，北面跪冠。一品以下詣冠者筵前，東向立。祝曰：「吉月令辰，乃申爾

〔一〕「西」下，開元禮卷一一四有「南向」二字。

服。敬爾威儀，淑慎爾德。眉壽萬年，永受胡福〔一〕。」乃跪冠。興，復位。賓之贊冠者坐，設簪，結纓，興，復位。皇子興，賓揖，皇子適房，賓主俱坐。皇子著朝服，一品以下庶子著絳紗服，庶人則白裙襦服。出房，户西南面立，賓主俱興，賓揖，皇子進立席後，南面。賓詣酒罇所，一品至三品嫡子冠禮，無「賓詣酒罇所」以下「執饌者徹薦爵」文〔二〕。取爵酌酒，進皇子筵前，北面立，祝曰：「旨酒既湑，嘉薦伊脯。乃申其服，庶子云「爾服」。禮儀有序。祭此嘉爵，承天之祜。」皇子筵西拜受爵，賓復西階上，東面答拜。執饌者薦籩豆。皇子升〔三〕，筵末坐，啐酒，執爵興，筵西跪奠爵〔四〕，再拜，執爵興，賓答拜。皇子升筵坐，奠爵於薦東，興，立於筵西，南面。執饌者徹薦。

○賓揖，皇子進升席，南面坐。賓之贊冠者跪脱遠遊冠，庶人脱黑介幘。置於箱，櫛畢，設纚，興，復位。賓降三等受冕，六品以下爵弁，庶人則黑介幘。左執項，右執前，詣皇

〔一〕「胡」，諸本作「斯」，據通典卷一二八、開元禮卷一一四改。
〔二〕「文」，諸本作「立俟」，據通典卷一二八改。
〔三〕「升」下，開元禮卷一一四有「筵坐左執爵右祭脯醢祭酒興」十二字。
〔四〕「筵」上，開元禮卷一一四有「降」字。

子筵前，北面跪冠，興，復位。賓之贊冠者坐，設簪，結纓，興，復位。皇子興，賓揖，皇子適房，賓主俱坐，主人贊冠者徹櫛箱入房。皇子著衮冕之服，庶子及六品以下爵弁服，庶人絳公服。出房，户西南面立，賓主俱興，賓揖，皇子進立於席後，南面。賓詣酒鐏所，取爵酌酒，進皇子筵前，北面立，祝曰：「旨酒令芳，籩豆有楚。咸嘉其服，庶子云「爾服」。肴升折俎。承天之慶，福壽無疆〔一〕。」皇子筵西拜受爵，賓復位，東面答拜。三品以上，賓之贊冠者跪設簪，結纓，興，復位。冠者興，賓揖，冠者適房，賓主俱坐，冠者著絳紗服，庶人白裙襦服。出房，户西南面〔二〕，賓主俱興，賓揖，冠者進升席，西向坐。賓之贊冠者跪脱進賢冠，庶人黑介幘，置於箱。櫛畢，設纚，興，復位，賓降三等受冕。六品受爵弁，庶人黑介幘。右執項，左執前，進冠者筵前，東向立，祝曰：「以歲之正，以月之令，咸加爾服。兄弟具在，以成厥德。黃耇無疆，受天之慶。」乃跪冠〔三〕，興，復位，賓之贊冠者設簪、結纓，興，復位。冠者興，賓揖，冠者適房，賓主俱坐。主人贊冠者徹纚、

〔一〕「福壽」，開元禮卷一一四作「受福」。
〔二〕「面」下，開元禮卷一一七有「立」字。
〔三〕「冠」，諸本脱，據通典卷一二八、開元禮卷一一七補。

櫛、簪箱及筵，入於房，又筵於室户西，南向。冠者著冕服，六品以下爵弁服，庶人絳公服，出〔一〕，户西南面〔二〕，賓主俱興，主人贊冠者盥手，洗觶於房，酌醴，加柶，覆之，面葉，出房，南面立。賓揖，冠者就筵西，南面立〔三〕。賓進受醴於室户東，加柶，面柄，進冠者筵前，北面立，祝曰：「甘醴惟厚，嘉薦令芳。拜受祭之，以定爾祥。承天之休，壽考不忘。」冠者筵西拜受觶，賓復西階上，東面答拜。一品以下庶子與親王儀同。執饌者薦籩豆，設俎於籩豆之南。皇子升筵坐，左執爵，一品以下用觶，下倣此。右祭脯醢。贊冠者取胏一以授，皇子奠爵於薦西，興，受，卻左手，執本，坐，右絶末祭，上左手，嚌之，興，加於俎。皇子帨手〔四〕，執爵，祭酒，興，筵末坐，啐酒，興，降筵西，南面坐奠爵，再拜，執爵興，賓答拜。皇子升筵坐，奠爵於薦東，興。

○贊冠者引皇子降立於西階之南，東面〔五〕。初，皇子降，賓自西階〔六〕，直西序，東

〔一〕「出」下，開元禮卷一一七有「房」字。
〔二〕「面」下，開元禮卷一一七有「立」字。
〔三〕「南」，諸本脱，據通典卷一二八、開元禮卷一一七補。
〔四〕「帨」上，開元禮卷一一四有「坐」字。
〔五〕「南東」，通典卷一二八、開元禮卷一一七作「東南」。
〔六〕「賓」下，開元禮卷一一四有「降」字。

面立。主人降自阼階，直東序西面立。賓少進，字之曰：「禮儀既備，令月吉日，昭告爾字。爰字孔嘉，君子攸宜。宜之於嘏，永受保之，曰孟某甫。」仲叔季，惟其所當。皇子曰：「某雖不敏，夙夜祗奉。」賓出，主人送於內門之外。一品以下，賓答拜，賓主俱坐。冠者升筵，跪，觶奠於薦東，興，進，北面跪取脯，降自西階，入見母，進奠脯於席前〔一〕，退，再拜以出。冠者母不在，則使人受脯於西階下。初，冠者入見母，賓主俱興，賓降，當西序東向立〔二〕；主人降〔三〕，當東序西向立〔四〕。冠者既見母，出立於西階之東，南向。賓少進，字之曰：「禮儀既備，令月吉日，昭告爾字。爰字孔嘉，髦士攸宜。宜之於嘏，永受保之，曰字某。」冠者曰：「某雖不敏，夙夜祗奉。」賓出，送於內門外。一品以下庶子，取脯見母如嫡子，餘如親王。

○主人西面請賓，曰：「公辱執事，請禮從者。」賓曰：「某既得將事，敢辭。」主人曰：「敢固以請。」賓曰：「某辭不得命，敢不從！」賓就次，主人入。初，賓出，皇子東

〔一〕「席」，諸本作「薦」，據通典卷一二八、開元禮卷一一七改。
〔二〕「序」，諸本作「席」，據通典卷一二八、開元禮卷一一七改。
〔三〕「降」，諸本脫，據通典卷一二八補。
〔四〕「當」，諸本脫，據通典卷一二八補。

皇子面見諸親〔一〕，諸親拜之，皇子答拜。一品以下，及冠者西南拜，賓之贊冠者答拜。庶子同。主人見内外諸尊於別所。賓主既釋服，改設席。訖，賓、贊俱出次，立於門西，東面；主人出，門東，西面。主人揖賓，賓報揖，主人先入，賓、贊從之，至階，一揖一讓升，各就座後，立定，俱升座。會就，賓主俱興，賓立於西階上，贊冠者在北，少退，俱東面〔二〕，主人立於東階上，西面。一品以下及衆賓降立於西階下，東面。庶子同。掌事者奉束帛之篚升〔三〕，授主人於東序端，主人執篚少進，西面立，又掌事者奉幣篚升，立於主人後。於幣篚升，牽馬者牽兩馬入陳於内門，三分庭一在南，北首，西上，北面。賓還西階上，北面，贊冠者立於左，少退，俱北面再拜。主人進立於楹間，南面。賓、贊進立於主人之右，俱南面，東上。主人授幣篚，賓受之，退，復東面位。於主人授幣篚，掌事者又以幣篚授贊冠者，退復位。主人還阼階上，北面拜送。賓、贊降自西階，從者訝受幣，

〔一〕「諸親」二字，諸本脱，據通典卷一二八、開元禮卷一一四補。
〔二〕「面」，原作「階」，據光緒本、通典卷一二八改。
〔三〕「奉」，諸本作「受」，據通典卷一二八、開元禮卷一一四改。

賓當庭實〔一〕，東面揖，出〔二〕，牽馬者從出，從者訝受馬於門外〔三〕。賓降，主人降，送於大門外之東，西面，再拜，賓退，主人入。四品以下，於衆賓降，並立於西階下。掌事者以幣篚升，授主人於序端。賓北面再拜，主人進立於楹間，南面，賓進立於主人之右，俱南面。賓受幣，退復東面位，主人還阼階，北面，再拜送。賓降自西階，從者拜受幣〔四〕。賓出，主人送賓於大門外之東，西面，再拜，賓退，主人入。庶子同親王儀。孤子則諸父諸兄戒賓。冠之日，主人髻而迎賓，拜、揖、讓如冠主，冠於阼。醴之、庶子醴之及禮賓〔五〕，拜送皆如上儀。明日，見廟者，冠者朝服。無廟者見祖禰於寢。質明，贊禮者引入廟南門，中庭道西北，賓、贊再拜〔六〕，訖，引出。六品以下見祖禰於正寢，冠者公服，庶人常服。質明，張几筵於正寢，贊禮者引入，至庭，北面再拜，訖，引出。五品以上子孫、九品以上子冠，假用出身品服。其三品以上大功以上親冠〔七〕，同八品、九品之服。皇子詣闕，至次，著朝服。通事舍人

〔一〕「實」，諸本作「賓」，據通典卷一二八、開元禮卷一一四改。
〔二〕「出」，諸本脱，據通典卷一二八、開元禮卷一一四補。
〔三〕「從者」，諸本脱，據通典卷一二八補。
〔四〕「拜」，開元禮卷一一九作「訝」。
〔五〕「醴」，開元禮卷一一九作「醮」。
〔六〕「賓」，開元禮卷一一九作「面」。
〔七〕「冠」上，開元禮卷一二一有「五品以上期以上親」八字。

引皇子入詣皇帝所御之殿，至閤閤，近臣奏，皇帝即御座，南向坐。近臣引皇子入，立於階間，北面再拜。訖，近臣引皇子至皇后殿閤外，近臣附奏，皇后即御座，南向坐。司言至閤，引皇子入，立於階間，北面再拜。司言引出閤，皇子出還第，如來儀。

明集禮：親王，即周之同姓諸侯，漢之諸侯王也。漢室冠諸侯，遣使行事。魏氏冠諸王，三加禮。晉議冠南宫王，不復加使命；冠汝南王，復用漢遣使之儀。劉宋冠蕃王、齊冠南郡王止一加。唐制，親王冠於廳事，主人行禮，天子不自爲主，止稱賓、贊，無臨軒遺命之文，三加三醮，並同於士也。

右隋唐

五禮通考卷一百五十

嘉禮二十三

冠禮

宋

宋史真宗本紀：大中祥符八年十二月，皇子冠。

禮志：皇子冠，前期，擇日奏告景靈宫。太常設皇子冠席文德殿東階上，稍北，東向；設褥席，陳服於席南，東領，北上。九旒冕服、七梁進賢冠服、折上巾公服、七梁冠簪導、九旒冕簪導同箱，在服南。設罍洗、酒饌、旒冕、冠、巾及執事者，並如皇太子儀。其日質明，皇帝通天冠、絳紗袍，御文德殿。皇子自東房出，内侍二人夾侍，王府官從，恭安之樂作，即席南向坐，樂止。掌冠者進折上巾，北向跪冠，修安之樂作；贊冠者進，北面跪正冠，皇子興，内侍跪進服，訖，樂止。掌冠者揖皇子復坐，以爵跪進〔一〕，祝曰：「酒醴和旨，籩豆靜嘉。授爾元服，兄弟俱來。永言保之，降福孔皆。」皇子搢笏，跪受爵，翼安之樂作，飲訖，太官令進饌，訖。再加七梁冠，進安之樂作，掌冠者進爵，祝曰：「賓贊既戒〔二〕，肴核維旅。申加厥服，禮儀有序。允觀爾成，承天之祜。」皇子跪受爵，輔安之樂作，太官奉饌。三加九旒冕，廣安之樂作。掌冠者進爵，祝曰：「旨酒嘉栗，敢薦令芳。三加爾服，眉壽無疆。永承天休，俾熾而昌。」皇子跪受爵，賢安之樂作，太官奉饌，饌徹。皇子降，易朝服，立横階南，北向位，掌冠者字之曰：「歲日云吉，威儀孔時。昭告厥字，君子攸宜。順爾成德，永受保之。奉敕字某。」皇子再拜，舞蹈，又再拜〔三〕。左輔宣敕，戒曰：「好禮樂善，服儒講藝。蕃我皇室，友于

〔一〕「進」，原脱，據光緒本、宋史禮志十八補。
〔二〕「戒」，諸本作「成」，據宋史禮志十八改。
〔三〕「又再拜」下，宋史禮志十八有「奏聖躬萬福又再拜」八字。

兄弟。不溢不驕，惟以守之。」皇子再拜，進前，俛伏，跪稱：「臣雖不敏，敢不祗奉！」俛伏興，復位，再拜，出。殿上侍立官並降，復位，再拜，放仗。明日，百僚詣東上閤門賀〔一〕。

玉海：祥符八年十二月戊寅承天節，群臣上壽。是日，皇子慶國公加冠禮，輔臣面賀，宗室賀於内東門，司天言：「日煇珥直抱氣。」戊子，集賢校理晏殊上皇子冠禮賦，詔奬之。辛卯，進封壽春郡王，制曰：「辯惠之性，言必有章。趨進之容，動皆合禮。維城之制，載協周邦。半楚之封，尚尊漢牘。」

政和五禮新儀：近制，加冠者止加烏紗折上巾，不用開寶禮。舊儀，宗室子若將授官者，必先賜袍、笏，令裹頭而後授命焉。

蕙田案：此三加三醮也。宋開寶通禮如開元禮。

禮志：皇太子冠儀，常行於大中祥符之八年。徽宗親製冠禮沿革十一卷，命禮儀局倣以編次。其儀：前期奏告天地、宗廟、社稷、諸陵、宫觀。殿中監帥尚舍張設垂

〔一〕「詣」，原脱，據光緒本、宋史禮志十八補。

拱、文德殿門之内〔一〕，設香案殿下螭陛間，又爲房於東朶殿。大晟展宮架樂於横街南，太常設太子冠席東階上，東宮官位於後，設褥位，陳服於席南，東領，北上。遠遊冠簪導、衮冕簪導同箱，在服南。設罍、洗阼階東，罍在洗東，篚在洗西，實巾一，加勺、冪。光禄設醴席西階上〔二〕，南面，實側尊在席南。又設饌於席，加冪。執事者並公服，立罍、洗、酒、饌之所。九旒冕、遠遊冠、折上巾各一匴，奉禮郎三人執以侍於東階之東，西面北上。設典儀位於宮架東北，贊者二人在南，西向。禮直官、通事舍人、太常博士引太子詣朶殿東房。皇帝乘輦，駐垂拱殿，百官起居，如月朔視朝儀。左輔版奏「中嚴」，内外符寶郎奉寶先出〔三〕；左輔奏「外辦」，皇帝服通天冠、絳紗袍詣文德殿，簾捲。大樂正令撞黄鍾之鐘，右五鐘皆應。殿上鳴鞭，皇帝出西閤乘輦，協律郎俛伏，跪，舉麾，興，工鼓柷，奏乾安之樂，殿上扇合。禮直官、太常博士引禮儀使導皇帝出，降輦，即座，簾捲，扇開，鞭鳴，樂止，爐烟升。符寶郎奉寶陳於御座左右，禮直

〔一〕「帥」，原作「設」，據光緒本、宋史禮志十八改。
〔二〕「醴」，諸本作「禮」，據宋史禮志十八改。
〔三〕「内外」，原作「外辦」，據味經窩本、乾隆本、光緒本、宋史禮志十八改。

官、通事舍人、太常博士引掌冠、贊冠者入門，肅安之樂作，至位，樂止。典儀曰「再拜」，在位者皆再拜。左輔詣御座前，承制降東階，詣掌冠者前，西向稱「有制」，典儀贊在位官再拜。訖，宣制曰：「皇太子冠，命卿等行禮。」掌冠、贊冠者再拜。訖，文臣侍從官、宗室、武臣節度使以上升殿，東西立，應行禮官詣東階下立。東宮官入，詣太子東房，次禮直官等引太子，内侍二人夾侍，東宮官後從，欽安之樂作，即席，西向坐，樂止。引掌冠、贊冠以次詣罍、洗所，樂作，搢笏，盥帨訖，出笏，升，樂止。執折上巾者升，掌冠者降一等受之，右執項，左執前，進皇太子席前，北向立，祝曰：「咨爾元子，肇冠於阼。筮日擇賓，德成禮具。於萬斯年，承天之祜。」乃跪冠，順安之樂作，掌冠者興，席南北面立，後準此。贊冠者進席前，北面跪，正冠，興，立於掌冠者之後。太子興，内侍跪進服，服訖，樂止。掌冠者揖太子復坐，禮直官等引掌冠者降詣罍洗，如上儀。贊冠者進席前，北向跪，脱折上巾置於匴，興，内侍跪受，興，置於席。執遠遊冠者升，掌冠者降二等受之，右執項，左執前，進太子席前，北向立，祝曰：「爰即令辰，申加元服。崇學以讓，三善皆得。副予一人，受天百福。」乃跪冠，懿安之樂作，掌冠者興。贊冠者進，跪簪結紘，興。太子興，内侍跪進服，服訖，樂止。掌冠者揖太子復坐，掌冠者降詣罍、洗，及贊冠者跪，脱遠遊冠，並如上儀。執衮冕者升，掌冠者降三等受之，右執項，左執前，進太子席前，北向立，祝曰：「三加彌尊，國本以正。無疆惟休，有室大競。懋昭厥德，保兹永命。」乃跪冠，成安之樂作，掌冠者興。贊冠者如上儀，跪簪結紘。內侍進服，服訖，樂止。禮直官等引太子降自東階，樂作，由西階升，即醴席〔一〕，南向坐，樂止。又引掌冠者詣罍洗，樂作，盥帨訖，升西階，樂止。贊冠者跪取爵，內侍注酒，掌冠者受爵，跪進太子席前，北向立，祝曰：「旨酒嘉薦，有飶其香。拜受祭之，以定爾祥。令德壽豈，日進無疆。」太子搢圭，跪受爵，正安之樂作，飲訖，奠爵，執珪。太官令設饌席前，太子搢圭，食訖，樂止，執圭興，太官令徹饌、爵。禮直官等引自西階，詣東房，易朝服，降立横街南，北向，東宫官復位，西向。太子初行，樂作，至位，樂止。禮直官等引掌冠、贊冠者詣前，西向，掌冠者少進，字之曰：「始生而名，爲實之賓。既冠而字，以益厥文。永受保之，承天之慶。奉敕字某。」太常博士請再拜，太子再拜，訖，搢笏，舞蹈，再拜，奏聖躬萬福，又再拜。左輔承旨，降自東階，詣

〔一〕「醴」，諸本作「禮」，據宋史禮志十八改。

太子前，西向，宣曰：「有敕。」太子再拜，宣敕曰：「事親以孝，接下以仁。遠佞近義，禄賢使能。古訓是式，大猷是經。」宣訖，太子再拜訖，禮直官等引太子前，俛伏，跪，奏稱：「臣雖不敏，敢不祗奉！」奏訖，興，復位，再拜訖，引出殿門，樂作，出門，樂止。侍立官並降，復位，典儀曰：「拜。」贊者承傳，在位者再拜。禮儀使奏禮畢，鳴鞭。大樂正令撞蕤賓之鐘，左五鐘皆應，乾安之樂作。皇帝降座，左輔奏解嚴，放仗，在位官再拜，退。太子入内，朝見皇后，如宫中儀。迺擇日謁太廟、别廟，宿齋於本宫。質明，服遠遊冠、朱明衣，乘金輅。至廟，改服衮冕，執圭行禮，群臣稱賀，皇帝賜酒三行。

蕙田案：此三加一醴也。

徽宗本紀：政和四年二月癸酉，長子桓冠。

玉海：政和四年二月，禮制局定皇長子冠禮。十七日癸酉，行禮於文德殿。掌冠以禮部尚書，贊冠以鴻臚卿。列黄麾細仗於殿庭。

鐵圍山叢談：冠禮肇於古，國初草昧，未能行，因循至政和，始脩焉。是時淵聖皇帝猶未入儲宫，初以皇長子而行冠，於是天子御文德殿，百僚在位，命官行三加禮。是日，方樂作行事，而日爲之重輪也。先是，諸王冠止於宮中行世俗之禮，謂之上頭而已。繇是而後，天子、諸王咸冠於外庭，蓋自淵聖始。

政和五禮新儀品官冠子儀：

告廟

將冠，主人諏日擇賓，告於禰廟。無廟者爲位於廳事兩楹之間，南面。主人公服，再拜，乃告曰：「某子某年若干矣，卜某甲子冠吉。賓某官某，贊某官某，不泯先君之嗣，徼福於我先君。實辱臨之，以始卒冠事，謹告。」凡行事，如非南向，並各因所向陳設，以後倣此。前三日，主人戒賓。賓如主人服，出門立，西面，肅而入。賓入門而左，主人入門而右，賓升東階，主人升西階，主人再拜，賓答拜。主人曰：「某之子某，將以某日加冠於其首，願吾子終教之。」賓曰：「某不敏，恐不能共事，以病吾子，敢辭。」主人曰：「某猶願吾子終教之也。」賓曰：「吾子重有命，某敢不從。」主人再拜，賓答拜。主人退，賓送於門外。前一日，主人擇賓可使冠子者一人而宿之，如戒賓之儀。宿曰：「某將加冠於子某之首，願吾子將莅之，敢宿。」賓對曰：「某敢不夙興。」宿贊冠者亦如之。〇質明，執事者設洗於東階東南，水在洗東，箱實巾一，在洗西。陳服於房中，東領，北上。無房者，張帷爲之。平冕：金鍍鍮石稜角簪，青羅素裙、蔽膝，白綾中單，緋白羅大帶，金鍍銅華帶，緋羅履襪。五品以上五旒冕，青生色大袖〔一〕，緋羅繡裙、蔽膝，皂綾銅環。餘同平冕服。三梁冠朝服：金鍍銀稜角簪，銀立筆，緋羅大袖〔二〕，白紗中單，皂褾，白羅方心曲領，緋羅蔽膝，緋白羅大帶，銀褐綬勒帛〔三〕，金鍍銅束帶，佩，方勝練鵲錦綾〔四〕，青絲網，鍮石環。五品以上四梁冠〔五〕，金鍍銀稜犀簪，束帶，銀佩，簇四盤賜錦綬。餘同二梁冠。折上巾公服，巾總。二梁冠、平冕、笄、組、紘實於篚〔六〕，平冕、二梁冠、折上巾各一箱，執以待於西隅，南面，東上。賓升，則東面。設洗於房中之東，水在洗東。箱實巾一，在洗西。質明，主人公服立於東階下，西面。兄弟各服其服，立於洗東，西面，北上。將冠者立於房中，南面。賓、贊如主人服，立於外門之外。主人出迎，揖，先入，三揖至

〔一〕「袖」，政和五禮新儀卷一八三作「袍」。
〔二〕「袖」下，政和五禮新儀卷一八三有「裙」字。
〔三〕「勒帛」，諸本作「勤台」，據政和五禮新儀卷一八三改。
〔四〕「勝」，諸本作「膝」，據政和五禮新儀卷一八三改。「綾」，政和五禮新儀卷一八三作「綬」。
〔五〕「冠」，諸本作「羅」，政和五禮新儀卷一八三同，據卷一八四改。
〔六〕「篚」，政和五禮新儀卷一八三作「篋」。

於階，三遜。設主人位於東階上，西面；賓、贊位於西階上，東面。主人以賓升，就位。贊冠者盥於洗西，升，立於房中，西面。設冠位於主人東北，西面。將冠者出房，南面。贊冠者奠巾總於席南端。賓揖，將冠者即席坐，贊冠者坐，設巾總。賓降，主人從降，賓辭，請勿降。主人曰：「吾子降辱，敢不從降。」賓既盥，一揖一遜，升，主人復初位。賓即將冠者席前，跪正巾，興，降西階一等。執折上巾者升，東面授賓。賓右手執項，左手執前，進揖冠者席前，東向立，祝曰：「粤惟初冠，考禮之稱。正爾容體，順爾辭令。盡革童心，永膺大慶。」乃跪冠，興，復位。贊冠者跪正折上巾。冠者興，賓揖，冠者適房服。折上巾服。出房，南面立，賓主俱興。賓揖，冠者即席坐，贊冠者跪脱折上巾，設笄。賓降，主人從降，辭對如初。賓既盥，揖、遜，賓即冠者席前，跪正巾，興，降西階二等〔一〕。執二梁冠者升，東面授賓。賓右手執項，左手執前，進冠者席前，東向立，祝曰：「載契我龜，載加爾服。爾既順序，毋曰欲速。自天申之，申以百福。」乃跪冠，興，復位。贊冠者卒紘。冠者興，賓揖，冠者適房服。二梁冠服。出房，南

〔一〕「降」，諸本作「復」，據政和五禮新儀卷一八三改。

面立。賓主俱興，賓揖，冠者即席坐，贊冠者跪脱二梁冠，設笄。賓降，主人從降，辭對如初。賓既盥，揖、遜，升，賓即冠者席前，跪正巾，興，降西階三等。執平冕者升，東面授賓。賓右手執項，左手執前，進冠者席前，東向立，祝曰：「授時之吉，迎天之休。抗以高明，掖其進修。三加彌尊，百禄是遒。」乃跪冠，興，復位。贊冠者卒紘。冠者興，賓揖，冠者適房服。平冕服。出房，南面立，賓主俱興。執事者徹折上巾、二梁冠席於房。執事者布席於西階上，南面，設酒饌如常儀。執事者盥手，洗爵於房中，贊冠者以酒注於爵。賓揖，冠者即席西，南面立。賓受爵，進席前，北向立，祝曰：「旨酒既嘉，載肴斯阜。既曰克家，亦惟繼祖。孝友慈祥，受天之祐。」冠者席西拜受爵，賓東面答拜。贊冠者薦饌，贊冠者即座。坐飲食，訖，降席，再拜，賓答拜。易服拜父，父爲起；入拜母，母爲起。賓降，當西序，東面；主人降，當東序，西面立。冠者出，立于西階東，南面。賓少進，字之曰：「卜筮云吉，禮儀孔明。爰字爾德，嘉爾有成。伊何曰伯某甫。」仲叔季，惟其所當。冠者曰：「某雖不敏，敢不祗奉。」賓出，主人西面請賓曰：「吾子辱執事，請禮從者。」賓曰：「某既得將事，敢辭。」主人曰：「敢固以請。」賓曰：「某辭不得命，敢不從！」賓就次，如别儀。

○冠者廟見及見諸父、諸兄、姑姊，如常儀。若以巾帽、折上巾爲三加者，聽。冠訖，主人釋服，改席。賓與贊冠者如主人服，出次，立于門西，東面；主人出門東，西面。主人揖賓，先入，賓及贊冠者從之。至階，揖、遜，升，各即席。衆賓皆與。執事者奉幣，酬賓。會訖，賓主俱興，主人再拜，賓答拜，賓出，主人送於門外。孤子冠，即諸父、諸兄爲主，如上儀。品官子孫、三舍生冠，依品官儀。

庶人子冠儀：將冠，主人諏日擇賓，告于禰，爲位於廳事，南面。主人北面，再拜，乃告曰：「某子某年若干矣，卜以某甲子冠吉，乃速賓某，以始卒冠事，庶幾臨之，謹告。」凡廳事，如非南向，並各因所向陳設。前期，主人戒賓曰：「某日將冠於子某首，願吾子莅之。」賓許諾。其日，夙興，張帷爲房於廳事之東，陳服其中，東領，北上。酒饌在服北，帽一、折上巾一陳於西階之西，爲賓主位如常儀。爲冠者席於主人東，少北，西向。將冠者待於房中。賓至，主人出迎，揖而入，坐定。冠者出自房，執事者曰：「請行事。」主人曰：「敢勞吾子。」賓揖，將冠者即席坐，執帽者升，賓降受之，進冠者席前，東向立，祝曰：「令月吉日，始加首服。棄爾幼志，茂爾成德。俾壽而臧，以介多福。」乃跪加帽。興，復位。賓揖，冠者適房，易服出，即冠席，復坐。賓跪脱帽。執折上巾者升，賓降受之，進冠者席前，東向立，祝曰：「吉月令辰，申加爾服。欽爾威儀，柔嘉維則。壽考不忘，以終厥德。」乃跪冠。興，復位。賓揖，冠者適房。執事者徹冠箱、冠席入於帷中，爲醴席於西階，南向。冠者易服出，賓主俱興。執事者以酒注於琖，賓揖，冠者即醴席，西向立。賓受琖，進席前，北向立，祝曰：「爾酒既湑，爾肴伊旅。拜受祭之，自求多祜。」冠者席西拜受，賓答拜，執事者薦饌於席前。冠者坐飲食，訖，再拜，賓答拜。冠者興，離席立於東階之西，東南向。賓少進，字之曰：「爾服既莊，爾儀既備。兄弟偕止，爰告爾字。永保受之，令德是似。」冠者拜，賓答拜，冠者廟見如常儀。拜父，父爲起；入拜母，母爲起。拜諸父群從之尊者。主人享賓，賓出，主人送於門外。孤子冠，即諸父、諸兄爲主，如上儀。戒賓，若主人有故，所以函書。

蕙田案：宋制，庶人三加也。

又案：政和五禮新儀皆御製禮，故宋無皇帝加元服禮。

司馬氏書儀：男子年十二至二十皆可冠，必父母無期以上喪，始可行之。冠、婚皆嘉禮也。曾子問：「冠者至，聞齊衰、大功之喪，冠而不醴，未至則廢。」雜記曰：「大功之末，可以冠子，可以嫁子。」然則大功之初，亦不可冠也。曾子問有因喪服而冠者，恐於今難行。其禮主人盛服，主人，謂冠者之祖父、父及諸父、諸兄。凡男子之爲家長者，皆可也。凡盛服，有官者具公服、靴、笏，無官者具幞頭、韡襴或衫帶，各取其平日所服最盛者。親臨。筮日於影堂門外，西向。卜筮在誠敬，不在蓍龜。或不能曉卜筮之術者，止用杯珓亦可也。其制，取大竹根判之，或止用兩錢，擲於盤，以一仰一俯爲吉，皆仰爲平，皆俯爲凶。西向，據影堂門南向者言之，私家堂室，不能一一如此，但以前爲南，後爲北，左爲東，右爲西。若不吉，則更筮他日。凡將筮日，先謀得暇可行禮者數日，然後筮，取其吉者用之。

前期三日，筮賓如求日之儀。凡賓，當擇朋友賢而有禮者爲之。亦擇數賓，取吉者。或不及筮日、筮賓，則曰擇其可者而已。乃遣人戒賓，士冠禮，主人自戒賓、宿賓。今欲從簡，但遣子弟若僮僕致命，或使者不能記其辭，則爲如儀中之辭，後云「某上」。一辭爲一紙，使者以次達之，賓答亦然。曰「某主人名也。使者不欲斥主人名，即稱官位，或云某親。有子某，子名。將加冠於某之首。願吾子之教之也。」賓答曰：「某賓名。不敏，恐不能供事，以病吾子，敢辭。」病，猶辱也。禮辭，一辭而許曰敢辭，再辭而許曰固辭，三辭曰終辭，不許也。主人曰：「某願吾子之終教之也。」賓對曰：「吾子重有命，某敢不從。」凡賓主之辭，或不以書傳，慮有誤忘，則宜書於笏記，無笏者爲掌記。前一日，又遣人宿賓曰：「某將加冠於某之首，吾子將莅之，敢宿。」賓對曰：「某敢不夙興！」古人宿贊冠者一人，今從簡，但令賓自擇子弟親戚習禮者一人爲之。前夕，又有請期、告期，今皆省之。其日夙興，賓、主人、執事者皆盛服。執事者，謂家之子弟親戚或僕妾，凡與於行禮者皆是也。執事者設盥盆於廳事阼階下東南，有臺，帨巾在盆北，有架。古禮，謹嚴之事，皆行之於廟，故冠亦在廟。今人既少家廟，其影堂亦褊隘，難以行禮，但冠於外廳，笄在中堂可也。士冠禮：「設洗直於東榮，南北以堂深，水在洗東。」今私家無罍洗，故但用盥盆、帨巾而已。盥，濯手也。帨，手巾也。廳事無兩階，則分其中央，以東者爲阼階，西者爲賓階。無室無房，則暫以帟幕截其北爲室，其東北爲房，此皆據廳堂南向者言之。陳服於房中西牖下，東領，北上〔一〕。公服靴、笏，無官則襴衫、靴。次旋襴衫，次四襆衫，若無四襆，止用一衫。腰帶、櫛、篦、總、幧頭，總，頭帤。幧頭，掠頭也。席二在南。公服衫，設於椸，椸音移，衣架也。靴置椸下，笏、腰帶、篦、櫛、總、幧頭置卓子上，酒壺在服北，次盞注，亦置卓子上。幞頭、帽巾各承以盤，蒙以帕。主人、執事者三人執之，立於堂下西階之西南下，東上。賓升則東向，主人立於阼階下，少東，西向。子弟、親戚立於盥盆東，西向北上。親戚預於冠禮者，皆謂男子也，尊卑共爲一列。若有僮僕預於執事，則立於親戚之後，拜立行列皆倣此。

〔一〕「上」，原脱，據光緒本、書儀卷二補。

○擯者立於門外，以俟賓。主人於子弟親戚中，擇習禮者一人爲擯。將冠者雙紒，童子紒似刀鐶，今俗所謂吴雙紒也。袍，今俗所謂襖子是也，夏單冬複。勒帛素屐，幼時多躡采屐，將冠可以素屐。在房中，南向。賓至，贊者從之，立於門外，東向。贊者少退，擯者以告主人，主人迎賓，出門左，西向，再拜，賓答拜。主人與贊者相揖，不拜，又揖賓，乃先入門，賓並行，少退，贊從賓後入門。賓主分庭而行，揖讓而至階，又揖讓而升。主人由阼階先升，立於階上，少東，西向；賓由賓階繼升，立於階上，少西，東向。贊者盥手，由賓階升，立於房中，西向；擯者取席於房，布之於主人之北，西向。此適長子之禮也，衆子則布席於房户之西，南向。將冠者出房，立於席北，南向。衆子立於席西，東向。賓之贊者取櫛、總、篦、幧頭，置於席南端，衆子置於席東端。興，席北，少東，西向立。衆子則席東，少北，南向立。賓揖將冠者，將冠者即席，西向坐，衆子南向坐。爲之櫛，合紒，施總，加幧頭。賓降，主人亦降，立於阼階下，賓禮辭。賓盥手，畢，主人一揖一讓，升自阼階，賓升自西階，皆復位。賓降西階一等，執巾者升一等，授賓。古者階必三等，於中等相授。今則無數，但三分其階升階，每分一等可也。賓執巾，正容，徐詣將冠者席前，東向，衆子北向。祝曰：「令月吉日，始加元服。棄爾幼志，順爾成德。壽考維祺，介爾景福。」乃跪爲之著巾，興，復位。贊者爲之取篦，掠髮，冠者興，賓揖之，適房服四衩衫、無四衩衫，止用衫、勒帛。腰帶，出房，南向。良久，士冠禮注曰：「復出房南面者，一加禮成，觀衆以容禮。」賓揖之，即席跪。賓盥如初，降二等受帽。進祝曰：「吉月令辰，乃申爾服。謹爾威儀，淑慎爾德。眉壽萬年，永受遐福。」加之，復位如初。興，賓揖之，適房服旋襴衫、腰帶，正容出房，南向。良久，賓揖之，即席坐。賓盥如初，降三等受幞頭。進祝曰：「以歲之正，以月之令，咸加爾服。兄弟具在，以成厥德。黄耇無疆，受天之慶。」贊者徹帽，賓加幞頭，復位，如初。冠者興，賓揖之，適房改服公服若靴襴，正容，出房立，南向。主人執事者受帽，徹櫛、篦席入於房，擯者取席，布於堂中間少西，南向。衆子仍故席。贊者取盞，斟酒於房中，出房立，於冠者之南，西向。賓揖，冠者就席，冠者立於席西，南向。賓受盞於贊者，詣席前，北向，祝曰：「旨酒既清，嘉薦令芳。拜受祭之，以定爾祥。承天之休，壽考不忘。」古者冠用醴，或用酒，醴則一獻，酒則三醮。今私家無醴，以酒代之。但改醴辭「甘醴惟厚」爲「旨酒既清」耳，所以從簡。冠者再拜於席西，升席，南向，受盞。賓復位，東向答拜，冠者即席，南向，跪，祭酒；興，就席末坐，啐酒；啐，子對切，少飲酒也。興，降席，授贊者盞，南向，再拜，賓東向答拜。

○冠者入家，拜見於母，母受之。冠義曰：「見於母，母拜之。見於兄弟，兄弟拜之。成人而與爲禮也。」今則難行，但於拜時，母爲之起立可也。下見諸父及兄倣此。賓降階，東向；主人降階，西向；冠者降自西階，立於西階東，南向。賓字之曰：「禮儀既備，令月吉日，昭告爾字，爰字孔嘉。髦士攸宜，宜之於嘏。嘏，古雅切。永受保之，曰伯某甫。」仲叔季，惟所當。冠者對曰：「某雖不敏，敢不夙夜祗奉。」賓請退，主人請禮賓，賓禮辭許。乃入設酒饌，延賓及擯、贊，如常儀。酒罷，賓退，主人酬賓及贊者以幣，端匹丈尺，臨時隨意。凡君子使人必報之，至於婚喪相禮者，當有以酬之。若主人實貧，相禮者亦不當受也。仍拜謝之。士冠禮「乃禮賓以一獻之禮」，注：「一獻者，主人獻賓而已。即燕無亞獻者。獻酬酢，賓主人各兩爵而禮成。」又曰「主人酬賓，束帛儷皮」，注：「飲賓客而從之以財貨曰酬，所以申暢厚意也。束帛，十端也。儷皮，兩鹿皮也。」又曰「贊者皆與，贊冠者爲介」，注：「贊者，衆賓也。介，賓之輔，以贊爲之，尊之。飲酒之禮，賢者爲賓，其次爲介。」又曰「賓出，主人送於外門外，再拜，歸賓俎」，注：「使人歸諸賓家也。」今慮貧家不能辦，故務從簡易。於賓之請退也，冠者東向，拜見諸父諸兄。諸父爲一列，諸兄爲一列，每列再拜而已。下見諸母、姑姊倣此。西向拜贊者，贊者答拜。入見諸母、姑姊，皆爲之起。遂出見於鄉先生，鄉里耆德。及父之執友。冠者拜，先生、執友皆答拜。若有誨之者，則對如對賓之辭，且拜之，先生、執友不答拜。若孤子冠，士冠禮：主人紒而迎賓，拜、揖，遜立於序端，皆如冠主。開元禮亦然，恐於今難行，故須以諸父、諸兄主者。則明日量具香酒，饌於影堂，冠者北向，焚香跪酒，俛伏，興，再拜而出。曾子問：「父没而冠，則已冠埽地而祭於禰，已祭而見伯父、叔父，而後享冠者。」此謂自爲冠主者也。開元禮：「孤子冠之，明日見於廟，冠者朝服。無廟者見祖禰於寢。質明，贊禮者引入廟南門中庭道西，北，賓、贊再拜訖，引出。」今參用之。

蕙田案：書儀初加巾，次加帽，三加幞頭，從時制也。

高宗本紀：宣和三年進封康王。四年始冠，出就外第。

寧宗本紀：寧宗諱擴，光宗第二子也。淳熙五年十月封英國公，九年正月始冠。

南渡典儀皇子行冠禮儀略：太史擇日降旨，命太常寺參酌舊禮，有司具辦儀物。至日質明，百僚立班，皇帝即御坐，禮直官、通事舍人、太常博士引掌冠、贊冠者入就位，掌冠以太常卿，贊冠以閤門官。初入門，祇安之樂作，至位，樂止。典儀贊再拜，在位皆再拜。跪，左輔詣御坐前承制，降自東階，詣掌冠者前，稱有制。典儀贊再拜，在位皆再拜。訖，左輔宣制曰：「皇子冠，命卿等行禮。」掌冠、贊冠者再拜，左輔復位。王府官入詣皇子東房。禮直官、通事舍人、太常博士引皇子，内侍二人夾侍，王府官後從。皇子初行，恭安之樂作，即席南向坐，樂止。禮直官等引掌冠、贊冠者詣罍洗，樂作，搢笏，盥手。訖，執笏升，樂止。執折上巾者升，掌冠者降一等受之，右執項，左執前，進皇子席前，北向跪，冠，修安之樂作。掌冠者興，席南北面立，贊者進席前，北面跪進服，服訖，樂止。掌冠揖皇子復坐，贊冠者跪取爵，内侍以酒注於爵，掌冠受爵，跪進皇子席前，北向立，祝曰：「酒醴和旨，籩豆靜嘉。授爾元服，兄弟具來。永言保之，降福孔皆。」皇子搢笏，跪受爵，翼安之樂作，飲訖，奠爵，執笏。太官令奉饌，設於皇子席前，皇子搢笏，食訖，執笏。太官令徹饌，贊冠者進席前，北向跪，脱折上巾，置於匴，興，内侍跪受服，興，置於席。執七梁冠者升，掌冠者降二等受之，右執項，左執前，進皇子席前，北向跪，冠，欽安之樂作。掌冠者興，贊冠者進席前，北向跪，簪、結紘，興，皇子興，内侍進服，服訖，樂止，復坐。贊冠者進酒如前，祝曰：「令月吉辰，爰申爾服。禮儀不愆，受天之禄。兄弟具來，介爾景福。」皇子跪受爵，崇安之樂作。太官令奉饌如前。贊冠者進席前，北向跪，脱七梁冠，置於匴，興，内侍跪受服，興，置於席。執九旒冕者升，掌冠者降三等受之，右執項，左執前，進皇子席前，北向跪，冠，廣安之樂作。掌冠者興，贊冠者進席前，北面跪，簪、結紘，興，立，皇子興，内侍進服，服訖，樂止，復坐。贊冠者進酒如前，祝曰：「旨酒既清，嘉薦令芳。三加爾服，眉壽無疆。永承天休，俾熾而昌。」皇子跪受爵，賢安之樂作。太官令奉饌如前。皇子降自東階，詣朶殿東房，易朝服，降立於横街南，王府官階下西向。皇子初行，樂作，至位，樂止。禮直官等引掌冠者，詣皇子位，少進，字之曰：「歲日云吉，威儀孔時。昭告厥字，君子攸宜。順爾成德，永受保之，奉敕字某。」皇子再拜，舞蹈，再拜，奏聖躬萬福，又再拜。左輔詣御座前，承旨降階，詣皇子前。宣曰：「有敕。」皇子再拜。宣敕戒曰：「好禮樂善，服儒講藝。蕃我王室，友于兄弟。不溢不驕，惟以守之。」宣訖，皇子再拜，餘如皇太子儀。次日，文武百僚詣東上閤門，拜表稱賀。

宋史理宗本紀：寶祐二年冬十月癸酉，皇子禥進封忠王。十一月壬寅，日南至，忠王冠。

樂志：皇子冠二十首寶祐二年。

皇帝將出文德殿　於皇帝德，乃聖乃神。本支百世，立愛惟親〔一〕。敬供冠事，

〔一〕「惟」，諸本作「立」，據宋史樂志十四改。

以明人倫[一]。承天右序，休命用申。

賓贊入門　豐芑貽謀，建爾元子。揆禮儀年，筮賓敬事[二]。八音克諧，嘉賓至止。於以冠之，成其福履。

賓贊出門　禮國之本，冠禮之始。賓升自西，維賓之位。于著于阼，維子之義。厥維欽哉，敬以從事。

皇帝降坐　路寢闢門，黼坐恭己。群公在庭，所重維禮。正心齊家，以燕翼子。於萬斯年，王心載喜。

皇子初行　有來振振，月重輪兮。瑜玉在佩，綦組明兮。左徵右羽，德結旌兮。步中采齊，矩彠循兮。

賓贊入門　我有嘉賓，直大以方。亦既至止，厥德用光。冠而字之，厥義孔彰。表裏純備，黄耇無疆。

[一]「人」，原作「大」，據光緒本、宋史樂志十四改。
[二]「賓」，諸本作「龜」，據宋史樂志十四改。

皇子詣受制位　吉圭休成，其日南至。天子有詔，冠爾皇嗣。爲國之本，隆邦之禮。拜而受之，式共敬之。

皇子升東階　兹惟阼階，厥義有在。歷階而升，敬謹將冠。經訓昭昭，邦儀粲粲。正纚賓筵〔一〕，壽考未艾。

皇子升筵　秩秩賓筵，籩豆孔嘉。帝子至止，衿纓振華。周旋陟降，禮行三加。成人有德，匪驕匪奢。

初加　帝子惟賢，懋昭厥德。跪冠於房，玄冠有特。鼓鐘喤喤，威儀抑抑。百禮既洽，祚我王國。

初醮　有賓在筵，有尊在户。磬管將將，醮禮時舉。跪觴祝辭，以永燕譽。賓祚萬年，磐石鞏固。

再冠　復爻肇祥〔二〕，震維標德。乃共皮弁，其儀不忒。體正色齊，維民之則。

〔一〕「纚」，原作「灑」，據光緒本、宋史樂志十四改。

〔二〕「爻」，諸本作「乃」，據宋史樂志十四改。

璇霄眷佑，國壽箕翼。

再醮　冠醮之義，匪酬匪酌。于户之西，敬共以恪。金石相宣，冠醮相錯。帝祉之受，施及家國。

三加　善頌善禱，三加彌尊。爵弁峨峨，介珪温温。陽德方長，成德允存。燕及君親，厥祉孔蕃。

三醮　席於賓階，禮義以興。受爵執爵，多福以膺。匪惟服加，德加愈升。匪惟德加，壽加愈增。

皇子降　命服煌煌，跬步中度。慶輯皇闈，化行海宇。禮具樂成，愓若戒懼。寶璐厥躬，有秩斯祜。

朝謁皇帝將出　皇王烝哉，令聞不已！燕翼有謀，冠醮有禮。百僚在庭，遹相厥事。頌聲所同，嘉受帝祉。

皇子再拜　青社分封，前星啓錟。繁弱綏章，厥光莫揜。容稱其德，蓄學之驗。芳譽敷華，大圭無玷。

皇子退　玄衮黼裳，垂徽永世。勉勉成德，是在元子。胙土南賓，厥音孔懿〔一〕。充一忠字，作百無愧。

皇帝降坐　愛始於親，聖盡倫兮。元子冠字，拜禮成兮〔二〕。天步舒徐，皇心寧兮。家人之吉，億萬春兮。

朱子家禮冠禮：男子年十五至二十皆可冠，必父母無期以上喪，始可行之。大功未葬，亦不可行。前期三日，主人告於祠堂。古禮筮日，今不能然，但正月内擇一日可也。主人，必冠者之祖父自爲繼高祖之宗子者。若非宗子，則必繼高祖之宗子主之，有故則命其次宗子。若其父自主之，告禮見祠堂章，祝版但云「某之子某，若某之某親之子某，年漸長成，將以某月某日加冠於其首，謹以」，後同。若族人以宗子之命自冠其子，其祝版亦以宗子爲主，曰：「使介子某。」若宗子已孤而自冠，則亦自爲主人，祝版前同，但云「某將以某月某日加冠于首，謹以」，後同。戒賓。古禮筮賓，今不能然，但擇朋友賢而有禮者一人可也。是日，主人深衣詣其門所，戒者出見如常儀〔三〕。啜茶畢，戒者起言曰：

〔一〕「音」，宋史樂志十四作「旨」。
〔二〕「拜」，宋史樂志十四作「邦」。
〔三〕「者」，原脱，據光緒本、家禮卷二補。

「某有子某，若某子某親有子某〔一〕，將加冠於其首，願吾子之教之也。」對曰：「某不敏，恐不能供事，以病吾子，敢辭。」戒者曰：「願吾子之終教之也。」對曰：「吾子重有命，某敢不從。」地遠則書初請之辭爲書，遣子弟致之所。戒者辭，使者固請，乃許，而復書曰：「吾子有命，某敢不從。」**前一日，宿賓。**遣子弟以書致辭曰：「來日，某人加冠於子某〔二〕，若某親某子某之首，吾子將莅之，敢宿。某上某人。」答書曰：「某敢不夙興。」**陳設。**設盥、帨於廳事，如祠堂之儀。以帟幕爲房，於廳事之東北，或廳事無兩階，則以堊畫而分之。**厥明，夙興，陳冠服。**有官者公服、帶、靴、笏，無官者襴衫、帶、靴，通用皂衫、深衣、大帶、履、櫛、䌔、掠，皆以卓子陳於房内〔三〕，東領，北上。酒注盞盤，亦以卓子，陳於西階下〔四〕，執事者一人守之。長子則布席于阼階上之東，少北，西向；衆子則少西，南向。宗子自冠，則如長子之席，少南。**主人以下序立。**主人以下盛服就位，主人阼階下，少東，西向。子弟、親戚、童僕在其後重行，西向，北上。擇子弟、親戚習禮者一人爲擯，立於門外，西向。將冠者雙紒、四䙆衫〔五〕、勒帛、采履在房中，南面。若非宗

〔一〕「某子」，家禮卷二作「某之」。
〔二〕「人」，家禮卷二作「將」。
〔三〕「以」，原脱，據光緒本、家禮卷二補。
〔四〕「陳於」下，家禮卷二有「服北幞頭帽子冠并巾各以一盤盛之蒙以帕以卓子陳於」二十三字。
〔五〕「衫」，原作「采」，據光緒本、家禮卷二改。

子之子，則其父立於主人之右，尊則少進，卑則少退。**賓至，主人迎入，升堂。**賓自擇其子弟、親戚習禮者爲贊冠者，俱盛服，至門外，東面立，贊者在右，少退。擯者入告主人，主人出門左，西向再拜，賓答拜。主人揖贊者，贊者報揖，主人遂揖而行。賓、贊從之入門，分庭而行，揖讓而至階，又揖讓而升。主人由阼階先升，少東，西向；賓由西階繼升，少西，東向。贊者盥、帨，由西階升，立于房中，西向。擯者筵於東序，少北，西面。將冠出房，南面。**賓揖，將冠者就席，爲加冠巾。冠者適房，服深衣納履出。**賓揖，將冠者出房，立於席右，向席。贊者取櫛、纚、掠置于席左，興，立于將冠者之左。賓揖，將冠者即席，西向跪，贊者即席，如其向跪，爲之櫛，合紒，施掠。賓乃降，主人亦降，賓盥畢，主人揖升，復位。執事者以冠巾盤進，賓降一等受冠、笄，執之正容，徐詣將冠者前，向之祝曰：「吉月令日，始加元服。棄爾幼志，順爾成德。壽考維祺，以介景福。」乃跪加之。贊者以巾跪進，賓受，加之，興，復位，揖。冠者適房，釋四䙆衫，服深衣〔一〕，加大帶，納履，出房，正容，南向立，良久。**再加帽子，服皂衫，革帶，繫鞋。**賓揖，冠者即席跪。執事者以帽子盤進，賓降二等受之，執以詣冠者前，祝之曰：「吉月令辰，乃申爾服。謹爾威儀，淑慎爾德。眉壽永年，享受遐福。」乃跪加之，興，復位，揖。冠者適房釋深衣，服皂衫，革帶，繫鞋，出房立。**三加幞頭，公服，革帶，納靴，執笏，若襴衫，納靴。**禮如再加，惟執事者以

〔一〕「服」，原脱，據光緒本、家禮卷二補。

幞頭盤進，賓降没階受之。祝辭曰：「以歲之正，以月之令，咸加爾服。兄弟具在，以成厥德。黄耉無疆，受天之慶。」贊者徹帽，賓乃加幞頭，執事者受帽〔一〕，徹櫛入於房。餘並同。**乃醮。**長子則擯者改席於堂中間，少西，南向。衆子則仍故席。贊者酌酒於房中，出房立於冠者之左。賓揖，冠者就席右，南向，乃取酒就席前，北向祝之曰〔二〕：「旨酒既清，嘉薦芬芳。拜受祭之，以定爾祥。承天之休，壽考不忘。」冠者再拜，升席，南向受盞，賓復位，東向答拜。冠者進席前跪，祭酒，興，就席末跪，啐酒，興，降席，授贊者盞，南向，再拜。賓東向答拜，冠者遂拜贊者，贊者賓左，東向，少退，答拜也。**賓字冠者。**賓降階，東向，主人降階，西向。冠者降自西階，少東，南向。賓字之曰：「禮儀既備，令月吉日，昭告爾字。爰字孔嘉，髦士攸宜。宜之於嘏，永受保之，曰伯某甫。」仲叔季，惟所當。冠者對：「某雖不敏，敢不夙夜祗奉。」賓或別作辭，命以字之，亦可。**出就次。**賓請退，主人請禮賓，賓出就次。**主人以冠者見於祠堂。**如祠堂章内生子而見之儀，但改告辭曰：「某之子某，若某親某之子某，今日冠畢，敢見。」冠者進立於兩階間，再拜，餘並同。若宗子自冠，則改辭曰：「某今日冠畢，敢見。」遂再拜，降，復位，餘並同。**冠者見於尊長。**父母堂中南面坐，諸叔父、兄在東序，諸叔父南向，諸兄西向；諸婦女在西序，諸叔母姑南向，諸

〔一〕「者」，原脱；「帽」，原作「幞」，據光緒本、家禮卷二補、改。

〔二〕「北」下，原衍「面」字，據光緒本、家禮卷二刪。

姊嫂東向。冠者北向拜父母，父母爲之起。同居有尊長，則父母以冠者詣其室拜之，尊長爲之起。還就東西序，每列再拜，應答拜者答拜。若非宗子之子，則先見宗子及諸尊于父者於堂，乃就私室見於父母及餘親。若宗子自冠，有母則見於母如儀。族人宗之者，皆來見於堂上，宗子西向，拜其尊長，每列再拜，受卑幼者拜。**乃禮賓。**主人以酒饌延賓及擯贊者，酬之以幣，而拜謝之幣，多少隨宜，賓贊有差。**冠者遂出，見於鄉先生及父之執友。**冠者拜先生、執友，皆答拜。若有誨之，則對如對賓之辭，再拜之，先生、執友不答拜。

丘氏濬曰：注内「將冠者雙紒、四䙆衫、勒帛、采屐」，紒即是髻子，書儀注「童子髻似刀環」，疑是作兩圓圈子也。四䙆衫，不知其制，考玉篇、廣韻等書，並無「䙆」字，惟車服志史照釋文曰：「䙆音睽挂反，衣裾分也。」李廌師友談記有云：「國朝面賜緋，即四䙆義襴衫。」事物紀原「衫」下注云：「有缺骻衫，庶人服之，即今四袴衫也。」紀原，宋高承作，所謂今者，指宋時言也，豈四袴衫即此四䙆耶？又案：書儀：「始加，適房服四䙆衫，無四䙆衫即服衫。」則是四䙆衫亦可無也，況此服非古制，殊非深衣之比，隨時不用可也。若夫所謂勒帛、采屐者，書儀無采屐，而於「勒帛」下有「素」字，自注云：「幼時多躡采，將冠可以素。」謂之躡，意勒帛乃用以裹足者也。屐是木履，今云采屐，疑是以采帛代木爲之，謂之勒帛采屐，似是以帛裹足納履中也。此蓋當時童子服，後不必深泥，惟隨時用童子所常服者代之，似亦無害。所謂帽子、皂衫者，其制不可考。惟文公語録有云：「前輩士大夫家居常服，紗帽、皂衫、革帶。」又云：「温公冠禮，先裹巾，次裹帽。」又云：「今來帽子做得恁地高硬，既不便於從事，又且費錢，皂衫費更重，向疑其必廢，今果人罕用也。」由是數言推之，則帽子必是以紗爲也。温公時猶以軟幅裹頭，至文公時，始爲高硬之制，後與皂衫俱不用於世也。今世所戴帽子有二等，所謂大帽者，乃是笠子，用以蔽雨日之具，決不可用。惟所謂小帽者，以縐紗或羅或緞爲之。此雖是褻服，然今世之人，通貴賤以爲燕居常服，環衛及邊方官舍以事朝見者，亦往往戴之。今世除此二帽之外，别無他帽，必不得已用以再加，其紗製者，似亦可用。

右宋

金明

金史禮志：皇帝加元服，告太廟，或一室，或徧告及原廟，並一獻禮，用祝幣。

明史禮志：天子加元服儀。前期，太史院卜日，工部製冕服，翰林院撰祝文、祝辭，禮部具儀注。中書省承制，命某官攝太師、某官攝太尉。既卜日，遣官奏告天地宗廟，行一獻禮。前一日，内使監令陳御冠席于奉天殿正中，其南設冕服案及香案、寶案。侍儀司設太師、太尉起居位於文樓南，西向，設拜位於丹墀内道，設侍立位於殿上御席西，東向，設盥洗位於丹墀西。其餘文武百官及諸執事位次陳設如大朝儀。是日質明，鼓三嚴，文武官入。皇帝服空頂幘、雙童髻、雙玉導、絳紗袍，御輿以出。侍衛導從，警蹕、奏樂如常儀。皇帝陞坐。捲簾，鳴鞭，報時雞唱訖，通班贊各供事。太師、太尉先入，就拜位，百官皆入。贊拜，樂作。四拜，興，樂止。引禮導太師先詣盥洗位，搢笏，盥、帨訖，出笏，由西陛升。内贊接引至御席西，東向立。引禮復導太尉詣盥洗位，盥、帨訖，立於太師南。侍儀跪奏，請加元服。太尉詣皇帝前，少右，跪，搢笏。脱空頂幘以授内使，内使跪受幘，興，置於箱。太尉進櫛、設纚畢，出笏，興，退立於西。太師詣御前，北向立。内使監令就案取冕，立於左。太師祝曰：「令月吉日，始加元服。壽考維祺，以介景福。」内使監令捧冕，跪授太師。太師搢笏，跪受冕。加冠、加簪纓訖，出笏，興，退立於西。内使監令徹櫛、纚箱，御用監令跪奏請皇帝著衮服，皇帝興，著衮服。訖，侍儀跪奏請就御坐，内贊贊進醴，樂作。太師進御前，北面立，光禄卿奉酒進授太師，太師搢笏受酒，至御前北面〔一〕，祝曰：「甘醴惟厚，嘉薦令

〔一〕「至御前北面」，明史禮志八無，疑衍。

芳。承天之休，壽考不忘。」祝訖，跪授内使。内使跪受酒，捧進御前。皇帝受，祭少許，啐酒，訖，以虛盞授内使，樂止。内使受盞降，授太師。太師受盞，興，以授光禄卿，光禄卿受盞退。太師出笏，退，復位。内贊導太師、太尉出殿西門，樂作，降自西階。引禮接引至丹墀拜位，樂止。贊拜，樂作。太師、太尉及文武官皆四拜，興，樂止。搢笏，三舞蹈，山呼，出笏，俯伏，興，樂作，復四拜，樂止。侍儀奏禮畢，皇帝興，鳴鞭，樂作。警蹕，侍從導入宫，樂止。百官以次出。皇帝改服通天冠、絳紗袍，入宫拜謁太后，如正旦儀。擇日謁太廟，與時祭同。明日，百官公服稱賀，賜宴於謹身殿。

明集禮：皇太子加元服，參用周禮，其年近則十二，遠則十五。天子自爲主，設御座於殿庭，設冠席於殿東壁，擇三公、太常爲賓、贊，三加冠，一祝醴。

禮志：皇太子冠禮，洪武元年定。先期，太史監筮日。工部製衮冕、遠遊冠、折上巾服，翰林院撰祝文、祝辭，禮部具儀注，中書省承制，命某官爲賓、某官贊。既筮日，遣官祭告天地、宗廟。前一日，内使監令陳御座、香案於奉天殿，設皇太子次於殿東房，賓、贊次於午門外。質明，執事官設罍洗於東階，設皇太子冠席於殿上東南，西向，設醴席於西階上，南向，張帷幄於東序内，設褥席於帷中，又張帷於序外。御用監陳服於帷內，東領，北上。衮服九章、遠遊冠、絳紗袍、折上巾，緇纚、犀簪二物同箱，在服南，櫛實於箱，又在南。司尊實醴於側尊，加勺冪，設於醴席之南。設坫於尊東，置二爵。進饌者實饌，設於尊北。諸執事者各立於其所。冕九旒、遠遊冠十八梁、折上巾冠冕各一箱盛，執事官各執立於階之西，東面，北上。「冕九旒」以下三十二字依集禮增。鼓三嚴，文武官入。皇帝服通天冠、絳紗袍，御輿出，樂作，升座，樂止。捲簾、鳴鞭、報時訖，賓、贊就位，樂作。四拜興，樂止。侍儀司跪承制，降自東階，詣賓前，稱有敕。賓、贊及在位官皆跪。宣制曰：「皇太子冠，命卿等行禮。」賓、贊在位官皆俯伏，興，四拜。文武侍從班俱就殿內位，賓、贊執事官詣東階下位。東宮官入詣皇太子東房，太常博士亦詣東房，導皇太子入就冠席，內侍二人夾侍，東宮官後從。初行，樂作。即席西南向，樂止。賓、贊以次詣罍洗，樂作。搢笏，盥帨，訖，出笏，樂止。升自西階，執事者奉折上巾進〔一〕，賓降一等受之。右執項，左執前，進皇太子席前，北面祝畢，乃跪冠，樂作。賓興，席南北面立。贊冠者進席前，北面跪，正冠，興，立於賓

〔一〕「進」上，諸本衍「升」字，據明史禮志八刪。

後。内侍跪進服，皇太子興，服訖，樂止。賓揖皇太子復坐。賓、贊降，詣罍洗訖，贊進前跪，脱折上巾，置於箱，興，以授内侍。執事者奉遠遊冠進，賓降二等受之，樂作，進冠如前儀。畢。贊進前，北面跪，簪結紘，興，立於賓後，内侍跪進服，訖，樂止。賓揖皇太子復坐。賓、贊又降，詣罍洗訖，贊進前跪，脱遠遊冠置於箱，興，以授内侍。賓執事者奉衮冕者進，賓降三等受之，樂作，進冠如前儀。畢。贊進前，北面跪，簪結紘，興，立於賓後，内侍跪進服，訖，樂止。太常博士導皇太子降自東階，樂作。由西階升，即醴席，南向坐，樂止。賓詣罍洗，樂作。盥、帨訖，樂止。贊冠者取爵、盥爵、帨爵，詣司尊所酌醴，授賓。賓受爵，跪進於皇太子席前。北向，祝畢，皇太子搢圭，跪受爵，樂作。飲訖，奠爵，執圭。進饌者奉饌於前，皇太子搢圭，食訖，執圭，興，樂止。執事官徹爵與饌。太常博士導皇太子降自西階，至殿東房，易朝服，詣丹墀拜位，北向。東宫官屬各復拜位。皇太子初行，樂作，至位，樂止。賓、贊詣皇太子位，稍東，西向。賓少進，字之，辭曰：「奉勅字某。」皇太子再拜，跪聽宣勅。復再拜，興。進御前跪奏曰：「臣不敏，敢不祗奉！」奏畢，復位。侍立官並降殿，復拜位，四拜，禮畢，皇帝興。樂作，還宫，樂止。内給事導皇太子入内殿，朝見皇后，如正旦儀。百官以次出。明日謁廟，如時享禮。又明日，百官朝服詣奉天殿稱賀，退易公服，詣東宮稱賀，錫宴。

明會典：洪武二十六年，定親王冠禮。至日，傳制遣官持節行禮。前期，儀衞司先設王邸在東序，張帷幄，設裀褥於序中，又張帷於序外。儀禮司設掌贊、宣敕戒等官序立位於王邸東稍，西向。具九旒冕、翼善冠、絳紗袍等服，并網巾、金簪二物。候節至，王出迎門外，節入，置中庭，王詣香案前，四拜畢，就冠席西，南向。賓、贊以次詣罍洗，盥訖，通贊、典儀二人露臺東，西向。冠席在東序南，西向，醴席在西，南向。行禮執事官陞自東階〔一〕，稍東，西向。掌冠者執網巾陞，賓降一等受之，進王席前，祝曰：「惟茲吉日，冠以成人。克敦孝友，福禄來臻。」畢，供奉官束髮，掌冠跪進網巾，贊冠者跪正之，内侍跪進服。訖，執翼善冠者陞，賓降二等受之，進如前儀，祝曰：「冠禮斯舉，實由成德。敬慎威儀，惟民之則。」畢，跪進冠，興，贊冠進脱翼善冠，興，内使跪脱袍服。執衮冕者陞，賓降三等受之，進如前儀，祝曰：「冠至三加，命服用章。敬神

〔一〕「自」，諸本作「向」，據明會典卷六五改。

事上，永固藩邦。」跪進服，興，樂作，贊冠跪簪、結紘，興，内侍跪進衮服。訖，王降自東階，由西階升醴席，南向坐。掌冠詣罍洗，盥手訖，陞西階。贊冠者取爵，詣司尊所，酌醴授賓，賓跪進席前，北面祝曰：「旨酒嘉薦，載芬載芳。受兹景福，百世其昌。」畢，王搢圭受爵，樂奏喜千春之曲，飲訖，奠爵。進饌，饌訖，出圭，樂止。王降自西階，詣東序易服。訖，王詣拜位，宣敕戒官至中庭，西向立，稱有制。王跪，宣敕戒曰：「孝於君親，友於兄弟。親賢愛民，率由禮義。毋溢毋驕，永保富貴。」四拜，興。禮畢，王退。掌冠等官復命。王是日謁廟，畢，就詣父皇及東宫前謝。次日，百官稱賀，畢，詣王府行叩頭禮。

永樂八年，皇孫監國，稱皇長孫，及行冠禮，始稱皇太孫。

蕙田案：儀注：行禮於華蓋殿，上御奉天殿，傳制持節行禮。初加緇纚網巾，再加翼善冠，三加衮冕，祝辭同東宫。是日，王具冕服，謁祭奉先殿，謁見皇太后、皇帝、皇后、皇妃、東宫及妃。明日，皇上常服陞金臺，百官常服稱賀。王具常服，詣奉天門前東廡坐，百官常服行禮。

大政紀：成化十四年，皇太子冠。

明會典：成化十四年，續定皇太子冠禮。前期一日，遣官具特牲告廟，行一獻禮。錦衣衛設幕次於文華殿東序，鴻臚寺設節案、香案於殿内之北正中，設香案於節案之南，設冠席於殿内之東，西向，設醴席於殿西，南向。内使張帷於序外，陳袍服、皮弁服、衮服、鞋、帶、舄等物，各以箱盛置於帷中案上。具翼善冠、皮弁、九旒冕，各用盤盛，以紅袱覆之，置於東階之南案上。光禄寺設盥洗所於東階冠案之南，稍東，設司尊所於醴席之西南。司尊者實醴於側尊，加勺冪，設坫於尊東，置二爵於坫。進饌者實饌，設於尊北。諸執事者皆立於其所。教坊司設樂。是日早，上具皮弁服，御華蓋殿。鴻臚寺奏請陞殿，傳制遣官，文武百官各具朝服，侍班如常儀，制詞曰：「朕皇太子某冠，命卿等持節行禮。」節將至，禮部官詣東序，啓皇太子。皇太子迎節，樂作。禮部官導皇太子出迎於殿門外，持節官捧節入，置於案，退立於節案之東，樂止。禮部官導皇太子詣香案前，樂作，行四拜禮，畢，樂止。持節官同賓、贊并宣敕戒等官，序立於東南盥洗之次。禮部官啓皇太子就冠席，樂作，禮部等官導皇太子詣冠席，内侍二人夾侍，皇太子即席西，南向坐，樂止。鴻臚寺鳴贊贊：「行初加冠禮。」樂作。引禮序班引賓、贊皆詣盥洗所，賓、贊皆搢笏，以次盥手，訖，出笏，樂止。鳴贊二人稍南，東西向立，賓、贊官陞自東階，稍東，西向立，樂作。内侍以盤捧翼善冠陞，賓降階一等受之，樂止。賓右手執冠後、左手執冠前，進皇太子席前，北面立，祝曰：「吉月令辰，乃加元服。懋敬是承，永介景福。」樂作，賓跪進冠，興，復位。贊者跪正冠，興，立於賓後，樂止。禮部官啓易服，皇太子入帷幄，易新袍服出，禮部官啓，復坐。鳴贊贊：「行再加冠禮。」樂作。内侍揭蓋袱，以盤捧皮弁陞，賓降階二等受之，樂止。賓右手執皮弁後，左手執皮弁前，進如前儀，祝曰：「冠禮申舉，以成令德。敬慎威儀，惟民之式。」樂作，内侍釋翼善冠，賓跪，進皮弁，興，復位。贊者跪正皮弁，興，立於賓後，樂止。禮部官啓易服，皇太子入帷幄，易皮弁服、舃，出。禮部官啓，復坐。鳴贊贊：「行三加冠禮。」樂作，内侍以盤捧冕旒陞，賓降階三等受之，樂止。進如前儀，祝曰：「章服咸加，飭敬有虔。永固皇圖，於千萬年。」樂作，内侍釋皮弁冠，賓跪進冕旒，興，復位。贊者跪簪、結紘，興，立賓後，樂止。禮部官啓易服，皇太子入帷幄，易衮服出，禮部官啓，復坐。鳴贊贊：「行醮禮。」皇太子詣醴席，樂作，降自東階，由西階陞，即醴席，南向坐，樂止。光禄寺官舉醴案，樂作，引禮序班引賓、贊詣盥洗所，賓、贊搢笏，盥手，訖，出笏，陞西階。贊者取爵詣司尊所，酌醴，授賓。賓執爵詣席前立，樂止。

祝曰：「旨酒孔馨，嘉薦載芳。受天之福，萬世其昌。」畢，賓跪進爵，鳴贊贊：「皇太子搢圭，受爵，置於案。」教坊司作樂，奏喜千春之曲。次啓進酒，皇太子舉爵飲，訖，奠爵於案，樂止。光禄寺進饌，樂作，至案，樂止。饌訖，贊出圭，徹案，賓、贊復位。鳴贊贊：「受敕戒。」皇太子降自西階，樂作，由東階詣拜位。宣敕戒官詣皇太子拜位，稍東，西向立，樂止。稱有制，鳴贊贊：「跪。」皇太子跪。宣敕戒曰：「孝事君親，友於兄弟。親賢愛民，居仁由義。毋怠毋驕，茂隆萬世。」樂作，贊俯伏，興，四拜，樂止。禮部官捧節出，樂作，皇太子送節至殿門外，引禮還東序，内侍引還宫，持節及賓、贊、宣敕戒等官復命。當日，皇太子具冕服，謁祭奉先殿，用樂、行禮如常儀。畢，詣太皇太后、皇太后、皇帝、皇后前謝，俱行五拜三叩頭禮，俱用樂。次日，皇帝具皮弁服，御華蓋殿，鴻臚寺奏請陞殿，文武百官具服稱賀，詞曰：「皇太子冠禮既成，禮當慶賀，行五拜三叩頭禮。」畢，就詣文華殿，行賀皇太子禮，錦衣衛陳設儀仗如常儀。

太子冠禮：弘治八年以後，同成化十四年禮，增謁祭奉慈殿，用樂、行禮如常儀。

成化二十三年，更定親王冠禮。鴻臚寺設王冠所於奉天門前東廡，左順門之北。是日早，上豫告奉先殿畢，具皮弁服，御華蓋殿，傳制遣官持節行禮。初加翼善冠，再加皮弁，三加冕旒，祝詞與前同。進酒、王受敕戒，詞與前同。

禮志：初，皇子冠之明日，百官稱賀畢，詣王府行禮。成化二十三年五月，皇子冠之次日，各詣奉天門東廡序立，百官常服四拜。

嘉靖二十四年，穆宗在東宮，方十歲，欲行冠禮。大學士嚴嵩、尚書費寀初皆難之，後遂阿旨，以爲可行，而請稍簡煩儀，止取成禮。帝以冠當具禮，至二十八年始行之。其儀洪武元年定。

明會典：嘉靖二十八年，皇太子冠，以孝烈皇后几筵未徹，先是遣内命婦告几筵，如告廟之禮。既冠，謁祭几筵，行禮如奉先殿，但不用樂。謁見所生皇妃，行四拜禮，亦不用樂。冠之日，原遣告廟官及内閣詹事府、坊局官、儀制司官俱入侍班，錦衣衛、掌印官入侍衛，餘同前儀。又，是年裕王、景王冠，禮儀俱同成化二十三年，但賓自致祝，不用宣祝官，百官稱賀，俱吉服。

隆慶元年十一月，定東宮加冠儀注，弘孝殿、神霄殿亦當豫告。

蕙田案：儀注與成化十四年同。

禮志：神宗三年正月，帝擇日長髮，命禮部具儀以聞。大學士張居正等奏言：

「禮重冠、昏，皇上前在東宮，已行冠禮，上公掌冠，輔臣陪列，三加彌尊，執爵而酳。鉅禮既成，可略其細，臣等以爲不必令部臣擬議。第先期詣奉先殿、弘孝殿、神霄殿以長髮告。是日禮畢，詣兩宮皇太后，行五拜三叩頭禮，隨御乾清宮受賀。」帝是之，著爲令。

明會典：神宗五年，潞王冠，禮儀俱同嘉靖二十八年。

典彙：神宗二十四年二月，禮部奏：「周制，天子之元子冠禮之行，近年則十二，遠則十五。國朝典禮，屢參用之，著於大明集禮、大明會典，累朝所遵行者。今皇長子春秋已十有五矣，揆之典禮，正合行冠禮之年也。先二十一年十二月十六日，臣等欽奉聖諭：『皇長子出閣在邇，合先行冠禮，以見講官。但思尚未册立，既不可遽用東宮之儀，又不可下同親王之服，姑令暫著常服出講，以待册立之日，再行冠禮。』如敕奉行。」禮科給事中楊天民奏：「我朝典禮，皇子冠、婚，大都於十五歲舉行問多，先時率無，後期二百年來，未之或改。茲惟皇長子睿齡日茂，已及十有五歲，加冠選婚，正當其候，舊章可考，無容愆期。查二十一年二月初八日聖旨：『少俟二三年，中宮無出，再議册立。』惟加冠之禮，原奉聖諭，待册立并行，今冠期實不容緩，矧與『少俟二三年』之旨期會，通行符合。用是謹循職掌，欽奉往時成憲，及近日新旨以請。乞特諭禮部，擇吉具儀，及時并舉，則於大典有光，於成命無爽矣。」十一月初七日，禮部奏：「累朝舊制，皇太子加冠，文武百官朝賀皇上之後，即以朝服賀皇太子。親王加冠，朝賀皇上之後，另具吉服賀親王，載在令典。皇太子於文華門受賀，原有定例，臣等已列之儀注。惟是親王，舊例詣皇極門前，百官行禮。今四王冠禮既行於文華殿之西廡，而西廡之地勢偪窄，百官班不能盡容。相應俟賀皇太子禮畢，百官易吉服，司禮監請四王常服坐西廡内，文武大臣、堂上官及近侍官拜於西丹墀内，庶僚拜於文華門外，近西行禮。」報可。又奏：「皇太子御文華殿東間，福王等王御西間，百官行稱賀禮。」上是之。

明史禮志：神宗二十九年十一月，禮部尚書馮琦言：「舊制，皇太子冠，設冠席、醴席於文華殿内。今文華殿爲皇上臨御遣官之地，則皇太子冠、醴席，應移於殿之東序。又親王冠，舊設席於皇極門之東廡。今皇太子移席於殿東序，則親王應移殿西序。」從之。

品官冠禮：其儀，前期擇日，主者告於家廟，乃筮賓。前二日，主者戒賓及贊冠者。明日，設次於大門外之右，南向。至日，夙興，設洗於阼階東南，東西當東霤，六品以下當東榮，南北以堂深。罍水在洗東，加勺冪。篚在洗西，南肆，實巾一於篚，加冪。設席於東房内西牖下，陳服於席，東領，北上，莞筵四，加藻席四，在南。側尊甒醴在服北，加勺冪。設坫在尊北。四品以下，設篚無坫，饌陳於坫北。設洗於東房，近北。罍水在洗西，篚在洗東〔一〕，北肆，實以巾。質明，賓、贊至門外，掌次者引之次。賓、贊公服，諸行事者各服其服，執尊、罍、篚者皆就位。冠各一笥，各一人執之，待於西階之西，東面北上。設主席於阼階上，西面；設賓席於西階東面，冠者席於主者東北，西面。主者公服立於阼階下，當東序，西面。諸親公服立於罍洗東南，西面，北上。尊者在别室。儐者公服立於門内道東，北面。冠者雙童髻、空頂幘、雙玉導、金寶飾、綵褶、錦紳、烏皮履，六品以下，導不以玉，立於房中，南面。主者、贊冠者公服立於房内户東，西面。賓及贊冠者出次，立於門西，東面，北上。儐者進受命，出立門東，西面，曰：「敢請事。」賓曰：「某子有嘉禮，命某執事。」儐者入告，主者迎賓於大門外之東，西面，再拜，賓答拜。主者揖贊冠者，贊冠者報揖。又揖賓，賓報揖，主者入，

〔一〕「東」，諸本作「西」，據明史禮志八改。

賓、贊次入，及內門至階。主者請陞，賓三辭，乃陞。主者自阼階，立於席東，西向；賓自西階，立於席西，東向。賓贊冠者及庭，盥於洗，陞自西階，入於東房，立於主贊冠者之南，西面。主贊冠者導冠者立於房外之西，南面。賓贊冠者取纚、櫛、簪，跪奠於冠者筵南端，退立於席北，少東，西面。賓揖冠者，冠者進升席，西向坐。賓贊冠者進筵前，東面跪，脱雙童髻，櫛畢，設纚，興，復位立。賓降至罍洗，盥訖，詣西階。主者立於席後，西面，賓立於西階上，東面。執緇布冠者升，賓降一等受之，右執項、左執前，進冠者筵前，東向立。祝用士禮祝詞，祝畢，跪冠，興，復位。賓贊冠者進筵前，東面跪結纓，興，復位。冠者興，賓揖之，適房，賓主皆坐。冠者衣青衣、素裳出户西，南面立，賓主俱興。賓揖冠者，冠者進升席，西向坐。賓贊冠者跪，脱緇布冠，櫛畢，設纚。賓進進賢冠，如初加禮。祝用士禮詞，易「萬年」爲「永年」，易「胡福」爲「遐福」。祝畢，跪冠，興，復位。賓贊冠者跪，設簪、結纓，興，復位。冠者適房，易絳紗服出，升席，賓贊冠者跪，脱進賢冠，櫛畢，設纚。賓進爵弁，如再加禮。祝用士禮詞。祝畢，賓贊冠者設簪、結纓如前。冠者適房，著爵弁之服出。主贊冠者徹纚、櫛、簪箱及筵入於房。又設筵於室户西，南向。冠者出房户西，南面立。主贊洗觶於房，酌醴出，南面立。

賓揖冠者就筵西，南面立。賓受醴，進冠者筵前，北面立。祝畢，冠者拜受觶，賓復西階上答拜。執饌者薦饌於筵，冠者左執觶，右取脯，祭於籩豆之間。贊者取胏一以授冠者，奠觶於薦西以祭。冠者坐取觶，祭醴，奠觶，再拜，賓答拜。冠者執觶興，賓主俱坐。冠者升筵，跪奠觶於薦東。興，進，北面跪取脯，降自西階，入見母，進奠脯於席前。退，再拜出。母不在，則使人受脯於西階下。初，冠者入見母，賓主俱興。賓降，當西序東面立；主者降，當東序西面立。冠者出立於西階東，南面。賓少進字之，辭同士禮。冠者再拜，跪曰：「某不敏，夙夜祗奉。」賓出，主者送於内門外，西向，請禮從者。賓就次，主者入。初，賓出，冠者東面見諸親，諸親拜之，冠者答拜。冠者西向拜，賓、贊冠者亦答拜。見諸尊於别室，亦如之。賓主既釋服，入醴席，一獻訖，賓與衆賓出次，立於門東，西面。主者出揖賓，賓報揖。主者先入，賓及衆賓從之。至階，賓立於西階上，主者立於東階上，衆賓立於西階下。主者授幣篚於賓，又授賓之贊冠者，復位，還阼階上，北面拜送。賓、贊降自西階，主者送賓於大門外，西面，再拜而入。孤子則諸父、諸兄戒賓。冠之日，主者紒而迎賓，冠於阼階下，其儀亦如之。明日見廟，冠者朝服入廟南門，中庭道西，北面再拜，出。

蕙田案：明集禮云：「後世所謂品官，蓋即古之大夫也。古之大夫無冠禮，大夫五十而後爵，何冠禮之有？其冠也則服士服，行士禮而已。自唐至宋，品官冠禮，悉倣士禮而增益。至於冠制，則一品至五品、三品俱用冕，六品而下，三加用爵弁焉。明會典品官之儀，始加緇布冠，再加進賢冠，三加爵弁，以爲一代通行之制。」

庶人冠禮：凡男子年十五至二十，皆可冠。將冠，筮日、筮賓於祠堂，戒賓，俱如品官儀。是日，夙興，張帷爲房於廳事東，皆盛服。設盥於阼階下東南，陳服於房中西牖下。席二在南，酒在服北次。幞頭、帽、巾，各盛以盤，三人捧之，立於堂下西階之西，南向，東上。主人立於阼階下，諸親立於盥東，儐者立於門外以俟賓。冠者雙紒、袍、勒帛、素履待於房。賓至，主人出迎，揖而入。坐定，冠者出於房，執事者請行事。賓之贊者取櫛、總、篦、幧頭，置於席南端。賓揖冠者，冠者即席西向坐。贊者爲之櫛，合紒，施總，加幧頭。賓降，主亦降，立於阼階下。賓盥，主人揖讓，升自西階，復位。執事者進巾，賓降一等受之，詣冠者席前，東向。祝詞同品官。祝訖，跪著巾，興，復位。冠者興，賓揖之入房，易服深衣、大帶，出，就冠席。賓盥如初。執事者進帽，賓降二等受之。進祝，跪冠，訖，興，復位。揖冠者入房，易服襴衫、腰帶，出，就冠席。賓盥如初。執事者進幞頭，賓降三等受之。進祝，跪冠，訖，興，復位。揖冠者入房，易公服出。執事者徹冠席，設醴席於西階，南向。贊者酌醴出房，立於冠者之南。賓揖冠者即醴席，西向立。賓受醴，詣席前，北面祝。冠者拜受，賓答拜。執事者薦饌，冠者即席坐，飲食訖，再拜，賓答拜。冠者離席，立於西階之東，南向。賓字之，如品官辭。冠者拜，賓答拜。冠者拜父母，父母爲之起。拜諸父之尊者，遂出見鄉先生及父之執友。先生、執友皆答拜。賓退，主人請禮賓，賓辭，固請，乃入，就坐，設酒饌。賓退，主人酬賓、贊，侑以幣。禮畢，主人以冠者見於祠堂，再拜出。

蕙田案：儀禮所存者，惟士冠禮。後世之所謂「冠儀」，皆推士禮爲之者也。其大夫、諸侯、天子冠禮，雖見於家語冠頌，大戴公冠與禮記特牲、玉藻，國語，而遺文殘闕。漢、魏迄明，其儀注損益，亦每不同。冠則隨時尊用，有一加二加三加四加之殊；祝辭則或用古，或新製；醴則專用酒，而或一醴，或三醮；冠之所，則或於廟，或於朝廷，或於邸，或於别殿；告則或兼兩郊，或止宗廟；天子則或親臨，或遣使持節。至有以皇帝而下，臨臣子之冠，以男冠而推爲女子之笄，致不一焉。要其初，本無古禮可據，亡於禮者之禮，亦惟存其意而已，雖書儀、家禮，亦猶是爾。

右金明

女子笄

禮記曲禮：女子許嫁，笄而字。

黄氏震曰：字以尊名，男冠女笄，皆成人而字，惟君父之前則名。

雜記：女子十有五年許嫁，笄而字。雖未許嫁，年二十而笄，醴之，婦人執其禮。燕則鬈首。注：雖未許嫁，年二十亦爲成人矣。醴之，酌以成人，言婦人執其禮，明非許嫁之笄。既笄之後，去之，猶若女有鬌紒也〔一〕。疏：賀瑒云：「十五許嫁而笄，則主婦及女賓爲笄禮，主婦爲之著笄，而女賓以醴禮之也。未許嫁而笄，則婦人禮之，無女賓，不備儀也。」

劉氏璋曰：笄，今簪也，婦人之首飾也。女子笄，則當許嫁之時。然嫁止於二十，以其二十而不

〔一〕「紒」，諸本作「結」，據禮記正義卷四三改。

嫁，則爲非禮。

內則：女子十有五年而笄。

呂氏坤曰：笄，翟形，成人之飾也。

春秋公羊傳：婦人許嫁，笄而字之。死則以成人之喪治之〔一〕。注：謂不爲殤也。魯僖公九年，伯姬卒，是也。

沈氏佳曰：古者男子冠而字之，儀禮「賓字之」，檀弓云「幼名冠字，伯仲某甫」是也。女子，幼名笄字，如孟光字德耀，班昭字惠姬是也。周制，許嫁笄而醴之，稱字；女子未許嫁，則二十而笄，不字。易屯九二爻辭「女子貞，不字，十年乃字」是也。故朱子本義云：「字，謂許嫁也。其實女子有字，字非許嫁之謂也，謂許嫁乃稱字也。」

呂氏坤曰：古婦人名，今不名，不名何字？鳥獸草木未有不名者，士女不名不字，鄙也夫！

唐開元禮義鑑：禮云：「雖未嫁，年二十而笄。」其儀如冠男子，但用酒醮之爲異耳。禮云：「女子著笄，明有繫屬。」故笄在許嫁。二十而笄者，禮云：「女子許嫁爲成人，故著笄焉。」明在繫屬於外。若未許嫁，年二十而笄，以其成人，非謂繫嫁也。故

〔一〕「治」，原作「埋」，據光緒本、春秋公羊傳注疏卷一一改。

禮記言「婦人執其禮」，明非許嫁之笄。許嫁笄，當使主婦對女賓執其禮。是二十未許嫁，未許嫁有笄之義也。

宋史禮志：公主笄禮。年十五，雖未議下嫁，亦笄。笄之日，設香案於殿庭；設冠席於東房外，坐東向西；設醴席於西階上，坐西向東；設席位於冠席南，西向。其裙背、大袖長裙、褕翟之衣，各設於椸，陳於庭；冠笄、冠朵、九翬四鳳冠，各置於槃，蒙以帕。首飾隨之，陳於服椸之南，執事者三人掌之。櫛、總置於東房。內執事宮嬪盛服旁立俟，樂作，奏請皇帝陞御坐，樂止。提舉官奏曰：「公主行笄禮。」樂作，贊者引公主入東房，次行尊者爲之總髻畢，出，即席西向坐。次引掌冠者東房，西向立，執事奉冠笄以進，掌冠者進前一步受之，進公主席前，北向立，樂止。祝曰：「令月吉日，始加元服。棄爾幼志，順爾成德。壽考綿鴻，以介景福。」祝畢，樂作，東向冠之，冠畢，席南北向立，贊冠者爲之正冠，施首飾畢，揖公主適房，樂止。執事者奉裙背入，服畢，樂作，公主就醴席，掌冠者揖公主坐。贊冠者執酒器，執事者酌酒，授於掌冠者，執酒北向立，樂止。祝曰：「酒醴和旨，籩豆靜嘉。受爾元服，兄弟俱來。與國同休，降福孔皆。」祝畢，樂作，進酒，公主飲畢，贊冠者受酒器，執事者奉饌，食訖，徹饌。復引公主至冠席坐，樂止。贊冠者至席前，贊冠者脱冠置於槃，執事者徹去，樂作。執事者奉冠以進，掌冠者進前二步受之，進公主席前，北向立，樂止。祝曰：「吉月令辰，乃申爾服。飾以威儀，淑謹爾德。眉壽永年，享受遐福。」祝畢，樂作，東向冠之，冠畢，席南北向立。贊冠者爲之正冠，施首飾畢，揖公主適房，樂止。執事奉大袖長裙入，服畢，樂作，公主至醴席，掌冠者揖公主坐。贊冠者執酒器，執事者酌酒，授於掌冠者，執酒北向立，樂止。祝曰：「賓贊既戒，殽核惟旅。申加爾服，禮儀有序。允觀爾成，永天之祜。」祝畢，樂作，進酒，公主飲畢，贊冠者受酒器，執事者奉饌，食訖，徹饌。復引公主至冠席坐，樂止。贊冠者至席前，贊冠者脱冠置於槃，執事者徹去，樂作。執事奉九翬四鳳冠以進，掌冠者進前三步受之，進公主席前，向北而立，樂止。祝曰：「以歲之吉，以月之令。三加爾服，保茲永命。以終厥德，受天之慶。」祝畢，樂作，東向冠之，冠畢，席南北向立。贊冠者爲之正冠，施首飾畢，揖公主適房，樂止。執事奉褕翟之衣入，服畢，樂作，公主至醴席，掌冠者揖公主坐。贊冠者執酒器，執事者酌酒，授於掌冠者，執酒北向立，樂止。祝曰：「旨酒嘉薦，有飶其香。咸加爾服，眉壽無疆。永承天休，俾熾而昌。」祝畢，樂作，進酒，公主飲畢，贊冠者受酒器，執事者奉饌，食訖，徹饌。復引公主至席位立，樂止。掌冠詣前相對，致辭曰：「歲日具吉，威儀孔時。昭告厥字，令德攸宜。表爾淑美，永保受之。可字曰某。」辭訖，樂作，掌冠者退。引公主至君父之前，樂止。再拜起居，謝恩，再拜。少俟，提舉進御坐前承旨訖，公主再拜。提舉乃宣訓辭曰：「事親以孝，接下以慈。和柔正順，恭儉謙儀。不溢不驕，毋詖毋欺。古訓是式，爾其守之。」宣訖，公主再拜，前奏曰：「兒雖不敏，敢不祗承。」歸位，再拜。見后母之禮如之。禮畢，公主復坐，皇后稱賀，次妃嬪稱賀，次掌冠、贊冠者謝恩，次提舉、衆内臣稱賀，其餘班次稱賀，並依常式。禮畢，樂作，駕興，樂止。

蕙田案：公主笄禮，於他書不詳，即政和御製冠禮，亦未及也。惟宋史載此儀。皇帝親臨於内殿，三加三醮，蓋倣庶子冠禮而爲之者。

司馬氏書儀：女子許嫁，笄，年十五，雖未許嫁，亦笄。主婦、女賓執其禮，主婦謂笄者之祖母、母及諸母、嫂，凡婦女之爲家長者，皆可也。女賓，亦擇親戚之賢而有禮者。贊亦賓，自擇婦女爲之。行之於中堂。執事者亦用家之婦女、婢妾。戒賓、宿賓之辭，改「吾子」爲「某親」，或「邑封」。婦人於婦黨之尊長當稱兒，卑幼當稱姑姊之類；於夫黨之尊長當稱新婦，卑幼當稱老婦。陳服，止用背子，無篦、幧頭，有諸首飾。謂釵梳之類。席一。背設於椸。櫛、總、首飾置卓子上。冠笄盛以盤，蒙以帕，笄，如今朵子之類，所以綴冠者。執事者一人執之。陪位者及擯，亦止於婦女内擇之。擯立於中門内，將笄者雙紒繻。繻，今之褑子。主人迎賓於中門内，布席於房外，南面。如庶子之冠席。賓祝而加冠及笄，贊者爲之施首飾，賓揖笄者適房，改服背子。既笄，所拜見者，惟父母及諸母、諸姑、兄姊而已。笄祝用冠者始加巾祝辭，但去「髦士攸宜」一句。餘皆如男子冠禮。

朱子家禮：女子許嫁，笄，母爲主。前期三日，戒賓；一日，宿賓。以牋紙書其辭，使人致之。陳設。如冠禮，但於中堂布席，如衆子之位。厥明，陳服。如冠禮，但用背子、冠笄。序立。主婦如主人之位，將笄者雙紒、衫子，房中南面。賓至，主婦迎入，升堂。主婦升自阼階。賓爲將笄者加冠笄，適房服背子。乃醮。如冠禮，辭亦同。乃字。如冠禮，但改祝辭「髦士」爲「女士」。主人以笄者見於祠堂，笄者見於尊長，乃禮賓。以上皆如冠儀而省。

蕙田案：士庶女子笄禮，自宋書儀、家禮而外，明世蓋無聞焉。然冠禮久廢，而今人家於女子年十三則畜髮，謂之上頭，擇日行之，或拜見父母、尊長，告於親黨。劉氏曰：「笄，今簪也。簪所以固冠。今世惟已嫁者乃得用之，似與禮意適合。」

右女子笄

五禮通考卷一百五十一

嘉禮二十四

昏禮

蕙田案：天地合而後萬物興焉。夫昏禮，萬世之始也，人道之本也。娶妻之禮，以昏爲期，因名焉。壻曰昏，妻曰姻，謂壻以昏時而來，妻則因之而去也。鄭氏注昏禮云：「女氏稱昏，壻氏稱姻。」爾雅：「壻之父爲姻，婦之父爲昏。」又「壻之黨爲姻兄弟，婦之黨爲昏兄弟」是也。易曰：「有天地然後有萬物，有萬物然後有男女，有男女然後有夫婦。」遂皇立七政，始有夫婦；太昊制嫁娶，儷皮爲禮。釐降之文，見於尚書；媒官之義，具於月令、周禮。士昏禮，備見於儀禮之經，後代循而行之不廢，故采自古以來昏禮，咸著於篇。

昏大義

易序卦傳：有天地然後有萬物，有萬物然後有男女，有男女然後有夫婦。注：天地，萬物之本；夫婦，人倫之始。所以上經首乾、坤，下經首咸、恒。

蒙：九二，納婦，吉。

本義：九二，以陽受陰，爲納婦之象。

咸卦：咸，亨，利貞，取女吉。彖曰：咸，感也，柔上而剛下，二氣感應以相與。止而説，男下女，是以「亨，利貞，取女吉」也。

程傳：天地，萬物之本；夫婦，人倫之始。所以上經首乾、坤，下經首咸，繼以恒也。天地二物，故二卦分爲天地之道。男女交合而成夫婦，故咸與恒皆二體合爲夫婦之義。咸，感也，以説爲主。恒，常也，以正爲本。而説之道自有正也，正之道固有説焉。巽而動，剛柔皆應，説也。咸之爲卦，兑上艮下，少女少男也。男女相感之深，莫如少者，故二少爲咸也。艮體篤實，止爲誠慤之義。男志篤實以下交，女心説而上應。男感之，先也。男先以誠感，則女説而應也。

序卦傳：夫婦之道，不可以不久也，故受之以恒。

漸卦：漸，女歸吉。象曰：漸之進也，女歸吉也。

歸妹彖傳：歸妹，天地之大義也。天地不交，而萬物不興。歸妹，人之終始也。

禮記郊特牲：天地合而後萬物興焉。夫昏禮，萬世之始也。

樂記：昏姻冠笄，所以别男女也。

昏義：男女有别而後夫婦有義，夫婦有義而後父子有親，父子有親而後君臣有正。故曰：昏禮者，禮之本也。注：言子受氣性純則孝，孝則忠也。疏：夫婦昏姻之禮，是諸禮之本。所以昏禮爲禮本者，昏姻得所，則受氣純和，生子必孝，事君必忠。孝則父子有親，忠則朝廷正。是昏禮爲諸禮之本也。

經解：昏姻之禮，所以明男女之别也。故昏姻之禮廢，則夫婦之道苦，而淫辟之罪多矣。

白虎通：人道所以有嫁娶何？以爲性情之大，莫若男女；男女之交，人情之始，莫若夫婦。易曰：「天地絪緼，萬物化醇，男女構精，萬物化生。」人承天地，施陰陽，故設嫁娶之禮者，重人倫、廣繼嗣也。禮保傅記曰：「謹爲子嫁娶，必擇世有仁義者。」禮，男娶女嫁何？陰卑，不得自專，就陽而成之。故傳曰：「陽倡陰和，男行女隨。」男不自專娶，女不自專嫁，必由父母、須媒妁何？遠恥防淫佚也。

史記外戚世家：自古受命帝王及繼體守文之君，非獨內德茂也，蓋亦有外戚之助焉。夏之興也以塗山，而桀之放也以妹喜。殷之興也以有娀，紂之殺也嬖妲己。周之興也以姜嫄及大任，而幽王之禽也淫於褒姒。故易基乾、坤，詩始關雎，書美釐降，春秋譏不親迎。夫婦之際，人道之大倫也。禮之用，惟昏姻爲兢兢。夫樂調而四時和，陰陽之變，萬物之統也，可不慎與？人能弘道，無如命何。甚哉！妃匹之愛，君不能得之於臣，父不能得之於子，況卑下乎！既驩合矣，或不能成子姓；能成子姓矣，或不能要其終，豈非命也哉！孔子罕稱命，蓋難言之也。非通幽明之變，惡能識乎性命哉！

蕙田案：禮記昏義皆昏禮之義，朱子謂儀禮之傳是也。今以經傳言夫婦之大義者冠於篇端，而昏義附於儀禮之後。

右昏大義

名稱

禮記曲禮：天子之妃曰后，諸侯曰夫人，大夫曰孺人，士曰婦人，庶人曰妻。注：后之言後也，夫之言扶，孺之言屬，婦之言服，妻之言齊也。　疏：妃，邦君之合配，王、諸侯以下通有妃義，故以妃字冠之。以特牲、少牢是大夫士之禮，皆云「某妃配某氏」，尊卑通稱也。白虎通云：「后，君也，明配至尊，爲海內小君也。」諸侯曰夫人者，夫人之名，惟諸侯得稱，論語云「邦君之妻，邦人稱之曰君夫人」是也。大夫曰孺人者，孺，屬也，與人爲親屬。士曰婦人者，婦之言服也，服事其夫也。其婦號亦上下通稱。案春秋逆婦姜於齊，是諸侯亦呼婦也。穀梁傳云：「言婦，通稱之辭。」言服事舅姑，知通名也。庶人曰妻者，妻之言齊也。庶人賤，無別稱，判合齊體而已，尊卑如此。若通而言之，則上下通曰妻，故詩曰：「刑于寡妻。」是天子曰妻也。周家大夫妻曰內子，趙姬「以叔隗爲內子」是也。

呂氏大臨曰：天子之妃所以稱后者，有繼後之辭。合二姓之好，以繼聖人之後，以爲天地、社稷、宗廟之主，則有繼者也。夫者，帥人之稱也，男子謂之丈夫，士之貴者命爲大夫，稱之曰夫子。則夫人者，亦帥其嬪婦以事君，故諸侯之妃曰夫人，若邦人稱之則曰君夫人，言君之夫人也。大夫曰孺人，士曰婦人。喪大記：「卿之妻曰內子。」春秋傳趙盾「以叔隗爲內子」是也。大夫妻曰世婦，士則止曰士之妻而已，未聞有孺人、婦人之稱。況婦人者，已嫁之通稱，非特士妻之名。或古有之，考于經傳未之有也。庶人曰妻，妻者，貴賤同稱。貴者尚文，故其名異；賤者尚質，無所改也。

方氏慤曰：自天子至於庶人皆有妃，獨天子曰后，以有君道故也。諸侯之夫人，一國之小君，亦有君道，不得謂之后者，妃之有君道，惟天子足以當之故也。曰夫人者，以其爲一國之小君而人所事也，故稱夫。然非夫之也，故稱人。周南，王者之風，故關雎言后妃之德。召南，諸侯之風，故鵲巢言夫人之德，此非所辨歟？大夫曰孺人者，需人而有所屬，謂之孺，大夫能帥人，而人之所屬也，故其妃曰孺人。凡妃皆有所屬，而止大夫曰孺人者，以言乎上，則夫人之尊不宜以有所屬名之；以言乎下，則士之卑不足以人所屬名之故也。婦以事人，士亦以事人爲事，故其妃名以婦人。庶人曰妻，妻有二義：與夫齊而莫之勝者，妻之道也；承夫而在下者，妻之位也。前言天子有妻，則以天子之尊而妻之所當承故也；此言庶人曰妻，則以庶人之卑而妻得與之齊故也。

天子有后、有夫人、有世婦、有嬪、有妻、有妾。注：妻〔一〕，八十一御妻，周禮謂之女御，以其御序於王之燕寢。妾，賤者。疏：天子有后者，天子立官，則先從后妃爲始。所以然者，爲治之法，刑于寡妻，始於家邦，終于四海，故删詩則以后妃爲首。若論氣，先陰後陽，故此言天子有后也。謂之爲后者，后，後也，言其后於天子，亦以廣後胤也。有夫人者，夫，扶也，言扶持于王也。有世婦者，婦，服也，言其進以服事君子也，以其猶貴，故加以「世」言之，亦廣世胤也。有嬪者，嬪，婦人之美稱，可賓敬也。有

〔一〕「妻」，原作「王」，據味經窩本、乾隆本、光緒本、禮記正義卷四改。

妻者，鄭注內則云：「妻之言齊也，以禮見問，得與夫敵體也。」案：彼是判合齊體者，今此言齊者，以進御于王之時，暫有齊同之義。有妾者，鄭注內則云：「妾之言接也，聞彼有禮，走而往焉，以得接見於君子也。」周禮則嬪在世婦上，又無妾之文也。

公侯有夫人、有世婦、有妻、有妾。注：貶於天子也。無后與嬪，去上中。疏：公侯有夫人者，獨言公侯，舉其上者，餘從可知也。既下於天子，不得立后，故但得以一人正者爲夫人。有世婦者，謂夫人之姪娣，故公侯之夫人無子，立姪娣子也。質家先立姪之子，文家先立娣之子，二氏亦夫人姪娣，貴於二媵，則此世婦者，謂夫人姪娣。**夫人自稱於天子曰「老婦」**，注：謂畿內諸侯之夫人助祭若時事見。**自稱於諸侯曰「寡小君」**，注：謂饗來朝諸侯之時。**自稱於其君曰「小童」。自世婦以下，自稱曰「婢子」。**注：小童，若云未成人也。婢之言卑也，於其君稱此，以接見體敵，嫌其當。

呂氏大臨曰：諸侯自夫人以下，如天子之制而無嬪，有所殺也。自稱於天子曰「老婦」，婦，事舅姑者也。諸侯事天子，猶子事父，則夫人必稱婦也。寡小君者，臣下稱諸異邦之辭，猶稱其君爲寡君也。小童之稱，不見於經傳，秦夫人告秦伯曰：「晉君朝以入，則婢子夕以死。」雖夫人亦稱婢子，自貶而就下也。

論語：邦君之妻，君稱之曰「夫人」，夫人自稱曰「小童」，邦人稱之曰「君夫人」，稱諸異邦曰「寡小君」，異邦人稱之亦曰「君夫人」。注：孔曰：小君、君夫人之稱，對異邦謙，故曰寡小君。當此之時，諸侯嫡妾不正，稱號不審，故孔子正言其禮也。疏：此章正夫人之名稱也。邦君之妻者，諸侯之夫人也。妻者，齊也，言與夫齊體，上下之通稱，故曰「邦君之妻」也。君稱之曰夫人者，夫之言扶也，能扶成人君之德也。夫人自稱曰小童者，自稱謙言己小弱之童稚也。邦人稱之曰君夫人者，謂國中之臣民言，則繫君而稱之，言是君之夫人也。稱諸異邦曰寡小君者，諸，於也，謂己國臣民稱己君之夫人於他國之人則曰寡小君，謙言寡德之君。夫人對君爲小，故曰寡小君也。異邦人稱之亦曰君夫人者，謂稱他國君妻亦曰君夫人也。以當此之時，諸侯嫡妾不正，稱號不審，故孔子正言其禮也。

春秋隱公二年公羊傳：女在其國稱女，在塗稱婦，入國稱夫人。伯姬歸於紀，其言「歸」何？婦人謂嫁曰歸。

爾雅：母之考爲外王父，母之妣爲外王母；母之王考爲外曾王父，母之王妣爲外曾王母。注：異姓故言外。母之晜弟爲舅，母之從父晜弟爲從舅，母之姊妹爲從母，從母之男子爲從母晜弟，其女子子爲從母姊妹。

蕙田案：此言母黨。

爾雅：妻之父爲外舅，妻之母爲外姑。注：謂我舅者，吾謂之甥，然則亦宜呼壻爲甥。孟子曰「帝館甥于貳室」是也。姑之子爲甥，舅之子爲甥，妻之晜弟爲甥，姊妹之夫爲甥。注：四人體敵，故更相爲甥。甥猶生也，今人相呼蓋依此。妻之姊妹同出爲姨。注：同出，謂俱已嫁，詩曰：「邢侯之姨。」女子謂姊妹之夫爲私。注：詩衛風碩人篇曰：「譚公維私。」疏：孫炎云：「私，無正親之言。」男子謂姊妹之子爲出。注：春秋公羊傳曰：「蓋舅出。」女子謂晜弟之子爲姪。注：左傳曰：「姪其從姑。」謂出之子爲離孫，謂姪之子爲歸孫，女子子之子爲外孫。女子同出，謂先生爲姒，後生爲娣。注：同出，謂俱嫁事一夫。公羊傳曰：「諸侯娶一國，二國往媵之，以姪娣從。娣者何？弟也。」此即其義也。女子謂兄之妻爲嫂，弟之妻爲婦。注：猶今言新婦也。疏：嫂，猶叟也，老人之稱。長婦謂稚婦爲娣婦，娣婦謂長婦爲姒婦。注：今相呼先後，或云妯娌。疏：廣雅云：「娣姒，妯娌。」娣姒，先後也。世人多疑娣姒之名，皆以爲兄妻呼弟妻爲娣，弟妻呼兄妻爲姒。喪服「娣姒婦報」，傳曰：「娣姒婦者，弟長也。」以弟長解娣姒，言娣是弟，姒是長也。公羊傳亦云：「娣者何？弟也。」是其以弟解娣，自然以長解姒。長謂身之年長，非夫之年長也。此止言婦之長稚，不言夫之大小。左傳成公十年，穆姜謂聲伯之母爲姒；昭公八年，叔向之嫂謂叔向之妻爲姒，二者皆呼夫弟之妻爲姒，豈計夫之長幼乎？故賈逵、鄭玄及杜預皆云「兄弟之妻相謂，謂長者爲姒」，知娣姒之名，不計夫之長幼也。

經傳通解：此篇所指，皆姒娣相對之定名。同事一夫，則以生之先後爲長少；各事一夫，則以夫之長幼爲先後。所謂「從夫之爵，坐以夫齒」者是也。單舉則可通謂之姒，蓋相推讓之意耳。疏説恐非是。

蕙田案：朱子之説是。

又案：此言妻黨。

婦稱夫之父曰舅，稱夫之母曰姑，舅姑在則曰君舅、君姑，没則曰先舅、先姑。注：國語魯語曰：「吾聞之先姑。」謂夫之庶母爲少姑，夫之兄爲兄公。注：今俗呼兄鍾，語之轉耳。夫之弟爲叔，夫之姊爲女公，夫之女弟爲女妹。注：今謂之女妹是也。子之妻爲婦，長婦爲嫡婦，衆婦爲庶婦。女子子之夫爲壻，壻之父爲姻，婦之父爲昏。父之黨爲宗族，母與妻之黨爲兄弟，婦之父母、壻之父母相謂爲昏姻。兩壻相謂爲亞。注：詩曰：「瑣瑣姻亞。」今江東人呼同門爲僚壻。婦之黨爲昏兄弟，壻之黨爲姻兄弟。注：古者皆謂昏姻爲兄弟。嬪，婦也。注：書曰：「嬪於虞。」謂我舅者，吾謂之甥也。

蕙田案：母黨、妻黨皆從昏而有，故並著焉。

白虎通：天子妃謂之后何？后，君也。天下尊之，故謂之后。春秋傳曰：「迎王后於紀。」國君之妻稱之曰夫人何？明當扶進夫人，謂非妾也，國人尊之，故稱君夫人也。自稱小童者，謙也，言己智能寡少，如童蒙也。論語曰：「國君之妻，君稱之曰夫人〔一〕，夫人自稱曰小童，國人稱之曰君夫人，稱諸異邦曰寡小君。」謂聘問兄弟之國及臣他國稱之，謙之辭也。妻妾者何謂〔二〕？妻者齊也，與夫齊體，自天子下至庶人，其義一也；妾者，接也，以時接見也。嫁娶者何謂也？嫁者，家也，婦人外成，以出適人爲家。娶者，取也。男女，謂男者，任也，任功業也；女者，如也，從如人也。在家從父母，既嫁從夫，夫歿從子也。傳曰：「婦人有三從之義也。」夫婦者何謂也？夫者，扶也，扶以人道者也；婦者，服也，服於家事，事人者也。配匹者何謂？相與偶也。謂之舅姑何？舅者，舊也；姑者，故也。舊故之者，老人之稱也。稱夫父母謂之舅姑何？尊如父而非父者，舅也；親如母而非母者，姑也，故稱夫之父母爲舅姑也。

石林燕語：帝女謂之公主，蓋昏禮必稱主人，天子不可與群臣敵，故以同姓諸侯主之。主者，言主昏爾。而漢又有稱翁主者，諸侯之女也。翁者，老人之稱。古人大抵謂父爲翁，諸侯自相主昏無嫌，故稱翁者，謂其父自主之也。自六朝後，諸王之女，皆封縣主。隋以後，又有稱郡主者，自是遂循以爲

〔一〕「君」，諸本脱，據白虎通疏證卷一〇補。
〔二〕「妾」，原脱，據光緒本、白虎通疏證卷一〇補。

故事，則主非主昏之名。

右名稱

取異姓

禮記曲禮：取妻不取同姓，故買妾不知其姓則卜之。

郊特牲：取於異姓，所以附遠厚别也。注：同姓或取，多相褻也。

大傳：其庶姓别於上，而戚單於下，昏姻可以通乎？繫之以姓而弗别，綴之以食而弗殊，雖百世而昏姻不通者，周道然也。疏：作記之人以殷人五世以後可以通昏，故將殷法以問，姓别親盡昏姻應可以通，故問其可通與否。記者以周法荅之。周法雖庶姓别于上，而有世繫連繫之，以本姓而不分别，若姬氏、姜氏，大宗百世不改也。連綴族人以飲食之禮而不殊異，雖相去百世，昏姻不得通。周道如此，異於殷也。

陳氏祥道曰：恩出於情，有時而可絶；義出於理，無時而可廢。故六世而親屬竭者，恩之可絶也；百世而昏姻不通者，義之不可廢也。然恩之有絶，其來尚矣，而義之不廢，特始於周。故舜娶於堯，而君子不以爲非禮；昭公娶於吴，而君子以爲不知禮，以其時之文質不同故也。

坊記：取妻不取同姓，以厚别也。注：厚，猶遠也。故買妾不知其姓則卜之。注：妾言買者，以其賤，同之於衆物也。士庶之妾，恒多凡庸，有不知其姓也。以此坊民。魯春秋猶去夫人之姓曰「吴」，其死曰：「孟子卒。」注：吴，太伯之後，魯同姓也，昭公取焉，去姬曰吴而已。至其死，亦略云孟子卒，不書夫人某氏薨。孟子，蓋其且字。疏：春秋之例，吴女亦當云「夫人姬氏至自吴」，魯則諱其姬姓而不稱。

雜記：夫人之不命於天子，自魯昭公始也。

論語：君取於吴爲同姓，謂之吴孟子。君而知禮，孰不知禮？

春秋哀公十二年：夏五月甲辰，孟子卒。左氏傳：昭夫人孟子卒。昭公娶於吴，故不書姓。公羊傳：孟子者何？昭公之夫人也。其稱孟子何？諱娶同姓，蓋吴女也。穀梁傳：孟子者何也？昭公夫人也。其不言夫人何也？諱娶同姓也。

僖公二十三年左氏傳：鄭叔詹曰：「男女同姓，其生不蕃。」

襄公二十八年左氏傳：慶舍之士謂盧蒲癸曰：「男女辨姓。」

昭公元年左氏傳：子産曰：「僑聞之，内官不及同姓，其生不殖。美先盡矣，則相生疾，是以君子惡之。故志曰：『買妾不知其姓，則卜之。』違此二者，古之所慎也。男女辨姓，禮之大司也。」

國語：晉懷公自秦逃歸，秦伯召公子於楚，楚子厚幣以送公子於秦。秦伯歸女五人，懷嬴與焉。公子使奉匜沃盥，既而揮之。嬴怒曰：「秦、晉匹也，何以卑我？」公子懼，降服囚命。秦伯見公子曰：「寡人之適，此爲才。子圉之辱，備嬪嬙焉，欲以成昏，而懼離其惡名。非此，則無故。不敢以禮致之，歡之故也。公子有辱，寡人之罪，惟命是聽。」公子欲辭，司空季子曰：「同姓爲兄弟。黄帝之子二十五人，其同姓者二人而已，惟青陽與夷鼓皆爲己姓。青陽，方雷氏之甥也。夷鼓，彤魚氏之甥也。其同生而異姓者，四母之子别爲十二姓。凡黄帝之子，二十五宗，其得姓者十四人，爲十二姓，姬、酉、祁、己、滕、箴、任、荀、僖、姞、儇、依是也，惟青陽與倉林氏同於黄帝，故皆爲姬姓。同德之難也如是。昔少典取於有蟜氏，生黄帝、炎帝。黄帝以姬水成，炎帝以姜水成，成而異德，故黄帝爲姬，炎帝爲姜。二帝用師以相濟也，異德之故也。異姓則異德，異德則異類。異類雖近，男女相及，以生民也。同姓則同德，同德則同心，同心則同志，同志雖遠，男女不相及，畏黷敬也。黷則生怨，怨亂毓災，災毓滅姓。是故取妻避其同姓，畏亂災也。故異德合姓，同德合義，義以道利，利以阜姓。姓利相更，成而不遷，乃能攝固，保其土房。今子於子圉，道路之人也，取其所棄，以濟大事，不亦可乎？」公子謂子犯曰：「何如？」對曰：「將奪其國，何有於妻，惟秦所命從也。」謂子餘曰：「何如？」對曰：「禮志有之曰：『將有請於人，必先有入焉。欲人之愛己也，必先愛人；欲人之從己也，必先從人。無德於人，而求用於人，罪也。』今將昏媾以從秦，受好以愛之，聽從以德之，懼其未可也，又何疑焉？」乃歸女而納幣，且逆之。

家語：衛公使其大夫求昏於季氏。桓子問禮於孔子，孔子曰：「同姓爲宗，有合族之義，故繫之以姓而弗别，綴之以食而弗殊，雖百世昏姻不得通，周道然也。」桓子曰：「魯、衛之先，雖寡兄弟，今已絶遠矣，可乎？」孔子曰：「固非禮也。夫上治祖禰，以尊尊也；下治子孫，以親親也；旁治昆弟，所以敦睦也。此先王不易之教也。」

孔叢子：季孫問於夫子曰：「百世之宗，有絶道乎？」子曰：「繼之以姓，義無絶也。故同姓爲宗，合族爲屬，雖國子之尊，不廢其親，所以崇愛也。是以綴之以食，序列昭穆，萬世昏姻不通，忠篤之道然也。」

通典同姓昏議：殷以上，昏不隔同姓。周制，則不娶宗族。許慎五經異義：「諸侯娶同姓。今春秋公羊説：魯昭公娶於吴，爲同姓也，謂之吴孟子。春秋左氏説：孟子，非小君也，不成其喪，不當譏。

又案：易曰：『同人于宗，吝。』言同姓相娶，吝道也。即犯誅絶之罪，言五屬之内禽獸行，乃當絶。」漢呂后妹嫁呂平。王莽取宜春侯王咸女，後稱曰宜春氏。晉劉頌爲漢廣陵王後，臨淮陳矯本劉氏子，矯與頌爲近親，出養，始改姓陳。頌女適陳氏，時人譏之。若同姓得昏，論如虞、陳之類，禮所不禁，同姓不殖，非此類也，難者不能屈。濮陽太守劉嘏與同姓劉疇昏，司徒下太常博士議，非之。嘏以爲：「同姓有庶姓〔一〕，有正姓，有複姓，有單姓。鍾云出於鍾離之後，胡母與胡公同本，複鍾單鍾，複胡單胡，今年共昏，不以損一字爲疏，增一字爲親；不以共其本爲悔，取其同者爲吝。宜理在可通，而得明始限之别，故昏姻不疑耳。今並時比族，年齊代等，至於庶姓，禮記書其别於上，始祖正姓，明其斷於下，以之通議，則人倫無闕。案太常總言博士議，述叙姓變爲始祖者，始此姓爲祖也。此既非禮所謂始祖爲正姓之義，即便棄經從意，謂義可通。如今衆庶之家，或避國諱遁讐逃罪變音易姓者，便可皆言是始祖正姓，爲昏之斷如此，禮稱『附遠厚别，百代不通』之義，復何所施乎？此惑之甚者也。論者又以爲開通同姓昏，則令小人致濫。案禮自有禁限，禁限之外，本自禮所不責，不可以禁。禮所不應責者，而云通禮所應責也。王皆、王沈，魏晉名儒，同周室之後共昏者，二門譜第皆存〔二〕。昌黎張仲娶范陽張璉妹，諮張公而後昏。今日若考經據事，足以取正。惟大府裁之。」嘏又與卞壺疏云：「堯妻舜女，其代

〔一〕「有」，諸本脱，據通典卷六〇補。
〔二〕「第」，諸本作「地」，據通典卷六〇改。

不遠。又春秋云：『畢、原、酆、郇，文之昭；邘、晉、應、韓，武之穆。』代俗之所惑，上惑堯、舜之代，下惑應、韓之昭穆，欲追過堯、舜耶，則經歷聖人〔一〕。議者或謂，巍巍蕩蕩之德，可以掩堯、舜之疵；或謂代近姓異，可以通應、韓之昏，豈其然哉？若代近姓異，可以通應、韓之昏，則周公立百代之限，禮記云『娶於異姓，附遠而厚别』，此二義復何所施？如其不然，則明始限之外，堯、舜可以昏；禮終之後，應、韓可以通。堯、舜之昏，以正姓分絶於上；應、韓之通，庶姓理終於下也。絶則無繫，終則更始，斷可識矣。」壼以嘏書示朝賢，光禄大夫荀崧答卞云：「如嘏所執，苟在限内，雖遠不可；苟在限外，不遠可通也。吾無以異之。王伯輿，鄭玄高雋弟子也，爲子稚賓取王處道女也，當得禮意。於時清談，盡無譏議。今難者雖苦，竟不能折其理。春秋不伐有辭，謂嘏不應見責。」庾蔚之謂：「嘏據王者必有始祖，始祖爲正姓，共始祖之後，則百代不得通昏。故魯娶於吴爲失禮。嘏云『堯、舜之昏，以正姓分絶於上』者，當謂各立始祖，則可通昏也。又云『應、韓之通，以庶姓理終於下』者，當謂帝王遞代，始祖既謝，屬籍亦廢，則爲理終於下，亦可通昏也。嘏雖明始限之外與理終之後皆可通昏，而未有親疏之斷。昭穆祚胤，無代不有，若周代既遷，屬籍已息，應、韓之昏，以其昭穆久遠。今所疑，雖在始限之外，理終之後，而親未遠者，當以何斷？案禮云『六代親屬竭矣』，故當以此爲斷耶？若周室已遷，無復后稷之始祖，則當以别子及始封爲判。今宗譜之始，亦可以爲始祖也。古人數易姓，姓異不足明非親，故昏姻必原其姓之所

〔一〕「經」，原作「輕」，據味經窩本、通典卷六〇改。

出。末代不復易姓，異姓則胡越，不假復尋其由出，同姓必宜本其由，是以各從首易，不爲同姓之昏。且同姓之昏，易致小人情巧，又益法令滋章。暇在邊地，無他昏處，居今行古，致斯云爾。」

晉書劉頌傳：初，頌嫁女臨淮陳矯，矯本劉氏子，與頌近親，出養於姑，改姓陳氏。中正劉友譏之，頌曰：「舜後姚虞、陳田本同根系，而世皆爲昏，禮律不禁。今與此同義，爲昏可也。」友方欲列上，爲陳騫所止，故得不劾。頌問明法掾陳默、蔡譏曰：「鄉里誰最屈？」二人俱云：「劉友屈。」頌作色呵之，譏曰：「友以私議冒犯明府爲非，然鄉里公論稱屈。」

通典内表不可昏議：魏袁準正論曰：「或曰：『同姓不相娶何也？』曰：『遠別也。』曰：『今之人外内相昏，禮歟？』曰：『中外之親，近於同姓。同姓且猶不可，而況中外之親乎？古人以爲無疑，故不制也。今以古之不言，因謂之可昏，此不知禮者也。』或云，國語云：『同德則同姓，同姓雖遠，男女不相及；異德則異姓，異姓雖近，男女相及也。』斯言何故也？曰：『此司空季子明有爲而言也。文公將求秦以反國，不敢逆秦故也。季子曰：『子於子圉，道路之人也。』舅犯曰：『將奪之國，而況妻乎？』趙衰曰：『有求於人，必先從之。』此不既了乎。」

容齋續筆：姑舅兄弟爲昏，在禮法不禁，而世俗不曉。案刑統户昏律云：「父母之姑舅、兩姨姊妹及姨若堂姨、母之姑、堂姑，己之堂姨及再從姨、堂外甥女、女壻姊妹，並不得爲昏姻。」議曰：「父母姑舅、兩姨姊妹，於身無服，乃是父母緦麻，據身是尊，故不合娶。及姨，又是父母大功尊；若堂姨，雖與父母無服，亦是尊屬；母之姑、堂姑，並是母之小功以上尊；己之堂姨及再從姨、堂外甥女，亦謂堂姊妹所生者、女壻姊妹，於身雖並無服，據理不可爲昏，並爲尊卑混亂，人倫失序之故。」然則中表兄弟姊妹正是一等，其於昏娶，了無所妨。予記政和八年，知漢陽軍王大夫申明此項，敕局看詳，以爲如表叔娶表姪女、從甥女嫁從舅之類，甚爲明白。徽州法司編類續降有全文，今州縣官書判，至有將姑舅兄弟成昏而斷離之者，皆失於不能細讀律令也。惟西魏文帝時，禁中外及從母兄弟姊妹爲昏。周武帝又詔，不得娶母同姓以爲妻妾。宣帝詔，母族絶服外者聽昏。皆偏閏之制〔一〕，漫附於此。

通典外屬無服尊卑不通昏議：唐永徽元年，御史大夫李乾祐奏言：「鄭宣道先聘少府監主簿李元義妹爲婦〔二〕，即宣道堂姨。元義先雖執迷，許其姻媾，後以情理

〔一〕「閏」，諸本作「國」，據容齋隨筆續筆卷八改。
〔二〕「李元義」，通典卷六〇作「李玄乂」，下「元義」同。

不合，請與罷昏。宣道經省陳訴，議以爲法無此禁，判許成親，何則？堂姨堺雖則無服，既稱從母，何得爲昏？又母與堂姨，本是大功之服，大功之上，禮實同重〔一〕，況九月爲服，親亦至矣。子而不子，辱以爲妻，名教所悲，人倫是棄。且堂姑、堂姨內外之族雖别而父黨母黨骨肉之恩是同。愛敬本是天性，禽獸亦猶知母，豈可令母之堂妹降以爲妻？從母之名將何所寄？古人正名遠别，後代違道任意，恐寖以成俗。然本屬無服而尊卑不可爲昏，非止一條，請付群官詳議，永爲後法。」右衛大將軍紀王慎等議〔二〕：「父之姨及堂姨、母之姨、父母之姑舅姊妹、堂外甥，並外姻無服，請不爲昏。」詔可。

蕙田案：昏禮别姓，禮之大端也。殷以上尚質，周道尚文，其義著焉。異姓主夫不主婦。容齋所記，足正通典之惑。

右取異姓

〔一〕「重」，通典卷六〇作「財」。
〔二〕「右」，通典卷六〇作「左」。

昏年

周禮地官媒氏：掌萬民之判。凡男女自成名以上，皆書年月日名焉。令男子三十而娶，女子二十而嫁。注：鄭司農云：「成名，謂子生三月，父名之。」二三者，天地相承覆之數也。易曰：「參天兩地而倚數焉。」

呂氏大臨曰：成名者，案內則，子生三月，父名之。宰書曰「某年某月某日某生」而藏之。宰告閭史，閭史書爲二，其一藏諸閭府，其一獻諸州史。州史獻諸州伯，州伯藏諸州府。其制詳密如此。

高氏愈曰：男娶以三十，女以二十者，陽貴老而陰貴少也。

禮記曲禮：三十曰壯，有室。

內則：女子二十而嫁。

春秋文公十二年穀梁傳：子叔姬卒，其曰子叔姬，貴也。公之母姊妹也。其一傳曰：「許嫁以卒之也。男子二十而冠，冠而列丈夫。三十而娶。女子十五而許嫁，二十而嫁。」注：禮，二十而冠，冠而在丈夫之列。譙周曰：「國不可久無儲貳，故天子諸侯十五而冠，十五而娶。娶必先冠，以夫婦之道，王教之本，不可以童子之道治之。禮，十五爲成童，以次成人，欲人君之早有繼體，故因以爲節。書稱成王十五而冠，著在金縢。周禮媒氏曰：『令男三十而娶，女二十而嫁。』內則云：『女子十五而笄。』說曰許嫁也。是故男自二十以及三十，女自十五以及二十，皆得以嫁娶，先是則速，後是則晚。凡人嫁娶，或以賢淑，或以方類，豈但年數而已。若以差紀乃爲夫婦，是廢賢淑方類，苟比年數而已，禮何爲然哉！則三十而娶、二十而嫁，説嫁娶之限，蓋不得復過此爾。故舜年三十無室，書稱曰鰥。周禮云：女子年二十未有嫁，『仲春之月，奔者不禁』。奔者，不待禮聘，因媒請嫁而已。」甯謂，禮，爲夫之姊妹服長殤，年十九至十六。如此，男不必三十而娶，女不必二十而嫁明矣。此又士大夫之禮。

蕙田案：范注最爲明顯，可斷葛藤。

家語：魯哀公問於孔子曰：「人之命與性，何謂也？」孔子對曰：「分於道謂之命，形於一謂之性。化於陰陽，象形而發，謂之生；化窮數盡，謂之死。故命者，性之始也。死者，生之終也。有始則必有終矣。人始生而有不具者五焉：目無見，不能食，不能行，不能言，不能化。及生三月而微煦，然後有見。八月生齒，然後能食。期而生臏，然後能行。三年顋合，然後能言。十有六而精通，然後能化。陰窮反陽，故陰以陽變；陽窮反陰，故陽以陰化。是以男子八月生齒，八歲而齔，二八而化；女子七月生齒，七歲而齔，二七而化。一陽一陰，奇偶相配，然後道合化成，性命之端形於此也。」公曰：「男子十六精通，女子十四而化，是則可以生民矣。而禮，男子三十而有室，女子二十而有夫也，豈不晚哉！」孔子曰：「夫禮言其極也，不是過也。男子二十而冠，有爲人父之端；女子十五許嫁，有適人之道，於此而往，則自昏矣。群生閉藏乎陰，而爲化育之始。故聖人因時以合偶男女，窮天數也。」

孔叢子：子張曰：「女子必漸乎二十而後嫁，何也？」孔子曰：「十五許嫁，而後從夫，是陽動而陰應，男唱而女隨之義也。以爲績組紃織紝者〔一〕，女子之所有事也；黼黻文章之美〔二〕，婦人之所有大功也。必十五以往，漸乎二十，然後可以通乎此事。通乎此事，然後乃能上以孝乎舅姑，下以事夫養子也。」子張問曰：「禮，丈夫三十而室。昔者舜三十徵庸，而書云『有鰥在下曰虞舜』，何謂也？」孔子曰：「夫男子二十而冠，冠而後娶，古今通義也。舜父頑母嚚，莫克圖室家之端焉，故逮三十而謂之鰥也。詩云：『娶妻如之何？必告父母。』父母在，則宜圖昏；若已没，則己之娶，必告其廟。今舜之鰥，乃父母之頑嚚也。雖堯爲天子，其如舜何？」

白虎通：男三十而娶，女二十而嫁。陽數奇，陰數偶。男長女幼者，陽舒陰促。

〔一〕「績」，諸本作「續」，據孔叢子校釋嘉言改。
〔二〕「美」，諸本作「義」，據孔叢子校釋嘉言改。

男三十筋骨堅强，任爲人父；女二十肌膚充盛，任爲人母。合爲五十，應大衍之數，生萬物也。故禮内則曰：「男三十，壯有室；女二十，壯而嫁。」七，歲之陽也；八，歲之陰也。七八十五，陰陽之數備，有相偶之志。故禮記曰：「女子十五許嫁，笄而字。」禮之稱字，陰繫於陽，所以專一之節也。

通典男女昏嫁年幾議：太古，男五十而娶，女三十而嫁；中古，男三十而室，女二十而嫁。堯舉舜曰「有鰥在人間」，以其二女妻之，二十而行之。周文王十五生武王。地官媒氏：「掌萬民之判，令男三十而娶，女二十而嫁。」有故，則二十三而嫁。曲禮曰：「男子三十曰壯，有室。」周末，越王勾踐蕃育庶人，欲速報吴，使男二十而娶，女十七而嫁。議曰：鄭玄據周禮、春秋穀梁、逸禮本命等篇，男必三十而娶，女必二十乃嫁。王肅據孔子家語、服經等，以爲男十六可以娶，女十四可以嫁，三十、二十，言其極耳。又案家語：「魯哀公問於孔子曰：『男子十六而精通，女子十四而化育，是則可生人矣。而禮必三十而室，女必二十而嫁，豈不晚哉？』孔子曰：『夫禮言其極耳，不是過也。男二十而冠，有爲人父之端。女十五許嫁，有適人之道。』」又曰：「孔子年十九而娶於宋之亓官氏。」又曰：「孔子七十三而終，伯魚年五十，先孔子而卒。」而服經有爲夫姊之長殤〔一〕。據此，王、鄭之説，義並未明。今案：三十、二十而嫁娶者，周官云「掌萬民之判」，即衆庶之禮也。故下云「於是時也，奔者不禁」。服經爲夫姊之長殤，士大夫之禮也。左傳十五而生子，國君之禮也。且冠有貴賤之異，而昏得無尊卑之殊乎？則卿士大夫之子，十五六之後，皆可嫁娶矣。

蕙田案：男女昏年，當以孔子家語之言爲正，王肅宗之是也。鄭注太泥，通典分大夫、庶民亦鑿。

右昏年

昏時

周禮地官媒氏：仲春之月，令會男女。注：仲春，陰陽交，以成昏禮，順天時也。於是時也，奔者不禁。注：重天時，權許之。若無故而不用令者，罰之。司男女之無夫家者而

〔一〕「服經」，諸本誤倒，據通典卷五九乙正。

會之。

鄭氏鍔曰：康成一語之謬，傷敗風教至今，牢不可破。周官言「奔者不禁，若無故而不用命」，與今律文言「若」之「若」同。「若」之爲言「及」也，謂不禁男女之奔，及無故不用命者，俱有罰耳，奈何以爲「重天時，權許之」耶？

熊氏經説：媒氏「若無故」之「若」，猶言「及」也。顔師古注漢史「以萬人若一郡降」曰：「若，豫及也。」刑統言某罪及某罪，皆以若言。周禮秋官「凡封國若家」，即「若」字訓「及」之例。鄭注乃謂「不禁奔」，「權許之」，不照下文「若」字之義。仲春，會男女之時，不以禮合，至淫奔而不能禁，固父母之罪。及有愆期不嫁，别無喪故而不遵昏令者，亦父母之罪。似此二者，皆罰之，則必無過笄無嫁之女矣。

讀書雜鈔：周官媒氏「奔者不禁」注云：「重天時，權許之也。」愚謂此文極分明，謂使媒氏會合昏嫁，苟有奔者而不爲之禁止。若元無喪故而不用此令者，則皆置之罰，非謂權許其奔也。「若」讀如「子若孫」之類。

史氏曰：内則曰：「聘曰妻，奔曰妾。六禮不備，謂之奔。」奔者不禁，聽其殺禮而成昏也。國有凶荒，家有喪禍，必待備禮，男女失時矣，此之謂故。無故而不備禮，其罰也宜。

葉氏時禮經會元：嘗讀三山林氏辨，以爲「仲春之月，令會男女，於是時也，奔者不禁」，亂人倫之本，開淫恣之門，莫此爲甚。初亦竊以爲疑。徐而思之，詩三百篇，首以夫婦爲本。桃夭，周南詩也，美其男女以正，昏姻以時。摽有梅，召南詩也，美其男女得以及時。野麕一詩，雖當亂世，而被文王之化，則猶惡無禮。蝃蝀一詩，雖以亡國，而被文公之化，則亦恥淫奔。豈以成周盛時，周公制禮，而有「奔者不禁」事乎？善説詩者，不以文害辭，不以辭害志，讀周禮者亦然。蓋古者昏禮，必問名，必納采，必請期，必親迎，必得六禮之備而後行，誠以昏姻，人倫之大，嘉禮之重者也。春官宗伯「以昏禮親成男女」，地官司徒「以陰禮教親，則民不怨」，遂人「以樂昏擾氓」，皆重昏也，豈於媒氏而獨不致謹乎？每歲仲春，乃會男女而行昏娶之禮，此常禮也。然昏娶非必盡以仲春行禮，蓋媒氏以是月而令會也，此正「有女懷春」之時也。詩人「三星在天」之詠，正是謂耳。於是時也，苟有故不得行昏禮，則有不待禮而行者，此謂之奔。奔非鑽穴相窺、踰牆相從之謂也，特以其凶荒札喪而不得備其禮耳，有不待親迎而行耳，豈若桑中之所謂奔乎！故下文曰：「若無故而不用令者，罪之。」是其無凶荒札喪之變，有不待禮而相奔者，則有罰也。案大司徒：「以荒政十有二聚萬民，七曰眚禮，十曰多昏。」蓋古者國有凶荒，則殺禮而多昏，會男女之無夫家者。故下文又曰「司男女之無夫家者而會之」，是三十而未娶，二十而未嫁者，皆因其有故而會之矣。則夫仲春之月，苟有故而奔者，雖不禁之，不亦可乎！

邵氏寶曰：妾之於禮久矣，有媵而妾者，有卜而妾者。卜而妾，聞名而趨，不待六禮，故謂之奔。傳曰「疲於奔命」，蓋言速也。奔者非必淫，淫而奔者謂之淫奔。是故女之嫁者，有二道焉，有聘而嫁者，有奔而嫁者。慎案天文，有織女主貴女，須女主賤女，貴則嫡也，賤女則諸侯之副宮九媵，大夫之側室三歸也。禮之所謂「買妾」、「奔則爲妾」，皆不備禮之謂。先王制禮，豈不欲六禮皆備而後歸哉！禮不下庶人，勢也。故仲春奔者不禁，恐失時也。荒年殺禮，多昏欲繁育也。

蕙田案：媒氏「奔者不禁」，後人以此疑周禮者多矣，諸儒説雖不同，皆有精義可從，因並存之。

詩召南野有死麕：有女懷春。傳：懷，思也。春，不暇待秋也。箋：有貞女思仲春以禮與男會。疏：傳以秋冬爲正昏，此云春者，此女年二十，期已盡，不暇待秋也。此思春，思仲春，欲其以禮來。箋以仲春爲昏時，故知貞女思仲春之月以禮與男會，非謂仲春之月始思遣媒。

嚴氏粲曰：春者，天地交感，萬物孳生之時。聖人順天地萬物之情，令媒氏以仲春會男女。故女之懷昏姻者，謂之懷春。

蕙田案：毛以秋冬爲嫁娶之期，鄭以仲春大會男女爲據，二説不同。嚴氏發揮鄭説，最爲有理。毛説不可從。

詩邶風匏有苦葉：雝雝鳴雁，旭日始旦。士如歸妻，迨冰未泮。傳：迨，及也。泮，散也。箋：歸妻，使之來歸於己，謂請期也。冰未散，正月中以前也，二月可以昏矣。

白虎通：嫁娶必以春者，春，天地交通，萬物始生，陰陽交接之時也。詩云：「士如歸妻，迨冰未泮。」

豳風七月：春日遲遲，采蘩祁祁。女心傷悲，殆及公子同歸。

東山：倉庚于飛，熠燿其羽。之子於歸，皇駁其馬。親結其縭，九十其儀。其新孔嘉，其舊如之何？箋：倉庚，仲春而鳴，嫁娶之候也。之子于歸，謂始嫁時也。疏：鄭以仲春爲昏月。月令：「仲春，倉庚鳴。」序云：「樂男女得以及時。」故知作者以倉庚鳴爲嫁娶之候。歸士始行之時，以仲春新合昏禮也。毛以秋冬爲昏，此義必異於鄭，宜以倉庚爲興。

大戴禮夏小正：二月，綏多士女。注：綏，安也，冠子娶婦之時也。

禮記月令：仲春之月，玄鳥至。至之日，以太牢祀於高禖，天子親往。注：玄鳥，燕也。燕以施生時來，巢人堂宇，而孚乳娶嫁之象也，媒氏之官以爲候。

家語：霜降而婦功成，嫁娶者行焉。冰泮而農桑起，昏禮而殺於此。男子者，任天道而長萬物者也。

束皙昏姻以時議：春秋二百四十年，魯女出嫁，夫人來歸，大夫迎女，天王取后，自正月至十二月，悉不以得時、失時爲貶褒，何限於仲春、季秋以相非哉？夫春秋舉秋毫之善，貶纖介之惡，故「春狩於郎」，書時，禮也；「夏城中丘」，書不時也。此人間小事，猶書得時、失時，況昏姻，人倫端始，禮之大者，不譏得時、失時不善者耶？若昏姻季秋，期盡仲春，則隱二年冬十月，夏之八月，未及季秋，伯姬歸於紀；周之季春，夏之正月也，桓九年春，季姜歸於京師；莊二十五年六月，夏之四月也，已過仲春，伯姬歸於紀。或出盛時之前，或在期盡之後，而經無貶文，三傳不譏，何哉？凡詩人之興，取義繁廣，或舉譬類，或稱所見，不必皆可以定候也。又案桃夭篇叙美昏姻以時，蓋謂盛壯之時，而非日月之時，故「灼灼其華」，喻以盛壯，非謂嫁娶當用桃夭之月。其次章云：「其葉蓁蓁，有蕡其寔，之子于歸。」此豈在仲春之月乎？又摽有梅三章注曰「夏之向晚」；「迨冰未泮」，正月以前；「草蟲嘤嘤」，末秋之時。或言嫁娶，或美男女及時，然咏各異矣。周禮以仲春會男女之無夫家者，蓋一切相配合之時，而非常人之節。曲禮曰：「男女非有行媒，不相知名，故日月以告君，齋戒以告鬼神。」若常人必在仲春，則其日月有常，不得前却，何復日月以告君乎？夫冠昏笄嫁，男女之節，冠以二十爲限，而無春秋之期，笄以嫁而設，不以日月爲斷，何獨嫁娶當繫於時月乎！

通典嫁娶時月議：案鄭玄嫁娶必以仲春之月。王肅以爲，秋冬，嫁娶之時也；仲春，期盡之時矣。孫卿云：「霜降迎女，冰泮殺止。」孔子家語云：「群生閉藏於陰，而爲化育之始。故聖人因時以合偶男女，窮天數。霜降而婦功成，嫁娶者行焉。冰泮而農桑起，昏禮殺於此焉。」又云：「冬合男女，春班爵位，皆謂順也。」王肅云：「昏姻始於季秋，止於仲春。」不言春不可以嫁也。而馬昭多引春秋以爲之證，反詩相難，錯矣。兩家俱失，義皆不通。通年聽昏，蓋古正禮也。今案士昏禮請期之辭云：「惟是三族之不虞。」卜得吉日，則可配合。昏姻之義，在於賢淑，四時通用，協於詩、禮〔一〕，安可以秋冬之節，方爲好合之期？先賢以時月爲限，恐非至當。束氏之說，暢於禮矣。

蕙田案：嫁娶時月，王、鄭不同，通典兩非之，主束氏之說，謂四時通用是也。

右昏時

天子諸侯昏王姬下嫁附

書益稷：予創若時，娶於塗山。疏：哀七年左氏傳云：「禹會諸侯於塗山。」塗山，國名。娶於塗山，言其所娶之國耳，非就妻家見妻也。

周禮春官：大宗伯之職，以嘉禮親萬民。以昏、冠之禮親成男女。

鄭氏鍔曰：昏者，禮之本，昏以親男女之情也。

蕙田案：昏禮掌於宗伯，通上下而言之者也。

〔一〕「詩」，通典卷五九作「情」。

典瑞：穀圭以聘女。注：穀圭，亦王使之瑞節。

鄭氏鍔曰：圭之長七寸而爲文如穀粟者，名曰穀圭，蓋與穀之文同也。昏禮有六，其五用雁，以其束帛可執，故納幣用玄纁。天子加以穀圭，故曰以聘女。

冬官：玉人之事，穀圭七寸，天子以聘女。

易氏祓曰：穀，善也。聘女，嘉禮之至善者也。

王氏曰：以穀不失性，生生而不窮也，故天子以納徵。

鄭氏鍔曰：七寸者，少陽之數也。故天子用七寸，蓋男下女之義也。

王氏昭禹曰：典瑞言「以和難，以聘女」，此不言「和難」，蓋玉人爲穀圭，以用於天子聘女爲主。

竹書紀年：成王三十三年，命王世子釗如房逆女，房伯祈歸於宗周。

春秋：桓公八年冬，祭公來，遂逆王后於紀。注：王使魯主昏，故祭公來受命而迎也。天子無外，故因稱王后。疏：既書其來，又言遂逆，是先來見魯君，然後向紀，知王使魯主昏，故祭公來受魯命而往迎也。凡昏姻，皆賓主敵體，相對行禮。天子嫁女於諸侯，使諸侯爲主，令與夫家爲禮。天子聘后於諸侯，亦使諸侯爲主，令與后家爲禮。嫁女則送女於魯，令魯嫁女與人。迎后，則令魯爲主，使魯遣使往逆。故祭公受魯命也。嫁王女者，王姬至魯，而後至夫家。其王后昏，后不來至魯者，以王姬至魯，待夫家之逆以爲禮，故須至魯；后則王命已成，於魯無事，故即歸京師。於逆稱王后，舉其得王之命，后禮已成。于歸稱季姜，申父母之尊，言子尊不加於父母、從父母之家。而將歸於王，據父母之家爲文，故于歸申父母之尊也。公羊説天子至庶人，皆親迎。左氏説王者至尊，無敵體之義，不親迎。鄭康成駁之曰：「文王親迎於渭濱，即天子親迎也。天子雖尊，其於后則夫婦也。夫婦判合，禮同一體，所謂無敵，豈施於此哉？禮記哀公問曰：『冕而親迎，不已重乎？』孔子對曰：『合二姓之好，以繼先聖之後，以爲天地之主，非天子則誰乎？』」是鄭以天子當親迎也。此注之意，猶以爲天子不親迎者，以此時祭公迎后，傳言「禮也」。劉夏逆后，譏卿不行，皆不譏王不親行，明是王不當親也。文王之迎太姒，身爲公子，迎在殷世，未可據此以爲天子禮也。孔子之對哀公，自論魯國之法。魯，周公之後，得郊祀上帝，故以先聖天地爲言耳，其意非説天子禮也。且鄭康成注禮，自以先聖爲周公，及駁異議則以爲天子，二三其説，自無定矣。

蕙田案：天子不親迎，此疏最直捷。

左氏傳：祭公來，遂逆王后於紀，禮也。注：天子娶於諸侯，使同姓諸侯爲之主。祭公來受命於魯，故曰禮。

公羊傳：祭公者何？天子之三公也。何以不稱使？昏禮不稱主人。遂者何？生事也。大夫無遂事，此其言遂何？成使乎我也。其成使乎我奈何？使我爲媒，可則因用，是往逆矣。注：昏禮成於五：先納采、問名、納吉、納徵、請期，然後親迎。時王者遣祭公來，使魯爲媒，可，則因用魯往迎之，不復成禮。疾王者不重妃匹，逆天下之母。女在其國稱女，此其稱王后何？王者無外，其辭成矣。

穀梁傳：其不言使焉何也？不正其以

宗廟之大事，即謀於我，故弗與使也。注：時天子命祭公就魯，共卜擇紀女可中后者，使逆之，不復反命。遂，紀事之辭也。其曰遂逆王后，故略之也。故曰天子無外，王命之則成矣。

劉氏曰：爲之節者，王當使大夫命魯侯曰：「予一人不能獨任天地宗廟之事，未有内主，予一人將卜於紀姜氏，委諸伯父，伯父其以予敬若先王之禮。」魯侯稽首對曰：「天子有命，敢有弗恭！」使者以是言也復於王。魯使大夫請於紀侯曰：「天子使某來命我寡君曰：『予一人不能獨任天地宗廟之事，未有内主，予一人將卜於紀姜氏，使某也以告。』」主人宜固辭，固辭不獲命，主人曰：「某也固辭，不獲命，敢不敬從！先守某公之遺女若而人，夫婦所生若而人。」然後天子命以其吉，使上大夫用王后之禮逆以歸也。此豈人臣之所當遂於竟外哉！

胡氏寧曰：或曰天子必親迎，信乎？太上無敵於天下，雖諸父昆弟莫不臣；適四方，諸侯莫敢有其室。若屈萬乘之尊而遠行親迎之禮，即何無敵於天下之有？或曰，王后所與共事天地宗廟，繼萬世之重者，其禮當如之何？使同姓諸侯主其辭命，卿往逆。公監之，父母之國諸卿皆送至京師，舍而止，然後天子親迎以入，其納王后之禮乎？

家氏鉉翁曰：昏禮不稱主人者，謂天子雖尊，不自爲主人也。左氏莊十八年，虢公、晉侯、鄭伯使原莊公逆王后於陳，陳嬀歸於京師，不曰王使，而曰虢、晉、鄭使之逆，此不稱主人之明證也。祭公何以來乎？周制，天子與諸侯爲昏，則使同姓諸侯爲之主，魯以周公之後，爲王主禮，其來舊矣。穀乃云「不正其以宗廟之大事，即謀於我」，其未然與！劉原父謂三公乃師傅之官，以爲任之重，使之輕。愚謂周之三公，即宰相也，天子不行親迎之禮，而使其宰往逆，所以重大昏之始，其未爲失歟！

蕙田案：家氏之言近是。

九年春，紀季姜歸於京師。公羊傳：其辭成矣，則其稱紀季姜何？自我言紀，父母之於子，雖爲天王后，猶曰吾季姜。注：明子尊不加於父母。書季姜歸者，明魯爲媒，當有送迎之禮。

穀梁傳：爲之中者，歸之也。注：中，謂關與昏事。

胡傳：往逆則稱王后，既歸，何以書季姜？自逆者而言，則當尊崇其匹，内主六宫之政，使妃妾不得以上僭，故從天王所命而稱王后，示天下之母儀也。自歸者而言，則當樛屈逮下，使夫人、嬪婦皆得進御於君而無嫉妬之心，故從父母所子而稱季姜，化天下以婦道也。

莊公十八年左氏傳：虢公、晉侯、鄭伯使原莊公逆王后於陳。陳嬀歸於京師，實惠后。注：虢、晉朝王，鄭伯又以齊執其卿，故求王爲援，皆在周，倡義爲王定昏。陳人敬從，得同姓宗國之禮，故傳詳其事，不書不告。陳嬀後號惠后。

宣公六年左氏傳：夏，定王使子服求后於齊。注：子服，周大夫。冬，召桓公逆王后於齊。

襄公十二年左氏傳：靈王求后於齊，齊侯問對於晏桓子。桓子對曰：「先王之禮辭有之。天子求后於諸侯，諸侯對曰：『夫婦所生若而人，妾婦之子若而人。』無女而有姊妹及姑姊妹，則曰：『先守某公之遺女若而人。』」齊侯許昏，王使陰里結之。

十四年左氏傳：王使劉定公賜齊侯命，曰：「昔伯舅太公，右我先王，股肱周室，師保萬民，世胙太師，以表東海。王室之不壞，緊伯舅是賴。今余命女環，茲率舅氏之典，纂乃祖考，無忝乃舊。敬之哉！無廢朕命。」注：將昏於齊故也。

十五年劉夏逆王后於齊。左氏傳：官師從單靖公逆王后於齊。卿不行，非禮也。注：官師，劉夏也。天子官師，非卿也。天子不親昏，使上卿逆，而公監之，故曰：「卿不行，非禮。」公羊傳：劉夏逆王后於齊，外逆女不書，此何以書？過我也。

蕙田案：以上天子昏。

詩大雅大明：天監在下，有命既集。文王初載，天作之合。在洽之陽，在渭之涘。文王嘉止，大邦有子。

朱子詩傳：嘉，昏禮也。大邦，莘國也。子，太姒也。

大邦有子，俔天之妹。文定厥祥，親迎于渭。造舟爲梁，不顯其光。箋：文王聞太姒之賢，則美之曰：「大邦有子女，可以爲妃。」乃求昏。傳：俔，磬也。箋：既使問名，還則卜之，又知太姒之賢，尊之如天之有女弟。問名之後，卜而得吉，則文王以禮定其吉祥，謂納幣也。親迎于渭，賢女配聖人，得其宜，故備禮也。傳：天子造舟，諸侯維舟，大夫方舟，士特舟。造舟然後可以顯其光輝。箋：迎太姒而更爲梁者，欲其昭著，示後世敬昏禮也。天子造舟，周制也。殷時未有等制。疏：知太姒之賢，言大邦之有子女，言尊敬之，磬作是天之妹然，言尊重之甚也。卜而得吉，行納吉之禮，言太姒之有文德，文王則以禮定其卜吉之善祥，謂使人納幣，則禮成昏定也。既納幣於請期之後，文王親往迎之於渭水之傍，造其舟以爲橋梁。敬重若此，豈不明其禮之有光輝乎！美大其事而造舟，若禮先有之，不應特述，明是文王所創制也。以傳歷言舟之等級，故申之云：「天子造舟，周制也，殷時未有等制。」知者若先有等制，則下不僭上，文王雖欲重昏禮，豈得僭天子乎？文王敬重昏事，始作而用之，後世以文王所用，故制爲天子法耳。

詩周南關雎序：關雎，后妃之德也。風之始也，所以風天下而正夫婦也。周南、召南，正始之道，王化之基，是以關雎樂得淑女，以配君子，憂在進賢，不淫其色。哀窈窕，思賢才，而無傷善之心焉。是關雎之義也。

關關雎鳩，在河之洲。窈窕淑女，君子好逑。

召南鵲巢序：鵲巢，夫人之德也。國君積行累功以致爵位，夫人起家而居有之，德如鳲鳩，乃可以配焉。箋：起家而居有之，謂嫁于諸侯也。夫人有均壹之德如鳲鳩然，而後可配國君。

維鵲有巢，維鳩居之。之子于歸，百兩御之。傳：百兩，百乘也。諸侯之子嫁於諸侯，送御皆百乘。疏：士昏禮「從車二乘」，其天子與大夫送迎，則無文以言。夫人之嫁，自乘家車，故鄭箴膏肓引士昏禮曰：「主人爵弁、纁裳，從車二乘，婦車亦如之，有裧。」則士妻始嫁，乘夫家之車也。又引此詩乃云：「此國君之禮，夫人自乘其家之車也。」然宣五年，齊高固及子叔姬來反馬，何彼襛矣美王姬之車，故鄭箴膏肓又云：「禮雖散亡，以詩義論之，天子以至大夫，皆有留車、反馬之禮，故泉水云：『還車言邁。』箋云：『還車者，嫁時乘來，今思乘以歸。』是其義也。知夫人自乘家車也。」言「讶之」者，夫自以其車迎之，則其家以車送之，故知壻車在百兩迎之中，婦車在百兩將之中明矣。

維鵲有巢，維鳩方之，之子于歸，百兩將之。維鵲有巢，維鳩盈之，之子于歸，百兩成之。

衛風碩人：碩人其頎，衣錦褧衣。傳：夫人德盛而尊，嫁則錦衣加褧襜。箋：國君夫人，翟衣而嫁。今衣錦者，在塗之所服也。碩人敖敖，説於農郊。箋：「説」當作「襚」，衣服曰襚，今俗語然。此言莊姜始來，更正衣服於衛近郊。四牡有驕，朱幩鑣鑣，翟茀以朝。傳：驕，壯貌。幩，飾也。人君以朱纏鑣扇汗，且以爲飾。鑣鑣，盛貌。翟，翟車也。夫人以翟羽飾車。茀，蔽也。

箋：此言莊姜自近郊，既正衣服，乘是車馬，以入君之朝，皆用嫡夫人之正禮。

大雅韓奕：韓侯取妻，汾王之甥，蹶父之子。韓侯迎止，于蹶之里。百兩彭彭，八鸞鏘鏘，不顯其光。

周禮冬官玉人：大璋亦如之，諸侯以聘女。

陳氏祥道曰：以文考之，書繼「天子以聘女」之後亦如之者，亦如穀圭之七寸。蓋聘女，天子以圭，諸侯以璋，是爲降殺之等。

春秋：隱公二年九月，紀裂繻來逆女。十月，伯姬歸于紀。左氏傳：紀裂繻來逆女，卿爲君逆也。公羊傳：紀履綸者何？紀大夫也。何以不稱使？昏禮不稱主人。注：爲養廉遠恥也。然則曷稱？稱諸父兄師友。宋公使公孫壽來納幣，則其稱主人何？辭窮也。辭窮者何？無母也。注：禮，有母，母當命諸父兄師友，稱諸父兄師友以行。宋公無母，莫使命之。辭窮，故自命之，自命之，故不得不稱使。然則紀有母乎？曰：有。有則何以不稱母？母不通也。外逆女不書，此何以書？譏。何譏爾？譏始不親迎也。注：禮所以必親迎者，所以示男先女也。於廟者，告本也。夏后氏逆於庭，殷人逆於堂，周人逆於户。始不親迎，昉於此乎？前此矣。前此，則曷爲始乎此？託始焉爾。曷爲託始焉爾？春秋之始也。女，曷爲乎或稱女，或稱婦，或稱夫人？女在其國稱女，在塗稱婦，入國稱夫人。伯姬者何？内女也。其言歸何？婦人謂嫁曰歸。穀梁傳：逆女，親者也。注：親者，謂自逆之也。使大夫，非正也。以國氏者，謂其來交接於我，故君子進之也。禮，婦人謂嫁曰歸，反曰來歸，從人者也。婦人在家制於父，既嫁制於夫，夫死從長子。婦人不專行，必有從也。伯姬歸於紀，此其如專行之辭何也？曰非專行也。吾伯姬歸於紀，故志之也。其不言使何也？逆之道微，無足道焉爾。注：言君不親迎，而大夫來迎，故曰微也。

桓公三年春：王正月，公會齊侯于嬴。左氏傳：會于嬴，成昏於齊也。注：公不由媒介，自與齊侯會而成昏，非禮也。

秋，公子翬如齊逆女。九月，齊侯送姜氏于讙，公會齊侯于讙。夫人姜氏至自齊。左氏傳：秋，公子翬如齊逆女，修先君之好，故曰公子。齊侯送姜氏，非禮也。凡公女嫁於敵國，姊妹則上卿送之，以禮於先君；公子則下卿送之。於大國，雖公子，亦上卿送之。於天子，則諸卿皆行，公不自送。於小國，則上大夫送之。公羊傳：九月，齊侯送姜氏於讙。何以書？譏。何譏爾？諸侯越境送女，非禮也。注：

禮，送女，父母不下堂，姑姊妹不出門。此入國矣，何以不稱夫人？自我言，齊父母之於子，雖爲鄰國夫人，猶曰吾姜氏。公會齊侯於讙，夫人姜氏至自齊，翬何以不致？得見於公矣。穀梁傳：公子翬如齊逆女。逆女，親者也。使大夫，非正也。九月，齊侯送姜氏於讙。禮，送女，父不下堂，母不出祭門，諸母兄弟不出闕門。父戒之曰：「謹慎從爾舅之言。」母戒之曰：「謹慎從爾姑之言。」諸母般申之曰：「謹慎從爾父母之言。」送女踰境，非禮也。注：祭門，廟門也。闕，兩觀也，在祭門之外。疏：凡親迎之禮，必在廟也。公會齊侯於讙，無譏乎？曰爲禮也。齊侯來也，公之逆而會之可也。夫人姜氏至自齊，其不言翬之以來，何也？公親受之於齊侯也。子貢曰：「冕而親迎，不已重乎？」孔子曰：「合二姓之好，以繼萬世之後，何謂已重乎？」疏：引之者，以齊侯送女，公親受之，於禮爲可，故發「冕而親迎」之問。

胡傳：娶妻必親迎，禮之正也。若夫邦君，以爵則有尊卑，以國則有大小，以道途則有遠邇，或迎之於其國，或迎之於境上，或迎之於所館，禮之節也。魯侯於齊，以遠邇言，則親之者也。而使公子翬往，是不重大昏之禮，失其節矣，故書。古者昏禮必親迎，則授受明。後世親迎之禮廢，於是有父母兄弟越境而送其女者。以公子翬往逆則既輕矣。爲齊侯來，乃逆而會之於讙，是公之行，其重在齊侯而不在姜氏，豈禮也哉？

冬，齊侯使其弟年來聘。　左氏傳：冬，齊仲年來聘，致夫人也。注：古者女出嫁，又使大夫隨加聘問，存謙敬，序殷勤也。在魯而出，則曰致女；在他國而來，則總曰聘。故傳以「致夫人」釋之。

莊公二十二年冬，公如齊納幣。　公羊傳：納幣不書，此何以書？譏。何譏爾？親納幣，非禮也。注：納幣即納徵。禮言納徵，春秋言納幣者，春秋質也。凡昏皆用雁，取其知時候，惟納徵用玄纁、束帛、儷皮。　穀梁傳：納幣，大夫之事也。禮有納采，注：采擇女之德性，其禮用雁爲贄。有問名，注：問女名而卜之，知吉凶也。其禮如納采。有納徵，注：徵，成也，納幣以成昏。有告期，注：告迎期。四者備而後娶，禮也。疏：士昏禮有納采、問名、納吉、納徵、請期、親迎六禮，此傳不云「納吉」者，直舉四者，足以譏公，故略納吉不言之。或以爲諸侯與士禮異者，非也。公之親納幣，非禮也，故譏之。

二十四年夏，公如齊逆女。　公羊傳：何以書？親迎，禮也。　穀梁傳：親迎，恒事也，不志，此其志，何也？不正其親迎於齊也。

秋，公至自齊。　穀梁傳：迎者，行見諸？舍見諸？先至，非正也。

八月丁丑，夫人姜氏入。公羊傳：其言入何？難也。其言日何？難也。其難奈何〔一〕？夫人不僂，不可使入。與公有所約，然後入。注：僂，疾也。夫人稽留，不肯疾順公，不可使即入。公至後，與公約定，八月丁丑乃入，故爲難辭也。穀梁傳：入者，内弗受也。日入，惡入者也。何用不受也？以宗廟弗受也。其以宗廟弗受何也？娶仇人子弟，以薦舍於前，其義不可受也。戊寅，大夫宗婦覿用幣。禮，大夫不見夫人，不言及，不正其行婦道，故列數之也。男子之贄：羔、雁、雉、腒；婦人之贄：棗、栗、腶脩。用幣，非禮也。大夫，國體也，而行婦道，惡之，故謹而日之也。

二十五年，伯姬歸于杞。

文公二年冬，公子遂如齊納幣。左氏傳：襄仲如齊納幣，禮也。凡君即位，好舅甥，修昏姻，娶元妃以奉粢盛，孝也。孝，禮之始也。注：謂諒闇既終，嘉好之事，通於外内，於是遣卿修好舅甥之國，修禮以昏姻也。元妃，嫡夫人。奉粢盛，供祭祀。公羊傳：納幣不書，此何以書？譏。何譏爾？譏喪娶也。娶在三年之外，則何譏乎喪娶？三年之内

〔一〕「難」，原作「言」，據光緒本、春秋公羊傳注疏卷八改。

不圖昏。注：僖公以十二月薨，至此未滿二十五月。又禮，先納采、問名、納吉，乃納幣，此四者皆在三年之內，故云爾。吉禘於莊公譏，然則曷爲不於祭焉譏？三年之恩疾矣，非虛加之也，以人心爲皆有之。以人心爲皆有之，則曷爲獨於娶焉譏？娶者，大吉也，非常吉也，其爲吉者主於己，以爲有人心焉者，則宜於此焉變矣。

四年夏，逆婦姜于齊。注：稱婦，有姑之辭。左氏傳：逆婦姜於齊，卿不行，非禮也。君子是以知出姜之不允於魯也。曰：貴聘而賤逆之，君而卑之，立而廢之，棄信而壞其主，在國必亂，在家必亡，不允宜哉！詩云：「畏天之威，于時保之。」敬主之謂也。公羊傳：其謂之「逆婦姜於齊」何？略之也。高子曰：「娶乎大夫者，略之也。」穀梁傳：其曰婦姜，爲其禮成乎齊也。其逆者誰也？親逆而成婦，或者公與？何其速婦之也？曰公也。其不言公，何也？非成禮於齊也。曰婦，有姑之辭也，其不言氏，何也？貶之也。何爲貶之也？夫人與，有貶也。注：夫人能以禮自防，則夫婦之禮不成於齊，故譏公，而夫人與焉。

宣公元年，公子遂如齊逆女。三月，遂以夫人婦姜至自齊。公羊傳：夫人何以不稱姜氏？貶。曷爲貶？譏喪娶也。喪娶者，公也，則曷爲貶夫人？夫人與公一體也。其稱婦，何？有姑之辭也。注：有姑當以婦禮至，無姑當以夫人禮至，故分別言之。穀梁傳：其不言氏，喪未畢，故略之也。其曰婦，緣姑言之之辭也。遂之挈，繇上致之也。

疏：昏禮遲速，繇於夫家，陽倡陰和，固是其理，而責夫人者，一禮不備，貞女不行。夫人姜氏，若其不行，公得無喪娶之譏，夫人無苟從之咎，故責之。

成公八年夏，宋公使公孫壽來納幣。注：昏聘不使卿，今華元將命，故特書之。宋公無主昏者，自命之，故稱使也。

左氏傳：宋華元來聘，聘共姬也。注：聘不應使卿，故傳發其事而已。

夏，宋公使公孫壽來納幣，禮也。注：納幣應使卿。

胡傳：納幣不書，此何以書？公孫壽，卿也，納幣使卿，非禮也。禮不可略，亦不可過，惟其稱而已矣。略則輕大倫，過則溺私愛。宋公之請伯姬，魯侯之嫁其女，皆致其厚者也，而不知越禮踰制，豈所以重大昏之禮哉？經悉書之，爲後法也。

九年二月，伯姬歸於宋。注：宋不使卿逆，非禮。

夏，季孫行父如宋致女。注：女嫁三月，又使大夫隨加聘問，謂之致女。所以致成婦禮，篤昏姻之好。

公羊傳：未有言致女者，此其言致女，何？録伯姬也。注：古者，婦人三月而後廟見，稱婦，擇日而祭於禰，成婦之義也。父母使大夫操禮而致之。必三月者，取一時足以別貞信，貞信著然後成婦禮。書者，與上納幣同義，所以彰其潔，且爲父母安榮之。言女者，謙，不敢自成禮。婦人未廟見而死，歸葬于女氏之黨。穀梁傳：致者，不致者也。婦人在家制於父，既嫁制於夫。如宋致女，是以我盡之也。注：刺已嫁而猶以父制盡之。不正，故不與內稱也。

胡傳：致女者何？女既嫁，三月而廟見，則成婦矣。而後父母使人安之，故謂之致也。常事耳，何以書？致女使卿，非禮也。

十四年秋，叔孫僑如如齊逆女。注：成公逆夫人，最爲得禮，而經無納幣者，文闕絶也。左氏傳：秋，宣伯如齊逆女，稱族，尊君命也。

九月，僑如以夫人婦姜氏至自齊。左氏傳：舍族，尊夫人也。注：舍族，謂不稱叔孫。穀梁傳：大夫不以夫人，以夫人非正也，刺不親迎也。僑如之挈，由上致之也。

昭公二年左氏傳：夏四月，韓須如齊逆女。齊陳無宇送女，致少姜。少姜有寵於晉侯，晉侯謂之少齊。謂陳無宇非卿，執諸中都，少姜爲請曰：「送從逆班，畏大國也，猶有所易，是以亂作。」

三年左氏傳：齊侯使晏嬰請繼室於晉。曰：「寡君使嬰曰：『寡人願事君，朝夕不倦。不腆先君之適以備內官，焜燿寡人之望，則又無禄，早世隕命，寡人失望。君若不忘先君之好，惠顧齊國，辱收寡人，徼福於太公、丁公，照臨敝邑，鎮撫其社稷，則猶有先君之適及遺姑姊妹若而人。君若不棄敝邑，而辱使董振擇之，以備嬪嬙，寡人之望也。』」韓宣子使叔向對曰：「寡君之願也。寡君不能獨任其社稷之事，未有伉儷，在縗絰之中，是以未敢請。君有辱命，惠莫大焉。若惠顧敝邑，撫有晉國，賜之內主，豈惟寡君，舉群臣實受其貺，其自唐叔以下，實寵嘉之。」

五年左氏傳：晉韓宣子如楚送女，叔向爲介。及楚，楚子朝其大夫曰：「晉，吾仇敵也，苟得志焉，無恤其他。」薳啓彊曰：「晉之事君，臣曰可矣。求諸侯而麇至，求昏而薦女，君親送之，上卿及上大夫致之。猶欲恥之，君其亦有備矣。不然，奈何？」楚子終厚禮之。

禮記祭統：國君娶夫人之辭曰：「請君之玉女與寡人共有敝邑，事宗廟社稷。」此求助之本也。

哀公問：孔子侍坐於哀公。哀公曰：「敢問人道誰爲大？」孔子愀然作色而對曰：「人道政爲大。」公曰：「敢問爲政如之何？」對曰：「夫婦別，父子親，君臣嚴。三者正，則庶物從之矣。」公曰：「願聞所以行三言之道。」對曰：「古之爲政，愛人爲大。

所以治愛人，禮爲大。所以治禮，敬爲大。敬之至矣，大昏爲大。大昏至矣！大昏既至，冕而親迎，親之也。親之也者，親之也。是故君子興敬爲親，舍敬是遺親也。弗愛不親，弗敬不正，愛與敬，其政之本歟？」疏：禮以敬爲主。若敬之至極，天子諸侯之大昏又爲大也。國君雖尊，服冕服以自迎，欲親此婦也。公曰：「寡人願有言。然冕而親迎，不已重乎？」孔子愀然作色而對曰：「合二姓之好，以繼先聖之後，以爲天地宗廟社稷之主，君何謂已重乎？」疏：冕則祭服也，天子則衮冕，諸侯以下，各用助祭之服，故士昏禮「主人爵弁服」是也。春秋公羊傳說：天子至庶人皆親迎。左氏謂天子至尊無敵，無親迎之禮；諸侯有故，若疾病，則使上卿迎，上公臨之。許氏案：高祖時，皇太子納妃，叔孫通制禮，以爲天子無親迎。玄駁之云：「太姒之家，在渭之涘，文王親迎於渭。」引此記爲證。又詩說云：「文王親迎之時，猶爲西伯。」鄭駁未定。此以答哀公所問，故解先聖爲周公。又魯得郊天，故云天地社稷之主。若異義駁所云，則以先聖及天地，據天子。公曰：「寡人固。不固，焉得聞此言也？寡人欲問，不得其辭，請少進。」孔子曰：「天地不合，萬物不生。大昏，萬世之嗣也，君何謂已重焉？」孔子遂言曰：「內以治宗廟之禮，足以配天地之神明。出以治直言之禮，足以立上下之敬。物恥足以振之，國恥足以興之。爲政先禮。禮，其政之本歟！」

陳氏禮書：昏有六禮：納采、問名、納吉、納徵、請期、親迎。而納采者，擇其族類；問名者，詢其誰氏；問名，然後卜之，故納吉；納吉，則其禮成矣，故納徵。然則納采、問名同一使，納吉、納徵、請期皆異使。納采、問名、納吉、請期以禽贄，納徵以圭璋、皮帛。由徵以前，慮其或不受也，故皆言納。既納徵，則聽命而已，故於期言請焉。曲禮曰：「日月以告君，齋戒以告鬼神。」春秋之時，楚公子娶於鄭，曰告於莊、共之廟而來。鄭公子忽先配後祖，君子譏之。故士昏禮既納采、問名，然後歸卜於禰，既卜然後納吉。而卜常在告廟之日。禮記曰：「卜郊，受命於祖廟，作龜於禰宮。」尊祖親考之義也。鄭氏謂「受命退乃卜」。卜昏之禮，蓋亦如之。然則告廟，始於納采、問名之後矣。異義云：「戴禮説天子親迎，左氏天子不親迎，上卿迎之，諸侯亦不親迎，使上大夫迎之。」鄭駁異義云：「文王娶太姒，親迎於渭。」又孔子答哀公：「合二姓之好，以繼先聖之後，以爲天地宗廟社稷之主，冕而親迎，何謂已重乎？」此天子、諸侯有親迎也。然考之於經，著之詩，刺不親迎，而「充耳以黄」者，人君之飾。又文王迎於渭，韓侯迎於蹶，而春秋紀裂繻來逆女，公羊曰：「譏不親迎也。」公子翬如齊逆女，穀梁曰：「逆女，親者也。使大夫，非正也。」莊公如齊逆女，穀梁曰：「親迎，常事也，不志，此其志，何？不正其親迎於齊也。」凡此，皆言諸侯親迎之禮。若天子，則不然。趙氏曰：「王者之尊，海内莫敵，故嫁女，則使諸侯主之。適諸侯，諸侯莫敢有其室。若屈萬乘之尊而行親迎之禮，則何莫敢敵之有乎？」夫子對哀公曰：「爲天地宗廟社稷之主。」以魯有郊祀天地之禮，故云爾，非爲天子發也。左氏謂諸侯不親迎，公羊謂天子亦親迎，其説不能全與經合，當從趙氏之論爲正。

蕙田案：以上諸侯昏。

書堯典：帝曰：「咨！四岳：朕在位七十載，汝能庸命，巽朕位？」岳曰：「否德忝帝位。」曰：「明明揚側陋。」師錫帝曰：「有鰥在下，曰虞舜。」帝曰：「俞，予聞。如何？」岳曰：「瞽子，父頑，母嚚，象傲，克諧，以孝烝烝，乂不格姦。」帝曰：「我其試哉！」女于時，觀厥刑于二女。釐降二女于嬀、汭，嬪于虞。帝曰：「欽哉！」

蔡傳：吴氏曰：「二女，堯二女，娥皇、女英也。此堯言其將試舜之意也。莊子所謂『二女事之，以觀其内』是也。蓋夫婦之間，隱微之際，正始之道，所繫尤重。故觀人者，於此尤切也。釐，理。降，下也。嬀、汭，舜所居之地。嬪，婦也。史言堯治裝，下嫁二女於嬀水之北，使爲舜婦於虞氏之家也。欽哉，堯戒二女之辭，即禮所謂往之女家，必敬必戒者。況以天子之女，嫁於匹夫，尤不可不深戒之也。」

黄氏度曰：降，下也。貴賤之勢，可以言降也。釐降，則婦從夫，理之不可易者也。後世直改爲下嫁。孟子「舜尚見帝」，尚，猶上也。雖貴而上之，夫婦後先之義也。後世訓其義爲配，皆失理。

易泰卦：六五，帝乙歸妹，以祉元吉。

程傳：史謂湯爲天乙，厥後有帝祖乙，亦賢王也。後又有帝乙。多士曰：「自成湯至於帝乙，罔不明德恤祀。」稱帝乙者，未知孰是。以爻義觀之，帝乙制王姬下嫁之禮法者也。自古帝女雖皆下嫁，至帝乙然後制爲禮法，使降其尊貴，以順從其夫也。

吴氏澄曰：案京房傳載湯歸妹之辭曰：「無以天子之尊而乘諸侯，無以天子之富而驕諸侯，陰之從陽，女之順夫，天地之義也。往事爾夫，必以禮義。」其辭雖善，要是後世假托爲之，或乃因是，遂指帝乙爲湯，而謂非受辛之父者，非矣。

詩序：何彼襛矣，美王姬也。雖則王姬，亦下嫁於諸侯。車服不繫其夫，下王后一等，猶執婦道，以成肅雝之德也。箋：下王后一等，謂車乘厭翟，勒面繢總〔一〕，服則褕翟。

何彼襛矣，唐棣之華。曷不肅雝，王姬之車。何彼襛矣，華如桃李。平王之孫，齊侯之子。其釣維何，維絲伊緡。齊侯之子，平王之孫。

春秋莊公元年：夏，單伯送王姬。注：王將嫁女於齊，既命魯爲主，故單伯送女，不稱使也。天子嫁女於諸侯，使同姓諸侯主之，不親昏，尊卑不敵。公羊傳：單伯者何？吾大夫之命乎天子者也。何以不稱使？天子召而使之也。逆之者何？使我主之也。曷爲使我主之？天子嫁女於諸侯，必使諸侯同姓者主之。諸侯嫁女於大夫，必使大夫同姓者主之。注：大夫與諸侯同姓者不自爲主者，尊卑不敵。其行昏姻之禮，則傷君臣之義；行君臣之禮，則廢昏姻之好。故必使同姓有血脈之屬，宜爲父道與所適敵體者主之。禮，尊者嫁女於卑者，必待風旨，爲卑者不敢先求，亦不可斥與之者，申陽倡陰和之道。天子嫁女於諸侯，備姪娣如諸侯之禮，義不可以天子之尊，絶人繼嗣之路。我主書者，惡天子也。禮，齊衰不接弁冕，仇讎不交昏姻。穀梁傳：其不言「如」何也？其義不可受於京師也。其義不可受於京師何也？曰：躬君弑於齊，使之

〔一〕「面」，原作「而」，據光緒本、毛詩正義卷一改。

主昏姻，與齊爲禮，其義固不可受也。

高氏閌曰：王姬下嫁，禮雖不傳，而以義推之，諸侯固當躬至京師，天子置館，命同姓之尊者行賓主之禮，然後逆歸本國，此亦男下女之義也。今齊既不朝王，又不親迎，而魯之單伯反往逆之，莊王不以魯之先君戕於齊，命之主昏，魯有大喪，不因而辭之，陷王於不義，故不書「如京師」，而直書「逆王姬」，猶曰魯自逆耳。

秋，築王姬之館於外。左氏傳：築王姬之館於外，爲外，禮也。注：喪制未闋，故異其禮，得禮之變。

公羊傳：何以書？譏。何譏爾？築之，禮也；於外，非禮也。於外何以非禮？築於外，非禮也。其築之何以禮？主王姬者，必爲之改築。主王姬者，則曷爲必爲之改築？於路寢則不可，小寢則嫌，於群公子之舍，則以卑矣，其道必爲之改築者也。

穀梁傳：築，禮也。於外，非禮也。築之爲禮何也？主王姬者必自公門出，於廟則已尊，於寢則已卑，爲之築，節矣。築之外，變之正也。築之外，變之爲正，何也？仇讎之人，非所以接昏姻也；衰麻，非所以接弁冕也。注：親迎服祭服者，重昏姻也。公時有桓之喪。其不言齊侯之來逆，何也？不使齊侯得與吾爲禮也。

冬，王姬歸于齊。

十有一年冬，王姬歸於齊。注：魯主昏，不書。齊侯逆，不見公。公羊傳：何以書？過我也。

胡傳：案周制，王姬嫁於諸侯，車服不繫其夫，下王后一等，禮亦隆矣。春秋之義，尊君抑臣，其書王姬下嫁，曷爲與列國之女同辭而不異乎？曰陽倡而陰和。夫先而婦從，天理也。述天理，訓後世，則雖以王姬之貴，其當執婦道，與公侯、大夫、士、庶人之女何以異哉！故舜爲匹夫，妻帝二女。而其書曰：「嬪于虞。」西周王姬嫁於齊侯，亦執婦道，成肅雝之德。其詩曰：「曷不肅雝，王姬之車。」自秦而後，尤欲尊君抑臣爲治，而不得其道，至謂列侯尚公主，使男事女，夫屈于婦，逆陰陽之位，故王陽條奏世務，指此爲失。而長樂王回亦以其弊，至父母不敢畜其子，舅姑不敢畜其婦。原其意，雖欲尊君抑臣爲治，而使人倫悖於上，風俗壞於下，又豈所以爲治也？其流至此，然後知春秋書王姬、侯女同辭而不異，垂訓之義大矣。

汪氏克寬曰：後世公主出嫁，無王姬執婦道之風，莫不庸奴其夫。雖尚公主者極有才名，而勢屈於崇貴，吞悲茹氣，無所逃訴。故晉人有「無事取官府」之説。至六朝，其失尤甚。江斅尚臨海公主讓，昏表有云：「制勒甚於僕隸。」則其敝可知矣。春秋書王姬之歸，與詩相表裏，實萬世之法也。

蕙田案：以上王姬下嫁。

右天子諸侯昏王姬下嫁附

大夫昏

春秋隱公八年左氏傳：四月甲辰，鄭公子忽如陳逆婦嬀。辛亥，以嬀氏歸。甲寅，入於鄭。陳鍼子送女，先配而後祖。鍼子曰：「是不爲夫婦，誣其祖矣，非禮也，何以能育？」注：鍼子，陳大夫。禮，逆婦必先告祖廟而後行，故楚公子圍稱告莊、共之廟。鄭忽先逆婦而後告廟，故曰先配而後祖。疏：先配後祖，多有異説，賈逵以配爲成夫婦也，禮齊而未配，三月廟見，然後配。案昏禮，親迎之夜，衽席相連，是士禮不待三月也。禹娶塗山，四日即去，而有啓生焉，亦不三月乃配，是賈之謬也。鄭衆以配爲同牢食也，先食而後祭祖，無敬神之心，故曰誣其祖也。案昏禮，婦既入門，即設同牢之饌，其間無祭祀之事，先祭乃食，禮無此文，是鄭之妄也。鄭玄以祖爲祓道之祭也，先爲配匹而後祖道，言未去而行配。案傳既言「入于鄭」，乃云「先配而後祖」，寧是未去之事也？若未去先配，則鍼子在陳，譏之，何須云「送女」也？此三説皆滯，故杜引楚公子圍告廟之事，言鄭忽先逆婦而後告廟，故曰「先配而後祖」。此時忽父見在，計告廟以否，當是莊公之事，而譏忽者，楚公子圍亦人臣矣。而自布几筵告於莊、共之廟，不言稟君之命。知逆者，雖受父命，當自告廟。且忽先爲配匹而後告祖，見其告祖方始譏之，知忽自告祖也。或可鄭伯爲忽娶妻，先逆而後告廟，鍼子見而譏之。公子圍告廟者，專權自由耳，非正也。

莊公二十七年，莒慶來逆叔姬。公羊傳：莒慶者何？莒大夫也。莒無大夫，此何以書？譏。何譏爾？大夫越竟逆女，非禮也。注：禮，大夫任重，爲越竟逆女，於政事有所捐曠，故竟内乃得親逆，所以屈私赴公也。

穀梁傳：諸侯之嫁子於大夫，主大夫以與之。來者接内也，不正其接内，故不與夫婦之稱也。注：董仲舒曰：「大夫無束脩之餽，無諸侯之交，越竟逆女，紀罪也。」

宣公五年：秋九月，齊高固來逆子叔姬。

胡傳：案左氏「公如齊，高固使齊侯止。公請叔姬焉。」書夏，公至自齊；秋，齊高固來逆子叔姬，罪宣公焉。其曰來者，以公自爲之主。稱子者，或謂别於先公之女也。諸侯嫁女於大夫，主大夫以與之者，爲體敵也。而公自爲之主，壓尊毁列，卑朝廷，慢宗廟矣。夫以鄭國褊小，楚公子圍之貴驕强大，來娶於鄭，子産辭而卻之，使館於外，欲野賜之，幾不得撫有其室。事見左傳昭公元年。宣公以魯國周公之後，逼於高固請昏其女，强委禽焉而不能止，惟不知以禮爲守身之幹，是以得此辱也。春秋詳書，爲後世鑒，欲人之必謹於禮，以定其位。不然，卑巽妄説，不近於禮，奚足遠恥辱哉！

冬，齊高固及子叔姬來。左氏傳：冬，來，反馬也。公羊傳：何言乎高固之來？

言叔姬之來，而不言高固之來，則不可。子公羊子曰：「其諸爲其雙雙而俱至者與？」

胡傳：左氏曰：「反馬也。」禮，嫁女，留其送馬，不敢自安，及廟見成婦，遣使反馬。則高固親來，非禮也。又禮，女子有行遠父母者，歲一歸寧。今見逆逾時，未易歲也，而叔姬亟來，亦非禮也。故書及書來，以著齊罪也。凡昏姻，常事不書，而書此者，則以爲非常，爲後世戒也。

孔氏曰：天子諸侯嫁女，留其乘車，高固反馬〔一〕，則大夫亦留其車。留車〔二〕，妻之道也；反馬，壻之義也。婦至，質明見於舅姑。若舅姑既没，則婦入三月，乃祭。因以三月爲反馬之節。舅姑存者，亦當以三月反馬也。法當遣使，不合親行，故經傳具見其事，以示譏。

右大夫昏

〔一〕「高固」，諸本作「馬固」，據春秋左傳正義卷二二改。
〔二〕「留車」，諸本脱，據春秋左傳正義卷二二補。

五禮通考卷一百五十二

嘉禮二十五

昏禮

儀禮士昏禮

儀禮士昏禮。鄭目録云：士娶妻之禮，以昏爲期，因而名焉。必以昏者，陽往而陰來。日入三商爲昏。於五禮屬嘉禮。疏：商謂商量，是漏刻之名。馬氏云：「日未出、日入後皆二刻半，前後共五刻。三商據整數言，其實二刻半也。」

敖氏繼公曰：此篇主言士之適子娶妻之禮。娶必以昏者，取其近夜也。

昏禮。

敖氏繼公曰：此不言士者，辟「下達」之文也。

下達，納采用雁。注：達，通達也。將欲與彼合婚姻，必先使媒氏下通其言，女氏許之，乃後使人納其采擇之禮。詩云：「娶妻如之何？匪媒不得。」昏必以媒交接，設紹介，皆所以養廉恥。納采而用雁爲贄者，取其順陰陽往來。

陸氏佃曰：若逆女之類，自天子達是也。大夫有昏禮而無冠禮，則冠禮不下達矣。

朱子曰：下達之説，注、疏迂滯不通，陸氏説爲近是。蓋大夫執雁，士執雉，而士昏下達，納采用雁，如大夫乘墨車，士乘棧車，而士昏親迎乘墨車也。注、疏知乘墨車爲攝盛，而不知「下達」二字本爲用雁一事而發，言自士以下至于庶人，皆得用雁，亦攝盛之意也。蓋既許攝盛，則雖庶人，不得用匹。又昏禮贄不用死，故不得不越雉而用雁耳。今注、疏既失其指，陸于下達之義，雖近得之，然不知其與用雁通爲一義，則亦未爲盡善也。

敖氏繼公曰：此謂自天子下達于庶人，納采皆用雁也。經惟有士昏禮，故因以下達之文見之也。以此推之，則餘禮之用雁者，皆當下達，惟納徵之禮，或異耳。媒妁傳言，女家已許，乃敢納其采女之禮。采者，取也。用雁者，先儒謂取其不再偶，義恐或然。春秋傳曰：「鄭徐吾犯之妹美，公孫黑使强委禽焉。」是大夫納采亦用雁也。

蕙田案：下達用雁，先儒順陰陽往來及敖氏不再偶之説，似屬附會。蓋男先乎女，六禮皆然，故曰下達，不特用雁一事。敖氏從朱子攝盛之義，而謂自天子至於庶人，納采皆用雁，不知朱子之意以爲雁乃大夫之摯，本非士、庶人所得用，故爲攝盛。若卿以上，自當用其本等之摯，不必下同于大夫矣。蓋士當用雉，而雉不可生致，故舍雉而用雁。記云「摯不用死」是也。

主人筵於户西，西上，右几。注：主人，女父也。筵，爲神布席也。户西者，尊處，將以先祖之遺體許人，故受其禮於禰廟。席西上，右設几，神不統于人，席有首尾。　疏：公食記：「蒲筵萑席，皆卷自末。」是席有首尾也。

張氏爾岐曰：女家將受納采之禮，先設神坐，乃受之。西上，席首在西也。鄉射、燕禮等設席皆東上，以近主人爲上，是統于人。今以神尊，不統于人，取地道尊右之義，故席西上，几在右也。

使者玄端至。注：使者，夫家之屬，若群吏使往來者。　疏：如主人是上士，則屬是中士；主人是中士，則屬是下士；主人是下士，則屬亦當是下士，禮窮即同也。士冠禮玄端，士莫夕于朝之服。又以玄端祭廟，今使者亦於主人廟中行事也。

蕙田案：使者，注、疏謂中下士，敖君善以爲家臣，似注、疏説是。家臣不宜服玄端也。下經從者畢玄端，疏又以爲僕隸，存參。

擯者出請事，入告。注：擯者，有司佐禮者也。請，猶問也。禮不必事，雖知猶問之，重慎也。

主人如賓服，迎於門外，再拜；賓不答拜，揖入。注：門外，大門外。不答拜者，奉使不敢當其盛禮。

張氏爾岐曰：此時賓自執雁。

至於廟門，揖入。三揖，至於階，三讓。注：入三揖者：至内霤將曲，揖；既曲，北面揖；當碑，揖。主人以賓升，西面。賓升西階，當阿，東面致命。主人阼階上北面再拜。注：阿，棟也。入堂深，示親親。疏：禮之通例，賓主敵者，賓主俱升，若士冠與此文是也。若鄉飲酒、鄉射，皆主尊賓卑，故初至之時，主人升一等，賓乃升；至卒洗之後，亦俱升。惟聘禮，則公升二等，賓始升也。

敖氏繼公曰：主人以賓升，謂主人先升而賓從之也。

蕙田案：賓尊於主，則先升，聘禮是也。主賓敵，則主先升以導客，故曰「以賓升」。曲禮「主人與客讓，登，主人先登，客從之」是也。敖説是。

授於楹間，南面。注：授于楹間，明爲合好，其節同也。南面，並授也。

張氏爾岐曰：授，謂授雁。楹間，兩楹之間。凡授受，敵者於楹間，不敵者不于楹間，「君行一，臣行二」是也。今使者不敵而授於楹間，明爲合好，故其遠近之節同也。

賓降，出。主人降，授老雁。注：老，群吏中之尊者。疏：大夫家臣稱老，是以喪服公士大夫以貴臣爲室老〔一〕。士雖無君臣之名，云「老」亦是群吏中尊者也。

蕙田案：以上納采。

擯者出請。注：不必賓之事有無。

敖氏繼公曰：請，請事也。下文倣此。

賓執雁，請問名。主人許，賓入，授如初禮。注：問名者，將歸卜其吉凶。疏：此一使兼行納采、問名，二事相因也。入門、升堂、授雁，與納采禮同，故云「如初禮」也。

張氏爾岐曰：案記：主人受雁，還，西面對，賓受命，乃降。是主人既受雁，還復阼階之位，西面，以女名對賓，賓乃降階出門也。此一使兼行二禮，既采須卜，其事相因故也。

蕙田案：以上問名。

陳氏禮書：禮言婚姻禮下達，而繼之以納采。納采辭曰：「吾子有惠，貺室某也。某有先人之禮，使某也請納采。」則納采之前，已達其言矣。納采於廟，賓受主人雁，訖，降出。擯者出請，賓執雁，請問名。入，授如初禮。擯者出請醴賓，主人迎于廟門外，揖讓如初。一使而二雁，三入廟而再迎之，則問名因于納采，故其禮

〔一〕「士」，原作「食」，據儀禮注疏卷四改。

略也。士昏，贄用雁者，不以死贄，亦攝盛也。觀其所乘大夫之墨車，所衣助祭之爵弁，而女必次純衣、纁袡，腊必用鮮，魚必殽全，則攝贄以雁，不爲過也。鄭氏曰：「用雁，取其順陰陽來往。」理必不然。

擯者出請，賓告事畢。入告，出請醴賓。注：此「醴」亦當爲「禮」。禮賓者，欲厚之。賓禮辭，許。注：禮辭，一辭。主人徹几，改筵，東上。側尊甒醴於房中。注：徹几改筵者，鄉爲神，今爲人。側尊，亦言無玄酒。側尊於房中，亦有篚有籩豆，如冠禮之設。

張氏爾岐曰：徹去其几後，將授賓也。改筵，改西上而東上也。爲人設則東上者，統於主人也。

主人迎賓於廟門外，揖、讓如初，升。主人北面，再拜；賓西階上北面答拜。主人拂几，授校，拜送；賓以几辟，北面，設於坐，左之，西階上答拜。注：拂，拭也。拭几者，尊賓，新之也。校，几足。辟，逡遁。疏：「揖、讓如初，升」者，如納采時也。「主人北面再拜」者，拜賓至此堂飲之。「主人拂几」者，案有司徹：「主人西面，左手執几，縮之，以右袂推拂几三，二手横執几，進授尸於筵前〔一〕。」凡敵者拂几皆若此，卑於尊者則内拂之。「授校」者，凡授几之法，卑者以兩手執几兩端，尊者則以兩手於几間執之，授設皆然。受几之時，或受其足，或受于手間，皆横受之；及其設之，皆旋几

〔一〕「前」，原脱，據光緒本、儀禮注疏卷四補。

縱執，乃設之于坐南，北面陳之，位爲神則右之，爲人則左之。不坐設之者，几輕故也。**贊者酌醴，加角柶，面葉，出於房。**注：贊，佐也，佐主人酌事也。贊者亦洗酌，加角柶，覆之，如冠禮矣。出房，南面，待主人迎受。**主人受醴，面枋，筵前西北面。賓拜受醴，復位。主人阼階上拜送。**注：主人西北面疑立，待賓即筵也。賓復位于西階上，北面，明相尊敬。此筵不主爲飲食起。

張氏爾岐曰：主人執醴，筵前西北面以待賓。賓拜于西階上，乃進筵前受醴。受訖，復西階北面之位，主人乃於阼階上拜送此醴。古人受爵、送爵相拜之法率如此。

贊者薦脯醢。賓即筵坐，左執觶，祭脯醢，以柶祭醴三，西階上北面坐，啐醴，建柶；興，坐，奠觶，遂拜。主人答拜。注：即，就也。左執觶，則祭以右手也。凡祭，於脯醢之豆間。啐，嘗也，嘗之者，成主人意。建，猶扱也。興，起也。奠，停也。**賓即筵，奠於薦左，降筵，北面坐，取脯，主人辭。**注：薦左，籩豆之東。降，下也。自取脯者，尊主人賜，將歸執以反命。辭者，辭其親徹。**賓降，授人脯，出。主人送於門外，再拜。**注：人，謂使者從者，授於階下，西面，然後出去。

蕙田案：以上醴賓。

納吉，用雁，如納采禮。

張氏爾岐曰：如納采禮，其揖讓、升階、致命、授雁，及主人醴賓、取脯、出門之節，並如之。

蕙田案：以上納吉。

納徵，玄纁束帛、儷皮，如納吉禮。注：徵，成也，使使者納幣以成昏禮。用玄纁者，象陰陽備也。束帛，十端也。周禮曰：「凡嫁子娶妻，入幣純帛，無過五兩。」儷，兩也。執束帛以致命，兩皮爲庭寔。皮，鹿皮。疏：此納徵無雁者，以有束帛爲贄故也。周禮純帛，緇帛也，是庶人用緇，無纁。士大夫乃以玄纁束帛，天子加以穀圭，諸侯加以大璋。雜記云：「納幣一束，束五兩，兩五尋。」然則每端二丈。玄纁束帛者，合言之，陽奇陰偶，三玄二纁也。

陳氏禮書：鄭氏釋周禮曰：「純，寔緇字也。古緇以才爲聲。士大夫乃以玄纁束帛。」賈公彦曰：「庶人用緇，無纁。」然考之於史，曰「錦繡千純」，又曰「文繡千純」，則純，匹端也。周禮所謂純帛，乃匹帛也。鄭改以爲「緇」，誤矣。匹帛無過五兩，則庶人不必五兩，大夫、士不得過焉。非謂庶人用緇，大夫用玄纁也。先王之制昏禮，其用財不過如此，則婦之所飾可知矣。以爲合二姓之好，上以事宗廟，下以繼後世，而不在財也。後世之俗，有以金幣相高，蓋不知此。

盛氏世佐曰：以三玄二纁釋五兩，則玄六端、纁四端矣。其説本之聘禮鄭注，本之雜記。雜記云「魯人之贈也，三玄二纁」是也。但贈是送死之制幣，此則用以聘女，吉凶不同，其制或異。古「紂」字多訛爲「純」，鄭改「純」爲「緇」，不爲無據。然玄而不纁，與此不合。疏以緇爲庶人禮，亦無明文可證，陳氏説可以參考。

蕙田案：以上納徵。

請期，用鴈。主人辭。賓許，告期，如納徵禮。注：主人辭者，陽倡陰和，期日宜由夫家來也。夫家必先卜之，得吉日，乃使使者往辭，即告之。

敖氏繼公曰：壻家既得吉日，乃不敢直以告女家，而必請之者，示聽命於女家之意，尊之也。

蕙田案：以上請期。

期，初昏，陳三鼎於寢門外東方，北面，北上。其實：特豚，合升，去蹄，舉肺、脊二，祭肺二，魚十有四，腊一肫，髀不升。皆飪。設扃、鼏。注：期，取妻之日。鼎三者，升豚、魚、腊也。寢，壻之室也。北面，鄉内也。特，猶一也。合升，合左右胖升於鼎也。去蹄，蹄甲不用也。舉肺、脊者，食時所先舉也。肺者，氣之主也，周人尚焉。脊者，體之正也，食時則祭之，飯必舉之，貴之也。每皆二者，夫婦各一耳。凡魚之正，十五而鼎，減一爲十四者，欲其敵偶也。腊，兔腊也。肫，或作純，全也。凡腊用全。髀不升者，近竅，賤也。飪，熟也。扃，所以扛鼎。鼏，覆之。

張氏爾岐曰：此下言親迎之禮。先陳同牢之饌，乃乘車往迎，婦至成禮，共三節。

設洗於阼階東南。注：洗，所以承盥洗之器棄水者。饌於房中，醯醬二豆，菹醢四豆，兼巾之。黍稷四敦，皆蓋。注：醯醬者，以醯和醬，生人尚褻味。兼巾之者，六豆共巾也。巾爲禦塵，蓋爲尚温。周禮曰：「食齊視春時。」太羹湇在爨。注：太羹湇，煮肉汁也。太古之羹，無鹽菜。

爨，火上。周禮曰：「羹齊視夏時。」**尊於室中北墉下，有禁，玄酒在西，綌冪，加勺，皆南枋。**注：墉，墻也。禁，所以庪甒者。玄酒，不忘古也。綌，粗葛。**尊於房户之東，無玄酒。篚在南，實四爵、合卺。**注：無玄酒者，略之也。夫婦酌于内尊，其餘酌于外尊。合卺，破匏也。四爵兩卺，凡六，爲夫婦各三酳。一升曰爵。

蕙田案：以上將親迎，陳器饌。

主人爵弁，纁裳緇袘。從者畢玄端。乘墨車，從車二乘，執燭前馬。注：主人，壻也。壻爲婦主。爵弁，玄冕之次，大夫以上親迎冕服。袘，謂緣也。從者，有司也。乘二車，從行者也。畢，猶皆也。士而墨車，攝盛也。執燭前馬，使徒役持炬火居前炤道〔一〕。

敖氏繼公曰：此禮據壻家而言，故以壻爲主人。爵弁者，以親迎當用上服也。此言緇袘，不言衣、帶、韠，與士冠禮互見也。從者，謂在車及執燭者也。從者棧車也。

張氏爾岐曰：一命大夫冕而無旒，士變冕爲爵弁，故云冕之次。士助祭於公用之，是士服之盛者。大夫以上親迎，則皆冕服矣。疏以爲五等諸侯亦不過玄冕，天子親迎當衮冕，或然也。

盛氏世佐曰：郊特牲孔疏云：「士昏用上服以爵弁。則天子以下皆用上服，以五冕色俱玄，故總

〔一〕「徒」，原作「從」，據味經窩本、儀禮注疏卷四改。

稱玄冕也。」朱子嘗是其說。賈云「五等諸侯，亦不過玄冕」，殆誤。

婦車亦如之，有裧。注：亦如之者，車同等。士妻之車，夫家共之。大夫以上嫁女，則自以車送之。裧，車裳帷，周禮謂之容。車有容，則固有蓋。

盛氏世佐曰：亦如之者，如其乘墨車而下之儀也。嫁時之車，王后重翟，上公夫人厭翟，侯伯子男夫人翟車，孤卿以下至士，皆與夫同，唯有裧爲異。裧，周禮謂之容，詩謂之幃裳，一名童容。周禮作「幢容」。容者，以爲車之容飾也。幃裳者，以其幃障車之傍如裳也。其上有蓋，謂之童容。四傍垂而下，謂之裧。裧與襜同。其實一物也。男子立乘，有蓋無裧；婦人坐乘，重自蔽，故有蓋，復有裧。敖君善云以布爲之，想當然耳。又云在上曰裧，在下曰帷裳，此唯有裧而已，以裧與帷裳爲二，非也。鄭注雜記云：「裧謂鼈甲邊緣。」裧固在旁，不在上。又案，裧車之形，不見於聶氏三禮圖。

蕙田案：鄭司農云：「容謂襜車，山東謂之裳帷，或謂之幢容。」似係一物。

至於門外。注：婦家大門之外。主人筵於户西，西上，右几。注：主人，女父也。筵，爲神布席。女次，純衣、纁袡，立於房中，南面。注：次，首飾也，今時髲也。周禮追師：「掌爲副、編、次。」純衣，絲衣。女從者畢袗玄，則此衣亦玄矣。袡，亦緣也，袡之言任也。以纁緣其衣，象陰氣上任也。凡婦人，不常施袡之衣，盛昏禮，爲此服。喪大記曰：「復衣不以袡。」明非常。疏：不言裳者，以婦人之服不殊裳。次，次第髮長短爲之，所謂「髲髢」。外内命婦衣鞠衣、襢衣者服編，衣褖衣服次。其副，唯于三翟祭祀服之。士服爵弁助祭之服以迎，則士之妻亦服褖衣助祭之服也。此純衣，即褖衣〔一〕，是士妻助祭之服，尋常不用纁爲袡，今用之，故云「盛昏禮，爲此服」。**姆纚、笄、宵衣，在其右。**注：姆，婦人年五十無子出而不復嫁，能以婦道教人者，若今時乳母。纚，縚髮。笄，今時簪也。纚亦廣充幅，長六尺。宵，讀爲詩「素衣朱綃」之綃，魯詩以綃爲綺屬也。姆亦玄衣，以綃爲領，因以爲名，且相别耳。姆在女右，當詔以婦禮。**女從者畢袗玄，纚、笄，被頴黼，在其後。**注：女從者，謂姪娣也。詩：「諸娣從之，祁祁如雲。」袗，同也。同玄者，上下皆玄也。頴，襌也，詩云：「素衣朱襮。」爾雅云：「黼領謂之襮。」周禮曰：「白與黑謂之黼。」天子諸侯后、夫人狄衣，卿大夫之妻刺黼以爲領，如今偃領矣。士妻始嫁，施襌黼於領上，假盛飾耳。言被，明非常服。

陳氏云：袗，設飾也。説文曰：「褧，檾也，枲屬。」頴與褧、檾通。袗玄，設飾以玄也。頴黼，以枲爲領而刺黼也。

〔一〕「即」下，原衍「衣」字，據味經窩本、儀禮注疏卷五删。

蕙田案：注引詩「諸娣從之」，釋女從者，非也。惟天子諸侯一娶九女，娣姪從之。白虎通義云：「卿大夫一妻二妾，士一妻一妾，不備娣姪何？北面之勢，不足盡人骨肉之親也。」據此，則卿大夫已異於諸侯之禮矣，何況士乎？女從者，即下經所謂婦人送者耳。

主人玄端迎於門外，西面，再拜。賓東面答拜。注：賓，壻也。**主人揖入，賓執雁從。至於廟門，揖入。三揖，至于階。三讓。主人升，西面；賓升，北面，奠雁，再拜稽首，降，出。婦從降自西階，主人不降送。**注：賓升，奠雁，拜，主人不答，明主爲授女耳。主人不降送，禮不參。疏：禮，賓主宜各一人。今婦既從，故主人不參也。**壻御婦車，授綏，姆辭不受。**注：壻御者，親而下之。綏，所以引升車者。曲禮曰：「僕人之禮，必授人綏。」

蕙田案：女已從男，故稱婦也。

婦乘以几，姆加景，乃驅，御者代。注：乘以几者，尚安舒也。景之制，蓋如明衣，加之以爲行道禦塵，令衣鮮明也。景，亦明也。驅，行也。行車輪三周，御者乃代壻。**壻乘其車先，俟於門外。**注：壻車在大門外，乘之先者，道之也。男率女，女從男，夫婦剛柔之義，自此始也。俟，待也。門外，壻家大門外。疏：乘以几者，謂登車時也。景，蓋以禪縠爲之。

顧氏炎武曰：「主人爵弁，纁裳緇袘」，注：「主人，壻也。」壻爲婦主。「主人筵于户西」，注：「主人，女父也。」親迎之禮，自夫家而行，故壻稱主人。至于父家，則女父又當爲主人，故不嫌同辭也。女父爲主人，則壻當爲賓，故曰「賓東面答拜」，注：「賓，壻也。」對女父之辭也。至于賓出而婦從，則變其文而直稱曰壻。壻者，對婦之辭也。曰主人、曰賓、曰壻，一人而三異其稱，可以見「禮，時爲大」，而義之由内矣。

陳氏禮書：納幣必以使，而春秋之時，有親行之者，「莊公如齊納幣」是也。逆女必親，而春秋之時，或以使，公子翬、公子遂如齊逆女是也。應親而不親，不應親而親之，此春秋所以譏耳。禮必親迎，若不親迎，則有婦入三月壻見之儀存焉。

蕙田案：以上親迎。

婦至，主人揖婦以入。及寢門，揖入，升自西階。媵布席於奥。夫入於室，即席。婦尊西，南面，媵、御沃盥交。注：升自西階，道婦入也。媵，送也，謂女從者也。「御」，當爲「訝」。訝，迎也，謂壻從者也。媵沃壻盥於南洗，御沃婦盥于北洗，夫婦始接，情有廉恥，媵御交，道其志。

疏：御與婦人爲盥，非男子之事，謂夫家之賤者也。

李氏心傳曰：御，壻家之女侍也。

蕙田案：御爲壻家女侍，故後文媵餕主人之餘，御餕婦餘，不爲褻矣。

敖氏繼公曰：奥，室中西墉下少南也。布席東面，北上，宜變於神席也。夫婦既升，而並俟於堂，媵既布席，乃入也。即席，立于席上也。婦立于尊西，則尊亦當户明矣。交者，御沃媵盥，媵沃御盥也。居室之始，即行此禮，相下相親之義也。

蕙田案：媵御交侍沃盥，示交親之義也。盥者，夫與婦以將禮食也。敖氏以爲媵御盥，非，夫亦盥于北洗，故經不見出入之文。注謂壻盥於南洗，恐未安。

贊者徹尊冪。舉者盥，出，除鼏，舉鼎入，陳於阼階南，西面，北上。匕俎從設。注：執匕者、執俎者從鼎而入，設之。匕，所以别出牲體也。俎，所以載也。北面載，執而俟。注：執俎而立，俟豆先設。匕者逆退，復位於門東，北面，西上。注：執匕者事畢逆退，由便。至此，乃著其位，略賤也。贊者設醬於席前，菹醢在其北。俎入，設於豆東，魚次。腊特於俎北。注：豆東，菹醢之東。贊設黍於醬東，稷在其東，設湆於醬南。注：饌要方也。設對醬于東。注：對醬，婦醬也。設之當特俎。菹醢在其南，北上。設黍於腊北，其西稷。設湆于醬北，御布對席。贊啓會，卻於敦南，對敦於北。注：啓，發也。贊告具。揖婦即對筵，皆坐，皆祭，祭薦、黍、稷、肺。注：贊者西面告饌具也。壻揖婦，使即席。薦，菹醢。贊爾黍，授肺、脊，皆食以湆、醬，皆祭舉、食舉也。注：爾，移也。移置席上，便其食也。皆食，食黍也。以，用也。用者，謂用口啜湆，用指咂醬。三飯，卒食。注：卒，已也。同牢示親，不主爲食起，三飯而成禮也。贊洗爵，酌酳主人，主人拜受，贊户内北面答拜。酳婦亦如之。皆祭。注：酳，漱也。酳之言演也，安也。漱，所以潔口，且演安其所食。酳酌内尊。疏：壻拜當東面，婦拜當南面。少牢「籑答拜」，注云：「在東面席者，東面拜；在西面席者，南面拜。」故知婦拜南面。若贊答婦拜，亦於户内北面也。贊以肝從，皆振祭。嚌肝，皆實於菹豆。注：肝，肝炙也。飲酒，宜有肴以安之。卒爵，皆拜。注：婦拜，見上篇「見母章」、此篇「婦見奠菜」一章，及内則「女拜尚右手」。贊答拜，受爵。

敖氏繼公曰：卒爵而拜，拜其飲己之賜也。贊答拜，亦一拜也。受爵，出，奠於篚，乃復洗他爵以升。

再酳，如初，無從。三酳用巹，亦如之。注：亦無從也。

敖氏繼公曰：至是乃用巹者，昏禮將終，示以合體相親之意也。亦如之者，亦如初而無從也。

贊洗爵，酌於户外尊。入户，西北面奠爵，拜。皆答拜，坐祭，卒爵，拜。皆答拜，興。注：贊酌者，自酢也。

敖氏繼公曰：三酳乃自酢，變于常禮也。

主人出，婦復位。注：復尊西南面之位。

蕙田案：前文夫婦皆答拜，此時夫婦室中之拜，皆順其東西向。興，謂夫婦也。主人出，爲將脱服於房也。婦但當脱服於室，故不出，復舊位而立也。乃徹於房中，如設於室。尊否。注：徹室中之饌，設于房中，爲媵御餕之。徹尊不設，有外尊也。主人説服於房，媵受。婦説服於室，御受。姆授巾。注：巾，所以自潔清。御衽於奥，媵衽良席在東，皆有枕，北止。注：衽，卧席也。婦人稱夫曰良。孟子曰：「將覸良人之所之。」止，足也。古文「止」作「趾」。疏：布同牢席，夫在西，婦在東，今乃易處者，前者示陰陽交會有漸，今取陽往就陰也。主人入，親説婦之纓。注：入者，從房還入室。婦人十五許嫁，笄而禮之，因著纓，明有繫也。蓋以五采爲之，其制未聞。

蕙田案：疏「纓有二」。曲禮云：「女子許嫁，纓。」注云：「繫纓，有從人之端也。」即此説纓之纓也。内則云：「男女未冠、笄者，總角衿纓。」此幼時纓也，皆與男子冠纓異。今主人親脱之者，明此纓爲己而繫也，然亦暫脱之耳。婦事舅姑，衿纓仍當飾之。

燭出。注：昏禮畢，將卧息。媵餕主人之餘，御餕婦餘，贊酌外尊酳之。注：外尊，房户外之東尊。媵侍於户外，呼則聞。注：爲尊者有所徵求。

蕙田案：以上婦至成禮。

夙興，婦沐浴，纚、笄、宵衣以俟見。注：夙，早也，昏明日之晨。興，起也。俟，待也。待見於舅姑寢門之外。古者，命士以上年十五，父子異宮。

蕙田案：特牲「主婦宵衣」，蓋士妻之正服也，解見前。疏謂「純衣纁袡，嫁時之盛服」，故事已而復其常也。

質明，贊見婦於舅姑。席於阼，舅即席。席于房外，南面，姑即席。注：質，平也。房外，房户外之西。婦執笲棗栗，自門入，升自西階，進拜，奠于席。笲，音煩。注：笲，竹器有衣者，其形蓋如今之筥笿簏矣。進拜者，進東面，乃拜。奠之者，舅尊，不敢授也。舅坐撫之，興，答拜。婦還，又拜。注：還又拜者，還于先拜處拜。婦人與丈夫爲禮，則俠拜。降階，受笲腶脩，升，進，北面拜，奠於席。姑坐，舉以興，拜，授人。注：人，有司。姑執笲以起，答婦拜，授有司徹之，舅則宰徹之。曲禮疏：脯，搏肉無骨而曝之。脩，取肉鍛治而加薑桂，乾之如脯者。

蕙田案：棗、栗、腶脩，所以爲贄也。乃皆奠之而不敢授者，凡相見之禮，尊卑不敵則奠之。舅撫而姑舉，示受之也。舅姑答拜，與冠禮「母拜之」之拜同。

張氏爾岐曰：婦見舅訖，復自西階降，受腶脩以見姑。

蕙田案：以上婦見舅姑。

贊醴婦。注：「醴」，當爲「禮」。贊禮婦者，以其婦道新成，親厚之。席於户牖間。注：室户西牖東，南面位。側尊甒醴於房中，婦疑立於席西。注：疑，正立自定之貌。贊者酌醴，加柶，面枋，出房，席前北面。婦東面拜受，贊西階上北面拜送，婦又拜，薦脯醢。注：婦東面拜，贊北面答之，變于丈夫始冠成人之禮。婦升席，左執觶，右祭脯醢，以柶祭醴三；降席，東面坐，啐醴，建柶，興，拜。贊答拜。婦又拜，奠於薦東，北面坐，取脯，降，出，授人於門外。注：奠於薦東，升席奠之。取脯降，出，授人，親徹且榮得禮。人，謂婦氏人。

蕙田案：以上醴婦。

舅姑入于室，婦盥，饋。注：饋者，婦道既成，成以孝養。特豚合升，側載，無魚腊，無稷，並南上。其他如取女禮。注：側載者，右胖載之舅俎，左胖載之姑俎，異尊卑。並南上者，舅姑共席於奥，其饌各以南爲上。其他，謂醬、湆、菹、醢。女，謂婦也，如取婦禮同牢時。疏：自「側載」以下，「南上」以上，與取女異。周人吉禮尚右，故知右胖載之舅俎，左胖載之姑俎，以異尊卑也。

蕙田案：異俎則異席，但同在奥而東面耳。東面，舅南而姑北。

婦贊成祭，卒食，一酳，無從。注：贊成祭者，授處之。今文無「成」也。席於北墉下。注：室中北墻下。婦徹，設席前，如初，西上。婦餕，舅辭，易醬。注：婦餕者，即席將餕也。辭易醬者，嫌淬汙。婦餕姑之饌，御贊祭豆、黍、肺，舉肺、脊。乃食，卒。姑酳之，婦拜受，姑拜送。坐祭，卒爵。姑受，奠之。注：奠于篚。婦徹於房中，媵、御餕；姑酳之，雖無娣，媵先。於是與始飯之錯。注：古者嫁女，必娣姪從之，謂之媵。姪，兄之子。娣，女弟也。娣尊姪卑。若或無娣，猶先媵，客之也。始飯，謂舅姑。錯者，媵餕舅餘，御餕姑餘也。古文「始」爲「姑」。

蕙田案：士之媵，無娣姪，故曰「雖無娣，媵先」，則士之媵，蓋以他女備之。然既曰媵，則始至之時，亦客之也，故酳媵在御先。媵、御固同餕姑之餘，但止飯黍而無食舉，故止與始飯敦黍而交錯餕之，亦猶特牲、少牢上下餕之分敦黍之意。注謂「媵餕舅餘，御餕姑餘」，似可商。

又案：以上婦饋舅姑。

舅姑共饗婦以一獻之禮。舅洗於南洗，姑洗於北洗，奠酬。注：以酒食勞人曰饗。南洗在庭，北洗在北堂。設兩洗者，獻酢酬以潔清爲敬。奠酬者，明正禮成，不復舉。凡酬酒，皆奠於薦左，不舉。其燕則更使人舉爵。舅姑先降自西階，婦降自阼階。注：授之室，使爲主，明代己。歸婦俎於婦氏人。注：言俎則饗禮有牲矣。婦氏人，丈夫送婦者，使有司歸以婦俎，當以反命於女之父母，明其得禮。

蕙田案：昏義：「厥明，饗婦。」乃異日也。注、疏謂大夫以上或異日，士同日，非。

又案：以上舅姑饗婦。

舅饗送者以一獻之禮，酬以束錦。注：送者，女家有司也。爵至酬賓，又從之以束錦，所以相厚。古文「錦」皆作「帛」。疏：尊無送卑之法。士無臣，故知有司送之也。姑饗婦人送者，酬以束錦。注：婦人送者，隸子弟之妻妾。凡饗，速之。疏：凡速者，皆就館速之。若異邦，則贈丈夫送者以束錦。注：贈，送也。就賓館。

蕙田案：以上饗送者。

若舅姑既没，則婦入三月，乃奠菜。注：没，終也。奠菜者，以篚祭菜也，蓋用菫。疏：必三月者，三月一時天氣變，婦道可成也。此言舅姑俱没者，若舅没姑存，則當時見姑，三月亦廟見舅；若舅存姑没，婦人無廟可見，或更有繼姑，自然如常禮也。案曾子問云：「三月而廟見，擇日而祭于禰。」鄭云：「舅姑没者也。婦有供養之禮，猶舅姑存時，盥饋特豚於室。」此言奠菜，即彼祭於禰，一也。席於廟奥，東面，右几。席於北方，南面。注：廟，考妣之廟。北方，墉下。

張氏爾岐曰：席於奥者，舅席也。席于北方者，姑席也。舅姑别席，異而象生時婦見之禮，與常祭同几者不同也。

祝盥，婦盥於門外。婦執笲菜，祝帥婦以入。祝告稱婦之姓曰：「某氏來婦，敢奠嘉菜於皇舅某子。」注：帥，道也。入，入室也。某氏者，齊女則曰姜氏，魯女則曰姬氏。來婦，言來爲婦。嘉，美也。皇，君也。疏：盥于門外，此亦異于常祭。云某子者，言若張子、李子也。

張氏爾岐曰：疏以婦新入門，稱姓以告，故亦以姓稱其舅與？

婦拜扱地，坐，奠菜於几東席上，還，又拜如初。注：扱地，手至地也。婦人扱地，猶男子稽首。疏：婦人以肅手爲正。今云扱地，則婦人之重拜也。男子稽首，亦拜中之重，故以相況也。

盛氏世佐曰：婦人拜法，見於經傳者五。曰肅拜，少儀云「婦人吉事，雖君賜，肅拜」是也。曰手拜，少儀注云「凶事乃手拜」，孔疏云「婦人除爲喪主，其餘輕喪、凶事，乃有手拜」是也。曰稽顙，喪服小記云「婦人爲夫、爲長子稽顙」是也。曰頓首，左傳「晉穆嬴抱太子以適趙氏，頓首於宣子」是也。曰扱地，此奠菜禮是也。惟肅拜爲正，餘皆非吉禮。扱地之拜，蓋介乎吉凶之間，以致其哀敬之意與？以男子九拜例之，肅拜，軍中之拜也。手拜，蓋與空首相似，其法，先以手至地，而頭來至手也。稽顙即凶拜。頓首是男子平敵相與之拜，而穆嬴施於其臣，疏家以爲私求法，非禮之正。然嬴時遭襄公之喪，則亦凶拜也，殆如吉拜，拜而后稽顙，爲殷之凶拜與？扱地，於九拜無所似，賈疏謂以手至地而首不至手，又與空首不同。注云：「婦人扱地，猶男子稽首。」稽首，拜頭至地，臣拜君之拜，舉以相況者，明其爲拜中之最重，非爲拜法似之也。然則扱地與肅拜異，稽顙又與扱地異，手拜與扱地皆以手至地，而首或至手，或不至手，亦異。熊氏謂初嫁及爲夫、爲長子主喪，則以手扱地，蓋考之未精矣。又案，肅拜之法，周禮注云：「肅拜但俯下手。」今時撎是也。疏引鄉飲酒禮注「推手曰揖，引手曰撎」爲證。少儀注云：「肅拜，拜低頭也。」若然女拜，益不折腰屈膝矣。郝氏謂男子坐拜，婦人立拜，故婦人見舅姑，手棗、栗、腶脩，拜而後奠，若坐拜，必奠後拜，此説得之。敖氏云：「凡婦人之拜，以左掌據地，故右手執物而可以拜。」殆未講乎肅拜之法，與特牲禮主婦致爵訖，酌酢，左執爵拜，則以左掌據地之説，不辨自破矣。郝氏又謂：「婦拜舅，立，而使其舅坐拜答之，於禮未當。且廟見，婦拜扱地，舅姑坐拜，不當扱地耶？」愚謂扱地之拜，爲不逮事舅姑者設，將以生其哀慕之心焉，故與凶事手拜相似，豈宜施於具慶者哉？先聖使婦人肅拜，所以重男女之别也。拜君賜、拜君舅君姑，非不欲加隆焉，而禮有所止，惡其不純乎，吉者參之也。郝氏每以臆見測古禮，無怪乎其疑之也。

婦降堂，取笲菜入，祝曰：「某氏來婦，敢告於皇姑某氏。」奠菜於席，如初禮。注：降堂，階上也。室事交乎户，今降堂者，敬也。於姑言「敢告」，舅尊于姑。婦出，祝闔牖户。注：凡廟無事則閉之。老醴婦於房中，南面，如舅姑醴婦之禮。注：因于廟見禮之。

盛氏世佐曰：上云贊醴婦，贊即老也。以其助舅姑行禮，故曰贊。此無所助，故直指其人言之。郝氏敬於醴婦章，嘗以男女不親授受，今用男子酌新婦，而禮文不言用何等男子獻疑。張氏爾岐亦云：「嘗疑此老與前贊者，並是男子，乃使與新婦爲禮。在前聖必自有説，非末學所可臆度。」愚謂老，家臣之長，必有德而年高者爲之，故使之醴婦，所以代舅姑也。特牲、少牢禮有主婦與尸、祝、佐食、賓獻酢致爵之事，古人行禮，固不以爲嫌，後人不之疑而獨疑昏禮，何居？又郝氏謂：「三月廟見，以夫婦共爲祭主，非以三月爲限也。苟未三月而及祭期，婦可以不與于祭乎？與于祭，可以不先見乎？」此皆臆説也。婦入三月，然後祭行，未三月而及祭期，婦固不與也，以其未成婦也。

壻饗婦送者丈夫、婦人，如舅姑饗禮。注：舅姑没，故壻兼饗丈夫、婦人，如舅姑饗禮。

盛氏世佐曰：春秋宣五年，經書：「齊高固及子叔姬來。」左傳云：「反馬也。」杜注云：「禮，送女，留其送馬，謙不敢自安，三月廟見，遣使反馬。」此士禮，雖無反馬之事，然送女者，則必俟其成婦而後歸，亦猶謙不敢自安之意也。舅姑存，則以昏之明日見于舅姑，舅姑醴之，而婦禮成矣，送者可以歸矣。

故舅姑于饗婦之後，即饗送者，不必三月也。若舅姑既殁，則必待三月廟見而後成婦。記云：「擇日而祭于禰，成婦之儀也。」又云：「如未廟見而死，歸葬于女氏之黨，示未成婦也。」成婦而後送者乃可歸。故經言壻饗送者于老醴婦之後，著其行禮之節也。敖云此禮宜行于始嫁之時，非。且婦未受醴而先饗送者，亦失其尊卑先後之次矣。

蕙田案：以上舅姑没，婦廟見及饗婦、饗送者之禮。

盛氏世佐曰：此章言禮之變，亦記體也。凡言禮之變者二：一後世變禮，自不合入經，如冠禮不醴若殺、此篇不親迎之類是也。一古者元有其禮，以通乎正之所窮，特以非常，故不見於經，而賢者識之，以補其所未備。如冠禮孤子冠母不在、此篇「宗子無父」之類是也。此章亦其類矣。

記：士昏禮。凡行事，必用昏昕，受諸禰廟。辭無「不腆」、無「辱」。注：用昕，使者。用昏，壻也。腆，善也。賓不稱幣不善，主人不謝來辱。疏：「辭無不腆、無辱」者，郊特牲云：「告之以直信。」是賓納幣之時，不得謙虚爲辭。主人亦不爲謙虚，教女正直之義也。

朱子曰：用昕，即詩所謂「旭日始旦」也。

敖氏繼公曰：士一廟，則祖禰皆在焉。惟云禰者，祖尊而禰親，受昏禮宜于親者。

摯不用死，皮帛必可制。注：摯，雁也。皮帛，儷皮、束帛也。

蕙田案：死，謂雉也。虞書「二生一死」，二生，雁其一也。士當用雉，因其死而不用，故用雁。此記所以釋用雁之義。必可制，謂當其人與時之宜，可制而服之也。聘禮記云：「幣美則沒禮，過美則不可制。」而況濫惡乎！是皆謂之不可制，而非所云幣必誠也。

腊必用鮮，魚用鮒，必殽全。注：殽全者，不餒敗、不剝傷。

郝氏敬曰：同牢禮，饗用腊，必新乾者。鮒，鯽魚，性相依附曰鮒。殽用全，牲體備也。

盛氏世佐曰：殽全，謂豚俎也。殽，骨體也。全者，不折也。一骨而分爲二曰折，特牲、少牢禮言俎之折者不一，是皆有殽而不全也。雖一體完矣，而二十一體不備，亦不可謂全，惟同牢之禮用其全耳，郝氏説近之。

蕙田案：以上記昏禮時地、辭命、用物。

女子許嫁，笄而醴之，稱字。注：許嫁，已受納徵禮也。笄女之禮，猶冠男也，使主婦、女賓執其禮。疏：笄女，許嫁者，用醴禮之。未許嫁者〔一〕，當用酒醮之。祖廟未毀，教于公宮三月。若

〔一〕「未」，儀禮注疏卷六作「不」。

祖廟已毀，則教于宗室。注：祖廟，女高祖爲君者之廟也。以有緦麻之親，就尊者之宮，教以婦德、婦言、婦容、婦功。宗室，大宗之家。

張氏爾岐曰：此謂諸侯同族之女，將嫁之前教成之法。其與諸侯共高祖者，是緦麻之親，教之於公宮，其共曾祖、共祖、共禰廟者，皆教於公宮可知也。若與君絶服者，則于大宗之家教之。大宗之家，謂別子之世適長子，族人所宗事者也。

盛氏世佐曰：宗子所以尊祖收族，女子將嫁，教于宗室三月，亦收族之一端。案注云：「大宗之家。」疏云：「不于小宗者，小宗卑故也。」昏義孔疏：「大宗、小宗之家，悉得教之，與大宗近者於大宗，與大宗遠者于小宗。」二説不同，當以賈疏爲正。若謂與國君絶服者教于大宗之家，與大宗絶服者教于小宗之家，設有繼高祖之宗而與大宗絶服者，其女當于何教乎？教于大宗則已遠，教于己室是無統矣，此則孔説所不通也。

蕙田案：以上記笄女、嫁女。

問名，主人受雁，還，西面對。賓受命，乃降。注：受雁于兩楹間，南面，還于阼階上，對賓以女名。

蕙田案：此記問名之儀。

祭醴，始扱一祭，又扱再祭。賓右取脯，左奉之，乃歸，執以反命。注：反命，謂使者問名、納吉、納徵、請期，還報于壻父。疏：祭醴，謂贊醴賓之時〔一〕，禮成于三。始祭醴之，初扱一祭，及又扱，則分爲兩祭，是爲三也。

張氏爾岐曰：凡祭醴之法，皆如此。

蕙田案：以上記祭醴之儀。

納徵，執皮，攝之内文，兼執足，左首。隨入，西上，參分庭一在南。注：攝，猶辟也。兼執足者，左手執前兩足，右手執後兩足。左首象生。曲禮曰：「執禽者左首。」西上，中庭位併。

敖氏繼公曰：先儒讀攝爲摺，則訓疊也。今人屈物而疊之謂之摺，古之遺言與？内文，兼執足，攝之之法也。左首，謂西上也。云隨入者，以其並攝，嫌亦並行也。西上，統乎賓也。

張氏爾岐曰：納徵之禮，賓執束帛入，别有二人執皮以爲庭實。其執之之法，襞攝之，使文在内，兩手兼執其四足，首向左。二人相隨，入門，至庭則併立，以西爲上，三分庭之一，而在其南。

賓致命，釋外足見文。主人受幣。士受皮者，自東出於後，自左受，遂坐攝皮，逆退，適東壁。注：賓致命，主人受幣，庭實所用爲節。士謂若中士下士不命者，以主人爲官長。自，由也。

〔一〕「賓」，儀禮注疏卷六作「婦」。

張氏爾岐曰：賓堂上致命時，執皮者庭中釋皮外足見文。主人堂上受命時，主人屬吏受皮者自東方出執皮者之後，至其左，北面受之。既受皮，遂坐攝之，復使内文。逆退，適東壁者，初二人相隨，自東而西，及退，反東壁，則後者在前也。

蕙田案：以上記納徵庭實之儀。

父醴女而俟迎者，母南面於房外。注：女既次、純衣，父醴之于房中，南面，蓋母薦焉，重昏禮也。女奠爵於薦東，立于位而俟壻。壻至，父出，使擯者請事。母出，南面，房外，示親授壻，且當戒女也。女出於母左，父西面戒之，必有正焉，若衣若笄。母戒諸西階上，不降。注：必有正焉者，以託戒之，使不忘。

張氏爾岐曰：母在房户西，南面。女出房，至母左時，父阼階上，西面戒之。母送女至西階上，乃戒之也。父母不降送，庶母及門内，申父母之命。

蕙田案：以上記父母戒女。

婦乘以几，從者二人，坐持几相對。注：持几者，重慎之。疏：王后則履石。大夫、諸侯亦應有物履之，但無文。今人猶用臺。

蕙田案：此記婦升車乘几。

婦入寢門，贊者徹尊冪，酌玄酒，三屬於尊，棄餘水於堂下階間，加勺。注：屬，注也。玄酒，涚水，貴新，昬禮又貴新，故事至乃取之，三注于尊中。

蕙田案：此記玄酒之節。

笲，緇被纁裏，加於橋。舅答拜，宰徹笲。注：被，表也。笲有衣者，婦見舅姑，以飾爲敬。橋，所以庪笲，其制未聞。今文「橋」爲「鎬」。

蕙田案：此記笲飾及受笲之節。

婦席薦饌於房。注：醴婦、饗婦之席薦也。饗婦，姑薦焉。注：舅姑共饗婦，舅獻爵，姑薦脯醢。婦洗在北堂，直室東隅，篚在東，北面盥。注：洗在北堂，所謂北洗。北堂，房中半以北。洗南北直室東隅，東西直房户與隅間。婦酢舅，更爵自薦。注：更爵，男女不相因也。不敢辭洗。舅降，則辟於房，不敢拜洗。注：不敢與尊者爲禮。凡婦人相饗，無降。注：姑饗婦人送者於房，無降者，以北洗篚在上。疏：言凡者，欲見舅姑共饗婦及姑饗婦人送者皆然。

蕙田案：以上記醴婦、饗婦饌具儀節。

婦入三月，然後祭行。注：入夫之室三月之後，於祭乃行，謂助祭也。

蕙田案：注云助祭，蓋兼舅姑存没、適婦、庶婦而言。三月之後，婦道既成，故凡祭皆行也。特牲、少牢禮婦人助祭者，内賓、宗婦皆與。若謂助夫祭，爲主婦，必舅姑既没，或老而傳者，乃爲得之。舅在無姑，婦仍不得爲主婦也。注是，疏不合。

又案：此記婦助祭之期。

庶婦則使人醮之，婦不饋。注：庶婦，庶子之婦也。使人醮之，不饗也。酒不酬酢曰醮，亦有脯醢。適婦酌之以醴，尊之。庶婦酌之以酒，卑之。其儀則同。不饋者，共養統于適也。

張氏爾岐曰：亦昏之明日，婦見舅姑時，因使人醮之於房外之西，如醴婦之儀。婦不饋，則舅姑亦不饗也。

盛氏世佐曰：庶婦之醮，當適婦之醴，其不饗，又因不饋而見，非一義也。注以「不饗」釋醮，疏云「以醮贊饗」，誤矣。醮之位未聞，以冠禮醮世子法例之，當在房外。敖氏謂亦在户牖間，非。或疑醮禮亦行於婦見舅姑之日，斯時房外之位，姑寔在焉。豈庶婦見舅姑，其位亦異於適與？曰：非也。上文贊醴婦時，舅姑尚在阼與房外之位，若親醴之，然所以尊適也，禮畢，乃入室。此云「使人醮之」，則舅姑早入於室矣，無妨婦席於房外也。

蕙田案：此記庶婦禮。人，亦室老也。舅姑不在其位，故不云贊。

敖氏繼公曰：此以上專記事，以下專記辭，不欲其相亂也。

昏辭曰：「吾子有惠，貺室某也。注：昏辭，擯者請事告之辭。吾子，謂女父也。稱有惠，明下達。貺，賜也。室猶妻也。某，壻名。某有先人之禮，使某也，請納采。」注：某，壻父名也。某也，使名也。對曰：「某之子惷愚，又弗能教。吾子命之，某不敢辭。」注：對曰者，擯出納賓之辭。某，女父名也。吾子，謂使者。致命曰：「敢納采。」

蕙田案：以上記納采之辭。

問名，曰：「某既受命，將加諸卜，敢請女爲誰氏。」注：某，使者名也。誰氏者，謙也，不必其主人之女。

盛氏世佐曰：古人有姓有氏，姓如姬、姜之類，氏如季孫、叔孫之類。男子恒稱氏，婦人恒稱姓。記云：「幼名，冠字，五十以伯仲。」男子之禮也。婦人既笄之後，即以伯仲爲字而稱之，皆與男子異，故以姓配伯仲，婦人之通稱。間有以姓配氏者，如欒黶之妻曰欒祁，東郭偃之姊曰東郭姜之類，蓋傳者以此相别耳，非常稱也。婦人之氏有二種，而姓氏之氏不與焉。一則以姓爲氏，如曰姬氏、姜氏是也；一則以字爲氏，如詩稱戴嬀、太任皆曰仲氏是也。上文云「某氏來婦」，某，姓也。此云

「女爲誰氏」，誰，字也。禮本問名，辭乃問字者，使者不敢斥言，主人之對則直告以女名矣。若女之姓氏，於媒氏傳言時已知之，何必問耶？注誤以問名爲問姓，嫌于知而復問，故以「謙，不必其主人之女」解之，真曲説也。疏家主於護注，遂創爲名有二種之説，皆泥于婦人不以名行之説故耳。夫不以名行者，特以婦人無外事，故名不聞于人，非謂有名而不稱也。昭二十七年左傳云：「請以重見。」是婦人稱名之例矣。周禮媒氏云：「凡男女自成名以上，皆書歲月日名焉。」記云：「男女非有行媒，不相知名。」然則女子未字以前，其名不出於梱，唯媒氏知之，而男家則猶待問也。姜氏上均以問名爲問字，亦未爲得。昏義孔疏又云：「問名者，問其女之所生母之姓名。」亦非。問女名，將以卜之也，問女母之姓名，何爲哉？又案，此辭及下文「吾子有命」以下，至「某不敢辭」，皆賓在廟門外，與擯者對答之辭，即經所謂「擯者出請，賓執鴈，請問，主人許」者也。賓致命於堂，當曰：「敢問名。」主人則以女名對之，即上記所謂「主人受鴈，還，西面對」者也。疏以此爲致命之辭，張氏爾岐謂告擯者之辭，當亦不異，皆未的。夫不敢斥言而云誰氏者，使者之辭。直云問名者，壻父之命。自納采以至請期，致命之辭俱相似，故記於納采、納徵見其例，而餘則略之。

對曰：「吾子有命，且以備數而擇之，某不敢辭。」注：卒曰某氏，不記之者，明爲主人之女。

蕙田案：注當云「對以女名」，今曰「某氏」，與前經「主人受雁，還，西面對」注語不合。云「不記之者，明其爲主人之女」，更未妥。見前盛氏辨中。

又案：以上記問名之辭。

醴，曰：「子爲事故，至于某之室。某有先人之禮，請醴從者。」注：言從者，謙不敢斥也。對曰：「某既得將事矣，敢辭。」注：將，行。「先人之禮，敢固以請。」注：主人辭，固如故。「某辭不得命，敢不從也！」注：賓辭也，不得命者，不得辭己之命。

蕙田案：以上記醴賓之辭。

納吉，曰：「吾子有貺命，某加諸卜，占曰吉，使某也敢告。」注：貺，賜也。賜命，謂許以女名也。某，壻父名。對曰：「某之子不教，唯恐弗堪。子有吉，我與在，某不敢辭。」注：與，猶兼也。

蕙田案：以上記納吉之辭。

納徵，曰：「吾子有嘉命，貺室某也。某有先人之禮，儷皮、束帛，使某也請納徵。」致命曰：「某敢納徵。」對曰：「吾子順先典，貺某重禮，某不敢辭，敢不承命。」注：典，常也，法也。

蕙田案：以上記納徵之辭。

請期，曰：「吾子有賜命，某既申受命矣。惟是三族之不虞，使某也請吉日。」注：三族，謂父昆弟、己昆弟、子昆弟。虞，度也。不億度，謂卒有死喪。此三族者，己及子皆爲服期，期服則踰年，欲及今之吉也。雜記曰：「大功之末，可以冠子、嫁子。」對曰：「某既前受命矣，唯命是聽。」注：前受命者，申前事也。曰：「某命某聽命於吾子。」注：曰某，壻父名也。對曰：「某固唯命是聽。」使者曰：「某使某受命，吾子不許，某敢不告期。曰某日。」注：某吉日之甲乙。對曰：「某敢不敬須。」注：須，待也。

蕙田案：以上記請期之辭。

凡使者歸，反命曰：「某既得將事矣，敢以禮告。」注：告，禮所執脯。主人曰：「聞命矣。」

蕙田案：此記使者反命之辭。

父醮子。注：子，壻也。疏：父醮子用酒，在寢。命之，辭曰：「往迎爾相，承我宗事。注：相，助也。宗事，宗廟之事。勗帥以敬，先妣之嗣。若則有常。」注：勗，勉也。若，猶女也。勉帥婦道以敬，其爲先妣之嗣。女之行，則當有常，深戒之。詩云：「太姒嗣徽音。」

張氏爾岐曰：謂婦爲相，以其爲夫之助也。注以「勗帥以敬」八字爲句，愚謂當四字爲句，「事」、「嗣」叶，「相」、「常」首尾叶。若曰：「今往迎爾相，以承我宗事，當勉帥以敬，使其惟先妣是嗣。汝之敬，必有常，不可敬始而怠終也。」末句申勸之。

子曰：「諾。唯恐弗堪，不敢忘命。」

蕙田案：以上記父醮子辭。

賓至，擯者請。對曰：「吾子命某，以茲初昏，使某將，請承命。」注：賓，壻也。命某，某，壻父名。茲，此也。將，行也，使某行昏禮來迎。對曰：「某固敬具以須。」

敖氏繼公曰：壻家告期，而賓乃云「吾子之命」者，不敢自專，若受命于婦家也。

父送女，命之曰：「戒之敬之，夙夜毋違命。」母施衿結帨，曰：「勉之敬之，夙夜無違宫事。」注：帨，佩巾。庶母及門内，施鞶，申之以父母之命，命之曰：「敬恭聽，宗爾父母之言，夙夜無愆，視諸衿鞶。」注：庶母，父之妾也。鞶，鞶囊也。男鞶革，女鞶絲，所以盛帨巾之屬，爲謹敬。申，重也。宗，尊也。愆，過也。諸，之也。示之以衿鞶，皆託戒，使識之也。不示之以衣笄者，尊者之戒，不嫌忘之。

盛氏世佐曰：鄭以鞶爲囊，杜氏注左傳以爲紳帶，一名大帶，賈、服皆與杜同，説文亦云大帶也。孔氏之疏，每曲鄭而直杜，以易「或錫之鞶帶」，知鞶即帶也。左傳疏又以内則「鞶袠」之鞶，亦當爲帶。然鞶字從系，鞶字從革，則一爲囊，一爲帶，自屬兩義。丈夫之帶有二，一爲大帶，以束衣；一爲革帶，以佩韍玉之等。婦帶應如之。鞶爲大帶，則衿猶丈夫之革帶與？凡佩繫于革帶，故施衿則結帨，以爲之佩也。

蕙田案：以上記親迎及父母戒女之辭。

壻授綏，姆辭曰：「未教，不足與爲禮也。」

張氏爾岐曰：此節監本脱，據石經及吴本補入，或當有鄭注，而今逸之矣。姆，教人者。

蕙田案：此記姆辭、壻授綏之辭。

宗子無父，母命之；親皆没，己躬命之。注：宗子者，適長子也。命之，命使者。母命之，在春秋「紀裂繻來逆女」是也。躬，猶親也。親命之，則「宋公使公孫壽來納幣」是也。言「宗子無父」，是有有父者，禮，七十老而傳，八十齊喪之事不及。若是者，子代其父爲宗子，其取也，父命之。

盛氏世佐曰：母命之者，母使子之諸父兄命五禮之使者。親迎則使命其子，昏詞皆稱母所使出命者之名也。雖有諸父諸兄，不敢擅爲昏主，必待母命而後爲之，尊大宗也。母没，則族人無敢主其昏矣，故己躬命五禮之使者，親迎則告於禰，而其詞皆稱壻名也。母不通使，義見公羊傳。又昏禮，當使同姓主之。公羊傳云：「稱諸父兄、師友。」劉向説苑載大夫士昏詞，亦曰：「某之父、某之師友。」師友異姓，而與兄並稱，恐未安。

支子則稱其宗。注：支子，庶昆弟也。稱其宗子命使者。

盛氏世佐曰：此亦謂無父者，支子與庶子異。庶者對適而言，支者對宗而言。有庶子而爲宗者，如庶子爲父後是也。有宗子而爲支者，如身是繼禰之宗而父非適長，則於祖爲支矣；身是繼祖之宗而祖非適長，則於曾祖爲支矣。推而上之，即至爲繼高祖之宗，而於大宗仍爲支子也。曲禮云：「支子不祭，祭必告於宗子。」以支子對宗子言，與此同。喪服傳所云者，非支子之正解也。宗，五宗也，大宗一，小宗四。稱，謂昏辭所稱之名，如曰「某有先人之禮」之類是也。父在，則某是父名；無父，則是繼禰之宗子名。身繼禰，則稱繼祖之宗；身繼祖，則稱繼曾祖之宗。其他可以類推矣。

弟則稱其兄。注：弟，宗子母弟。亦謂無父者。

敖氏繼公曰：弟，謂凡無父母而有親兄者也。兄雖非宗子，猶稱之也。有兄則不稱宗子者，尚親也。

蕙田案：以上記命使之人。

若不親迎，則婦入三月，然後壻見，曰：「某以得爲外昏姻，請覿。」注：女氏稱昏，壻氏稱姻。覿，見也。

敖氏繼公曰：不親迎，謂使人迎之，此指無父者也。記曰：「父醮子而命之迎。」昏義曰「子承父命以迎」，是親迎者必受父命也。無父，則子無所承命，故其禮不可行。

盛氏世佐曰：敖氏「無父者，不親迎之説」，非也。據昭元年左傳載楚公子圍娶婦事云：「請以衆迎。」又云：「圍布几筵，告於莊、共之廟而來。」則無父者，告於廟而後迎，禮也。豈以無所承命而廢鬼神陰陽之大典乎？隱二年經書「紀履綸來逆女」，公羊傳曰：「譏始不親迎也。」莊二十有四年「公如齊逆女」，杜氏注云：「親迎，禮也。」詩曰「韓侯迎止，于蹶之里」，「覲而親迎」，孔子以告哀公，是諸侯之迎，且不以父廢也，而況大夫以下乎！其爲臆説無疑矣。

主人對曰：「某以得爲外昏姻之數，某之子未得濯溉於祭祀，是以未敢見。今吾子辱，請吾子之就宫，某將走見。」注：主人，女父也。以白造緇曰辱。對曰：「某以非他故，不足以辱命，請終賜見。」注：非他故，彌親之詞。命，謂將走見之言。對曰：「某以得爲昏姻之故，不敢固辭，敢不從。」注：不言外，亦彌親之辭。主人出門左，西面；壻入門，東面，奠摯，再拜，出。注：出門，出内門；入門，入大門。出内門不出大門者，異于賓客也。壻見于寢。奠摯者，壻有子道，不敢授也。摯，雉也。擯者以摯出，請受。注：欲使以賓客禮相見。壻禮辭，許。受摯，入。主人再拜受，壻再拜送，出。注：出，已見女父。見主婦，主婦闔扉，立於其内。注：主婦，主人之婦也。見主婦者，兄弟之道，宜相親也。闔扉者，婦人無外事。扉，左扉。壻立於門外，東面。主婦一拜，壻答再拜；主婦又拜，壻出。注：必先一拜者，婦人於丈夫，必俠拜。主人請醴，及揖讓入，醴以一獻之禮。主婦薦，奠酬，無幣。注：及，與也。無幣，異于賓客。壻出，主人送，再拜。

蕙田案：以上記不親迎，見婦父母之禮。

盛氏世佐曰：此篇於親迎以前，不言告廟之事。白虎通義因有「娶妻不先告廟者，示不必安也」之説。然記有之曰：「日月以告君，齋戒以告鬼神，爲酒食以召鄉黨僚友，以厚其别也。」齋戒以告鬼神，而謂非告廟，可乎？儀禮之文，不具者多矣。

他傳記足以補之者，君子弗棄也。隱八年左傳載「鄭公子忽逆婦，先配而後祖，陳鍼子譏之」之事，注云：「禮，逆婦，必先告廟而後行，鄭忽先逆婦而後告廟，故曰先配而後祖。」杜義要有所本。竊疑告廟之禮，當是壻父率其子以告，孤子則自告。時忽父見在，而疏以爲逆者當自告，恐未是。鄭氏蓋主不告廟之説，故其解左傳以祖爲軷道之祭；注曲禮之告鬼神，則以昏禮，凡受女之禮，皆于廟爲神席當之。解左之説，已見斥於孔疏，而曲禮注顧未有非之者。夫於廟爲神席，乃女氏之事。記者之意，蓋主男氏而言，不可援以爲證也。況女父筵几於廟，是重以先祖之遺體許人，亦與厚别意微異。左傳又載楚公子圍娶婦告廟事，疏云：「聘禮，臣奉君命，聘於鄰國，猶釋幣於禰乃行，況昏是嘉禮之重。文王世子曰：『五廟之孫，祖廟未毀，雖爲庶人，冠、娶妻必告。』鄭云：『告于君也。』亦既告君必須告廟。」此説得之。朱子經傳通解右白虎通義，而疑左氏不足信，愚未敢以爲安。

右儀禮士昏禮

五禮通考卷一百五十三

嘉禮二十六

昏禮

庶人昏

周禮地官媒氏：掌萬民之判。凡男女自成名以上，皆書年、月、日、名焉。令男三十而娶，女二十而嫁。凡娶判妻入子者，皆書之。注：判，半也。得耦爲合，主合其半，成夫婦也。喪服傳曰：「夫妻判合。」鄭司農云：「主萬民之判合。入子者，謂嫁女者也。」玄謂：言入子者，容媵姪娣不聘之者。

高氏愈曰：判，當作「胖」。胖者，胸背之骨兩形而聯爲一體，夫妻之合似之。儀禮所稱「夫妻胖合」，即此也。判妻，謂出妻再嫁。娶判妻而入其子，猶易所謂「得妾以其子」者，欲令别于父母自養者，故書之。

蕙田案：判妻入子，高氏説較注疏爲直截，即下文男女之無夫家者也。

仲春之月，令會男女。於是時也，奔者不禁。若無故而不用令者，罰之。司男女之無夫家者而會之。注：司，察也。無夫家，謂男女之鰥寡者。疏：上文已云令會男女謂無夫家者也，今又言司察男女無夫家，是嘗已有匹配，故鄭云男女之鰥寡者也。

王氏應電曰：程子云：「取失節者以配身，是已失節也。」此云「司無夫家而會之」，非歟？夫天下之人，上智寡而中材衆。一與之齊，終身不改，固女子天然之節，苟盡責以此事，則失所者必多。且非貞節之人，徒使之不嫁以避失節之名，而其陰至于敗俗，必有甚者。故聖人於牧民之政而開爲此法，凡鰥寡而欲嫁娶者，亦量其才齒而會合之，所以待中人。至于昏禮用雁，從一而終，實萬世綱常，爰及鰥寡，旌表貞婦，常以爲世勸，實並行而不悖也。

蕙田案：程子之言，禮義自守之正也。注疏之意，惠鮮鰥寡之仁也。王者參贊化育，守經達權，與匹夫硜硜之節自有不同，王氏發明之是矣。

凡嫁子娶妻，入幣純帛，無過五兩。注：純，實「緇」字也。納幣用緇，婦人陰也。凡於娶禮，必用其類。五兩，十端也。必言兩者，欲得其配合之名。十者，象五行十日相成也。士大夫乃以玄纁束帛，天子加以穀圭，諸侯加以大璋。雜記曰：「納幣一束，束五兩，兩五尋。」然則每端二丈。

禮記昏義孔疏：納徵，納聘財也。春秋謂之納幣。其庶人則緇帛五兩。

王氏應電曰：雜記：「納幣一束，束五兩，兩五尋。」八尺曰尋，五尋即四丈也。凡布帛，四丈爲一匹，一匹兩端，故又謂之兩。然則每端二丈，每兩四丈，十端五兩爲一束，共二十丈也。古者納幣，不過於此，故男女不至失時也。後世昏娶論財，男家以此責其婦，女氏以此驕其夫，南方遂以溺女成風，禮之失也久矣。反之，其在士君子歟？

禮記雜記：納幣一束，束五兩，兩五尋。

方氏慤曰：納幣，即昏禮所謂納徵。以物言，故曰幣；以義言，故曰徵。五兩，王氏謂天數五，地數五，五位相得而各有合，五兩則以天地合數爲之節。

陳氏澔曰：從兩端卷至中，則五匹爲五箇兩卷矣，故曰「束五兩」。

周禮地官遂人：以樂昏擾甿。注：樂昏，勸其昏姻，如媒氏會男女。擾，順也。疏：男女，人之大欲存焉，配以昏姻，即順民意。

大司徒：以荒政十有二聚萬民。十曰多昏。

劉氏彝曰：昏必用六禮，禮以荒而不可備時，雖荒而不可失也，故多昏之政行焉。

史氏浩曰：古者國有凶荒則殺禮，而多昏、會男女之無夫家者，所以育人民。

媒氏：禁遷葬者與嫁殤者。注：遷葬，謂生時非夫婦，死既葬，遷之使相從。殤，十九以下未嫁而死者。生不以禮相接，死而合之，亦是亂人倫也。

王氏應電曰：骨肉歸于土，以掩藏爲善，故祔之。離合，聖人所不拘，而死則同穴，特匹夫匹婦之私情耳。民有遷徙，而屑屑於遷其舊葬，以祔其夫或婦者，既使死者體魄不安，亦使生者不盡人道，而酖溺鬼神。禁之者，裁民以義也。此遷葬事，由于夫婦之合，故附載于此。

華氏泉曰：嫁殤，或女已殤而嫁之，或男子殤而嫁女與之，亦爲嫁殤。

王氏昭禹曰：昏姻，所以合二姓之好，天地之義。受命則于祖，親迎則於庭。三月而後廟見，未廟見而死，猶不遷于祖，不祔于姑，歸葬于女氏之黨，以示其未成婦。殤而死，乃妄爲嫁娶，豈禮之意乎？

蕙田案：遷葬、嫁殤，後世不惟習以爲俗，且以合葬爲禮，而分葬爲非者有之矣。女未嫁殉夫，不以爲非禮，而旌其貞烈者有之矣。此皆溺於欲而不循於理，聖人申以明禁，豈非風俗民心之大閑哉！

凡男女之陰訟，聽之於勝國之社。其附於刑者，歸之於士。注：陰訟，爭中冓之事以觸法者。亡國之社，就之以聽陰訟之情，明不當宣露。其罪不在赦宥者，直歸士刑之，不復以聽。

王氏應電曰：陰訟，以淫僻而致訟。中冓之事，故曰陰。亡國之社，覆以屋而行刑辟者，聽之必于此者，以其事醜，故于屋中，不欲宣布於衆。且自古犯淫亂者，無有不至于敗亡，故于此以自戒。

大司徒之職：施十有二教焉。三曰以陰禮教親，則民不怨。

王氏昭禹曰：陰禮，則昏姻之類，以其爲内事，故謂之陰禮。男子生而願爲之有室，女子生而願爲之有家，先王之教，使民樂所願而已。男女以正，昏姻以時，孰有怨哉？

蕙田案：昏禮之見於經者，惟儀禮士昏禮。由士而上，則爲天子、諸侯、大夫，下則爲庶人，而其禮不載，蓋闕如矣。家語孔子對哀公云：「敬之至矣，大昏爲大。大昏至矣。大昏既至，冕而親迎，合二姓之好，以爲天地宗廟社稷之主。」是天子、諸侯有昏禮也。又云：「無大夫冠禮而有其昏禮。」是大夫有昏禮也。惟庶人之昏辭無所見。今考大宗伯：「以嘉禮親萬民，以昏冠之禮親成男女。」而大司徒又云「以陰禮教親」，遂人「以樂昏擾民」，媒氏「掌萬民之判」，皆屬於地官，何也？宗伯之昏禮，以節文爲主，雖無所不統，而以天子、諸侯、大夫、士爲重。若大司徒教養萬民，貴在男女及時家室完聚，内無怨，外無曠，故媒氏所掌曰「會男女」，而「娶判妻入子者皆書之，司無夫家者而會之」。至納幣不過純帛，非士、大夫之玄纁束帛也。荒則多昏，何擇乎冰泮霜降之時？與六禮之相將也。且不用令者有罰，遷葬、嫁殤者有禁，豈所以行於士、大夫者乎？此蓋庶人之昏也。何也？禮不下庶人也。

右庶人昏

昏義

禮記昏義：昏禮者，將合二姓之好，上以事宗廟，而下以繼後世也，故君子重之。是以昏禮納采、問名、納吉、納徵、請期，皆主人筵几于廟，而拜迎於門外，入，揖讓而升，聽命於廟，所以敬慎重、正昏禮也。注：聽命，謂主人聽使者所傳壻家之命。疏：此一節總明昏禮之義。而拜迎于門外，揖讓而升，自從始至終也。納采者，謂采擇之禮，故昏禮云：「下達，納采用鴈」也。問名者，問其女之所生母之姓名，故昏禮云「謂誰氏」，言女之母何姓氏也。此二禮，一使而兼行之。納吉者，謂男家既卜得吉，與女氏也。納徵者，納聘財也。徵，成也。先納聘財而後昏成，春秋則謂之「納幣」。其庶人則緇帛五兩，卿大夫則玄纁，玄三纁二，加以儷皮。及諸侯加以大璋，天子加以穀圭，皆具于周禮經注也。請期者，謂男家使人請女家以昏時之期。由男家告于女家，何必請者？男家不敢自專，執謙敬之辭，故云「請」也。女氏終聽男家之命，乃告之。納吉、納徵、請期，每一事則使者一人行。惟納徵無鴈，以有幣故，其餘皆用鴈。主人筵几於廟者，謂行此等之禮。主人，謂女父母，設筵几于禰廟。此等皆據士昏禮而知之也。聽命于廟者，謂女之父母聽受壻之使者之命於廟堂之上兩楹之間也。

父親醮子而命之迎，男先於女也。子承命以迎，主人筵几於廟，而拜迎於門外。壻執鴈入，揖讓升堂，再拜，奠鴈，蓋親受之於父母也。降，出，御婦車，而壻授綏，御輪三周，先俟於門外。婦至，壻揖婦以入，共牢而食，合巹而酳，所以合體、同尊卑，以親之也。注：酌而無酬酢曰醮。醮之禮，如冠醮與？其異者，於寢耳。壻御婦車，輪三周，御者代之，壻自乘其車，先道之歸也。共牢而食，合巹而酳，成婦之義。疏：此一節明親迎之時，父之醮子，明迎婦之節。所以必命迎者，欲使男往迎之，女則從男而來也，是男子先迎，女從後至，是男先女也。拜迎於門外，以敵禮待之。共牢而食者，共一牲牢而同食，不異牲。巹，謂半瓢，以一瓠分爲兩瓢，謂之巹。壻之與婦各執一片以酳，故云合巹以酳。同尊卑，謂共牢也。所以合體同尊卑者，欲使壻之親婦，婦亦親壻，所以體同爲一，不使尊卑有殊也。敬愼重正而后親之，禮之大體，而所以成男女之別，而立夫婦之義也。

夙興，婦沐浴以俟見。質明，贊見婦于舅姑，婦執笲棗、栗、腶脩以見。贊醴婦，婦祭脯醢，祭醴。成婦禮也。

陳氏禮書：棗、栗、腶脩，贄也。見舅以棗、栗，見姑以腶脩者，以棗、栗者，天所產；腶脩者，人所成也。棗、栗進于舅而舅拜之，腶脩進于姑而姑拜之，以禮無不答，猶冠禮母拜子、燕禮君答臣、祭禮尸答主人也。見必立於堂下而拜必于階上者，立于堂下，婦之所以尊尊也；拜于階上，舅姑所以親親也。

舅姑入室，婦以特豚饋，明婦順也。注：以饋明婦順者，供養之禮，主于孝順。**厥明，舅姑共饗婦以一獻之禮，奠酬。舅姑先降自西階，婦降自阼階，以著代也。**注：言既獻之，而授之以室事也。降者，各還其燕寢。婦見及饋、饗于適寢。昏禮不言厥明，此言之者，容大夫以上禮多，或異日。疏：此以士爲主，亦兼明大夫，故有「厥明，舅姑共饗婦」。若士婦，見舅姑之日，即舅姑饗婦，故士昏禮舅姑醴婦，醴婦既訖，則饗之，不待厥明也。阼階是舅姑所升之處，今婦由阼階而降，是著明代舅姑之事也。

陳氏禮書：冠必醴子，昏必醴女，以至主人醴賓，舅姑醴婦，皆致其誠敬而示以質也。醴婦必席于户牖間，其酌以觶，其薦以脯醢，其禮有祭，而拜送、拜答則贊者而已。若夫饗婦則不然，故舅洗在庭，姑洗在北堂，則所與行禮者，舅姑也。然則醴與饗必于户牖間，猶冠者之醮于客位也。婦降自阼階，猶冠者之冠于阼也。庶婦則使人醮之，猶庶子之冠不醴也。

方氏慤曰：阼者，主人之階。子之代父，將以爲主于外；婦之代姑，將以爲主于內。故此與冠禮，並言著代也。

成婦禮，明婦順，又申之以著代，所以重責婦順焉也。婦順者，順於舅姑，和於室人，而后當於夫，以成絲麻布帛之事，以審守委積蓋藏。注：室人，謂女姒、女叔、諸婦也。

當，猶稱也。後言稱夫者，不順舅姑，不和室人，雖有善者，猶不爲稱夫也。是故婦順備而后内和理，内和理而后家可長久也。故聖王重之。注：順備者，行和當，事成審也。疏：以審守委積蓋藏者，言以此詳審保守家之所有委積掩蓋藏聚之物也。室人，是在室之人，非男子也。女姒，謂壻之姊也。女叔，謂壻之妹也。諸婦，謂娣姒之屬。是以古者婦人先嫁三月，祖禰未毁，教於公宫；祖廟既毁，教於宗室。教以婦德、婦言、婦容、婦功，教成祭之。牲用魚，芼之以蘋藻，所以成婦順也。注：謂與天子諸侯同姓者也。嫁女，必就尊者教成之。教成之者，女師也。祖禰，女所出之祖也。公，君也。宗室，宗子之家也。婦德，貞順也。婦言，辭令也。婦容，婉娩也。婦功，絲麻也。祭之，祭其所出之祖也。魚、蘋藻，皆水物，陰類也。魚爲俎實，蘋藻爲羹菜。祭無牲牢，告事耳，非正祭也，其齊盛用黍云。君使有司告之。宗子之家，若其祖廟已毁，則爲壇而告焉。

雜記：婦見舅姑，兄弟、姑姊妹皆立於堂下，西面，北上，是見已。注：婦來，爲供養也。其見主於尊者，兄弟以下在位，是爲已見，不復特見。見諸父，各就其寢。注：旁尊也。亦爲見時不來。

郊特牲：幣必誠，辭無不腆。注：誠，信也。腆，猶善也。告之以直信。注：直，猶正也。此二者，所以教婦正直信也。信，事人也。信，婦德也。注：事，猶立也。壹與之齊，終身不改，故夫死不嫁。注：齊，謂共牢而食，同尊卑也。齊，或爲醮。男子親迎，男先於女，剛柔之義也。天先乎地，君先乎臣，其義一也。注：先，謂倡道也。執摯以相見，敬章別也。注：言不敢相褻也。摯，所奠鴈也。男女有別，然後父子親；父子親，然後義生；義生，然後禮作；禮作，然後萬物安。注：言人倫有別，則氣性醇也。無別無義，禽獸之道也。注：言聚麀之亂類也。壻親御授綏，親之也。親之也者，親之也。注：言己親之，所以使之親己。敬而親之，先王之所以得天下也。注：先王若太王、文王。出乎大門而先，男帥女，女從男，夫婦之義，由此始也。注：先者，車居前也。婦人，從人者也，幼從父兄，嫁從夫，夫死從子。注：從，謂順其教令。夫也者，夫也。夫也者，以知帥人者也。注：夫之言丈夫也。夫，或爲傅。

陳氏澔曰：太王「爰及姜女」，文王「親迎于渭」，皆是敬而親之之道，以至於有天下。故曰「先王之所以得天下也」。

玄冕齋戒，鬼神陰陽也。將以爲社稷主，爲先祖後，而可以不致敬乎？注：玄冕，祭服也。陰陽，謂夫婦也。

陳氏澔曰：服玄冕而致齋戒，是事鬼神之道。鬼者，陰之靈；神者，陽之靈，故曰鬼神陰陽也。今昏禮者，蓋將以主社稷之祭祀，承先祖之宗廟也，可不以敬社稷與先祖之禮敬之而玄冕齋戒乎？

共牢注：牢，俎也。而食，同尊卑也。故婦人無爵，從夫之爵，坐以夫之齒。注：爵，謂夫命爲大夫，則妻爲命婦。器用陶匏，尚禮然也。注：此謂太古之禮器也。三王作牢，用陶匏。注：言太古無共牢之禮，三王之世作之，而用太古之器，重夫婦之始也。厥明，婦盥饋，舅姑卒食，婦餕餘，私之也。注：私之，猶言恩也。舅姑降自西階，婦降自阼階，授之室也。注：明當爲家事之主也。昏禮不用樂，幽陰之義也。樂，陽氣也。注：幽，深也，欲使婦深思其義，不以陽散之也。昏禮不賀，人之序也。注：序，猶代也。

曾子問：孔子曰：「嫁女之家，三夜不息燭，思相離也。取婦之家，三日不舉樂，思嗣親也。三月而廟見，稱來婦也。擇日而祭於禰，成婦之義也。」注：謂舅姑没者也。必祭成婦義者，婦有共養之禮，猶舅姑存時盥饋特豚于室。疏：昏禮奠菜之後，更無祭舅姑之事。此云祭于禰者，正謂奠菜也，則廟見奠菜、祭禰是一事也。

汪氏克寬曰：案禮，舅姑存，成昏明日，婦見舅姑，共盥饋之禮。此成昏三月，擇日祭禰者，則舅姑已没，而婦見于廟也，非謂廟見後擇日又祭也。婦人謂嫁曰歸，故稱來婦。詩謂「之子于歸」，易言「歸妹」是矣。曰「成婦之義」者，曰生既不獲供養於舅姑，廟祭亦如生成盥饋之禮，明敬事之當完，故曰成婦之義也。此雖存没不同，亦皆互文以見義耳。然則廟見必待三月者，父母既没，爲人子者，謂婦之來，以成絲麻布帛，以審守委積蓋藏者，其事也；和室人、當于夫、在中饋者，其行也。上以奉宗廟，下以繼後世，此又禮之重也。職或不修，有可去之事，則不可以苟合也。故必待久，觀其成夫婦之道，而後告廟焉，此亦致敬于其所事也。

曲禮：男女非受幣，不交不親。故日月以告君，齋戒以告鬼神，爲酒食以召鄉黨僚友，以厚其別也。注：日月，娶婦之期也，媒氏書之以告于君。厚其別者，重慎男女之倫也。

女子許嫁，纓，非有大故，不入其門。

賀取妻者曰：「某子使某，聞子有客，使某羞。」

吕氏曰：賀者以物遺人而有所慶也。著代以爲先祖後，人子之所不得已，故不用樂，且不賀也。然爲酒食以召鄉黨僚友，則遺問不可廢也。故其辭曰：「聞子有客，使某羞。」舍曰昏禮而謂之有客，則所以羞者，佐其供具之費而已，非賀也。作記者，因俗之名稱賀。

坊記：昏禮，壻親迎，見於舅姑。舅姑承子以授壻，恐事之違也。注：舅姑，妻之父母也。妻之父爲外舅，妻之母爲外姑。父戒女曰：「夙夜無違命。」母戒女曰：「毋違宫事。」以此坊民，婦猶有不至者。注：不至，不親夫以孝舅姑也。春秋成公九年春二月，「伯姬歸于宋」，夏五月，「季孫行父如宋致女」。是時，宋共公不親迎，恐其有違而致之也。

曲禮：納女於天子曰「備百姓」，於國君曰「備酒漿」，於大夫曰「備埽灑」。注：納女，猶致女也。不親迎，則女之家遣人致之，此其權也。姓之言生也，天子皇后以下百二十人，廣子姓也。

呂氏大臨曰：不敢以伉儷自期，願備妾媵之數而已，皆自卑之辭也。

馬氏晞孟曰：納女者，嫁女之家謙辭也。備百姓者，以嗣續爲重。備酒漿者，以祭祀爲重。備埽灑者，以賓客爲重。

陸氏佃曰：備百姓，則百斯男，太姒之事也。曰備酒漿，諸侯宜有禮樂之事焉。曰備埽洒，下于夫人，有事人之道而已。

陳氏祥道曰：傳曰：「凡公女嫁于敵國〔一〕，姊妹則上卿送之，公子則下卿送之；于大國，雖公子，亦上卿送之；于天子，則諸卿皆行；于小國，則上大夫送之。」故晉叔向送女于楚，而薳啓彊曰：「上卿、上大夫致之。」則送女，謂之致女也。納女而不及士，何也？儀禮凡女行于大夫以上曰嫁，于士曰適人。嫁者，有家之辭。適人，則適于人而已。此所以略而不言。

家語：魯哀公問於孔子曰：「禮，男必三十而有室，女必二十而有夫也，豈不晚乎？」孔子曰：「夫禮言其極也，不是過也。男子二十而冠，有爲人父之端；女子十五許嫁，有適人之道。於此而往，則自昏矣。群生閉藏乎陰，以以，一作「而」。爲化育之始。注：陰，冬也，萬物翕聚于冬，所以爲發育之始也。故聖人因時以合偶男女，窮天數也。

〔一〕「女」，諸本作「主」，據春秋左傳正義卷六改。

注：時，謂婚姻之時。窮天數，即下文季秋冰泮之義，承閉藏于陰而言矣。**霜降而婦功成，嫁娶者行焉。**注：季秋霜降，嫁娶者始于此。詩云：「將子無怒，秋以爲期」也。**冰泮而農桑起，昏禮始殺於此。**注：泮，解也。正月農事起，蠶者采桑，昏禮始殺，言猶未止也。至二月農事已起，乃會男女之無夫家者，奔者期盡此月故也。詩云：「士如歸妻，迨冰未泮」，言如欲使妻歸，及冰未泮散之盛時也。**男子者，任天道而長萬物者也。**注：乾知大始。男，乾道也。**知可爲知不可爲，知可言知不可言，知可行知不可行者也。是故審其倫而明其別，謂之知，所以效匹夫之聽也。**注：聽，宜爲「德」。**女子者，順男子之教而長其理者也**〔一〕。注：坤作成物。女，坤道也。**是故無專制之義，有三從之道，幼從父兄，既嫁從夫，夫死從子，言無再醮之端。**注：禮，女子當嫁，父母醮而命之。無再醮之端，統言不改事人也。**教令不出於閨門，**注：禮，女不言外也。**事在共酒食而已。**注：易曰：「無攸遂，在中饋。」**無閫外之儀也，**注：閫，門限也。婦人以自專爲與閫外之事。詩云：「無非無儀，惟酒食是議。」言婦人得無非足矣，有善者則非其所宜者也。**不越境而奔喪。事無擅爲，行無獨成，參知而後動，可驗而後言，晝不遊庭，夜行以燭，所以效匹婦之德**

〔一〕「理」，諸本作「禮」，據孔子家語卷六改。

也。」孔子遂言曰：「女有五不取：逆家子者，注：謂其逆德也。亂家子者，注：謂其亂倫也。世有刑人子者，注：謂其棄於人也。有惡疾子者，注：謂其棄于天也。喪父長子者。注：謂其無受命也。婦有七出、三不去。七出者：不順父母者，注：謂其逆德也。無子者，注：謂其絶世也。淫僻者，注：謂其亂族也。嫉妬者，注：謂其亂家也。惡疾者〔一〕，注：謂其不可供粢盛也。多口舌者，注：謂其離親也。竊盜者。注：謂其反義也。三不去者：謂有所取無所歸，注：一也。何休曰：「取作受，不窮窮也。」與共更三年之喪，注：二也。何休曰：「以其不忘恩也。」先貧賤後富貴。注：三也。何休曰：「賤取貴不去，不背德也。」凡此，聖人順男女之際，重昏姻之始也。」

孟子：女子之嫁也，母命之，往送之門，戒之曰：「往之女家，必敬必戒，無違夫子。」以順爲正者，妾婦之道也。

爾雅釋詁：嫁，往也。

劉熙釋名：婦之父曰昏，言壻親迎用昏，又恒以昏夜成禮也。壻之父曰姻。姻，因也，女往因媒也。

〔一〕「者」，原脱，據味經窩本、乾隆本、光緒本、孔子家語卷六補。

白虎通：禮曰：女子十五許嫁，納采、問名、納吉、請期、親迎以雁贄，納徵曰玄纁，故不用雁贄。用雁者，取其隨時南北，不失其節，明不奪女子之時也；又取飛成行，止成列也。明嫁娶之禮，長幼有序，不相踰越也。又昏禮贄不用死雉，故用雁也。納徵，玄纁束帛、離皮。玄三，法天；纁二，法地也。陽奇陰偶，明陽道之大也。離皮者，兩皮也，以爲庭實，庭實偶也。天子下至士，必親迎授綏者何？以陽下陰也。欲得其歡心，示親之心也。必親迎、輪三周、下車曲顧者，防淫泆也。遣女于禰廟者，重先人之遺支體也。不敢自專，故告禰也。父誡於阼階，母誡於西階。去不辭，誡不告者，蓋恥之，重去也。禮曰：「嫁女之家，不絶火三日，思相離也；娶婦之家，三日不舉樂，思嗣親也。」感親年衰老，代至也。禮曰：「昏禮不賀，人之序也。」娶妻不先告廟者，示不必安也。昏禮請期，不敢必也。婦入三月，然後祭行。舅姑既歿，亦婦入三月，奠采於廟。三月一時，物有成者，人之善惡，可得知也，然後可得事宗廟之禮。人君及宗子，無父母自定娶者，卑不主尊，賤不主貴也。大夫功成受封，得備八妾者，重國家、廣繼嗣也。不更聘大國者，不忘本適也。故禮曰：「納女於諸侯曰備灑埽。」天子、諸侯之世子，皆以諸侯禮娶，與君同，示無再娶之義也。王者之娶，必先選於大國之女，禮儀備，所見多。春秋曰：「紀侯來朝。」紀子以嫁女於天子，故增爵稱侯，至數十年之間，紀侯無他功，但以子爲天王后，故爵稱侯。知雖小國者，必封以大國，明其尊所不臣也。王者娶及庶人者何？開天下之賢，示不遺善也。諸侯所以不得自娶國中何？諸侯不得專封，義不可臣其父母。春秋傳曰：「宋三代無大夫，惡其内娶也。」不娶同姓者，重人倫，防淫佚，恥與禽獸同也。外屬小功以上，亦不娶也。故春秋傳曰：「譏娶母黨也。」王者嫁女，必使同姓諸侯主之何？昏禮貴和，不可相答，爲傷君臣之義，亦欲使女不以天子尊乘諸侯也。必使同姓者，以其同宗共祖，可以主親，故使攝父事也。不使同姓卿主之何？尊加諸侯，爲威厭不得舒也。不使同姓諸侯就京師主之何？諸侯親迎，入京師，當朝天子，爲禮不兼。春秋傳曰：「築王姬觀於外。」明不往京師也。所以必更築觀者何？尊之也。不以路寢，路寢本所以行政處，非婦人之居也。小寢則嫌，群公之舍則已卑矣，故必改築於城郭之内也。卿大夫妻二妾者，尊賢，重繼嗣也。不備姪娣何？北面之臣賤，不足盡人骨肉之親。禮服經曰：「貴臣貴妾。」明有卑賤妾也。士一妻何？下卿大夫。禮喪服小記曰：「士妾有子，則爲之緦。」聘適未往而死，媵當往否乎？人君不再娶之義也，天命不可保，故一娶九女。以春秋伯姬卒，時娣季姬更嫁鄫，春秋譏之。嫡夫人死後，更立夫人者，不敢以卑賤承宗廟。自立其娣者，尊大國也。春秋傳曰：「叔姬歸於紀。」叔姬者，伯姬之娣也。伯姬卒，叔姬升於嫡，經不譏也。或曰「嫡死不復更立」，明嫡無二，防篡弑也。祭宗廟，攝而已，以禮不聘爲妾，明不升。婦人所以有師何？學事人之道也。詩云：「言告師氏，言告言歸。」昏禮經曰：「教於公宫三月。」婦人學一時，足以成矣。與君無親者，各教于宗廟婦人之室。國君取大夫之妾、士之妻老無子者，而明于婦道，又禄之，使教宗室五屬之女。大夫、士皆有宗族，自于宗子之室學事人也。女必有傅姆何？尊之也。春秋傳曰：「傅至矣，姆未至。」婦人學事舅姑，不學事己父母者，示婦與夫一體也。禮内則曰：「妾事夫人，如事舅姑，尊嫡，絶妬嫉之原。」禮服傳曰「妾事女君，與事舅姑同」也。婦事夫，有四禮焉：雞初鳴，咸盥、漱、櫛、縰、笄、總而朝，君臣之道也；惻隱之恩，父子之道也；會計有無，兄弟之道也；閨門之内，衽席之上，朋友之道也。聞見異辭，故設此也。

列女傳魯師春姜曰：「夫婦人以順從爲務，貞慤爲首。故婦事夫有五：平旦纚笄而朝，則有君臣之嚴；沃盥饋食，則有父子之敬；報反而行，則有兄弟之道；受期必誠，則有朋友之信；寢席之交，而後有夫婦之際。」

蕙田案：以上昏禮之義。

晏子：景公有愛女，請嫁于晏子。公迺往，燕晏子之家。飲酒酣，公見其妻曰：「此子之内子耶？」晏子對曰：「然，是也。」公曰：「嘻！亦老且惡矣。寡人有女，少且姣，請以滿夫子之宫。」晏子違席而對曰：「乃此則老且惡，嬰與之居故矣，故及其少而姣也。且人固以壯託乎老，姣託乎惡，彼嘗託而嬰受之矣。君雖有賜，可以使嬰倍其託乎？」再拜而辭。

蕙田案：此條男子守禮。

詩國風柏舟序：柏舟，共姜自誓也。衛世子共伯蚤死，其妻守義，父母欲奪而嫁之，誓而弗許，故作詩以絶之。注：共伯，僖侯之世子。

列女傳：魯寡陶嬰者，魯陶門之女也[一]，少寡養幼孤，無强昆弟，紡績爲産。魯

[一]「陶門」，原脱「陶」字，據光緒本、古列女傳卷四補。

人或聞其義，將求焉。嬰聞之，恐不得免，作歌，明己之不更二也。其歌曰：「悲夫黄鵠之早寡兮，七年不雙。宛頸獨宿兮，不與衆同。夜半悲鳴兮，想其故雄。天命早寡兮，獨宿何傷？寡婦念此兮，泣下數行。嗚呼哀哉兮，死者不可忘。飛鳥尚然兮，况于貞良？雖有賢匹兮，終不重行。」魯人聞之曰：「斯女不可得已。」遂不敢復求。嬰寡終身不改。

梁寡高行者，梁之寡婦也。其爲人，榮於色而美于行。夫死早，寡不嫁。梁貴多爭欲娶之者，不能得。梁王聞之，使相聘焉。高行曰：「妾聞婦人之義，壹往而不改，以全貞信之節。今忘死而趨生，是不信也；貪貴而忘賤，是不貞也；棄義而從利，無以爲人。」乃援鏡持刃，以割其鼻，曰：「妾已刑矣。所以不死者，不忍幼弱之重孤也。」于是相以報，王大其義而高其行，乃復其身，尊其號曰高行。

陳寡孝婦者，陳之少寡婦也。年十六而嫁，未有子。其夫當行戍，夫且行時，屬孝婦曰：「我生死未可知，幸有老母，無他兄弟。儻吾不還，汝肯養吾母乎？」婦應曰：「諾。」夫果死不還。婦養姑不衰，慈愛愈固，紡績以爲家業，終無嫁意。居喪三年，其父母哀其年少，無子而早寡也，將取而嫁之。孝婦曰：「妾聞之信者，人之幹也；義者，行之節也。妾幸得離襁褓，受嚴命而事夫。夫且行時，屬妾以其老母，既許諾之。夫受人之託，豈可棄哉？棄託不信，背死不義，不可也。」母固欲嫁之，孝婦不從，因欲自殺，其父母懼而不敢嫁也，遂使養其姑也。二十八年，姑死，葬之，終奉祭祀。淮陽太守以聞，漢孝文皇帝高其義，貴其信，美其行，使使者賜之黄金四十斤，復之，終身無所與，號曰「孝婦」。

邵南申女者，申人之女也。既許嫁於酆，夫家禮不備而欲迎之。女與其人言：「以爲夫婦者，人倫之始，不可不正。傳曰『正其本則萬物理。失之毫釐，差之千里。』是本立而道生，源潔而流清。故嫁娶者，所以傳重承業，繼續先祖，爲宗廟主也。夫家輕禮違制，不可以行。」遂不肯往。夫家訟之於理，致之于獄。女終以一物不具，一禮不備〔一〕，守節持義，必死不往。

孟姬者，華氏之長女，齊孝公之夫人也。好禮貞一，過時不嫁。齊中求之，禮不備，終不往。躡男席，語不及外，遠别嫌疑，齊中莫能備禮求焉，齊國稱其貞。孝

〔一〕「禮」，原作「理」，據古列女傳卷四改。

公聞之，乃修禮，親迎於華氏之室。父母送孟姬不下堂，母醮之房中，結其衿褵，戒之曰：「必敬必戒，無違宫事。」父誡之東階之上，曰：「必夙興夜寐，無違命。其有大妨於王命者，亦勿從也。」諸母誡之兩階之間，曰：「敬之敬之，必終父母之命。夙夜無怠，爾之衿褵，父母之言謂何。」姑姊妹誡之門内，曰：「夙夜無愆，爾之衿鞶，無忘父母之言。」孝公親迎孟姬於其父母，三顧而出。親授之綏，自御輪三，曲顧姬輿，遂納于宫。三月廟見，而後行夫婦之道。

東海鮑宣妻〔一〕，字少君。宣嘗就少君父學，父奇其清苦，故以女妻之，裝送資賄甚盛。宣不悦，曰：「少君生富驕，習美飾，而吾寔貧賤，不敢當禮。」妻乃悉歸侍御服飾，更著短布裳，與宣共挽鹿車歸鄉里。拜姑，禮畢，提甕出汲，修行婦道，鄉邦稱之。

蕙田案：以上女子守禮。

韓非子：齊桓公微服以巡民家，人有年老而自養者，桓公問其故，對曰：「臣有

〔一〕「東海」上，光緒本有「後漢書列女傳」六字。

子三人，家貧無以妻之，傭未及反。」桓公歸以告管仲。管仲曰：「畜積有腐棄之財，則人饑餓；宮有怨女，則民無妻。」桓公曰：「美。」乃論宮中有婦人而嫁之。下令于民也，丈夫二十而室，婦人十五而嫁。

漢書匡衡傳：衡爲光禄大夫、太子少傅。上疏曰：「臣聞室家之道修，則天下之理得，故詩始國風，禮本冠、昏。始乎國風，原情性而明人倫也；本乎冠、昏，正基兆而防未然也。福之興，莫不本乎室家；道之衰〔一〕，莫不始乎梱内。故聖王必慎妃后之際，别適長之位。禮之于内也，卑不踰尊，新不先故，所以統人情而理陰氣也。」元帝崩，成帝即位，衡上疏戒妃匹曰：「臣聞之師曰：『妃匹之際，生民之始，萬福之原。』昏姻之禮正，然後品物遂而天命全。孔子論詩以關雎爲始，言太上者民之父母，后夫人之行不侔乎天地，則無以奉神靈之統而理萬物之宜。故詩曰：『窈窕淑女，君子好逑。』言能致其貞淑，不貳其操，情欲之感無介乎儀容，燕私之意不形乎動静，夫然後可以配至尊而爲宗廟主。此紀綱之首，王教之端也。自上世以

〔一〕「道之」，原誤倒，據光緒本、漢書匡衡傳乙正。

來，三代興廢，未有不由此者也。」

後漢書荀淑傳：淑子爽。延熹九年〔一〕，太常趙典舉爽至孝，拜郎中。對策陳便宜曰：「臣聞有夫婦然後有父子，有父子然後有君臣，有君臣然後有上下，有上下然後有禮義。禮義備，則人知所厝矣。夫婦，人倫之始，王化之端，故文王作易，上經首乾、坤，下經首咸、恒。孔子曰：『天尊地卑，乾坤定矣。』夫婦之道，所謂順也。堯典曰：『釐降二女於嬀汭，嬪于虞。』降者，下也。嬪者，婦也。言雖帝堯之女，下嫁于虞，猶屈體降下，勤脩婦道。易曰：『帝乙歸妹，以祉元吉。』婦人謂嫁曰歸。言湯以娶禮歸其妹於諸侯也。春秋之義，王姬嫁齊，使魯主之，不以天子之尊加於諸侯也。今漢承秦法，設尚主之儀，以妻制夫，以卑臨尊，違乾坤之道，失陽唱之義。孔子曰：『昔聖人之作易也，仰則觀象於天，俯則察法于地，覩鳥獸之文，與天地之宜。近取諸身，遠取諸物，以通神明之德，以類萬物之情。』今觀法于天，則北極至尊，四星妃后。察法於地，則崑山象夫，卑澤象妻。覩鳥獸之文，鳥則雄者鳴

〔一〕「九年」，諸本作「元年」，據後漢書荀淑傳改。

雊，雌能順服；獸則牡爲唱導，牝乃相從。近取諸身，則乾爲人首，坤爲人腹。遠取諸物，則木寔屬天，根荄屬地。陽尊陰卑，蓋乃天性。宜改尚主之制，以稱乾坤之性。昔者聖人建天地之中而謂之禮，衆禮之中，昏禮爲首。故天子娶十二，天之數也；諸侯以下，各有等差，事之降也。陽性純而能施，陰體順而能化，以禮濟樂，節宣其氣。故能豐子孫之祥，致老壽之福。後世之人，好福不務其本，惡禍不易其軌。傳曰：『截迹適屨，孰云其愚？何與斯人，追欲喪軀？』誠可痛也。臣竊聞後宫采女五六千人，從官侍使，復在其外，冬夏衣服，朝夕稟糧，耗費縑帛，空竭府藏，徵調增倍，十而稅一，空賦不辜之民，以供無用之女，百姓困窮于外，陰陽隔塞於内。故感動和氣，災異屢臻。臣愚以爲，諸非禮聘、未曾幸御者，一皆遣出，使成妃合。一曰通怨曠，和陰陽；二曰省財用，實府藏；三曰修禮制，綏眉壽；四曰配陽施，祈螽斯；五曰寬役賦，安黎民。此誠國家之宏利，天人之大福也。」

蕙田案：以上帝王重昏之義。

文中子中説：子曰：「昏娶而論財，夷虜之道也。君子不入其鄉。古者男女之族，各擇德焉，不以財爲禮。」

安定胡氏遺訓：嫁女必須勝吾家，勝吾家則女之事人必欽必戒。娶婦必須不若吾家，不若吾家則婦之事舅姑必執婦道。

世範：男女不可於幼小之時便議昏姻。大抵女欲得托，男欲得偶，若論目前，悔必在後。蓋富貴盛衰，更迭不常。男女之賢否，須年長乃可見。若早議婚姻，事無變易，固爲甚善。或昔富而今貧，或昔貴而今賤，或所議之壻流蕩不肖〔一〕，或所議之女狠戾不檢。從其前約則難保家，背其前約則爲薄義，而爭訟由之以興，可不戒哉！

男女議親，不可貪其閥閱之高，資產之厚。苟人物不相當，則子女終身抱恨，況又不和而生他事者乎？

有男雖欲擇婦，有女雖欲擇壻，又須自量我家子女如何。如我子愚癡庸下，若娶美婦，豈特不和，或有他事。如我女醜拙狠妬，若嫁美壻，萬一不和，卒爲其棄出者有之。凡嫁娶，因非偶而不和者，父母不審之罪也。

人之議親，多要因親及親，以示不相忘，此最風俗好處。然其婦女無遠識，多因相熟而相簡，至于相忽，遂至于相爭而不和，反不若素不相識而驟議親者。故凡因親議親，最不可託熟，闕其禮文，又不可忘其本意，極于責備，則兩家周致無他患矣。故有姪女嫁于姑家，獨爲姑氏所惡；甥女嫁于舅家，獨

〔一〕「或所議之壻流蕩不肖」九字，原脱，據味經窩本、乾隆本、光緒本補。

爲舅妻所惡；姨女嫁于姨家，獨爲姨氏所惡。皆由玩意於其初，禮薄而怨生，又有不審于其初之過者。

嫁女須隨家力，不可勉强。然財産寬餘，亦不可視爲他人，不以分給。今世固有生男不得力而依託女家，及身後葬祭皆由女子者，豈可謂生女之不如男？孤女有分，必隨力厚嫁，合得田産，必依條分給，若吝于目前，必致嫁後有所陳訴。

蕙田案：以上男女擇昏之義。

右昏義

昏禮之變

易屯卦：六二，屯如，邅如。乘馬班如，匪寇昏媾；女子貞不字，十年乃字。

朱子本義：字，許嫁也。禮曰：「女子許嫁，笄而字。」六二，陰柔中正，有應於上，而乘初剛，故爲所難而邅回不進。然初非爲寇也，乃求與己爲昏媾耳。但己守正，故不之許。至于十年，數窮理極，則妄求者去，正應者合，而可許矣。

姤卦：姤，女壯，勿用取女。

程傳：取女者，欲其柔和順從，以成家道。姤，乃方進之陰，漸壯而敵陽者，是以不可取也。女漸壯，則失男女之正，家道敗矣。

孟子萬章：問曰：「詩云：『娶妻如之何，必告父母。』信斯言也，宜莫如舜。舜之不告而娶，何也？」孟子曰：「告則不得娶。男女居室，人之大倫也。如告，則廢人之大倫，以懟父母，是以不告也。」萬章曰：「舜之不告而娶，則吾既得聞命矣。帝之妻舜而不告，何也？」曰：「帝亦知告焉，則不得妻也。」

孟子曰：「不孝有三，無後爲大。舜不告而娶，爲無後也。君子以爲猶告也。」

論語：子謂公冶長，可妻也。雖在縲絏之中，非其罪也。以其子妻之。子謂南容，邦有道，不廢；邦無道，免於刑戮。以其兄之子妻之。

南容三復白圭，孔子以其兄之子妻之。

禮記曾子問：曾子問曰：「昏禮，既納幣，有吉日，女之父母死，則如之何？」孔子曰：「壻使人弔。如壻之父母死，則女之家亦使人弔。父喪稱父，母喪稱母。父母不在，則稱伯父、世母。注：弔禮不可廢也。父母不在，則稱伯父、世母，伯父母又不在，則稱叔父母也。壻已葬，壻之伯父致命女氏曰：『某之子有父母之喪，不得嗣爲兄弟。使某致命。』女氏許諾，而弗敢嫁，禮也。注：必致命者，不敢以累年之喪，使人失嘉會之時。壻免喪，女之父母使人請，壻弗取而後嫁之，禮也。注：請，請成昏。　疏：壻免喪之後，則應迎婦。必須女之父母請者，以壻家既葬，致命于己，壻既免喪，所以須請也。女之父母死，壻亦如之。」注：女免喪，壻之父母亦使人請，其已葬時，亦致命。　疏：男氏許諾而不敢娶，女家不許，壻而後別娶。陽唱陰和，壻之父母使人請昏，而女家得有不許者，亦以彼初葬訖，致命于己故也。

徐氏乾學曰：或謂，既納幣，有吉日，壻既免喪，乃弗取而復嫁之，似非禮之正。何以爲禮也？不知壻免喪而女之父母使人請之，以免喪所以須請也。壻弗取而後嫁之，必壻弗取而後嫁也。若壻免喪而許娶，則必取之矣。此亦權禮之變也，非壻必弗取而嫁之者也。

曾子問曰：「親迎，女在塗，而壻之父母死，如之何？」孔子曰：「女改服，布深衣、縞總，以趨喪。注：布深衣、縞總，婦人始喪未成服之服。女在塗，而女之父母死，則女反。」「如壻親迎，女未至，而有齊衰、大功之喪，則如之何？」孔子曰：「男不入，改服於外次；女入，改服于内次，然後即位而哭。」注：不聞喪即改服者，昏禮重于齊衰以下。　疏：男，謂壻也。不入大門，改其親迎之服，服深衣于門外之次。女，謂婦也，入大門〔一〕，改其嫁服，亦服深衣于門内之次。然後就喪位而哭，謂于壻室。皇氏以爲就喪家也。然曾子不問小功者，雜記云：「小功可以

〔一〕「大」，原作「夫」，據光緒本、禮記正義卷一八改。

冠子、取婦。」明小功輕，不廢昏禮，待昏禮畢，乃哭也。若女家齊衰、大功之喪，皇氏云：「不反歸。其改服、即位，與男家親同也。」禮運云：「三年之喪與新有昏者，期不使。」又王制云：「齊衰、大功，三月不從政。」是昏禮重于齊衰以下也。此謂在塗聞齊衰、大功，廢昏禮。若婦已揖讓入門〔一〕，内喪則廢，外喪則行昏禮。約上冠禮之文。然昏禮重于冠，故雜記云「大功之末，可以冠子。小功之末，可以取妻」也。

曾子問曰：「除喪，則不復昏禮乎？」注：復，猶償也。疏：復是反覆之義，故爲償也。曾子以初昏遭喪，不得成禮，除喪之後，豈不酬償更爲昏禮乎？孔子曰：「祭，過時不祭，禮也。又何反于初？」注：重喻輕也。同牢及饋饗，相飲食之道。疏：祭重而昏輕，重者過時尚廢，輕者不復可知。祭祀是奉事鬼神，故爲重。昏禮是生人燕飲，故爲輕。

曾子問曰：「女未廟見而死，則如之何？」孔子曰：「不遷於祖，不祔于皇姑。壻不杖、不菲、不次，歸葬於女氏之黨，示未成婦也。」疏〔二〕：不遷于廟，不遷柩而朝于壻之祖廟也。不祔於皇姑，以未廟見，故主不得祔姑之廟。壻齊衰期，但不杖，不草履，不別處哀次耳。女之父母，自降服大功。

〔一〕「讓」，諸本作「遜」，據禮記正義卷一八改。
〔二〕「疏」，原作「注」，據乾隆本、光緒本、禮記正義卷一八改。

曾子問曰：「取女有吉日，而女死，如之何？」孔子曰：「壻齊衰而弔，既葬而除之。夫死，亦如之。」注：未有期、三年之恩也。女服斬衰。疏：壻于女未有期之恩，女于壻未有三年之恩。以壻服齊衰，故知女服斬衰。

雜記：大功之末，可以冠子，可以嫁子。父小功之末，可以冠子，可以嫁子，可以娶婦。己雖小功，既卒哭，可以冠、娶妻；下殤之小功，則不可。注：此謂可用吉禮之時。父大功卒哭，可以冠子、嫁子；小功卒哭，可以娶婦。己大功卒哭，可以冠子〔一〕；小功卒哭，可以娶妻。必偕祭乃行也。下殤小功、齊衰之喪，除喪而後可爲昏禮。疏：大功，謂己有大功之喪。末，謂卒哭之後。取婦有酒食之會，集鄉黨僚友，涉近歡樂，故小功之末，乃可得爲也。經文大功據己身不云父，小功據其父不云身，互而相通，故鄭注同之，謂父及己身俱有大功之末、小功之末。父是大功之末，己亦是大功之末，乃得行此冠子、嫁子；父小功之末，己亦是小功之末，可以嫁取。必父子俱然乃得行事，故云必偕祭乃行。

通典已拜時而後各有周喪迎婦遣女議：晉懷帝永嘉中，太常潘尼爲子娶黄門郎李循女，已拜時，後各有周喪，潘迎婦，李遣女。國子博士江統、侍中許遐同議：

〔一〕「嫁子小功卒哭可以娶婦己大功卒哭可以冠子」十九字，原脱，據味經窩本、乾隆本、光緒本、禮記正義卷一八補。

「已拜舅姑者，宜準女在途之禮。齊衰、大功三月既葬，可迎婦。案禮記，在途而壻之父母死，則改服赴喪；女之父母死，反而服周。今已拜舅姑，其義同于在塗也〔一〕，降其親而服夫黨，非婦而何？禮：父母既没而娶，三月廟見，成婦之義。舅姑存，則盥饋特豚，以成婦道。皆明重其成婦，不繫其成妻也。然則未廟見女死，還葬於女氏；若已見舅姑，雖無衽席之接，固當歸葬于夫家，此非可否之斷乎？禮：『壻親迎，女未至而有齊衰、大功之喪，男不入，改服於外次；女入，改服於内次，即位哭。』又齊衰、大功之喪，三月既葬，雖不可以納徵，而可正御矣。」何琦駁江、許議曰：「夫正名者，理道之本。然拜時非古，而行之歷代，遂以成俗。古者布其几筵，恭告祖禰，將納他族，以奉宗事。父親醮子而命之迎，女受父母之遣，以涉夫氏之庭，而交拜敬之禮。方之在途，喪紀定矣。服制既正，齊功卒哭可迎，此不闕於古而通于今，議是也。然昏姻之道，公私急務。愚以爲拜時，及一日、二日之婦，婦名既正，即宜一揆，其衾幬未接，歸葬其黨。」東晉廢帝太和中，平北將軍郗愔上言：

〔一〕「同」，通典卷五九作「全」，下文同。

「功曹魏騭周喪内迎拜時婦，鄉曲以違禮譏之。謝奉與郄嶘曰：『魏騭後來之良，足以日新其美。近聞邑有異議。從弟異，亦當拜時，婦家遭喪，即是其例。夫拜之禮，誠非舊典，蓋由季代多難，男女宜各及時，故爲此制，以固昏姻之義也。雖未入壻門，今年吉辰拜後，歲俗無忌，便得以成婦迎之，正以策名委質有定故也。』」謝安議：「拜時雖非正典，代所共行久矣。將以三族多虞，歲有吉忌，故逆成其禮耳。」宋庾蔚之謂：「俗既流弊，故以拜時代三日。推其始意，當是貪得從省，以赴吉歲。若周大功之喪，既葬，不可迎已拜之婦，則與始昏不異，非其旨也。」

已拜時壻遭小功喪或婦遭大功喪可迎議：晉中書郎范汪問劉惔曰：「從妹與荀始文昏，已及好歲拜時，有從叔父德度喪，會叔親患危篤，欲令荀氏迎從妹，盡婦敬於夫氏，以有此喪爲難，故爲此議。拜時出於近代，將以宗族多虞，吉事宜速，故好歲拜，新年便可迎也。惡歲可迎，是拜時已成婦也。在途之婦，猶服夫氏，況已交拜成禮，便當迎是長還也。」惔答云：「荀今從叔喪，五月小功之服〔一〕。禮云：『小

〔一〕「五月」，諸本作「三月」，據通典卷五九改。

功之末，可以納妻。』如此自可比初昏，何疑？」蔡謨曰：「古人君爵命其臣，在遠則遣使。太公既封齊，五侯九伯，實得征之，即王使召康公所命也。至今詔使拜授，女父亦當如此，豈有疑乎？易曰：『家有嚴君焉，父母之謂。』今壻父命使拜其婦，女父遣女拜受此命，即是太公受命於召康公，令人拜爵於詔使也。而云『未拜舅姑，未爲成婦』，然則太公未拜周王，亦非方伯乎？不脩婦禮，是其失耳。至于是婦與非，自當以典禮爲正，安得從彼所行？假令太公不行臣禮，王者便當不臣之乎？謂拜壻之宗親與拜舅姑，於禮無異。」又會稽王道子與王彪之書曰：「東海王來月欲迎妃，而女身有大功服，此于常禮，當是有疑。但先拜時，大禮已交，且拜時本意，亦欲通如此之閡耳。不得同之初昏，固當在於可通。」彪之答曰：「女有大功服，若初昏者，禮例無許。既已拜時，猶復不同。昔中朝許侍中等會議此事，以爲拜時不應以喪爲疑，倚傍經禮，甚有理據，談者多謂是，殿下可視而量之。」

拜時婦三日婦輕重議：案禮經，昏嫁無「拜時三日」之文，自後漢、魏、晉以來，或爲拜時之婦，或爲三日之昏。魏王肅、鍾毓、毓弟會、陳群、群子泰咸以拜時得比於三日。晉武帝謂山濤曰：「拜於舅姑，可準廟見。三日同牢，允稱在塗。」濤曰：

「愚論已拜舅姑，重于三日，所舉者但不三月耳。」張華謂：「拜時之婦，盡恭于舅姑。三日之昏，成吉於夫氏，準於古義，可爲成婦。已拜舅姑，即是廟見。」常侍江應元等謂：「已拜舅姑，其義同于在塗。或曰：夫失時之女，許不備禮，蓋急嫁娶之道也。三日之婦，亦務時之昏矣。雖同牢而食、同衾而寢，此居室衽席之情義耳，豈合古人亡則奠菜、存則盥饋而婦道成哉？且未廟見之婦，死則反葬女氏之黨，以此推之，貴其成婦，不係成妻，明拜舅姑爲重，接夫爲輕。所以然者，先配而後祖。陳鍼子曰：『是不爲夫婦，誣其祖矣，非禮也。』此春秋明義，拜時重于三日之徵也。」

議曰：「有夫婦而後有父子，有父子而後有君臣，則昏姻，王化所先，人倫之本。拜時之婦，禮經不載，自東漢、魏、晉及於東晉，咸有此事。案其儀，或時屬艱虞，歲遇良吉，急於嫁娶，權爲此制。以紗縠幪女氏之首，而夫氏發之，因拜舅姑，便成婦道。六禮悉捨，合巹復乖，隳政教之大方，成容易之弊法。王肅、鍾毓、陳群、山濤、張華、蔡謨，皆當時知禮達識者，何爲不非之耶？或時俗久行，因循且便；或彼衆我寡，議論莫從者乎？宋、齊以後，斯制遂息，後之君子，無媿前賢。」

周喪不可嫁女娶婦議：晉惠帝元康二年，司徒王渾奏云：「前以冒喪昏娶，傷化悖禮，下十六州推舉。今本州中正，各有言上。太子家令虞濬有弟喪，嫁女拜時；鎮東司馬陳湛有弟喪，嫁女拜時；上庸太守王崇有兄喪，嫁女拜時；夏侯俊有弟子喪，爲息恒納婦，恒無服；國子祭酒鄒湛有弟婦喪，爲息蒙取婦拜時，蒙有周服；給事中王琛有兄喪，爲息稜娶婦拜時；并州刺史羊暨有兄喪，爲息明娶婦拜時；征西長史牽昌有弟喪，爲息彥娶婦拜時。湛職儒官，身雖無服，據爲昏主。案禮：『大功之末，可以嫁子；小功之末，可以娶婦。』無齊衰嫁娶之文〔一〕。虧違憲典，宜加貶黜，以肅王法。請臺免官，以正清議。」尚書符下國子學處議，國子助教吴商議：「今之拜時，事畢便歸，昏禮未成，不得與娶婦者同也。俊、琛、稜並以齊衰娶婦、娶妻，所犯者重。恒雖無服，當不議而不諍，亦禮所譏，然其所犯者，猶輕于稜也。湛身既平吉，子雖齊衰，義服之末，又不親迎，吉凶別處，所犯者輕。濬、暨爲子拜時，拜時禮輕，當降也。」國子祭酒裴頠議以爲：「吉凶之別，禮之大端。子服在凶而行嘉禮，非所以爲訓。雖父兄爲主，事由己興，此悉人倫大綱，典章所慎

〔一〕「娶」，諸本作「女」，據通典卷六〇改。

也。」詔曰：「下殤小功，不以娶。俊等簡忽喪紀，輕違禮經，皆宜如所正。」司直劉隗上言：「文學王籍有叔母服，未一月，納吉娶妻，虧俗傷化，宜加貶黜，輒下禁止。妻父周嵩知籍有喪而成昏，無王孫恥奔之義，失爲父之道。王廙、王彬於籍，親則叔父，皆無君子幹父之風，應清議者，任之鄉論。」主簿江啓曰：「夫風節不振，無以蕩弊俗；禮義不備，無以正人流。籍以名門，耀登賓友，不能率身正道，公違典憲，誠是愷悌垂恕，體例宜全。又東閣祭酒顔含，居叔父喪而遣女。推尋舊事，元康二年〔一〕，虞濬、陳湛各有弟喪，嫁子拜時，司徒王渾奏免。竊謂弟喪不重於叔父，成昏之禮，不輕於拜時〔二〕，含犯違禮典。夫崇禮，謂之有方之士；不崇禮，謂之無方之人。況虧淳創薄，崇俗棄禮，請免官禁止。」從事中郎謝潛議：「鄭玄以爲，女子成人，逆降旁親及將出者。昔陳湛以女年過二十，依鄭議不責，遷任徐州，不爲坐免，久爲成比。若含女未過二十，宜如隗奏。若謂鄭玄説與禮違，當先除而後禁，不宜

〔一〕「元康」，諸本作「永康」，據通典卷六〇改。
〔二〕「於拜時」，通典卷六〇無。

制未下而責人也。」主簿孔夷議：「鄭以未嫁成人，降其旁親，以明當及時與不及時者同降。若嫁有時而遭喪，因喪而降之，非言齊衰之中可嫁女。學者多失此旨，非獨在今。含應見原。」王濛息叔仁兄十月亡，至十二月，詔其子與瑯琊王昏拜時，叔仁以喪辭。范尚書與會稽王牋，爲伸其意。會稽王答曰：「既有所準，情理可通，故人主權而行之，自君作故，古之制也。古人墨經從事〔一〕，豈情所安？逼於君命之所制〔二〕，奪人臣之所屈，乃至於此。以今方之，事情輕重，豈得同日而欲執違耶？又今自非拜時，未爲備禮，蹔一致身，交拜而已，即之于情，有何不可？且今王氏情事，與國家正同，王命既定，事在必行。」太常王彪之與會稽王牋曰：「王濛女有同生之哀，計其日月，尚未絶哭，豈可成昏？凡在君子，猶愛人以禮，況崇化之主耶？以此爲聖人故事，寧可執訓，當今宜流後裔。忝備禮官，情有不安，謹具白所懷。」

周服降在小功可嫁女娶妻議：晉范朗問蔡謨曰〔三〕：「甲有庶兄乙爲人後，甲妹

〔一〕「事」，通典卷六〇作「時」。

〔二〕「逼」，原作「通」，據光緒本、通典卷六〇改。

〔三〕「范朗」，諸本作「范郎」，據通典卷六〇改。

景已許嫁而未出，今乙亡，如鄭玄意，已許嫁，便降旁親者，景應爲乙服小功。本是周親，甲今於禮可得嫁景不？」蔡答曰：「案禮：『大功之末，可以嫁子。』不言降服復有異也。兄在大功，嫁降服小功之妹，猶父在大功，嫁小功之女也。謂甲今嫁景，於禮無違。」范難曰：「禮：『小功不税，降而小功則税之。』又『小功不易喪之練冠，而長殤、中殤之小功，則變三年之葛』。又『小功之末，可以娶妻，而下殤之小功，則不可』。據此數事，則明降服正服，所施各異。今子同之，其理何居？」蔡答曰：「夫服有降有正，此禮之常也。若其所施，必皆不同。則當舉其一例，無爲復説税與娶也。今而然者，明其所施有同有異，不可以一例舉，故隨事而言之也。鄭君以爲下殤、小功不可娶者，本齊衰之親也。案長殤大功亦齊衰親，而禮但言下殤不可以娶，而不言長殤不可嫁，明殤降之服，雖不可娶而可嫁也。所以然者，陽唱陰和，男行女從，和從者輕，唱行者重，二者不同，故其制亦異也。」范又難曰：「禮舉輕以明重，下殤猶不可言娶〔一〕，長殤大功何可以嫁？知禮所謂大功末者，唯正服大功

〔一〕「言娶」，原誤倒，據光緒本乙正。

末耳。」蔡答曰：「下殤不可娶妻者，謂己身也。吾言長殤可以嫁子者，謂女父也。身自行之，於事爲重；但施於子，其理差輕。然則下殤之不娶，未足以明長殤之不嫁也。」又東晉臺符：「廬陵公主薨，瑯琊、東海二王於禮爲應得昏與不？」太常王彪之曰：「二王出後二國，禮爲人後，降本親一等，又云『爲姑姊妹適人者小功』。二王應制小功之服。禮，小功絶哭，可以娶妻；下殤之小功，則不可。先儒之説，本齊衰之親，故除喪而後可昏。今二王雖以出後降服，本亦齊衰之親，情禮如例，不應成昏也。」宋庾蔚之謂：「禮云：『下殤之小功，則不可。』而不云再降之小功，則知再降之小功，可以娶。」

大功末可爲子娶婦議：晉御史中丞高崧有從弟喪，在服末，欲爲兒昏。書訪尚書范汪曰：「禮有『大功之末，可以嫁子；小功之末，可以娶婦。』下章云：『己雖小功，既卒哭，可以娶妻。』己有小功喪，則父便應有大功喪。以義例推之，小功卒哭可以娶妻，則大功卒哭可以娶婦耶？」有舅姑曰婦，無舅姑曰妻。范答曰：「案禮：『大功之末，可以冠子、嫁子。』此於子已爲無服也。以己尚在大功喪中，猶未忍爲子娶婦，近於歡事也。故于冠子、嫁子則可，娶婦則不可矣。已有緦麻之喪，於祭亦廢，昏亦不通矣，況小功乎？」崧又曰：「禮，己雖小功，既卒哭，可以娶妻。己有小功，則父有大功。己既小功卒哭可娶妻，則父大功卒哭可娶婦，將不嫌耶？」汪曰：「五服之制，各有月數，月數之内，自無吉事。故曰：『衰麻，非所以接弁冕也。』春秋左氏傳：齊侯使晏子請繼室于晉。叔向對曰：『寡君之願也。縗絰之中，是以未敢請。』時晉侯有少姜之喪耳。禮，貴妾緦，而叔向稱在衰絰之中，推此而言，雖輕喪之麻，猶無昏姻之道也。而敦本敬始之義，每於昏冠見之矣。雜記曰：『大功之末，可以嫁子；小功之末，可以娶婦。』案大功之末，未忍爲子娶婦，小功之末，乃爲子娶耳。而下章云：『己雖小功，卒哭，可冠、娶妻也。』二文誠爲相代，尋此旨，爲男女失時或繼嗣未立者耳，非通例也。禮，男三十而娶，女二十而嫁。至于仲春會男女，便云：『于此時也，奔者不禁。』此亦是權禮，非經常之典也。」崧又訪於江虨，虨答曰：「案『大功之末，可以嫁子；小功之末，可以娶婦』。又『己小功，卒哭，可以娶妻』。此悉是明文正例，當不如范語。爲此議者，皆於爲昏之主也。娶婦則父爲主，取妻則己爲主，故父大功之末，不得行此嘉禮；至于己小功之末，則可行之。又禮稱娶妻，則是無父之子正文，謂大功之末娶婦，於禮例，猶尚不安。今所爲者重，所虧者輕，又準時人由來之比，自不致嫌。」于是崧依議爲兒昏。

祖無服父有服可娶婦嫁女議：晉劉嗣問徐野民曰：「嗣去年十二月有周慘，欲用六月昏，兒服早已除，大人本無服，便是一家主，想無復異。」徐答曰：「此議本據祖爲孫兒昏，自平吉可得娶妻，不計兒之有慘也。」嗣弟損又重問野民曰：「諸賢唯云祖尊一家，得爲昏主。若便昏，損疑速也。」徐答曰：「今歸重于王父，理無取於遲速。」損重問曰：「禮云：『嫁女之家，三夜不息燭；取婦之家，三日不舉樂。』得不有輕不？又『大功之末，可以嫁女』，則男不得昏。向家是嫁女，今是己子昏〔一〕，男女詎無異耶？」向家亦是祖無服而父有周慘，得嫁女。徐答曰：「秉燭寢樂〔二〕，居然輕重，故嫁娶殊品。至於今事，理本分塗，唯取歸重極尊，而不別異，男女一也。」又宋向歆問何承天曰：「父有伯母慘，女服小功，祖尊統一家，年未可得嫁孫女不？」何答曰：「吾謂祖爲昏主，女身又小功服，不嫌于昏。」鄭尚書曰：「祖爲昏主，女父不與

〔一〕「己」，通典卷六〇作「兄」。
〔二〕「寢」，諸本作「請」，據通典卷六〇改。

昏事，意謂可昏。」周續之曰：「禮：『已雖小功，可以冠、娶妻。』則女身雖有服，謂出門無嫌也。伯母義服，而祖爲家主，於禮可通。」徐野民曰：「禮許變通。記所稱父大功者，當非有祖之家。又公羊傳云：『不以父命，辭王父命。』推附名例，義在尊無二上，容或可通理耶？」

降服及大功末可嫁姊妹及女議〔一〕：晉南陽中正張輔言司徒府云：「故涼州刺史楊欣女，以九月二十日出赴姊喪殯，而欣息俊因喪後二十六日，强嫁妹與南陽韓氏，而韓就楊家，共成昏姻。韓氏居妻喪，不顧禮義，三旬内成昏，傷化敗俗，非冠帶所行。下品二等，本品第二人，今爲第四，請正黄紙。」梁州中正梁某言：「俊居姊喪嫁妹，犯禮傷義，貶爲第五品。」又宋江氏問裴松之曰：「從兄女先尅，此六月與庾長史弟昏。其姊祭氏先三月亡，葬送已畢。從兄無嗣，兄子簡爲後，今與從妹同服大功。大功末可以嫁子，不知無父而兄有大功服，可復嫁妹否？」答曰：「意謂父有大功，尚可嫁子；兄在大功，理無不可。今所未了者，未知女身大功，亦可得嫁不？

〔一〕「降服及大功」，通典卷六〇删「及」字。

又降而在大功，得與本服九月者同不？見宗濤答范超伯問：『娶婦之與嫁子，輕重有一等之差。己身小功，可以娶妻；女身大功，何爲不可以嫁？』謂此言爲是。但其論降在大功者，如爲不盡。吾以爲聘納禮重，故探其本情；適人差輕，故以見服爲斷。禮無降在大功、不可嫁子之文，不應于外生疑。且有下殤小功之喪，過五月便可以娶。降在九月者，過三月而後嫁，計其日月，亦一等之謂也。」荀伯子難裴曰：「本不謂父可，而兄反不可。今所疑，謂父兄及女身並不可耳。案禮，小功之喪，不可嫁子〔一〕，其末則可以娶妻。下殤之小功則不可，以所本是周服故也。今降在大功，亦本是周服，何容復於降殺之內，以行昏姻之禮耶？禮云：『大功之末，可以嫁子』者，自是論本服耳。所以不明降在大功不可者，正以下殤之小功，足以包之也。若謂降與不降必其不殊者，其兄弟出後，姊妹出適，便再降爲小功矣。請問居此小功服，在始亦可即以嫁子乎？三月卒哭，又可以娶妻乎？奚獨慈于下殤，而薄於出降之甚耶？」何承天通裴難荀曰：「昏禮，吉而非樂，貴不失時。元康中有犯

〔一〕「可」，通典卷六〇作「妨」。

喪者，爲憲司所糾，都無降服大功嫁女之彈，彼豈輕犯周制，重犯功服耶？固于禮自通，不應致譏耳。足下謂下殤小功不可娶，足以包降在大功不可嫁。夫徹樂興嗣親之感，繼燭發離別之悲。唱行重于和從，受禮輕于納幣，既有一等之差，本服周者雖不得娶，何疑得嫁耶？若本降爲大功不可嫁者，大功降爲小功亦不可娶，豈獨下殤小功而已乎？斯不然矣。」李嵩爲息邃昏張康女，未成禮而康有姊喪，已葬，二家昏皆務速。書問太常馮懷，懷曰：「降服不與正服同者，謂居處之節耳。大功之末可冠子嫁子，明冠宜時成，嫁宜及時。先儒云：『末者，服半之後也。』張氏所服既半，將非所疑。」又魏放之問孔琳之曰：「降在大功，當得嫁女不？」答曰：「吾意降者，似不得昏。記稱『大功之末，可以嫁子；小功之末，可以娶妻，下殤之小功則不可。』案如此文，唯云降者不可娶妻〔一〕，不云不可嫁子者，此便是得嫁也。」傅都官駁孔議曰：「娶妻嫁子，雖爲不同，然可以例求也，何者？小功絕哭之後，可以娶妻。至于下殤之小功，則不可也。本服重而降在小功，既不得同小功而娶妻；本

〔一〕「下殤之小功則不可案如此文唯云降者不可娶妻」二十字，原脱，據味經窩本、乾隆本、光緒本、通典卷六〇補。

服周而降在大功，豈可同大功而嫁子乎？」孔答曰：「娶妻事重，嫁子事輕。今若云不可納婦，容可以嫁子爲難耳。既不明不可以嫁子〔一〕，而獨明不可以娶妻，事重非其類矣。」傅難曰：「今舉重以明輕，何以謂之不類？」孔答曰：「傅意謂本周而在大功、小功者，則不得冠子、嫁子、納婦、娶妻四事。夫冠、嫁、納婦三事，皆子身之吉事，事不在己。娶妻一事，非在他人，乃己身之吉事〔二〕。在子則輕，在身則重。輕，故可行之於服末；重，必卒哭而後可。以降殺之明義，亦既差降，則事何必齊？今若欲徵其文，觀於輕者，則知重者〔三〕，應明輕者猶不可，則重者不言自彰。而今獨言小功之殤不可以娶妻，是指言重者不可也。重者自不可，輕者自可有差，何得輕必從重耶？」又宋庾蔚之曰：「昔爲禮記略解，已通此議。大功重而嫁輕，小功輕而娶重，故大功之末，可以嫁；小功之末，可以娶也。所以然者，下殤小功，本周親者，以其殤折之痛，既人情所哀，不可以娶。長殤大功，鄰於成人大功，接於齊衰，周親

〔一〕「可」，諸本脱，據通典卷六〇補。
〔二〕「乃」，通典卷六〇作「親」。
〔三〕「觀於輕者則知重者」，通典卷六〇作「觀雩知旱者則」。

之内，於情差重〔一〕，冠嫁之事可同於成人之大功，故不言長殤大功之不嫁也。」

降服喪已除猶在本服月内可嫁議：晉謝琰問車胤曰：「人有妹喪，降服已除，本服未周，可得嫁否？」答曰：「禮，小功不税，降在小功者則税。是推本情，不計見服也。時人有以此昏嫁者，僕常疑之。」孫騰答：「人有卜日除服便以昏，况降服已除？禮有大斷，此都無疑。」

蕙田案：禮記曾子問，皆所以處昏禮之變也。惟聖人可以權處變。觀夫子之言，可爲義精仁熟而爲萬世法矣。雜記一條，可補其略。通典所載晉人辨議，深足發明。

朱子文集答李繼善：問：「孝述議親十年，輾轉牽制，尚未成畢。老母欲令今冬畢親，但先兄几筵未徹，老母乃齊衰三年之服，復有妨礙。然主昏却是叔父，姑從鄉族就親〔二〕，不知可否？若就畢挈歸，凡百從殺，衣服皆從素淡，不知可否？」

〔一〕「周親之内於情差重」，通典卷六〇作「猶親服之内於情差申」。

〔二〕「姑」上，晦庵先生朱文公文集卷一〇有「欲」字，「族」作「俗」。

曰：「若叔父主昏，即可娶婦無嫌，禮律皆可考也。但母在而叔父主昏，恐亦未安，更可詳考也。」又問：「孝述謹案，禮，壻將親迎，父醮而命之。今孝述父兄俱没，上惟母在，旁尊有叔父，不知往迎之時，當受母命耶？爲復受叔之命耶？」曰：「當受命于母。然母既有服，又似難行。記得春秋隱公二年公羊傳，有母命其諸父兄，而諸父兄以命使者之説，恐可檢看。爲叔父稱母之命以命之否，更詳之。更以上條并考之。」又問：「孝述又案，禮，婦盥饋舅姑，若舅姑既殁，不知可以叔父受盥饋禮否？」曰：「叔父無盥饋之文。蓋與姑受禮，禮相妨也。母若有服，則亦難行此禮。要是本領未正，百事俱礙耳。」

蕙田案：此父没，兄期喪已畢，牽于母服未除，而不便娶。以叔父受母命主昏，但不行盥饋，亦禮之變也。

又答應仁仲：趙氏聘幣，無置之之所，故遣歸之。今既不受，未有以處，欲如來諭，納之於壙。則今已葬，且此間之葬例薄，然亦時有意外之患。欲置少田以給墓户，則亦不必如此之多。欲以施諸鄉人之爲橋道者，則似於義亦無所當。反復思之，唯有别以它女，再結姻好之爲善。而家間諸女及孫雖多，而年歲無相當者，其最長者才十有二耳。似此再三籌度，皆未有計。不知賢者，何以教之？使於義稍安而無所疑也。

蕙田案：此既受幣而女死者，遣歸不受，無所處之，亦禮之變。或以女年十二者結姻，而待年成昏可也。

雜記：諸侯出夫人，夫人比至於其國，以夫人之禮行。至，以夫人入，使者將命曰：「寡君不敏，不能從而事社稷宗廟，使使臣某敢告於執事。」主人對曰：「寡君固前辭不教矣。寡君敢不敬須以俟命。」有司官陳器皿，主人有司亦官受之。注：出夫人，有罪而出之，還本國也。在道至入，猶以夫人禮者，致命其國，然後義絶也。將命者謙言「寡君不敏，不能從夫人以事宗廟社稷」，而不斥言夫人之罪。答言「前辭不教」，謂納采時，固嘗以此爲辭矣。疏：有司官陳器皿者，陳夫人嫁時所齎器皿之屬，以還主國也。亦官受之者，主國亦使有司官領受之也。並云官者，明付受悉如法也，此諸侯禮也。

妻出，夫使人致之曰：「某不敏，不能從而共粢盛，使某也敢告於侍者。」主人對曰：「某之子不肖，不敢辟誅，敢不敬須以俟命。」使者退，主人拜送之。如舅在則稱舅，舅没則稱兄，無兄則稱夫。主人之辭曰：「某之子不肖。」如姑姊妹，亦皆稱之。

注：姑姊妹見棄，亦曰「某之姑不肖」，或「某之姊不肖」，或「某之妹不肖」，故云亦皆稱之也。疏：此卿大夫以下之禮也。

家語：曾參後母，遇之無恩，而供養不衰。及其妻以藜烝不熟，因出之。人曰：「非七出也。」參曰：「藜烝，小物耳，吾欲使熟而不用吾命，況大事乎？」遂出之，終身不取妻。其子元請焉，參告其子曰：「高宗以後妻殺孝己，尹吉甫以後妻放伯奇。吾上不及高宗，中不比吉甫，庸知其得免于非乎？」

右昏禮之變

娣媵

易歸妹：歸妹，征凶，无攸利。注：妹者，少女之稱也。兑爲少陰，震爲長陽，少陰而承長陽，説以動，嫁妹之象也。疏：歸妹者，卦名也。婦人謂嫁曰歸。歸妹，猶言嫁妹也。然易論歸妹得名不同。泰卦六五云：「帝乙歸妹。」彼據兄嫁妹，謂之歸妹。此卦名歸妹，以妹從娣而嫁，謂之歸妹。故初九爻辭云「歸妹以娣」是也。卦以少承長，非是匹敵，明是妹從娣嫁，故謂之「歸妹」焉。古者諸侯一娶九女，嫡夫人及左右媵，皆以娣姪從，故以此卦當之矣。不言歸姪者，女弟是兄弟之行，亦舉尊以包之也。

象曰：歸妹，人之終始也。說以動，所歸妹也。注：少女而與長男交，嫁而以娣，是以說也。疏：既係娣爲媵，不得别適。若其不以備數，更有動望之憂。故係娣而行合禮，説以動也。

初九，歸妹以娣，跛能履，征吉。注：娣，少女之稱也。少女之行，善莫若娣。少女以娣，雖跛能履。

象曰：歸妹以娣，以恒也。跛能履，吉相承也。注：少女謂之妹。從娣而行，謂之歸。初九以兑適震，非夫婦匹敵，是從娣之義也。

六三，歸妹以須，反歸以娣。注：室主猶存，而求進焉。進未值時，故有須也。不可以進，故反歸待時，以娣乃行也。

九四，歸妹愆期，遲歸有時。

象曰：愆期之志，有待而行也。疏：嫁宜及時，今乃過期而遲歸者，此嫁者之志，正欲有所待而後乃行也。

六五，帝乙歸妹，其君之袂不如其娣之袂良。

詩召南：江有汜，之子歸，不我以。不我以，其後也悔。江有渚，之子歸，不我與。不我與，其後也處。江有沱，之子歸，不我過。不我過，其嘯也歌。

序：江有汜，美媵也。文王之時，江、沱之間有嫡不以其媵備數，媵遇勞而無怨，嫡亦自悔也。音義：媵，音孕。古者諸侯娶夫人，則同姓二國媵之。嫡，正夫人也。疏：嫡，謂妻也。媵，謂妾也。謂之媵者，以其從嫡，以送爲名也。故士昏禮注云：「媵，送也。」古者女嫁，必娣姪從，謂之媵也。士昏禮云：「雖無娣，媵先。」言姪若無姪娣，猶先媵。是士有姪娣，但不必備耳。喪大記：「大夫撫姪娣。」是大夫有姪娣矣。公羊傳曰：「諸侯一取九女，二國媵之，所從皆名媵。」獨言二國者，異國主爲媵，故特名之。其實雖夫人姪娣，亦爲媵也。

大雅韓奕：諸娣從之，祁祁如雲。韓侯顧之，爛其盈門。傳：諸侯一取九女，二國媵之。諸娣，衆妾也。箋：媵者，必娣姪從之。獨言娣者，舉其貴者。疏：衆妾之名，有姪有娣有媵，媵又自有姪娣，其名不盡爲娣。而言諸娣衆妾者，以衆妾之中，娣爲最貴，故舉娣以言衆妾也，明可以兼姪娣也。

春秋隱公七年春：王三月，叔姬歸於紀。注：叔姬，伯姬之娣也。至是歸者，待年於父母國，不與嫡俱行，故書。穀梁傳：其不言逆，何也？逆之道微，無足道焉爾。注：媵之爲言送也，從也。不與嫡俱行，非禮也。許愼曰：「姪娣年十五以上能共事君子，可以往，二十而御。易曰：『歸妹愆期，遲歸有時。』娣必少于嫡，知未二十而往也。」

莊公十有九年秋：公子結媵陳人之婦於鄄，遂及齊侯、宋公盟。注：公子結，魯大夫。

公羊、穀梁皆以爲魯女媵陳侯之婦〔一〕。其稱陳人之婦，未入國，略言也。疏：成九年，伯姬歸于宋，晉、衛、齊三國來媵，然則爲人媵者，皆送至嫁女之國，使之從嫡而行也。公羊傳：媵者何？諸侯娶一國，則二國往媵之，以姪娣從。姪者何？兄之子也。娣者何？弟也。諸侯壹聘九女，諸侯不再娶。媵不書，此何以書？爲其有遂事，書。注：言往媵之者，禮，君不求媵，二國自往媵夫人，所以一夫人之尊。必以姪娣從之者，欲使一人有子，二人喜也。所以防嫉妬，令重繼嗣也，因以備尊尊、親親也。九者，極陽數也。不再娶者，所以節人情、開媵路也。穀梁傳：媵，淺事也。不志，此其志，何也？辟要盟也。何以見其辟要盟也？媵，禮之輕者也；盟，國之重也。以輕事遂乎國重，無説。其曰陳人之婦，略之也；其不日，數渝，惡之也。

成公八年冬，衛人來媵。注：古者諸侯取適夫人及左右媵，各有姪娣，皆同姓之國，國三人，凡九女，所以廣繼嗣也。魯將嫁伯姬於宋，故衛來媵之。疏：釋例曰，古者諸侯之娶，凡九女，參骨肉至親，所以息陰訟、廣繼嗣也〔二〕。當時雖無其人，必待年而送之，所以絶望求塞非常也。辭稱蠢愚不教，故

〔一〕「侯」，原作「人」，據光緒本、春秋左傳正義卷九改。

〔二〕「魯將嫁伯姬於宋故衛來媵之疏釋例曰古者諸侯之娶凡九女參骨肉至親所以息陰訟廣繼嗣也」三十九字，原脱，據味經窩本、乾隆本、光緒本、春秋左傳正義卷二六補。

遣大夫隨之，亦謂之媵臣，所以將謙敬之實也。夫人薨，不更聘，必以姪娣媵繼室，一與之醮，則終身不二，所以重昏姻，固人倫。人倫之義既固，上足以奉宗廟，下足以繼後世，此夫婦之義也。

衛人來媵共姬，禮也。凡諸侯嫁女，同姓媵之，異姓則否。注：必以同姓者，參骨肉至親，所以息陰訟。公羊傳：媵不書，此何以書？注：逆女，不書媵也。言來媵者，禮，君不求媵，諸侯自媵夫人。録伯姬也。注：伯姬以賢聞諸侯，諸侯爭欲媵之，故善而詳録之。穀梁傳：媵，淺事也，不志。此其志，何也？以伯姬之不得其所，故盡其事也。

九年，晉人來媵。注：媵伯姬也。左氏傳：晉人來媵，禮也。注：同姓故。公羊傳：媵不書，此何以書？録伯姬也。

十年，齊人來媵。注：媵伯姬也。異姓來媵，非禮也。公羊傳：媵不書，此何以書？録伯姬也。三國來媵，非禮也。曷爲皆以録伯姬之辭言之？婦人以衆多爲侈也。注：伯姬以至賢，爲三國所爭媵，故侈大其能容之。惟天子娶十二女。疏：惟天子取十二女，保乾圖文，孔子爲後王非禮也。

穀梁范注：異姓來媵，非禮。楊疏、何休以爲異姓亦得媵，故鄭箴膏肓難之云：「天子云備百姓，博異氣。諸侯直云備酒漿。何得有異姓在其中？是亦以異姓不合媵也。此媵不發傳者，上詳其事，見同姓之得禮，異姓非禮可知。」

啖氏助曰：左氏云：「凡諸侯嫁女，同姓媵之，異姓則否。」若然，則莒姓己，郲姓曹，此二國同姓至少，如嫁女孰爲媵乎？恐此禮難行，今則不取。

趙氏曰：左氏云「異姓則否」，啖子難之，誠爲當矣。若實異姓不合媵，則成十年直云「齊人來媵」，足知非禮，何假先書衛、晉乎？所以先書二國者，明九女已足，而又來媵，所以爲失禮，非謂譏異姓來媵，其義甚明。

蕙田案：杜注：「夫人媵娣，同姓之國，國三人，凡九女。」「國三人」者，謂夫人本國娣媵二，其餘兩國各三人也。夫女之多少，難以懸定。一娶九女，特因其自有，非必定三人也。或本國之數多于三人，或不及三人。兩國之媵，亦如是耳。左、公、穀皆言「異姓來媵，非禮」，啖氏、趙氏以爲不然。趙氏又謂「九女已足，而又來媵，所以爲非禮」，恐亦曲説。安知非晉、衛二國媵不及數，而齊人足之耶？

襄公二十三年左氏傳：晉將嫁女于吴，齊侯使析歸父媵之。疏：禮，媵同姓，適異姓。今晉嫁女於同姓，齊以異姓爲媵，皆非禮也。

管子：國君聘妻於異姓，設爲姪娣命婦宫女，盡有法制，所以治其内也。明男女之别，昭嫌疑之節，所以防其姦也。是以中外不通，讒慝不生，婦言不及官中之事，而諸臣子弟無宮中之交。此先王所以明德圉姦，昭公威私也。

白虎通：天子、諸侯一娶九女，何？重國廣繼嗣也。適也者，何？法地有九州，承天之施，無所不生也。娶九女，亦足以成君施也。九而無子，百亦無益也。或曰「天子娶十二女」，法天有十二月，萬物必生也。必一娶，何？防淫佚也。爲其棄德嗜色，故一娶而已。人君無再娶之義也。備姪娣從者，爲其必不相嫉妬。一人有子，三人共之，若己生子。不娶兩姪〔二〕，何？傳異氣也。娶三國女，何？廣異類也。恐一國血脉相似，俱無子也。姪娣年雖少，猶從適人者，明人君無再娶之義也。還待年于父母之國，未任答君子也。二國來媵，誰爲尊者？大國爲尊，國等以德，德同以色。質家法天，尊左；文家法地，尊右。所以不聘妾，何？人有子孫，欲尊之義，義不可求人以爲賤也。春秋傳曰「二國來媵」，可求人爲士，不可求人爲妾，何？士即尊之漸，賢不止于士，妾雖賢，不得爲嫡。

右娣媵

〔二〕「姪」，白虎通疏證卷一〇作「娣」。

繼室

春秋隱公元年左氏傳：惠公元妃孟子。孟子卒，繼室以聲子，生隱公。注：聲，謚也，蓋孟子之姪娣也。諸侯始娶，則同姓之國以姪娣媵元妃，死則次妃攝治内事，猶不得稱夫人，故謂之繼室。　疏：襄二十三年傳稱：「臧宣叔娶于鑄，生賈及爲而死，繼室以其姪。」則姪之與娣，皆得繼室。經傳之説，諸侯惟有繼室之文，皆無重昏之禮。故知元妃死，則次妃攝治内事。次妃，謂姪娣與媵，諸妾之最貴者。釋例曰：「夫人薨，不更聘，必以姪娣媵繼室。」是夫人之姪娣與二媵皆可以繼室也。

右繼室

媒妁

詩豳風伐柯：取妻如何？匪媒不得。傳：媒，所以用禮也。　箋：媒者，能通二姓之言，定人室家之道。

周禮地官媒氏：下士二人，史二人，徒十人。注：媒之言謀也，謀合異類，使和成者。疏：媒氏在此者，集名云：「配儷男女〔一〕，取地道生息，故在此也。」異類，謂别姓。三十之男，二十之女，

〔一〕「男女」，原脱，據味經窩本、乾隆本、光緒本、周禮注疏卷九補。

和合使成婚姻。

禮記曲禮：男女非有行媒，不相知名。注：見媒往來傳昏姻之言，乃相知姓名。疏：相知男女名者，先須媒氏行傳昏姻之意，後乃知名。

坊記：夫禮，坊民所淫〔一〕，章民之別，使民無嫌，以爲民紀者也。故男女無媒不交，無幣不相見，恐男女之無別也。以此坊民，民猶有自獻其身。

公羊傳：使我爲媒，可，則因用是往逆矣。

孟子：媒妁之言。注：妁，音酌。丁云：「謂媒氏酌二姓之可否，故謂之媒妁也。」

戰國策：處女無媒，老且不嫁。

管子：明主之治天下也，必用聖人而後天下治。婦人之求夫家也，必用媒而後家事成。求夫家而不用媒，則醜恥而人不信也。故曰：自媒之女，醜而不信。

淮南子：因媒而嫁，不因媒而成。

又：民有好色之性，故有大昏之禮。因其好色而制昏姻之禮，故男女有別。待

〔一〕「所」，諸本作「之」，據禮記正義卷五一改。

媒而結言，所以防淫也。

世範：古人謂周人惡媒，以其言語反覆，紿女家則曰男富，紿男家則曰女美，近世尤甚。紿女家則曰男家不求備禮，且助出嫁遣之資；紿男家則厚許其所遷之賄，且虛指數目。若輕信其言而成昏，則責恨見欺，夫妻反目，至於仳離者有之。大抵嫁娶，固不可無媒，而媒者之言，不可盡信，如此宜謹察於始。

右媒妁

五禮通考卷一百五十四

嘉禮二十七

昏禮

漢昏禮

漢書惠帝本紀：四年冬十月，立皇后張氏。

通典：漢惠帝納后，納采，雁、璧、乘馬、束帛。聘，黄金二萬斤、馬十二匹。呂氏爲惠帝娶魯元公主女，故特優其禮。

六年冬，令女子年十五以上至三十不嫁，五算。注：應劭曰：越王令女子年十七不嫁者，父母有罪。漢律，人出一算，算百二十錢。今使五算，罪謫之也。

禮樂也。

宣帝本紀：五鳳二年秋，詔曰：「夫昏姻之禮，人倫之大者也；酒食之會，所以行禮樂也。今郡國二千石，或擅爲苛禁，禁民嫁娶不得具酒食相賀召。由是廢鄉黨之禮，令民亡所樂，非所以導民也。詩不云乎『民之失德，乾餱以愆』？勿行苛政。」

平帝本紀：元始三年春，詔有司爲皇帝納采安漢公莽女〔一〕。又詔光禄大夫劉歆等雜定昏禮。四輔、公卿、大夫、博士、郎吏家屬皆以禮娶，親迎立軺併馬。

外戚傳：孝平皇后，安漢公、太傅、大司馬莽女也。平帝即位，成帝母太皇太后稱制，而莽秉政。莽欲依霍光故事，以女配帝，太后意不欲也。莽設變詐，令女必入，因以自重，太后不得已而許之。遣長樂少府夏侯藩、宗正劉宏、少府宗伯鳳、尚書令平晏納采，太師光、大司徒馬宮、大司空甄豐、左將軍孫建、執金吾尹賞、行太常事太中大夫劉歆及太卜、太史令以下四十九人賜皮弁、素績〔二〕，以禮雜卜筮，太

〔一〕「莽」，諸本脱，據漢書平帝本紀補。

〔二〕「績」，諸本作「幘」，據漢書外戚列傳改。

牢祠宗廟，待吉月日。明年春，遣大司徒宫、大司空豐、左將軍建、右將軍甄邯、光禄大夫歆奉乘輿法駕，迎皇后於安漢公第。宫、豐、歆授皇后璽紱，登車稱警蹕，便時上林延壽門，入未央宫前殿。群臣就位行禮，大赦天下。益封父安漢公地滿百里，賜迎皇后及行禮者，自三公以下至騶宰執事長樂、未央宫、安漢公第者，皆增秩，賜金帛各有差。

王莽傳：莽既尊重，欲以女配帝爲皇后，以固其權。奏言：「皇帝即位三年，長秋宫未建，掖廷媵未充。乃者，國家之難，本從亡嗣，配取不正，請考論五經，定取禮，正十二女之義，以廣繼嗣。博采二王後及周公、孔子世列侯在長安者適子女。」事下有司，上衆女名，王氏女多在選中者。莽恐其與己女爭，即上言：「身無德，子材下，不宜與衆女並採。」太后以爲至誠，乃下詔曰：「王氏女，朕之外家，其勿采。」庶民、諸生、郎吏以上守闕上書者日千餘人，公卿大夫或詣廷中，或伏省户下，咸言：「明詔聖德，巍巍如彼，安漢公盛勳，堂堂若此，今當立后，獨奈何廢公女？天下安所歸命！願得公女爲天下母。」莽遣長史以下分部曉止公卿及諸生，而上書者愈甚。太后不得已，聽公卿采莽女。莽復自白：「宜博選衆女。」公卿爭曰：「不宜采諸女以貳正統。」莽白：「願見女。」太后遣長樂少府、宗正、尚書令納采見女，還奏言：「公女漸漬德化，有窈窕之容，宜承天序，奉祭祀。」有詔遣大司徒、大司空策告宗廟，雜加卜筮，皆曰：「兆遇金水王相，卦遇父母得位，所謂『康强』之占、『逢吉』之符也。」信鄉侯佟上言：「春秋，天子將娶於紀，則褒紀子稱侯。安漢公國未稱古制。」事下有司，皆曰：「古者，天子封后父百里，尊而不臣，以重宗廟，孝之至也。佟言應禮，可許。請以新野田二萬五千六百頃益封莽，滿百里。」莽謝曰：「臣莽子女誠不足以配至尊，復聽衆議，益封臣莽。伏自惟念，得託肺腑，獲爵土，如使子女誠能奉稱聖德，臣莽國邑足以共朝貢，不須復加益地之寵。願歸所益。」太后許之。有司奏：「故事，聘皇后黄金二萬斤，爲錢二萬萬。」莽深辭讓，受四千萬，而以其三千三百萬予十一媵家。群臣復言：「今皇后受聘，踰群妾亡幾。」有詔，復益二千三百萬，合爲三千萬。莽復以其千萬分予九族貧者。

通典：漢制，皇太子納妃，奉常迎。時叔孫通定禮，以天子無親迎之義，皇太子以奉常迎也。

蕙田案：天子親迎之禮，不見於經，惟家語有「冕而親迎」之語，諸儒以爲即指魯君，其言近是。叔孫此説，或有所本。

後漢書桓帝本紀：建和元年秋，立皇后梁氏。

懿獻梁皇后紀：后諱女瑩，順烈皇后之女弟也。帝初爲蠡吾侯，梁太后徵，欲與后爲昏，未及嘉禮，會質帝崩，因以立帝。明年，有司奏太后曰：「春秋迎王后于紀，在塗則稱后。今大將軍冀女弟，膺紹聖善。結昏之際，有命既集，宜備禮章，時進徵幣。請下三公、太常案禮儀。」奏可。於是悉依孝惠皇帝納后故事，聘黄金二萬斤，納采雁、璧、乘馬、束帛，一如舊典。建和元年六月，始入掖庭，八月立爲皇后。

通典：靈帝册宋貴人爲皇后，天子御章德殿軒，百官陪位，太尉襲使持節奉璽紱。皇后北面，帝南面。太尉立階下，東向；宗正、大長秋西向，宗正讀册。文曰：「維建寧四年七月乙未制誥：皇后之尊，與帝齊體〔一〕，供奉天地，祇承宗廟，母臨天下。故有莘興殷，姜任母周，二代之崇，蓋有内德。長秋宫闕，中宫曠位。宋貴人秉淑媛之懿，體河山之儀，威容昭曜，德冠後庭。群僚所

〔一〕「齊」，通典卷五八作「同」。

咨，僉曰宜哉。卜之蓍龜，卦得承乾〔一〕。有司奏議，宜稱紱組，以母兆人。今使太尉襲使持節奉璽紱，宗正祖爲副，立貴人爲皇后。后其往踐爾位，敬遵禮典，肅慎中饋，無替朕命，永終天禄。」册文畢，皇后拜，稱臣妾，畢，任位〔二〕。太尉授璽紱，中常侍、長秋太僕、高鄉侯覽長跪受璽紱，奏於殿前。女使授，婕妤長跪受以授，昭儀受，長跪以帶皇后。皇后伏，起，拜稱臣妾。畢，黄門鼓吹三通，鳴鼓畢，群臣以次出。后即位，大赦天下。皇后秩比國王，即位威儀，赤紱玉璽也。漢志：乘輿黄赤綬，四采，黄赤縹紺，純黄質，長二丈九尺九寸，太子太后與乘輿同。

後漢書杜喬傳：建和元年，代胡廣爲太尉。桓帝將納梁冀妹〔三〕，冀欲令以厚禮迎之，喬據執舊典，不聽。

後漢書獻穆皇后紀：后諱節，曹操之中女也。獻帝建安十八年，操進三女憲、節、華爲夫人，聘以束帛、玄纁五萬匹，小者待年於國。十九年，並拜爲貴人。

通典：後漢鄭衆百官六禮辭，大略因於周制，而納采，女家答辭末云：「奉酒肉若

〔一〕「承」，通典卷五八作「坤」。
〔二〕「任」，諸本作「住」，據通典卷五八改。
〔三〕「納」，諸本作「立」，據後漢書杜喬傳改。

干，再拜。」反命，其所稱「前人」，不云「吾子」，皆云「君」。六禮文皆封之，先以紙封表，又加以皂囊，著箧中。又以皂衣箧表，訖，以大囊表之。題檢文言：「謁箧某君門下。」其禮物凡三十種，各內有謁文，外有贊文，各一首，封如禮文，箧表訖，蠟封題。用皂帔蓋于箱中，無囊表，便題檢文言：「謁箧某君門下。」便書贊文，通共在檢上。禮物以玄纁、羊、雁、清酒、白酒、粳米、稷米、蒲、葦、卷柏、嘉禾、長命縷、膠、漆、五色絲、合歡鈴、九子墨、金錢、禄得香草、鳳凰、舍利獸、鴛鴦、受福獸、魚、鹿、烏、九子婦、陽燧，總言物之所象者〔一〕。玄象天，纁法地。羊者祥也，群而不黨。雁則隨陽。清酒降福，白酒歡之由。粳米養食，稷米粢盛。蒲衆多性柔。葦柔之久〔二〕。卷柏屈卷附生。嘉禾頒禄〔三〕。長命縷縫衣延壽。膠能合異類。漆內外光好。五色絲章彩屈伸不窮。合歡鈴音聲和諧。九子墨長生子孫。金錢和明不止。禄得香草爲吉祥。鳳凰雌雄伉合。舍利獸廉而謙。鴛鴦飛止須匹，鳴則相和。受福獸體恭心慈。魚處淵無射。

〔一〕「象」，通典卷五八作「衆」。
〔二〕「柔」下，通典卷五八有「仞」字。
〔三〕「頒」，諸本作「須」，據通典卷五八改。

鹿者禄也。烏知反哺，孝於父母。九子婦有四德。陽燧成明安身。又有丹爲五色之榮，青爲色首，東方始。

右漢昏禮

魏晉宋齊梁陳昏禮

三國魏志齊王本紀：正始四年夏四月乙卯，立皇后甄氏，大赦。

通典：魏制，天子册后，以皮馬庭實，加穀珪。齊王正始四年，立后甄氏，其儀不存。諸侯娶妃，以皮馬爲庭實，加以大璋。王娶妃、公主嫁五禮，用絹百九十匹。

晉書武帝本紀：泰始九年秋七月，詔聘公卿以下子女以備六宫，採擇未畢，權禁斷昏姻。冬十月辛巳制：「女年十七父母不嫁者，長吏配之。」

禮志：泰始十年，將納拜三夫人、九嬪。有司奏：「禮，皇后聘以穀珪〔一〕，無妾媵禮贄之制。」詔曰：「拜授可依魏氏故事。」于是臨軒，使使持節兼太常拜三夫人，兼御

〔一〕「皇」，諸本作「王」，據晉書禮志下改。

史中丞拜九嬪。

武帝本紀：咸寧二年冬十月丁卯，立皇后楊氏。

禮志：咸寧二年，臨軒，遣太尉賈充策立皇后楊氏，納悼后也。因大赦，賜王公以下各有差，百僚上禮。

太康八年，有司奏：「昏禮納徵〔一〕，大昏用玄纁、束帛，加珪，馬二駟。王侯玄纁、束帛，加璧，乘馬。大夫用玄纁、束帛，加羊。古者以皮馬爲庭實，天子加以穀珪，諸侯加大璋，可依周禮改璧用璋，其羊、雁、酒、米、玄纁如故。諸侯昏禮，加納采、告期、親迎各帛五匹，及納徵馬四匹，皆令夫家自備。惟璋，官爲具致之。」尚書朱整議：「案魏氏故事，王娶妃、公主嫁之禮，天子諸侯以皮馬爲庭實，天子加以穀珪，諸侯加以大璋。漢高后制聘，后黃金二百斤、馬十二匹。夫人金五十斤、馬四匹。魏氏王娶妃、公主嫁之禮，用絹百九十匹。晉興，故事用絹三百匹。」詔曰：「公主嫁由夫氏，不宜皆爲備物，賜錢使足而已。惟給璋。餘如故事。」

〔一〕「禮」，原脱，據光緒本、晉書禮志下補。

成帝本紀：咸康二年春，立皇后杜氏。大赦，增文武位一等。四月皇后見于太廟。

禮志：咸康二年，臨軒，遣使持節、兼太保、領軍將軍諸葛恢，兼太尉、護軍將軍孔愉，六禮備物，拜皇后杜氏。即日入宫。帝御太極殿，群臣畢賀。賀，非禮也。王者昏禮，禮無其制〔一〕。春秋「祭公逆王后于紀」，穀梁、左氏傳説與公羊又不同。而自漢、魏遺事，並皆闕略。武、惠納后，江左又無復儀注。故成帝將納杜后，太常華恒始與博士參定其儀。據杜預左氏傳説，主昏是供其昏禮之幣而已。又，周靈王求昏于齊，齊侯問于晏桓子，桓子對曰：「夫婦所生若如人，姑姊妹則稱先守某公之遺女若如人。」此則天子之命自得下達，臣下之答徑自上通。先儒以謂丘明詳録其事，蓋爲王者昏娶之禮也。故成帝臨軒，遣使稱制拜后，然其儀注又不具存。

華恒傳：恒領太常。帝將納后，寇難之後，典籍靡遺，昏禮無所依據。恒推尋舊典，撰定禮儀。事並施用。

〔一〕「制」，原作「例」，據光緒本、晉書禮志下改。

康帝本紀：咸康八年，即皇帝位。十二月壬子，立皇后褚氏。

禮志：康帝建元元年，納皇后褚氏，而儀注陛者不設旄頭。殿中御史奏：「今迎皇后，依成恭皇后入宮御物，而儀注至尊衮冕升殿，旄頭不設，求量處。又案，昔迎恭皇后，惟作青龍旂，其餘皆即御物。今當臨軒遣使，而立五牛旗〔一〕，旄頭罼罕並出即用，故致今闕。」詔曰：「所以正法服、升太極者，以敬其始，故備其禮也。今云何更闕所重而徹法物耶！又恭后神主入廟，先帝詔后禮宜降，不宜建五牛旂，而今猶復設之耶！既不設五牛旗，則旄頭罼罕之物易具也。」又詔曰：「舊制既難準，且于今而備，亦非宜。府庫之儲，惟當以供軍國之費耳。法服儀飾粗令舉，其餘兼副雜器停之。」

穆帝永和二年納后，議賀不。王述云：「昏是嘉禮。春秋傳曰：『娶者大吉，非常吉。』又傳曰：『鄭子罕如晉，賀夫人。』鄰國猶相賀，況臣下耶？如此，便應賀，但不在三日內耳。今因廟見成禮而賀，亦是一節也。」王彪之議云：「昏禮不樂不賀，禮之明文。傳稱子罕如晉賀夫人，既無經文，又傳不云『禮也』。禮，娶婦三日不舉樂。明

〔一〕「而立五牛旗」，諸本作「而五牛旂旗」，據晉書禮志下改。

三日之後自當樂。至于不賀，無三日之斷，恐三日之後故無應賀之禮。」又云：「禮記所以言賀娶妻者，是因就酒食而有慶語也。愚謂無直相賀之體，而有禮貺共慶會之義，今世所共行。」於時竟不賀。

通典：撫軍答諸尚書云：「禮官所據，誠是古典。然禮亦隨時，今既已從近代而上禮，上禮即是稱慶，將是賀例。又恭后時已賀，今依舊，亦可通。」王彪之：「納悼后，起居注無賀文，而有上禮。武帝以長秋再建〔一〕，感愴不叙，詔通斷之。納恭后，記注有賀文，時亦上禮。案禮云『昏禮不賀』，又云『賀娶妻者』。愚謂禮傳昏姻無直相賀之禮，而有禮貺共慶會之義，今代所共行。」范汪云：「先朝所以上禮而不賀者，依傍賀娶妻也。雖名曰賀，寔是酒食，無慶語也，但是吉事，故曰賀耳。思親之序，故慶辭不可以達於主人，然吉禮宜有叙情，故獻酒食而已。先朝行之，近代得禮。至於恭后時賀，是王丞相導以明君臣之恩，本不以爲將來之法。」彪之云：「足下不賀意同，而叙之小異。吾謂昏禮不賀者，謂不如今三節特賀也。禮記所以復言賀娶妻者，因獻酒食

〔一〕「建」，諸本作「見」，據通典卷五九改。

而有慶語也。是不明言賀，而於會同因有獻辭。足下今云都不應有慶辭，則何得獻酒肉會同耶？亦與足下上禮辭不同，自爲矛盾。又從伯丞相時相賀〔二〕，何必非失。足下以往賀爲美事，以今不賀爲得禮，亦不能兩濟斯義。」庾蔚之議：「案禮文及鄭注，是親友聞主人有吉事，故遣人送酒肉以賀之。但昏有嗣親之感，故不斥主人以賀昏，唯云爲有客而已。今上禮既所爲者昏，亦不得都無慶辭，彪之議爲允。」於時竟不賀，但上禮。

穆帝本紀：升平元年八月，立皇后何氏，大赦，賜孝弟鰥寡米，人五斛，逋租宿債皆勿收。冬十月，皇后見于太廟。

禮志：升平元年，將納皇后何氏。太常王彪之大引經傳及諸故事以定其禮，深非公羊「昏禮不稱主人」之義。又曰：「王者之于四海，無非臣妾，雖復父兄之親，師友之賢，皆純臣也。夫崇三綱之始，以定乾坤之儀，安有天父之尊，而稱臣下之命以納伉

〔二〕「相賀」，通典卷五九無「相」字。

儷？安有臣下之卑，而稱天父之名以行大禮？遠尋古禮，無王者此制；近求史籍〔一〕，無王者此比〔二〕。於情不安，於義不通。案咸寧二年，納悼皇后時，弘訓太后母臨天下，而無命戚屬之臣爲武皇父兄主昏之文。又考大晉已行之事，咸寧故事，不稱父兄師友，則咸康華恒所上禮合於舊〔三〕。臣愚謂今納后儀制，宜一依咸康故事。」於是從之。華恒所定之禮，依漢舊及晉已行之制，故彪之多從咸康，由此也。惟以娶婦之家三日不舉樂，而咸康群臣賀爲失禮。故但依咸寧上禮，不復賀。其告廟六禮版文等儀，皆彪之定也。其納采版文璽書曰：「皇帝咨前太尉參軍何琦。渾元資始，肇經人倫。爰及夫婦，以奉天地宗廟社稷。謀於公卿，咸以宜率由舊典。今使使持節太常彪之、宗正綜以禮納采。」主人曰：「皇帝嘉命，訪昏陋族，備數採擇。臣從祖弟故散騎侍郎準之遺女，未閑教訓，衣履若如人。欽承舊章，肅奉典制〔四〕。前太尉參軍、都鄉

〔一〕「求」，諸本作「來」，據晉書禮志下改。
〔二〕「比」上，諸本衍「制」字，據晉書禮志下删。
〔三〕「咸康」，諸本作「咸寧」，據晉書禮志下改，下同。
〔四〕「肅」，諸本作「夙」，據晉書禮志下改。

侯龔士臣何琦稽首頓首，再拜承詔。」次問名版文曰：「皇帝曰：咨某官某姓。兩儀配合，承天統物，正位于内，必俟令族，重申舊典〔一〕。今使使持節太常某、宗正某以禮問名。」主人曰：「皇帝嘉命，使者某到，重宣中詔，問臣名族。臣族女父母所生，先臣故光禄大夫、雩婁侯禎之遺玄孫，先臣故豫州刺史、關中侯惲之曾孫，先臣安豐太守、關中侯叡之孫，先臣故散騎侍郎準之遺女。外出自先臣故尚書左丞孔胄之外曾孫〔二〕，先臣故侍中、關内侯夷之外孫女〔三〕，年十七。欽承舊章，肅奉典制。」次納吉版文曰：「皇帝曰：咨某官某姓。人謀龜從，僉曰貞吉，敬從典禮。今使使持節太常某、宗正某以禮納吉。」主人曰：「皇帝嘉命，使者某重宣中詔，太卜元吉。臣陋族卑鄙，憂懼不堪。欽承舊章，肅奉典制。」次納徵版文曰：「皇帝曰：咨某官某姓之女，有母儀之德，窈窕之姿，如山如河，宜奉宗廟，永承天祚。以玄纁皮帛，馬羊錢璧，以章典禮。今使使持節司徒某、太常某，以禮納徵。」主人曰：「皇帝嘉命，降昏卑陋，崇以上公，寵以典

〔一〕「申」，諸本作「章」，據晉書禮志下改。
〔二〕「孔胄」，諸本脱「孔」字，據晉書禮志下補。
〔三〕「夷」，諸本脱，據晉書禮志下補。

禮，備物典策。欽承舊章，肅奉典制。」次請期版文曰：「咨某官某姓〔一〕。謀于公卿，泰筮元龜，罔有不臧，率遵典禮。今使使持節太常某、宗正某，以禮請期。」主人曰：「皇帝嘉命，使者某重宣中詔，吉日惟某可迎。臣欽承舊章，肅奉典制。」次親迎版文曰：「皇帝曰：咨某官某姓。歲吉月令，吉日惟某，率禮以迎。今使使持節太保某、太尉某以禮迎。」主人曰：「皇帝嘉命，使者某重宣中詔，令月吉辰，備禮以迎。上公宗卿兼至，副介近臣百輛。臣螻蟻之族，猥承大禮，憂懼戰悸。欽承舊章，肅奉典制。」某稽首承詔。皆如初答。其納采、問名、納吉、請期、親迎，皆用白雁、白羊各一頭，酒米各十二斛。惟納徵羊一頭，玄纁用帛三匹，絳二匹，絹二百匹，獸皮二枚，錢二百萬，玉璧一枚，馬六匹，酒米各十二斛。鄭玄所謂五雁六禮也。其珪馬之制〔二〕、備物之數，校太康所奏又有不同云。古者昏冠皆有醮，鄭氏醮文三首具存。臺符問：「迎皇后大駕，應作鼓吹不？」博士胡訥議：「臨軒儀注闕，無施安鼓吹處所，又無舉麾鳴

〔一〕「咨」上，晉書禮志下有「皇帝曰」三字。
〔二〕「珪」，諸本脱，據晉書禮志下補。

鐘之條。」太常王彪之以爲：「昏禮不樂。鼓吹亦樂之總名。儀注所以無者，依昏禮。今宜備設而不作。」時用此議。穆帝納后欲用九月。九月是忌月，范汪問王彪之，答云：「禮無忌月，不敢以所不見，便謂無之。」博士曹耽、荀訥等並謂無忌月之文，不應有妨。王洽曰：「若有忌月，當復有忌歲。」

通典：升平元年，臺符問：「皇后拜訖，何官應上禮？上禮悉何用？」太常王彪之上書，以爲：「上禮唯酒犢而已，犢十頭，酒十二斛。王公以下名在三節祥瑞自簡慶賀録者悉賀。左傳曰：『會吴於鄫，吴徵百牢。子服景伯曰：周制，上物不過十二，天之大數也。』太學博士雖不在賀，而常小會者同，悉應上禮。」又臺符問：「迎皇后大駕，應作樂不？」博士胡訥議：「臨軒儀注，無施安鼓吹處所，又無舉麾鳴鐘之條。」太常王彪之以爲：「昏禮不樂，鼓吹亦樂之總名。儀注所以無者，依昏禮也。臣伏重詳禮云：『昏禮不作樂，幽陰之義。樂，陽氣也。』又云：『娶婦之家，三日不舉樂，思嗣親也。』自王者下達，迎大駕鹵簿，及至尊升太極，並闕此條。當是依『三日不舉樂』之禮。愚謂殿庭及大駕鹵簿鼓吹，並可備儀而已。」蘭臺太常主者案：「儀注云：『皇后列人自閶闔掖門，鳴鐘鼓，填門露仗。』如儀注之條，案諸門唯有鼓無鐘。既云鳴鐘，則應施鐘，既施鐘則施建鼓。若如寺卿今意不作樂者，當復安懸而不作。」彪之又議：「魏、晉舊制，晝夜漏既盡，門鳴鼓鳴鐘。吉凶鼓鐘常用，非樂也。舊儀，皇后乘輿列閶闔門掖門，鳴鐘鼓，所以聲告内外耳。今自應施鐘。若他事會，黄門侍郎舉麾，舊應作宫懸金石之樂，鳴鼓鐘。中朝無宫懸，設軒懸。中興以來無此樂，故惟作鼓吹鳴鐘，以擬宫懸金石耳。昏禮，三日不作樂，經典明文。愚謂宜如舊儀，至尊升殿，舉麾作樂；迎皇后大駕，不應鼓吹。」

蕙田案：皇帝大昏，至晉始具六禮，亦緣士禮推之也。禮重親迎，而升平元年雖有版文，仍遣太尉、太保行事，可見親迎之不可行於天子也。當時廷臣深於禮典，信經如蓍蔡。至於不樂不賀，猶往來辨論如此，可謂篤信好學矣。

孝武帝本紀：寧康二年八月，以長秋將建，權停昏姻。三年秋八月，立皇后王氏，大赦，加文武位一等。

禮志：太元中，公主納徵以獸豹皮各一具禮，豈謂昏禮不辨王公之序，故取獸豹以尊革其事乎！漢、魏之禮，云公主居第，尚公主者來第成昏。司空王朗以爲不可，其後乃革。

江左以來，太子昏，納徵禮用玉璧一、獸皮二，未詳何所準況。或者獸取其威猛有班彩，玉以象德而有潤栗〔一〕。珪璋亦玉之美者，豹皮采蔚以譬君子。王肅納徵辭云：「玄纁束帛，儷皮雁羊。」前漢聘后，黃金二百斤，馬十二匹，亦無用羊之旨。鄭氏昏物贊曰：「羊者祥也。」然則昏之有羊，自漢末始也。王者六禮，尚未用焉。是故太康中有司奏：「太子昏，納徵用玄纁、束帛，加羊馬二駟。」

通典：東晉王堪六禮儀：于版上各方書禮文、壻名〔二〕、媒人正版中，納采于版左方。裹以皂囊，白繩纏之，如封章，某官某君大門下封，某官甲乙白奏。無官言賤子。禮版，奉案承之。酒羊雁繒采錢米，別版書之，裹以白繒，同著案上。羊則牽之，豕雁以籠盛，繒以笥盛，采以匳盛，米以黃絹囊盛。米稱斛數，酒稱器，脯腊以斤數。媒人賫禮到女氏門，使人執雁。主人出，相對揖畢，以雁付主人侍者。媒人進，主人侍者執雁立於堂下，從者以奉案入。媒人退席，當主人前，跪曰：『甲乙使某，敬薦不腆之

〔一〕「潤栗」，晉書禮志下作「温潤」。
〔二〕「名」上，通典卷五八有「父」字。

禮。』主人跪，答曰：『君之辱，不敢辭。』事畢，還座。從者進奉案主人前，侍者以雁退，禮物以次進中庭。主人設酒，媒人跪，曰：『甲乙使某獻酒。』却，再拜，主人答拜，還座。主人酢媒人，媒不復答。」

杜氏佑曰：禮，唯昏辭云不得稱不腆，故昏禮云：「幣必誠，辭無不腆。」此恐王堪之説有誤。

宋書文帝本紀：十五年夏四月，立皇太子妃殷氏，賜王公以下各有差。

禮志：皇太子納妃，六禮文與納后不異。百官上禮。其月壬戌，于太極殿西堂叙宴，二宫隊主副、司徒征北鎮南三府佐、揚兖江三州綱，彭城江夏南譙始興武陵廬陵南豐七國侍郎以上，諸二千石在都邑者，並豫會。

禮志：明帝泰始五年十一月，有司奏：「案晉江左以來，太子昏，納徵禮用玉一、虎皮二，未詳何所準況。或者虎取其威猛有彬炳，玉以象德而有潤栗。珪璋既玉之美者，豹皮義兼炳蔚，熊羆亦昏禮吉徵，以類取象，亦宜並用，未詳何以遺文。晉氏江左，禮物多闕，後代因襲，未遑研考。今法章徽儀〔一〕，方將大備。宜憲範經籍，稽諸舊

〔一〕「章」，原脱，據光緒本、宋書禮志一補。

典。今皇太子昏，納徵禮合用珪璋、豹皮、熊羆皮與不？下禮官詳依經紀更正。若應用者，爲各用一？爲應用兩？」博士裴昭明議：「案周禮，納徵：玄纁、束帛、儷皮。鄭玄注云：『束帛，十端也。儷，兩也。兩皮爲庭實，鹿皮也。』晉太子納妃以儀注〔一〕，以虎皮二。太元中，公主納徵，以虎豹皮各一具。豈謂昏禮不辨王公之序，故取虎豹皮以尊革其事乎？虎豹雖文，而徵禮所不用。熊羆吉祥，而昏典所不及。珪璋雖美，或爲用各異。今帝道弘明，徽則光闡，儲皇聘納，宜準經誥。凡諸僻謬，並合詳裁。雖禮代不同，文質或異，而鄭爲儒宗，既有明說，守文淺見，蓋有惟疑。兼太常丞孫詵議以爲：『聘幣之典，損益惟義，歷代行事，取制士昏。若珪璋之用，實均璧品；彩豹之彰，義齊虎文；熊羆表祥，繁衍攸寄。今儲后崇聘，禮先訓遠，皮玉之美，宜盡暉備。禮稱束帛儷皮，則珪璋數合同璧，熊羆文豹，各應用二。』長兼國子博士虞龢議：『案儀禮，納徵直云玄纁束帛雜皮而已。禮記郊特牲云虎豹皮與玉璧，非虚作也。則虎豹之皮，居然用兩，珪璧宜仍舊各一。』參詵、龢二議不異，今加珪璋各一，豹熊羆皮

〔一〕「十端也儷兩也兩皮爲庭實鹿皮也晉太子納妃」十九字，諸本脱，據宋書禮志一補。

各二，以觕議爲允。」詔可。

明帝本紀：泰始六年二月癸丑，皇太子納妃。甲寅，大赦天下。

南齊書世祖本紀：四月戊寅，詔曰：「昏禮下達，人倫攸始。周官設媒氏之職，國風興及時之詠。四爵内陳，義不期侈。三鼎外列，事豈存奢。晚俗浮麗，歷兹永久。每思懲革〔一〕，而民未知禁。乃聞同牢之費，華泰尤甚。膳羞方丈，有過王侯。富者扇其驕風，貧者恥躬不逮。或以供帳未具，動致推遷，年不再來，盛時忽往。宜爲節文，頒之士庶。並可擬則公朝，方樏供設，合巹之禮無虧，寧儉之義斯在。如故有違，繩之以法〔二〕。」

禮志：永明中，世祖以昏禮奢費，敕諸王納妃，上御及六宫，依禮止棗、栗、腶脩，加以香澤花粉，其餘衣物皆停。惟公主降嬪，則止遺舅姑也。

明帝永泰元年，尚書令徐孝嗣議曰：「尋昏禮，實篚以四爵，加以合巹，既崇尚質

〔一〕「懲」，原作「仍」，據光緒本、南齊書世祖本紀改。
〔二〕「以」，諸本作「一」，據南齊書世祖本紀改。

之禮，又象牉合之義。故三飯卒食，再酳用巹。先儒以禮成好合，事終於三，然後用巹合。儀注先酳巹，以再以三，有違旨趣。又郊特牲曰：『三王作牢用陶匏。』言太古之時，無共牢之禮，三王作之，用太古之器，重夫婦之始也。今雖以方樏示約，而彌乖昔典。又連巹以鏁，蓋出近俗。復別有牢燭，雕費彩飾，亦虧曩制。方今聖政日隆，聖教惟穆，則古昔以敦風，存餼羊以愛禮，沿襲之規，有切治要，嘉禮實重，宜備舊章。謂自今王侯以下，昏亦依古，以巹酌終酳之酒，並除金銀連鏁，自餘雜器，悉用埏陶。堂人執燭，足充炳燎，牢燭華侈，亦宜停省。庶斲雕可期，移俗有漸。」參議並同，奏可。

蕙田案：晉、宋以後，風俗奢敝。齊世祖之詔，孝嗣之議，可謂得禮意矣。

隋書禮儀志：梁大同五年，臨城公昏，公夫人於皇太子妃爲姑姪，進見之制，議者互有不同。令曰：「纁雁之儀，既稱合于二姓，酒食之會，亦有因不失親。若使榛栗腶脩，贄饋必舉，副笄編珈，盛飾斯備，不應婦見之禮，獨以親闕。頃者敬進酏醴，已傳婦事之則，而敬奉沃盥〔一〕，不行侯服之家。是知繁省不同，質文異世。臨城公夫人于

〔一〕「敬奉」，隋書禮儀志四作「奉盤」。

妃既是姑姪，宜停省。」

梁書徐摛傳：摛爲中庶子，加戎昭將軍。是時，臨城公納夫人王氏，即太宗妃之姪女也。晉、宋以來，初昏三日，婦見舅姑，衆賓皆列觀，引春秋義云：「丁丑，夫人姜氏至。戊寅，公使大夫、宗婦覿用幣。」戊寅，丁丑之明日，故禮官據此，皆云宜依舊貫。太宗以問摛，摛曰：「儀禮云：『質明，贊見婦于舅姑。』雜記又云：『婦見舅姑，兄弟姊妹皆立於堂下。』政言婦是外宗，未審嫻令，所以停坐三朝，觀其七德。舅延外客，姑率内賓，堂下之儀，以備盛禮。近代婦見於舅姑，本有戚屬，不相瞻看。夫人乃妃姪女，有異他姻，覿見之儀，謂應可略。」太宗從其議。

陳書文帝本紀：天嘉三年秋，皇太子納妃王氏，在位文武賜帛各有差，孝悌力田爲父後者賜爵二級。

宣帝本紀：太建元年秋七月，皇太子納妃沈氏，王公以下賜帛各有差。

右魏晉宋齊梁陳昏禮

魏書太宗本紀：神瑞二年冬，姚興使散騎常侍東武侯姚敞、尚書姚泰，送其西平公主來，帝以后禮納之。

世祖本紀：太平真君九年十月癸卯，以昏姻奢靡，詔有司更爲科限。

高宗本紀：和平四年冬，詔曰：「夫昏姻者，人道之始，是以夫婦之義，三綱之首，禮之重者，莫過于斯。尊卑高下，宜令區别。然中代以來，貴族之門多不率法，或貪利財賄，或因緣私好，在于苟合，無所選擇，令貴賤不分，巨細同貫，塵穢清化，虧損人倫，將何以宣示典謨，垂之來裔。今制皇族、師傅、王公侯伯及士民之家，不得與百工伎巧卑姓爲昏。」

高祖本紀：太和二年五月，詔曰：「昏聘過禮，則嫁娶有失時之弊；厚葬送終，則生者有糜費之苦。聖王知其如此，故申之以禮數，約之以法禁。迺者，民漸奢尚，昏葬越軌，致貧富相高，貴賤無别。又皇族貴戚及士民之家，不惟氏族高下，與非類昏偶。先帝親發明詔，爲之科禁，而百姓習常，仍不肅改。朕今憲章舊典，祗案先制，著之律令，永爲定準。犯者以違制論。」

七年冬，詔曰：「淳風行於上古，禮化用乎近葉。是以夏、殷不嫌一姓之昏，周世始絶同姓之娶。此皆教隨時設，治因事改者也。皇運初基，中原未混，撥亂經綸，日不暇給，古風遺樸，未遑釐改，後遂因循，迄兹莫變。朕屬百年之期，當後仁之政，思易質舊，式昭惟新。自今悉禁絶之，有犯以不道論。」

十七年九月〔一〕，詔：「厮養之户不得與士民昏。」

二十年七月詔曰〔二〕：「夫婦之道，生民所先，仲春奔會，禮有達式，男女失時者，以禮會之。」

隋書禮儀志：後齊皇帝納后之禮，納采、問名、納徵訖，告圓丘、方澤〔三〕，如加元服。是日，皇帝臨軒，命太尉爲使，司徒副之。持節詣皇后行宫，東向，奉璽綬册以授中常侍。皇后受册於行殿。使者出，與公卿以下皆拜。有司備迎禮。太保、太尉受詔而行。主人公服，迎拜于門。使者入，升自賓階，東面。主人升自阼階，西面。禮

〔一〕「十七年」，諸本作「十九年」，據魏書高祖本紀改。
〔二〕「二十年」，原作「二十七年」，據光緒本、魏書高祖本紀改。
〔三〕「方澤」下，隋書禮儀志四有「及廟」二字。

物陳於庭。設席于兩楹間，童子以璽書版升，主人跪受。送使者，拜於大門之外。有司先於昭陽殿兩楹間供帳，爲同牢之具。皇后服大嚴繡衣，帶綬佩，加幜。女長御引出，升畫輪四望車。女侍中負璽陪乘，鹵簿如大駕。皇帝服衮冕出，升御座。皇后入門，大鹵簿住門外，小鹵簿入。到東上閤，施步鄣，降車，席道以入昭陽殿。前至席位，姆去幜，皇后先拜後起，皇帝後拜先起。帝升自西階，詣同牢坐，與皇后俱坐。各三飯訖，又各酳二爵一巹。奏禮畢，皇后興，南面立。皇帝御太極殿，王公以下拜，皇帝興，入。明日，后展衣于昭陽殿，拜表謝。又明日，以榛栗棗脩見皇太后於昭陽殿。擇日，群官上禮。又擇日，謁廟。皇帝使太尉，先以太牢告，而後徧見群廟。

蕙田案：後齊儀注稍詳，頗合禮意。

皇太子納妃禮：皇帝遣使納采，使者受詔而行。主人迎於大門外。禮畢，會於廳事。其次問名、納吉，並如納采。納徵，則使司徒及尚書令爲使，備禮物而行。請期則以太常、宗正卿爲使，如納采。親迎則太尉爲使。三日，妃朝皇帝于昭陽殿，又朝皇后於宣光殿。擇日，群官上禮。佗日，妃還。又佗日，皇太子拜閤。

後齊聘禮：一曰納采，二曰問名，三曰納吉，四曰納徵，五曰請期，六曰親迎。皆用羔羊一口，雁一隻，酒黍稷稻米麪各一斛。自皇子王以下，至于九品皆同，流外及庶人則減其半。納徵，皇子王用玄三匹，纁二匹，束帛十匹，大璋一，第一品已下至從三品，用璧玉，四品已下皆無。獸皮二，第一品已下至從五品，用豹皮二；六品已下至從九品，用鹿皮。錦綵六十匹，一品錦綵四十匹，二品三十匹，三品二十匹，四品雜綵十六匹，五品十匹，六品、七品五匹。絹二百匹，一品一百四十匹，二品一百二十匹，三品一百匹，四品八十匹，五品六十匹，六品、七品五十匹，八品、九品三十匹。羔羊一口，羊四口，犢二頭，酒黍稷稻米麪各十斛。一品至三品，減羊二口，酒黍稷稻米麪各減六斛；四品、五品減一犢，酒黍稷稻米麪又減二斛；六品已下無犢，酒黍稷稻米麪各一斛。諸王之子，已封未封，禮皆同第一品。新昏從車，皇子百乘，一品五十乘，第二品、三品三十乘，第四品、五品二十乘，第六、第七品十乘，八品達於庶人五乘。各依其秩之節。

通典：杜氏佑曰：上古人食禽獸之肉，而衣其皮毛。周氏尚文去質，玄衣纁裳，猶用皮爲韠，所以制昏禮納徵，用玄纁儷皮，充當時之所服耳。秦、漢以降，衣服制度與三代殊，乃不合更以玄纁及皮爲禮物也。又有用虎皮、豹皮者，王彪之云：「取威猛有班彩。」尤臆説也。人之常情，非今是古，不詳古今之異制，禮數之從宜。今時俗用五色，信頗爲得禮之變也。或曰：「近代所以尚循玄纁、儷皮之制，男女配合，教化大倫，示存古儀，務重其禮，安可捨棄，有類去羊？」答曰：「玄纁及皮，當時之要。詳觀三代制度，或沿或革不同，皆貴適時，並無虛事。豈今百王之末，畢循往古之儀？如三代制，天子諸侯至庶人，祭則立尸，秦、漢則廢。又天下列國，唯事征伐，志存于射，建侯擇士，皆主于斯。秦、漢以降，改制郡縣，戰爭既息，射藝自輕，唯祀與戎，國之大事，今並豈要復舊制乎？其朝、宗、覲、遇，行朝享禮畢，諸侯皆右肉袒於廟門之東，乃入門右，北面立，告聽事，今豈須行此禮乎？賓禮既重，兩楹間有反爵之坫，築土爲之，今會客豈須置坫乎？又並安能復古道耶？略舉數事，餘其可知也。何必納徵猶重無用之物，徒稱古禮，是乖從宜之旨。易曰：『隨時之義。其大矣哉！』先聖之言，不可誣也。」

蕙田案：杜氏議極得從宜之旨。

周書武帝本紀：建德二年九月戊寅，詔曰：「政在節財，禮唯寧儉。而頃者，昏嫁競爲奢靡，牢羞之費，罄竭資財，甚乖典訓之禮。有司宜加宣勸，使咸遵禮制。」壬午，納皇太子妃楊氏。

三年正月癸酉，詔：「自今已後，男年十五、女年十三已上，爰及鰥寡，所在軍民，以時嫁娶，務從節儉，勿爲財幣稽留。」

六年六月丁卯，詔曰：「同姓百世昏姻不通，蓋惟重別，周道然也。而娶妻買妾，有納母氏之族。雖曰異宗，猶爲混雜。自今以後，悉不得娶母同姓，以爲妻妾。其已定未成者，即令改聘。」

宣帝本紀：宣政元年秋八月壬申，遣大使巡察諸州，詔制九條，宣下州郡：二曰母族絕服外者，聽昏。

蕙田案：此詔是。

右北魏北齊北周昏禮〔一〕

隋唐昏禮

隋書高祖本紀：開皇四年秋八月〔二〕，以秦王俊納妃，宴百寮，班賜各有差。

〔一〕「昏禮」，諸本脱，據文例補。
〔二〕「八月」，原作「七月」，據光緒本、隋書高祖本紀改。

禮儀志：隋皇太子納妃禮。皇帝臨軒，使者受詔而行。主人俟於廟。使者執雁，主人迎拜於大門之東。使者入，升自西階，立於楹間，南面。納采訖，乃行問名儀。事畢，主人請致禮於從者。禮有幣馬。其次擇日納吉，如納采。又擇日，以玉帛、乘馬納徵。又擇日告期。又擇日，命有司以特牲告廟册妃。皇太子將親迎，皇帝臨軒，醮而誡曰：「往迎爾相，承我宗事，勗帥以敬。」對曰：「謹奉詔。」既受命，羽儀而行。主人几筵於廟，妃服褕翟，立于東房。主人迎于門外，西面拜。皇太子答拜。主人揖皇太子先入，主人升，立於阼階，西面。皇太子升，進當房户前，北面，跪奠雁，俛伏，興拜，降出。妃父少進，西面誡之。母于西階上，施衿結帨，及門内，施鞶申之。出門，妃升輅，乘以几。姆加幜。皇太子乃御，輪三周，御者代之。皇太子出大門，乘輅，羽儀還宫。妃三日，雞鳴夙興以朝。奠笲於皇帝，皇帝撫之。又奠笲於皇后，皇后撫之。席於户牖間，妃立于席西，祭奠而出。

蕙田案：皇太子納妃，曲依儀禮者，莫如隋。

唐書太宗本紀：貞觀元年詔：「民男二十、女十五以上無夫家者，州縣以禮聘娶。貧不能行者，鄉里富人及親戚資送之。鰥夫六十、寡婦五十、婦人有子若守節者，勿彊。」

通典：貞觀五年，長樂公主出降，帝以皇后所生，敕有司資送，倍於永嘉長公主。魏徵諫曰：「不可。昔漢明帝欲封其子，云：『我子豈得與先帝子等，可半楚淮陽。』前史以爲美談。天子姊妹爲長公主，天子之女爲公主，既加長字，即是有所尊崇。或可情有淺深，無容禮有踰越。」上然其言，長孫皇后遣使齎絹四百匹，詣徵家送之。

貞觀中，王珪子尚太宗女南平公主，禮有婦見舅姑之儀，自王姬下降，此事多略。珪曰：「此禮之廢，由來久矣。今上欽明，動循法制，吾受公主謁見，豈爲身榮哉？所以成國家之美耳。」於是夫妻西向坐，公主執笲行盥饋之道〔一〕，禮成而退。物議善之。是後公主有舅姑者，皆備婦禮，自珪始也。

永徽元年正月，衡山公主欲出降長孫氏，議者以時既公除〔二〕，合行吉禮。侍中于志寧上疏曰：「伏見衡山公主出降，欲就今秋成禮。竊案禮記云：『女十五而笄，二十

〔一〕「笲」，諸本脱，據通典卷五九補。
〔二〕「者」，諸本脱，據通典卷六〇校勘記補。

而嫁，有故，二十三而嫁。』鄭玄云：『有故，謂遭喪也。』固知須終三年。其有議者云『準制，公除之後，須並從吉』，此漢文創制其儀，爲天下百姓。至于公主，服是斬縗，縱使服隨例除，無宜情隨禮改。心喪之内，方復成昏，非唯違於禮經，亦是人情不可。陛下方奬仁孝之日，敦崇名教之秋，此事行之若難，猶宜抑而守禮。況行之甚易，何容廢而受譏？伏願遵高祖之令規，略孝文之權制。國家於法無虧，公主情禮得畢，則天下幸甚。」

蕙田案：于志寧議是。

唐書高宗本紀：顯慶二年三月戊申，禁舅姑拜公主，父母拜王妃。

通典：顯慶二年詔曰：「比聞公主出適，王妃作嬪，舅姑父母皆降禮答拜。此乃子道云替，婦德不循，何以式序家邦，儀刑列辟？自今以後，可明加禁斷，使一依禮法。若更有以貴加於所尊者，令所司隨事糾聞。」

蕙田案：此詔不可易。

顯慶三年，又詔曰：「古稱釐降，唯屬王姬。比聞縣主適人，皆云出降；娶王女者，亦云尚主。濫假名器，深乖禮經。其縣主出嫁宜稱適，娶王女者稱娶，仍永以爲式。」

顯慶四年十月，詔：「天下嫁女受財，三品以上之家，不得過絹三百匹；四品、五品，不得過二百匹；六品、七品，不得過一百匹；八品以下，不得過五十匹。皆充所嫁女資裝等用，其夫家不得受陪門之財。」

咸亨四年，以左金吾將軍裴居道女爲皇太子弘妃。十月乙未，皇太子弘納妃畢，曲赦岐州，賜酺三日。

中宗本紀：神龍元年九月，禁昏娶之家父母親亡停喪成禮。

景龍二年，以安樂公主出降，假皇后仗出于禁中，以盛其儀，帝及后御安福樓觀之。禮畢，大赦天下，賜酺三日。

蕙田案：此舉非禮，宜後之不終也。

輿服志：太極元年，左司郎中唐紹上疏曰：「士庶親迎之儀，備諸六禮，所以承宗廟，事舅姑，當須昏以爲期，詰朝謁見。往者下俚庸鄙，時有障車，邀具酒食，以爲戲樂。近日此風轉盛，上及王公，乃廣奏音樂，多集徒侶，遮擁道路，留滯淹時，邀致財物，動踰萬計。遂使障車禮貺，過於聘財，歌舞喧嘩，殊非助感。既虧名教，實蠹風犹，違紊禮經，須加節制。望請昏姻家障車者，並須禁斷。其有犯者，有蔭家請準犯名教例附簿，無蔭人決杖六十，仍各科本罪〔一〕。」制從之。

通典：開元十六年，唐昌公主出降，有司進儀注，于紫宸殿行五禮。右補闕施敬本等上疏曰：「竊以紫宸殿者，漢之前殿，周之路寢，陛下所以負黼扆，正黄屋，享萬國，朝諸侯，人臣致敬之所，猶玄極可見不可得而升也。昔周女出降於齊，而以魯侯爲主，但有外館之法，而無路寢之事。今欲紫宸會禮，即當臣下攝行，馬入於庭，醴升於牖。主人授几，逡巡紫宸之間；賓使就筵，登降赤墀之地。又據主人辭，稱『吾子有事，至於寡人之室』。言辭僭越，事理乖張，既黷威靈，深虧典制。其問名、納采等事，並請權於别所。」從之，遂移於光順門外，設次行禮。

唐書禮樂志：皇帝納皇后。制命太尉爲使，宗正卿爲副，吏部承以戒之。前一日，有司展縣、設案、陳車輿于太極殿廷，如元日。文武九品、朝集、蕃客之位，皆如冠禮。設使者受命位于大横街南道東，西上，副少退，北面。侍中請「中嚴」。群臣入就

〔一〕「仍」，原作「乃」，據光緒本、舊唐書輿服志改。

位。使、副入，立于門外道東，西面。黄門侍郎引幡節、中書侍郎引制書案，立于左延明門内道北，西面，北上。乃奏「外辦」。皇帝衮冕御輿，出自西房，即御座。使、副入，就位。典儀曰「再拜」，在位者皆再拜。侍中前承制，降，詣使者東北，西面曰：「有制。」使、副再拜。侍中宣制曰：「納某官某氏女爲皇后，命公等持節行納采等禮。」使、副又拜。主節立于使者東北，西面，以節授黄門侍郎，侍郎以授使者，付于主節，立于後。中書侍郎引制書案立於使者東北，以制書授使者，置于案。典儀曰「再拜」，在位者皆再拜。使、副出，持節者前導，持案者次之。侍中奏「禮畢」。皇帝入，在位者以次出。初，使、副乘輅，鼓吹備而不作，從者乘車以從。其制書以油絡網犢車載之。其日大昕，使、副至于次，主人受于廟若寢。布神席於室户外之西，莞筵紛純，加藻席畫純，南向，右彫几。使、副立于門西，北上。持幡節者立于北，少退。制案立于南，執雁者又在其南，皆東面。主人立于大門内，西面。儐者北面，受命于左，出，立於門東，西面，曰：「敢請事。」使者曰：「某奉制納采。」儐者入告。主人曰：「臣某之女若如人，既蒙制訪，臣某不敢辭。」儐者出告，入引主人出，迎使者于大門之南，北面再拜。使者不答。主人揖使、副先入，至于階。使、副入，導以幡節，案、雁從之。幡節立西階之西，東面；使者由階升，立于兩楹間，南面；副在西南，持案及執雁者又在西南，皆東面。主人升阼階，當使者前，北面立。持案者以案進，授使者以制書，節脱衣，使者曰「有制」，主人再拜。宣制，主人降詣階間，北面，再拜稽首，升，進，北面受制書，以授左右。使者授雁，主人再拜，進，受雁，以授左右。儐者引答表案進，立於主人後，少西，以表授主人。主人進，授使者，退復位，再拜。節加衣，謁者引使、副降自西階以出。制文以版，長一尺二寸，博四寸，厚八分，后家答版亦如之。

○問名。使者既出，遂立于內門外之西，東面；主人立于內門內東廂，西面。儐者出請事，使者曰：「將加卜筮，奉制問名。」儐者入告。主人曰：「臣某之子若如人，既蒙制訪，臣某不敢辭。」儐者出告，入引主人出，迎使者以入，授主人以制書，答表皆如納采。使、副降自西階以出，立于內門外之西，東面；主人立於東階下，西向。儐者出請事，使者曰：「禮畢。」儐者入告，主人曰：「某公奉制，至于某之室，某有先人之禮，請禮從者。」儐者出告，使者曰：「某既得將事，敢辭。」儐者入告，主人曰：「先人之禮，敢固以請。」儐者出告，使者曰：「某辭不得命，敢不從。」儐者入告，遂引主人升，立于序端。掌事者徹几，設二筵，東上。設甒醴於東房西牖下，加杓冪，坫在尊北；實觶二，角柶二，籩、豆各一，實以脯醢，在坫北。又設洗於東南。主人降迎使者，西面揖，先入。使、副入門而左，主人入門而右，至階，主人曰：「請某位升。」使者曰：「某敢辭。」主人又曰：「固請某位升。」使者曰：「某敢固辭。」主人又曰：「終請某位升。」使者曰：「敢終辭。」主人升自阼階，使、副升自西階，北面立。主人阼階上，北面再拜。受几於序端。掌事者内拂几三，奉兩端西北面以進。主人東南向，外拂几三，振袂，内執之。掌事者一人又執几以從，主人進，西北向。使者序進，迎受於筵前，東南向以俟。主人還東階上，北面再拜送。使者以几跪進，北面跪，各設於座左，退于西階上，北面，東上，答拜，立于階西，東面，南上。贊者二人俱升，取觶，降，盥手，洗觶，升，實醴，加柶於觶，覆之，面葉，出房，南面。主人受醴，面柄，進使者筵前西，北面立。又贊者執觶以從。使者西階上，北面，各一拜，序進筵前東，南面。主人又以次授醴，使者受，俱復西階上位。主人退，復東階上，北面一拜送。掌事者以次薦脯醢於筵前。使者各進，升筵，皆坐，左執觶，右取脯，擩於醢，祭於籩、豆之間，各以柶祭醴三，始扱一祭，又扱再祭，興；各以柶兼諸觶上，蹶降筵於西階上，俱北面坐，啐醴，建柶，各奠觶於薦，遂拜，執觶，興。主人答拜。使者進，升筵坐，各奠觶於薦東。降筵，序立於西階上，東面南上。掌事者牽馬入，陳於門内，三分庭一在南，北首西上。又掌事者奉幣篚，升自東階，以授主人，受於序端，進西面位。掌事者一人，又奉幣篚，立于主人之後。使者西階上，俱北面再拜。主人進詣楹間，南面立，使者序進，立於主人之西，俱南面。主人以幣篚授使者，使者受，退立於西階上，東面。執幣者又以授主人，主人受，以授使副，使副受之，退立於使者之北，俱東面。主人還東階上，北面再拜送。使者降自西階，從者迓受幣篚。使者當庭實揖馬以出，牽馬者從出。使者出大門外之西，東面立。從者迓受馬。主人出門東，西面再拜送。使者退，主人入，立於東階下，西面。儐者告于主人曰：「賓不顧矣。」主人反于寢。使者奉答表詣闕。

○納吉。使者之辭曰：「加諸卜筮，占曰日從，制使某也入告。」主人之辭曰：「臣某之女若如人，龜筮云吉，臣預在焉，臣某謹奉典制。」其餘皆如納采。

○納徵。其日，使者至於主人之門外，執事者入，布幕於内門之外，玄纁束帛陳於幕上，六馬陳于幕南，北首西上。執事者奉穀珪以匵，俟於幕東，西面。謁者引使者及主人立于大門之内外。儐者進受命，出請事。使者曰：「某奉制納徵。」儐者入告，主人曰：「奉制賜臣以重禮，臣某祇奉典制。」儐者出告，入引主人出，迎使者入。

執事者坐，啓匵取珪，加於玄纁。牽馬者從入，三分庭一在南，北首西上。執珪者在馬西，俱北面。其餘皆如納采。

○册后。前一日，守宫設使者次於后氏大門外之西，尚舍設尚宫以下次於后氏閤外道西，東向，障以行帷。其日，臨軒命使，如納采。奉禮設使者位于大門外之西，東向；使副及内侍位于使者之南，舉册案及寶綬者在南，差退，持節者在使者之北，少退，俱東向。設主人位於大門外之南，北面。使者以下及主人位于内門外，亦如之。設内謁者監位於内門外主人之南，西面。司贊位于東階東南，掌贊二人在南，差退，俱西向。又置一案於閤外。使、副乘輅，持節，備儀仗，鼓吹備而不作。内僕進重翟以下于大門之外道西，東向，以北爲上。諸衛令其屬布后儀仗。使者出次，就位。主人朝服立于東階下，西面。儐者受命，出請事。使者曰：「某奉制，授皇后備物典册。」儐者入告，主人出，迎于大門外，北面再拜，使者不答拜。使者入門而左，持節者前導，持案者次之。主人入門而右，至内門外位。奉册寶案者進，授使副册寶。内侍進使者前〔一〕，西

〔一〕「前」，原脱，據光緒本、新唐書禮樂志八補。

面受册寳，東面授内謁者監，持入，立於閤門之西，東面，跪置於案。尚宫以下入閤，奉后首飾、褘衣，傅母贊后出，尚宫引降立於庭中，北面。尚宫跪取册，尚服跪取寳綬，立於后之右，西向。司言、司寳各一人立于后左，東向。尚宫曰：「有制。」尚儀曰：「再拜。」皇后再拜。宣册。尚儀曰：「再拜。」皇后又再拜。尚宫授皇后以册，受以授司言。尚服又授以寳綬，受以授司寳。皇后升坐，内官以下俱降立于庭，重行相向，西上。司贊曰「再拜」，掌贊承傳，皆再拜。諸應侍衛者各升，立于侍位。尚儀前跪奏曰：「禮畢。」皇后降坐以入。使者復命。

〇其遣使者奉迎。其日，侍中版奏「請中嚴」。皇帝服冕出，升所御殿，文武之官五品以上立於東西朝堂。奉迎前一日，守宫設使者次於大門之外道右，設使副及内侍次於使者次西，俱南向。尚舍設宫人次于閤外道西。奉禮設使、副、持案、執雁者、持節者及奉禮、贊者位，如册后。又設内侍位于大門外道左，西面。又設宫人以下位于堂前。使、副朝服，乘輅持節，至大門外次，宫人等各之次奉迎。尚儀奏：「請皇后中嚴。」傅姆導皇后，尚宫前引，出，升堂。皇后將出，主婦出于房外之西，南向。文武奉迎者皆陪立於大門之外，文官在東，武官在西，皆北上。謁者引使者詣大門外位，主人立于内門外堂前東階下，西面。儐者受命，出請事，使者曰：「某奉制，以今吉辰，率職奉迎。」儐者入告，主人曰：「臣謹奉典制。」儐者出告，入引主人出門南，北面再拜。謁者引入至内門外堂西階，使者先升，立于兩楹間，南面；副在西，持案、執雁者在西南，俱東面。主人升東階，詣使者前，北面立。使、副授以制書，曰：「有制。」主人再拜。使者宣制，主人降詣階間，北面再拜稽首。升，進，北面受制書。主人再拜，北面立。使、副授以雁，主人再拜，進受，仍北面立。儐者引二人對舉答表案進，主人以表授使、副，再拜，降自西階以出，復門外位。奉禮曰：「再拜。」贊者承傳，使、副俱再拜。使者曰：「令月吉日，臣某等承制，率職奉迎。」内侍授以入，傳於司言，司言受以奏聞，尚儀奏請皇后再拜。主人入，升自東階，進，西面誡之曰：「戒之敬之，夙夜無違命。」主人退，立於東階上，西面。母誡於西階上，施衿結帨，曰：「勉之敬之，夙夜無違命。」皇后升輿以降，升重翟以几，姆加幜，内宫侍從及内侍導引，應乘車從者如鹵簿。皇后車出大門外，以次乘車馬引從。

○同牢之日，内侍之屬設皇后大次于皇帝所御殿門外之東，南向。將夕，尚寢設御幄于室内之奥，東向。鋪地席重裀，施屏障。初昏，尚食設洗于東階，東西當東霤〔一〕，南北以堂深。后洗於東房，近北。設饌於東房西牖下，籩、豆各二十四〔二〕，簠、簋各二，登各三，俎三。尊于室内北牖下，玄酒在西。又尊於房户外之東，無玄酒。坫在南，加四爵，合巹。器皆烏漆，巹以匏。皇后入大門，鳴鐘鼓。從永巷至大次前，回車南向，施步障。尚儀進當車前，跪請降車。皇后降，入次。尚宫引詣殿門之外，西向立。尚儀跪奏「外辦，請降坐禮迎」。皇帝降坐〔三〕，尚宫前引，詣門内之西，東面揖后以入。尚食酌玄酒三注于尊，尚寢設席于室内之西，東向。皇帝導后升自西階，入室即席，東向立。皇后入，立於尊西，南面。皇帝盥于西洗，后盥於北洗。饌入，設醬于席前〔四〕，菹醢在其北；俎三設於豆東，豕俎特在北。尚食設黍于醬東，稷稻粱又

〔一〕「東西」，原脱「東」字，據光緒本、新唐書禮樂志八補。
〔二〕「籩」，諸本脱，據新唐書禮樂志八校勘記補。
〔三〕「皇帝」，原作「皇后」，據光緒本、新唐書禮樂志八改。
〔四〕「席前」，原誤倒，據味經窩本、乾隆本、光緒本、新唐書禮樂志八乙正。

在東；設湇于醬南。設后對醬于東，當特俎，葅醢在其南〔一〕，北上；設黍于豕俎北，其西稷稻粱，設湇於醬北。尚食啓會郤於簠簋之南，對簠簋於北，加匕箸，尚寢設對席於饌東。尚食跪奏「饌具」。皇帝揖皇后升，對席，西面，皆坐。尚食跪取韭葅擩醢授皇帝，取葅擩醢授皇后，俱受，祭於豆間。尚食又取黍，實於左手，徧取稷稻粱，反於右手〔二〕，授皇帝，又取黍稷稻粱授皇后，俱受，祭于豆間。又各取胏絶末授帝后，俱祭於豆間。尚食各以胏加於俎。司飾二人以巾授皇帝及皇后，俱帨手。尚食各跪品嘗饌，移黍置於席上，以次授胏脊，帝后皆食，三飯，卒食。尚食二人俱盥手，洗爵于房，入室，酌於尊，以授帝后，俱受，祭。尚食各以肝從，皆奠爵，振祭，嚌之。尚食皆受〔三〕，實於俎豆。各取爵，皆飲〔四〕。尚儀受虛爵，奠于坫。再酳如初，三酳用巹，如再酳。尚食俱降東階，洗爵，升，酌於户外，進，北面奠爵，興，再拜，跪取爵，祭酒，遂飲

〔一〕「醢」，諸本脱，據新唐書禮樂志八補。
〔二〕「右」，諸本作「左」，據新唐書禮樂志八校勘記改。
〔三〕「受」，原作「授」，據光緒本、新唐書禮樂志八改。
〔四〕「飲」，諸本作「飯」，據新唐書禮樂志八校勘記改。

卒爵，奠，遂拜，執爵興，降，奠於篚。尚儀北面跪，奏稱「禮畢，興。」帝后俱興。尚宮引皇帝入東房，釋冕服，御常服；尚宮引皇后入幄，脱服[一]。尚宮引皇帝入。尚食徹饌，設於東房，如初。皇后從者餕皇帝之饌，皇帝侍者餕皇后之饌。

蕙田案：開元禮有皇太子納妃、親王納妃，附百官禮，無皇帝納皇后儀，今從唐書禮樂志載之。其皇太子、親王以下諸禮，志俱從略，不如開元禮之詳，故從開元禮載於後。

開元禮太子納妃：臨軒命使。將行納采，制命使者，吏部承以戒之。前一日，尚舍奉御設御幄於太極殿北壁下，南向。衛尉設群官次于東西朝堂，太樂令展宮懸，並如常儀。其日，典儀設文官一品以下、五品以上位於横街之北，西面北上，朝集使五品以上合班；六品以下位于横街南，朝集使六品以下合班，蕃客又於其南，皆西面北上。設武官一品以下、五品以上位于横街北，東面北上，朝集使五品以上合班，諸親位於其南；六品以下位於横街南，朝集使六品以下、蕃客等又在南，皆東面北上。設

[一]「脱」，原作「帨」，據光緒本、新唐書禮樂志八改。

典儀位于懸之東北，贊者二人在南，少退，俱西向。設舉麾位于殿上西階之西，東面。設使者受命位于橫街南道東，北面西上。奉禮設門外位，文官一品以下、五品以上位于順天門外道東，每等異位重行，西面；武官五品以上位於道西〔一〕，每等異位，俱重行，東面，以北爲上。未明二刻，諸衛勒所部屯門，布黄麾半仗入陳於殿庭，如常儀。群官依時刻集朝堂，俱就次，各服朝服。侍中量時刻，版奏「請中嚴」，鈒戟近仗就陳於閤外。太樂令以下帥工人入就位，諸侍衛之官各服其器服。侍中、中書令以下諸侍臣俱詣閤奉迎。典儀帥贊者先入就位，吏部、兵部各贊群官出次，典謁各引就門外位。侍中版奏「外辦」。皇帝服衮冕出坐如常儀。通事舍人引群官以次入就位，立定。典儀曰「再拜」，贊者承傳，群官在位者皆再拜。吏部與禮部侍郎贊使主、副出，典謁引就受命位。侍中前承制，降詣使者西北，東面稱：「有制。」使主、副俱再拜。侍中宣制訖，使主、副又再拜〔二〕。侍中還侍位，典謁引使主、副出。初，使者將出，典儀

〔一〕「五品以上位於道西」，通典卷一二七、開元禮卷一一一作「三品以下位於門西」。
〔二〕「侍中宣制訖使主副又再拜」十一字，諸本脱，據通典卷一二七、開元禮卷一一一補。

曰「再拜」，贊者承傳，群官在位者皆再拜。通事舍人引群官出。侍中前跪奏稱：「侍中臣某言，禮畢。」俛伏，興，還侍位。皇帝降座，入自東房，侍衛警蹕如來儀。侍臣從至閤。使主、副乘輅備儀仗而行，從者乘車以從。

○納采。前一日，主人設使者次於大門之外道右，南向。其日大昕，使者公服至於妃氏大門外，掌次者延入次。凡賓主及行事者皆公服。主人受其禮於廟。無廟者，受于正寢。掌事者布神席于室戶外之西，莞筵紛純，加藻席畫純，南向，右雕几。使者出次，謁者引立於大門外之西，東面。主人立於大門內，西面。儐者立于主人之左，北面受命，出立於門東，西面，曰：「敢請事。」使者曰：「奉制作儷儲宮，允歸令德，率由舊章，使某納采。」儐者入告。主人曰：「臣某之子不教〔一〕，若如人，既蒙制訪，臣某不敢辭。」儐者出告，掌畜者以雁授，使副進授使者，退，復位。使者左手執之，擯者引主人迎于大門之南，北面再拜，使者不答拜。謁者引使者入門而左，主人入門而右。使者升自西階，立于楹間，俱南面，西上。主人升自東階，進使者前，北面。使者曰：「某奉制納

〔一〕「子」，諸本作「女」，據通典卷卷一二七、開元禮卷一一一改。

采。」主人升詣階間，北面，再拜稽首，升，進，北面受雁，退，立于東階上，西面。使者降自西階以出。

○問名。使者既出，立于門外之西，東面。初，使者降，左右受雁于序端〔一〕，主人降立於内門東廂，西面。儐者進受命，出請事。使者曰：「某將加卜筮，奉制問名。」儐者入告。主人曰：「制以某之子備數於儲宮，臣某不敢辭。」儐者出告。掌畜者以雁授使副，主人拜迎入，俱升堂，南面，如納采儀。使者曰：「某奉制問名，將加諸卜筮。」主人降詣階間，北面，再拜稽首，升，進，北面受雁，少退，仍北面。曰：「臣某第某女，某氏出。」使者降自西階，出，立于内門外之西，東面。初，使者降，主人退于阼階東，左右受雁於序端，主人降立於内門東廂，西面，儐者進受命，出請事。使者曰：「禮畢。」儐者入告，主人曰：「某公爲事，故至于某之室，某有先人之禮，請禮從者。」其儀與納后禮賓同。

○納吉。前一日，主人設使者次如常。其日大昕，使者至妃氏大門之外，儐者出

〔一〕「受」，諸本作「授」，據通典卷一二七改。

請事，如納采儀。使者曰：「加諸卜筮，占曰協從。制使某也納吉。」儐者入告。主人曰：「臣某之女弗教，惟恐不堪。龜筮云吉，臣某謹奉典制。」儐者出告，掌畜者以雁授使副，主人迎，拜，入，俱升堂，南面，並如納采儀。主人降詣階間，北面，再拜稽首，升，進，北面受雁。使者降自西階，立於大門外之西，東面。初，使者降，主人還阼階東，左右受雁於序端，主人降立於内門，西面。儐者進受命，出請事。使者曰：「禮畢。」其儐使者皆如問名之儀〔一〕。

○納徵。前一日，主人設使者次，如常儀。其日大昕，使者至妃氏大門之外，掌次者延入次。執事者設布幕於内門之外。玄纁束帛陳於幕上，乘馬陳于幕南，北首，西上。執事者奉穀珪以匵，俟於幕東，西面。主人掌事者設几筵如常。使者出次，謁者引立於大門外之西，東面。主人立於大門内，西面。儐者進受命，出請事。使者曰：「制使某以玉帛、乘馬納徵。」儐者入告。主人曰：「奉制賜臣以重禮，臣某祇奉典制。」儐者出告。又儐者引主人迎於大門外之南，北面再拜，使者不答拜。謁者引使

〔一〕「儐」，諸本作「賓」，據通典卷一二七改，下文「儐使者」皆同。

者入門而左，主人入門而右。至于内門外，使者立于門西，東面北上；主人立于門東，西面。執事者坐，啓匵取珪，加玄纁上，興，以授使副。使副進授使者，退，復位。使者受玉帛。謁者引使者入門而左，主人入門而右。牽乘馬者從入，三分庭一在南，北首西上〔一〕。使者升自西階，立于楹間，俱南面，西上。主人升自東階，進使者前，北面。使者曰：「某奉制納徵。」主人降階間〔二〕，北面，再拜稽首，升，進，北面受玉帛。使者降自西階，出立于内門外之西，東面。初，使者降，主人還阼階東，左右受玉帛於序端。主人降立於内門内，西面。於主人受玉帛〔三〕，受馬自左受之以東。牽馬者既授馬，自前西出。儐者進受命，出請事。使者曰：「禮畢。」其儐使者如納吉之儀。

○告期。前一日，主人設次、設几筵及儐者受命請事等，並如納采儀。使者曰：「詢于龜筮，某月某日吉，制使某告期。」其授雁、升堂、受命之儀，一如納采。使者曰：「某奉制告期。」主人降詣階間，北面，再拜稽首。禮畢，其儐使者俱如納徵之儀。

〔一〕「北」，諸本脱，據通典卷一二七、開元禮卷一一一補。
〔二〕「降」下，開元禮卷一一一有「詣」字。
〔三〕「於序端主人降立於内門内西面於主人受玉帛」十九字，諸本脱，據通典卷一二七、開元禮卷一一一補。

○告廟。有司以特牲告如常禮，祝文臨時撰。

○册妃。前一日，主人設使者次如常，設宮人次於使者西南，俱東面，障以行幃。其日，奉禮設使者位于大門外之西，東向，使副及内侍位于使者之南，舉册案及璽綬命服者在南，差退，俱東向。設主人位于門南，北面；設使者以下及主人位于内門外，儀皆如之。設典内位於内門外主人南，西面。設宮人位于門外，於使者之後，俱重行，東向，以北爲上，障以行幃。設贊者二人位于東階東南，西向。典内先置一案於閤外，近限。使主、副朝服，乘輅持節，備儀仗，鼓吹備而不作。至妃氏大門外，使者降輅，掌次者延入次，宮人等各之次。掌嚴奉褕翟衣及首飾，内厩尉進厭翟車於大門之外道西，東向，以北爲上。諸衛率其屬布妃儀仗如常。使者出次，典謁引使者以下，持節者前導，及宮人、典内各就位。持節者立于使者之北，少退，俱東向。主人朝服出迎於大門外之東，西面立定。少頃，北面再拜，使者不答拜。典謁引使者，持節者前導，入門而左，持案以下皆從之。主人入門而右，至内門外，各就位立定。奉册寶案者進當使副前，使副受册寶。奉案者退，復位。使副以册寶進授使者，退，復位。内侍進使者前，西面受册寶，東面授典内，退，復位。典内持册寶入，立于閤外之西，東面，跪置册寶於案。典内俛伏，興。奉衣服及侍衛者從入，皆立於典内之南，俱東面，北上。傅姆贊妃出，引立於庭中，北面。掌書進，跪取玉寶，興，進立于妃前，南向。掌嚴奉首飾及褕翟，與諸宮侍衛者次入，侍衛如常。典内還，復位。司則前贊妃，再拜。還侍位，妃再拜〔一〕。司則進掌書前，北面受册寶，進妃前，南向授妃，妃受，以授司閨；司則又前，贊妃再拜，還侍位。妃又再拜，訖，司則前，請妃升座，還侍位。司閨引妃升座，南向坐。宮官以下俱降立于庭，重行，北向，以西爲上，立定。贊唱者曰：「再拜。」宮官以下皆再拜。訖，諸應侍衛者各升立於侍位，司則前啓：「禮畢。」妃降座。司閨引妃入室，主人儐使者如禮賓之儀。使者乘輅而還。

○臨軒醮戒。前二日，本司宣攝内外，各供其職。前一日，衛尉設次于東朝堂之北，西向。又設宮官次于重明門外〔二〕，如常儀。其日，前三刻，宮官俱集於次，各至次，皆服其服。諸衛各勒所部依圖陳設。左庶子奏「請中嚴」。内僕進金輅於閤外，

〔一〕「還侍位妃再拜」六字，諸本脱，據通典卷一二七補。
〔二〕「宮」，原作「觀」，據光緒本、通典卷一二七改。

南向。率一人執刀立於輅前，北向。前二刻，諸衛之官各服其器服，以次詣閤奉迎，左庶子負璽如式。宮官應從者，各出次，立于門外，文東武西，重行相向，北上。左庶子奏「外辦」。太僕奮衣而升，執轡。皇太子著衮冕之服以出，左右侍衛如常儀。皇太子乃升，僕立，授綏，車驅，左庶子以下夾侍如常。出門，車權停，令車右升輅陪乘。宮臣上馬。訖，皇太子車動，鼓吹振作如式，文武官皆乘馬如常。至承天門下車所，迴輅南向。左庶子進，當輅跪奏稱：「左庶子臣某言，請降輅。」俛伏，興，還侍位。皇太子降輅。典謁引舍人，舍人引皇太子就位，侍衛如常儀。前一日，尚舍奉御整設御座於太極殿阼階上，西向，衛尉設群官次於朝堂，太樂令展宮懸於殿庭，乘黄令陳車輅，並如常儀。其日，尚舍直長鋪皇太子席於牖間，南向。其席莞筵紛純，加藻席繢純。尚食奉御設酒罇東序下，有坫，加勺設冪，實爵一。又陳籩脯一、豆醢一在罇西。晡前三刻，典儀設群官版位於内，奉禮設版位于外，如朝儀。諸衛勒所部屯門，布仗立仗入陳於殿庭，群官依時刻集朝堂，俱就次，各服其服，侍中版奏「請中嚴」。鈒戟近仗就陳于閤外。太樂令率工人入就位。晡前二刻，諸衛侍之官各服其器服，侍中、中書令以下俱詣閤奉迎。典儀帥贊者先入就位次。吏部、兵部贊群官俱出次，通事舍人各引就門外位。侍中版奏「外辦」。皇帝服通天冠、絳紗袍，乘輿以出，曲直華蓋警蹕侍衛如常儀。皇帝將出，仗動，皇帝出自西房，即御座，西向坐。符寶郎奉寶置於御座如常。通事舍人引群官以次入就位。群官立定，典儀曰：「再拜。」贊者承傳，群官在位者皆再拜。初，群官入訖，典謁引舍人，舍人引皇太子，侍從如常式。皇太子每行事，左庶子執儀贊相。至懸南，北面立。典儀曰：「再拜。」贊者承傳，皇太子再拜。典儀引舍人，舍人引皇太子詣西階，皇太子脱舄，舍人引升就席西，南面立。尚食奉御酌酒于序，進詣皇太子西南，東面立。皇太子再拜受爵。尚食直長又薦脯醢於席前。皇太子升席座〔一〕，左執爵，右取脯，擩於醢，祭于籩、豆之間，右祭酒，興，降席西，南面坐，啐酒，奠爵，再拜，執爵，興。奉御受虚爵，直長徹薦還於房。舍人引皇太子進當御座，東面立。皇帝命之曰：「往迎爾相，承我宗事，勗率以敬。」皇太子曰：「臣謹奉制旨。」遂再拜。舍人引皇太子降自西階，納舄。訖，典謁引舍人，舍人引皇太子出門。典儀曰：「再拜。」贊者承傳，群官在位者皆再拜。通事舍人引群官以次

〔一〕「席」，諸本作「薦」，據通典卷一二七、開元禮卷一一一改。

出。侍中前，跪奏稱：「侍中臣某言，禮畢。」俛伏，興，還侍位。皇帝降座，入自東房，警蹕侍衛如來儀。侍臣從至閤。

○親迎。前一日，衛尉設皇太子次于妃氏大門之外道西，南向。設侍衛群官次于皇太子次西南，東向北上。皇太子既受命，遂適妃第，執燭馬前，鼓吹振作如式，侍從如常。皇太子車至妃氏大門外次前，迴輅南向。左庶子進當輅前，跪奏稱：「左庶子臣某言，請降輅。」俛伏，興，還侍位，皇太子降輅之次。車將至，主人設几筵如常，醴女如別儀。妃服褕翟花鈿，立于東房，侍從如常。主婦衣禮衣、鈿釵，立於房户外之西，南向。主人公服，出立于大門之内，西向。在廟，則主人以下著祭服。儐者公服，立于主人之左，北向。左庶子前，跪奏稱：「左庶子臣某言，請就位。」俯伏，興，還侍位。皇太子出次立于門西，東面，侍衛警蹕如常。儐者進受命，出門東，西面曰：「敢請事。」左庶子承傳，進，跪奏如常。皇太子曰：「以兹初昏，某奉制承命。」左庶子俯伏，興，傳于儐者，入告。主人曰：「某謹敬具以須。」儐者出，傳于左庶子，奏如初。儐者入〔一〕，引主

〔一〕「入」，諸本脱，據通典卷一二七、開元禮卷一一一補。

人迎於門外之東，西面再拜。左庶子前，跪奏稱：「左庶子臣某言，請答拜。」俯伏，興，還侍位。皇太子答再拜。主人揖皇太子先入，掌畜者以雁授左庶子，左庶子進〔一〕，東南向奉授〔二〕。皇太子既執雁進入〔三〕，侍衛者量入侍從。及內門，主人讓曰：「請皇太子入。」皇太子曰：「某弗敢先。」主人又曰：「固請皇太子入。」皇太子曰：「某固不敢先。」主人揖入，皇太子從入。皇太子入門而左，主人入門而右。及內門，主人揖入。及內霤〔四〕，將曲揖，當階揖，皇太子皆報揖。至于階，主人曰：「請皇太子升。」皇太子曰：「某敢辭。」主人曰：「固請皇太子升。」皇太子曰：「某敢固辭。」主人又曰：「終請皇太子升。」皇太子又曰：「某敢終辭。」主人揖，皇太子報揖。主人升，立于阼階上，西面。皇太子升，進當房户前，北面，跪奠雁，俛伏，興，再拜，降，出。主人不降送。內厩尉進厭翟于內門外。傅姆導妃，司則前引，出於姆左，傅姆在右，保姆在左。執燭及

〔一〕「左庶子」，諸本脱，據通典卷一二七、開元禮卷一一一補。
〔二〕「向」，諸本作「面」，據通典卷一二七改。
〔三〕「執」，諸本作「授」，據通典卷一二七改。
〔四〕「及」，諸本脱，據通典卷一二七、開元禮卷一一一補。

侍從如式。父少進，西面戒之，必有正焉，若衣若笄，命之曰：「戒之敬之，夙夜無違命。」母戒之西階上，施衿結帨，命之曰：「勉之敬之，夙夜無違命。」庶母及門内施鞶，申之以父母之命，命之曰：「恭敬聽宗爾父母之言，夙夜無愆，視諸衿鞶。」妃既出内門，至輅後，皇太子授綏，姆辭不受，曰：「未教，不足與爲禮。」妃升輅，乘以几，姆加幜。皇太子御，輪三周，馭者代之。皇太子出大門，乘輅還宫，侍衛如來儀。妃仗次于後。主人使其屬送妃，以儐從。

○同牢。其日，司閨設妃次于東閤内道東，南向。掌筵鋪褥席。將夕，司閨設皇太子幄于殿室西廂，東向，鋪地重茵，施屏帳。設同牢之席於室内，皇太子之席西廂東向，妃東廂西向。席皆莞筵紛純，加藻席繢純。席間量容牢饌。典膳監設洗于東階東南，東西當東霤，南北以堂深。罍水在洗東，篚在洗西，南肆。篚實以二巾、二爵。設妃洗在東房，近北〔一〕，罍水在洗西，篚在洗東，北肆，皆加勺巾羃〔二〕。典膳監設饌于房西牖

〔一〕「近」，諸本作「筵」，據通典卷一二七、開元禮卷一一一改。
〔二〕「皆」，諸本脱，據通典卷一二七補。

下，籩、豆各二十，簠、簋各二，鉶各三，瓦甒一，皆加巾冪蓋，俎三。罇在室内北牖下，玄酒在西，加冪勺，南柄。冪，夏用紗，冬用綌。罇在房户外之東，無玄酒，篚在南，實四爵、合卺。其器皆烏漆，惟甒以陶，卺以瓢。皇太子車至侍臣下馬所，車權停。文武侍臣皆下馬，車右降立於輅右。車動，車右夾輅而趨。車至左閤，迴輅南向。左庶子進當輅前，跪奏稱：「左庶子臣某言，請降輅。」俛伏，興，還侍位。皇太子降輅，入，俟于内殿門外之東，西面，侍衛如常儀。左庶子以下皆退。妃至宫門，鹵簿仗衛停于門外，近侍者從如常，入至左閤外，迴輅南向。司則進當輅前，啓：「請妃降輅。」掌嚴依式執扇，前後執燭如常儀。妃降輅，就次整飾。司閨引妃詣内殿門西，東面。皇太子揖妃以入，又司閨前引〔一〕，升自西階。妃後升〔二〕，執扇、燭者陳于東西階内。皇太子即席，東向立。妃即席，西向立。司饌進詣階間，北面，跪奏稱：「司饌妾姓言，請具牢饌。」興，司則承令曰：「諾。」司饌率其屬升，奉饌入，設於皇太子及妃座前。醬在席前，菹

〔一〕「引」，諸本脱，據通典卷一二七、開元禮卷一一一補。
〔二〕「妃後升」，開元禮卷一一一作「姆從升」。

醢在其北。俎三，入陳于豆東，豕俎特于俎北。豆在菹醢之東。司饌設黍於醬東，稷在東，設湆於醬南。饌要方也〔一〕。設對醬於東，對醬，婦醬也。設之當特俎。菹醢在其南，北上。設黍於豕俎北，其西稷稻粱。設湆于醬北。司饌啓會，卻於簠簋之南，對簠簋於北，啓，發也。豆蓋徹于房內。各加匕箸。設訖，司饌北面跪奏「饌具」，興。皇太子及妃俱坐，司饌跪取脯擩于醢，取韭菹擩醢，授皇太子。又司饌取脯擩于醢，取韭菹擩醢，授妃。皇太子及妃俱受，祭於籩豆之間。司饌興，取黍寔于左手，徧取稷，反于右手，授皇太子。又司饌取黍實于左手，徧取稷，反于右手，授妃。皇太子及妃各受〔二〕，祭于菹醢之間。司饌俱興，各立取胏，皆絕末，跪授皇太子及妃。俱受，又祭於菹醢之間。司饌俱以胏加于俎。掌嚴授皇太子巾，又掌嚴授妃巾，皇太子及妃皆帨手，以柶扱上鉶，徧擩之，祭于籩豆之間〔三〕。司饌品嘗皇太子饌，又司饌品嘗妃饌。司饌各移黍置於席上，以次跪授胏脊，皇太子及妃皆食以湆醬，三飯，卒食。司饌北面跪奏稱：「司

〔一〕「要方」，諸本作「在西」，據通典卷一二七、開元禮卷一一一改。
〔二〕「受」，諸本作「授」，據通典卷一二七改。
〔三〕「籩」，通典卷一二七、開元禮卷一一一作「上」。

饌妾姓言，請進酒。」司則承令曰：「依奏。」興，司饌二人俱盥手洗爵于房〔一〕，入室詣酒罇所，酌酒，進，北面立。皇太子及妃俱再拜，興。一人進授爵皇太子，一人以爵授妃。皇太子及妃俱受爵。司饌俱退，北面，答再拜。皇太子及妃俱坐。皇太子及妃俱祭酒舉酒〔二〕。司饌各以肝從。司則俱進受虛爵，奠於篚。司饌又俱洗爵，酌酒再酳，皇太子及妃俱受爵，俱飲。司則進受虛爵，奠於篚。三酳用卺，如再酳〔三〕。皇太子及妃立于席後。司則降東階，洗爵，升，酌于户外罇，進，北面，俱奠爵，興，再拜。皇太子及妃俱答拜。司則俱坐取爵，祭酒，遂飲，卒爵，奠爵，遂拜，執爵興，降，奠爵于篚，還侍位。司饌北面奏稱：「司饌妾姓言，牢饌畢。」司則承令曰：「諾。」司饌徹饌，設于房。司則前，跪奏稱：「司則妾姓言，請殿下入。」俛伏，興，還侍位。皇太子入于東房，釋冕服，著袴褶。司則啓妃入帷幄。皇太子及妃俱入室。媵餕皇太子之饌，御餕妃之饌。

〔一〕「二人」，諸本作「北面」，據通典卷一二七、開元禮卷一一一改。
〔二〕「舉酒」，諸本脱，據通典卷一二七、開元禮卷一一一補。
〔三〕「再酳」，諸本作「禮再拜」，據通典卷一二七、開元禮卷一一一改。

○妃朝見。其日，晝漏上水一刻，所司列御座于所御殿阼階上，西面。其席莞筵紛純，加藻席畫純。次席黼純，左右玉几。司設設皇后座于室户外之西，近北，南向。尚食帥司膳設酒罇于房内東壁下，有坫，加勺冪。罇用瓦甒，實以醴酒。籩一、豆一，實以脯醢，設於罇北；又設洗于東房，近北，罍水在洗西，篚在東〔一〕，北肆。篚實以巾冪，觶一、角柶一。其日夙興，妃沐浴，司則啓：「請妃内嚴。」質明，諸衛帥其屬陳布儀仗，如常儀。近仗入陳於寢門外。内廐尉進厭翟于正寢西階之前，南向。司則啓「外辦」。妃服褕翟，加首飾以出，降自西階，升輅，侍衛如常。至降車所，司則贊妃降輅，司言引妃入，仗衛停於閤外，障扇侍從如常。妃至寢門之外，立於西廂，東面。諸衛勒所部屯門布仗，三仗入陳於所御殿閤外如常。侍中奏「請皇帝内嚴」〔二〕。妃既至寢門，侍中版奏「外辦」。皇帝服通天冠、絳紗袍以出，升自阼階，即御座，西向坐，侍衛如常儀。尚儀又奏「皇后外辦」。皇后褘衣首飾。司言引尚宫，尚宫引皇后出，即御座，南向坐，侍

〔一〕「在」下，開元禮卷一一一有「洗」字。
〔二〕「請皇帝内嚴」，開元禮卷一一一作「請内嚴尚儀又奏請皇后内嚴」。

從如常。妃奉笲棗、栗，司饌又執奉笲腶脩以從。司則引妃入，立于庭北，再拜。司賓引妃升自西階，進，東面跪，奠笲於御座前。皇帝撫之，尚食進，徹以東。司言引妃自西階降，復北面位，奉笲腶脩，再拜。司言引妃升，進，北面跪，奠笲於皇后座前，皇后撫之，尚食進，徹以東。司言引妃退，立於西序，東面，又再拜。司設設妃席於户牖之間，近北〔一〕，南向。司言引妃立於席西，南向。尚食又入東房，盥手，洗觶，酌醴齊，加柶，面柄，出，進詣妃席前，北向立。妃進，東面再拜，受醴。尚食薦脯醢於席。妃升席，坐，左手執觶，右取脯，擩於醢，祭於籩豆之間，以柶祭醴三，始扱一祭，又扱再祭；降席，進，東面跪，啐醴，建柶，奠觶，興，東面再拜；跪取觶〔二〕，興，即席坐，奠觶於薦東，興，降席。司賓引妃降自西階，出閤，乘車還宮，障扇侍從如來儀。

○會群臣。皇帝會群臣於太極殿，如正至之儀。唯上壽辭云：「皇太子嘉聘禮成，克崇景福。臣某等不勝慶忭，謹上千秋萬歲壽。」

〔一〕「北」下，諸本衍「面」字，據通典卷一二七、開元禮卷一一一删。
〔二〕「啐醴建柶奠觶興東面再拜跪」十二字，諸本脱，據通典卷一二七、開元禮卷一一一補。

親王納妃：一品以下至庶人附。納采。前一日，主人設使者次于大門外道右，南面。一品以下先使媒氏通書，女氏許之，乃致納采之禮。前一日，設次如親王。其後，納吉、納徵、請期、親迎，設次皆如之。其日大昕，使者公服，乘犢車，備儀仗，至于妃氏大門外，掌次者延入次。凡賓主及行事者公服。一品以下使者入次，主人公服，無使者犢車、儀仗等事，凡百官以下皆同〔一〕。主人受其禮於廟，無廟者，以正寢。掌事者布神席于室户外之西，莞筵紛純，加藻席畫純，南向，右雕几。三品以下布席室户外之西，右几。使者公服出次。謁者引立於大門外之西，東面。一品以下，無謁者引。主人立於東階下，西面。儐者立于主人之左，北面受命，出於大門外之東，西面，曰：「敢請事。」使者曰：「某公貺室某王，謂皇弟皇子〔二〕。一品以下，賓曰：「吾子有命貺室某也」。吾子，女父。某，壻名〔三〕。凡百官以下相稱，皆曰吾子，下倣此。某王率由先典，使某也請納采。」某王，主昏者也。某也，使者名。一品以下曰〔四〕：「某有先人之禮，使某也

〔一〕「皆同」，通典卷一二九作「皆云女氏」。
〔二〕「弟」，諸本作「帝」，據通典卷一二九改。
〔三〕「某壻名」，原作「其壻父」，據通典卷一二九、開元禮卷一二三改。
〔四〕「曰」，諸本脱，據通典卷一二九補。

請納采。」上某，壻父名。下某，使者名〔一〕。儐者入告。主人曰：「某之子惷愚，又弗能教〔二〕。某王命之，某不敢辭。」某王，亦謂主昏者。儐者出告。掌畜者以鴈授使者，退立於後，使者左手執之。主人迎於大門外之東，西面再拜，使者不答拜。主人入門而右，賓入門而左。至次門，主人揖，入。至内霤，將曲揖，當階揖，至階揖。主人曰：「請吾子升。」賓曰：「某敢辭。」主人曰：「固請吾子升。」使者曰：「某敢固辭。」主人曰：「終請吾子升。」使者曰：「某敢終辭。」主人升東階，當阿，西面；賓升西階，當阿，東面。使者曰：「敢納采。」主人阼階上北面再拜，進立于楹間，南面。使者進立於主人之西，俱南面。使者授鴈如儀，降自西階以出。

〇問名。納采禮畢，使者既降，立於廟門外之西，東面。一品以下内門外，下準此。主人還阼階東，左右受鴈於序端〔三〕。主人降立於阼階下，西面。儐者進受命，出請事。使者曰：「某既受命，將加諸卜，敢請女爲誰氏。」儐者入告。主人曰：「某王有命，且

〔一〕「上某壻父名下某使者名」十字，諸本脱，據通典卷一二九補。
〔二〕「能」，諸本脱，據通典卷一二九、開元禮卷一一五補。
〔三〕「受」，諸本作「授」，據通典卷一二九改。

以備數而擇之，某不敢辭。」儐者出告。掌畜者以雁授使者，退立于後。儐者引主人迎於廟門外之東，西面，揖使者以入。主人入門而右，使者入門而左，三揖，至階，三讓，如初。主人升阼階，當阿，西面；使者升西階，當阿，東面。曰：「敢問名。」主人於阼階北面再拜，進立於楹間，南面。使者進立主人之西〔一〕，俱南面。使者授雁，還立西階上，東面。主人還阼階上，西面，曰：「某第某女，某氏出〔二〕。」使者降，出立於廟門外之西，東面；主人還阼階東，左右受雁於序端。主人降立于阼階下，西面。儐者進受命，出請事。使者曰：「禮畢。」儐者入告。主人曰：「吾子爲事，故至于某之室，某有先人之禮，請禮從者。」儐者出告。使者曰：「某既得將事，敢辭。」儐者入告。主人曰：「先人之禮，敢固以請。」儐者出告。使者曰：「某辭不得命，敢不從！」儐者入〔三〕，遂引主人升立於序端。掌事者徹几改筵，東上。莞席紛純〔四〕，加藻席繢純。一品、二品雕几，

〔一〕「立」，諸本作「入」，據通典卷一二九改。
〔二〕「出」，諸本脱，據通典卷一二九補。
〔三〕「入」下，開元禮卷一一五有「告」字。
〔四〕「席」，諸本作「並」；「純」，諸本脱，據通典卷一二九、開元禮卷一一五改、補。

三品彤几，四品以下漆几。主人設神席，亦準此。設罇甒醴於東房内西牖下，加勺冪〔一〕，坫在罇北，實觶一、角柶一，加冪。籩豆在坫北，實以脯醢。設洗於東房近北〔二〕，罍水在洗西，篚在洗東，北肆。篚實巾，加勺冪。設訖，儐者引主人降，迎使者於廟門外之東，西向，主人揖使者，使者報揖〔三〕，主人入，使者從入，至階，一讓升。一品以下，三揖至階，三讓升。主人於阼階上北面再拜，旋立於階東，西面。賓立於西階上北面答拜，旋立於階西，東面。主人授几於序端，掌事者内拂几三，奉兩端西北向進；主人東南向，外拂几三，振袂，内執進之，北向〔四〕。使者迎受於筵前，東南向以俟。主人還阼階上，北面再拜送，西面立。使者以几避〔五〕，進，北面，坐設于座左，興，退於西階上，北面答拜，旋立於階西，東面。贊者盥手，洗觶，酌醴，加柶於觶，覆之，面葉，出房，南面立。主人

〔一〕「勺」，諸本作「爵」，據通典卷一二九改。
〔二〕「近」，諸本作「筵」，據通典卷一二九、開元禮卷一一五改。
〔三〕「於廟門外之東西向主人揖使者使者」十五字，諸本脱，據通典卷一二九、開元禮卷一一五補。
〔四〕「内執進之北向」，開元禮卷一一五作「内執之進西北向」。
〔五〕「避」，諸本脱，據通典卷一二九補。

受醴〔一〕，面柄，進筵前，北面立。使者西階上北面一拜，進筵前，東南面受醴，復西階上位。主人還阼階上，北面一拜送。贊者薦脯醢於筵前，使者進升筵，坐，左執觶，右取脯，擩於醢，祭於籩豆之間，以柶祭醴三，始扱一祭，又扱再祭；興，以柶兼諸觶，上躐，降筵，於西階上北面，坐啐醴，建柶，奠觶，遂拜，執觶興。主人答拜。使者進升筵，坐奠觶於薦東，降筵，立於西階上，東面。掌事者牽兩馬，入陳於門內三分庭一在南，北首，西上。一品以下無馬。又掌事者奉篚幣，升自東階。主人受於序端，進，西面立。使者西階上北面再拜。主人進楹間，南面立。使者立于主人之西，俱南面。主人以篚幣授使者，使者退立於西階上，東面。主人還阼階上，北面再拜送。使者降自西階，從者訝受幣。使者揖馬以出，牽馬者從之。使者出大門外之西，東面立。從者訝受馬。主人出門東，西面拜送。使者退，主人入，立于阼階下，西面。儐者告于主人，曰：「賓不顧矣。」主人乃還于寢。一品以下，又於使者歸。主人公服立於階下，西面。及使者入告，立于主人之左，北面，曰：「某既得將事〔二〕，敢告。」主人曰：「聞命。」使者退立，主人入。以下復

〔一〕「南面立主人受醴」，諸本「立」誤在「主人」下，據通典卷一二九、開元禮卷一一五乙正。

〔二〕「將」，諸本脱，據通典卷一二九、開元禮卷一一三補。

命準此。

○納吉。其日大昕，使者至妃氏大門外，贊禮者一品以下掌事者。延入次。掌事者設几筵如初。使者出次，謁者引立于主人大門外之西，東面。一品以下無謁者。主人立於阼階下，西面。儐者進受命，出請事。使者曰：「某公有貺，命加諸卜，占曰吉，某王使某也敢告。」某王，主昏者。一品以下云：「某使某也敢告。」上某，壻父。下某，使者。儐者入告。主人曰：「某之子弗教，恐弗堪。某王有吉，某亦與在焉〔一〕。某不敢辭。」儐者出告，其拜迎、升堂、受鴈之儀，並如納采。唯致命云「納吉」爲異。使者立於廟門外之西，東面。一品以下次門外。主人還阼階東，左右受鴈於序端。主人降立於阼階下，西面。儐者進受命，出請事。使者曰：「禮畢。」其禮賓如問名之禮。

○納徵。其日大昕，使者至妃氏大門外，掌次者延入次。賓之掌事者入，布幕於廟門之外，百官入次門外。玄纁束玄三匹、纁二匹，合束之。陳於幕上，乘馬四品、五品兩馬，六

〔一〕「亦」，通典卷一二九無。

品以下鹿皮二。其執皮，内攝之，手相向，左手并執前足，右手并執後足。在幕南，北首〔一〕，西上。掌事者奉璋以匱，俟於幕東，西面。一品以下無璋。主人、掌事者設几筵如初。使者出次，謁者引立於大門外之西，東面。主人立於東階下，西面。儐者進受命，出請事。使者曰：「某公有嘉命，貺室某王，率由先典，一品以下，賓曰〔二〕：「有嘉命貺室某也，有先人之禮，束帛乘馬。」六品以下云：「束帛儷皮。」使某也以玉帛、乘馬，請納徵。」儐者入告。主人曰：「某王順先典，貺某重禮，某敢不承命。」儐者出告。又儐者引主人迎〔三〕，立於大門外之東，西面再拜，使者不答拜。主人揖入，使者從入。主人入門而右，使者入門而左。至於内門，主人立於門東，西面；使者立於門西，東面。一品以下，賓立於門西，東面。掌事者坐啓匱，取璋，一品以下無璋，但取玄纁而已。六品以下取儷皮。加於玄纁上，興，以授使者，退，復位。使者奉玉帛，主人揖，與使者俱入。牽馬者從入，陳於庭，三分庭一在南，北首，西上。主人入，三揖至階，三讓如初。主人升阼階，當阿，西面；使者升西

〔一〕「首」，諸本作「面」，據通典卷一二九、開元禮卷一一五改。
〔二〕「賓」，諸本作「儐」，據通典卷一二九改。
〔三〕「迎」上，開元禮卷一一五有「出」字。

階，當阿，東面。使者曰：「敢納徵。」六品以下執儷皮釋外足，見文。主人阼階上北面再拜，進立於楹間，南面。使者進立於主人之西，俱南面。使者授玉帛，降自西階，立於内門外之西，東面。主人還阼階東，左右授玉帛於序端，主人立於阼階下，西面。主人還受玉帛，受馬者自左受之以東〔一〕。牽馬者既授馬，自門西而出〔二〕。儐者進受命，出請事。使者曰：「禮畢。」其禮賓如問名之儀。

○請期。前一日，設次。其日大昕，使者至妃氏大門外。其主人設几筵，儐者出請事，並如納吉儀。使者曰：「某公有賜，既申受命矣。某王使某也請吉日。」一品以下：「既申受命，惟是三族之不虞，使某也請吉日。」儐者入告。主人曰：「既前受命矣，唯命是聽。」儐者出告。使者曰：「某王命聽命於某公。」一品以下云「吾子」。吾子，壻父名也。儐者入告。主人曰：「某唯命是聽。」儐者出告。使者曰：「某王使某受命於某公，公不許，某敢不告期，曰某日。」某，吉日之甲乙。儐者入告。主人曰：「某敢不敬須。」儐者出告。

〔一〕「受」，諸本作「授」，據通典卷一二九改。
〔二〕「門」，通典卷一二九、開元禮卷一一五作「前」。

掌畜者以雁授，其受雁及禮賓，並如納徵之儀。

○册妃。其日，妃氏親屬咸集。使者公服，乘輅備儀仗，至妃氏大門之外，贊禮者延入次。使主、副以下俱公服。使者出次，典謁者引使者，持節者前導，立於門西，東面。持節者立於使者之北，少退。使副立於使者西南，史二人對舉册案，立於使副之南，少退，俱東面。主人公服以出，贊禮者引立於東階東南，諸宗人立於主人東南，俱西向。外姻立於西方，東面，皆北上。妃嚴於別室以俟，姆服禮衣，立於其右。傅、保各一人。女相者綵禮衣，帥女贊者二人綵禮衣，立於内寢東階東南，西面，北上。贊禮者公服引主人出門東〔一〕，西面再拜。使者不答拜。謁者引使者，持節者前導，入門而左，使副以下從之。主人立於閤外之東，西面。典謁引使者入閤，立於内寢階間，南面。持節者立於使者之東，少南，西面。使副立於使者西南，持册案者又立于使副之南，少退，俱東面。女相者引妃出，障以行帷，其侍從提挈如式，姆左右以相，進當使者南，北面立。持節者脱節衣。又女相者引宗人、外姻之婦人於序位之東西廂，俱北

〔一〕「贊禮者公服引主人出門東」，原作「者引使者持節者前導入門」，據味經窩本、乾隆本、光緒本、通典卷一二九改。

上，宗人在東，外姻在西。立定。史舉案詣使副前，使副受册，史以案退，復位。使副舉册授使者，退，復位。使者稱「有制」。女相者曰「再拜」，女贊者承傳，妃再拜。使者讀册，訖，女相者曰「再拜」，女贊者承傳，妃再拜。訖，女相者引妃少前，傅姆進受册以退。其羽儀依式俱進。持節者加節衣。典謁引使者，持節者前導以出，俱復門外位。主人拜送於門外，使者還，主人入。初，使者出，女相者引妃入。

○親迎。其日大昕，妃父服其服，告于禰廟。以酒脯醢告之，一獻。無廟者告于寢。一品以下，其日大昕，壻之父、女之父各服其服，告于禰廟。將行，父醮子于正寢，贊者布席于東序，西向。又設席于户牖之間，南向。父公服，庶人常服，坐于東序，西向。子服其上服：一品衮冕，二品鷩冕，三品毳冕，四品絺冕，五品玄冕，六品爵弁，庶人絳公服。升自西階，進立于序西〔一〕，南面。贊者酌酒進，北面以授子，子再拜，受爵。贊者進脯醢于席前，脯醢出自房。子升席，跪，左執爵，右取脯，擩于醢，祭于籩豆之間〔二〕。右祭酒〔三〕，執爵，興，降席西，南面跪，啐酒〔四〕，奠爵，再拜，執爵，興，贊者受虚爵，還罇所。子進

〔一〕「序」，開元禮卷一二三作「席」。
〔二〕「祭」上，諸本衍「薦」字，據通典卷一二九刪。
〔三〕「右」，諸本脱，據通典卷一二九、開元禮卷一二三、一二四、一二五補。
〔四〕「啐酒」，開元禮卷一二三、一二四、一二五作「卒爵」。

于父席前，東面，父命之曰：「往迎爾相，承我宗事，勗率以敬，先妣之嗣，若則有常。」庶子則云：「往迎爾相，勗率以敬。」子再拜曰：「不敢忘命。」又再拜，降，出。初昏，設洗于阼階東南〔一〕，東西當東霤，南北以堂深；罍水在洗東，加勺冪；篚在洗西，南肆，實爵二、巾二〔二〕，加冪。設婦洗于東房近北〔三〕，罍水在洗西，加勺冪；篚在洗東，北肆，實以巾，加冪。陳饌于東房内西墉下〔四〕。一品以下牲用少牢及腊，六品以下用特牲魚腊〔五〕，皆三俎，籩三、簋三、甄一〔六〕。其豆數：一品十六，二品十四，三品十二，四品十，五品八，六品六。壻及婦共牢，婦之籩、簋及豆、甄之數，各視其夫。牲體皆折節俎，籩實稷黍，簋實稻粱，甄實以羹，豆實醯醬虀菹〔七〕，籩、簋、豆、甄加蓋，俎加冪。罇于室中北牖下，玄酒在西，加勺冪，面柄。又設罇于房户外之東，加勺冪，無玄酒，篚在南，東肆〔八〕，實四爵合卺〔九〕，加冪。夫婦酌于内罇，四爵、兩卺，凡

〔一〕「洗」，原脱，據光緒本、通典卷一二九補。
〔二〕「巾二」，開元禮卷一二三、一二四、一二五作「巾一」。
〔三〕「近」，諸本作「筵」，據通典卷一二九、開元禮卷一二三、一二四、一二五改。
〔四〕「饌」，諸本作「設」；「墉」，諸本作「牖」，據通典卷一二九、開元禮卷一二三、一二四、一二五改。
〔五〕「魚」，諸本作「及」，據通典卷一二九、開元禮卷一二五改。
〔六〕「籩三簋三」，開元禮卷一二三、一二四、一二五皆作「籩二簋二」。
〔七〕「虀菹」，諸本作「醓俎」，據通典卷一二九、開元禮卷一二三、一二四改。
〔八〕「東」，諸本脱，據通典卷一二九改。
〔九〕「四」，諸本脱；「合」，諸本作「加」，據通典卷一二九、開元禮卷一二三、一二四、一二五補、改。

六，夫婦各三酳。

○初昏。王著衮冕之服，乘輅備儀仗。從者乘車後部從，詣妃第。三品以上主人乘革輅〔一〕，四品、五品木輅，五品非京官執事者乘青通幰犢車，六品以下青偏幰犢車，備儀仗。從者公服，乘車以從，婦車及從車各準其夫。至婦氏大門外，延入次。車將至，主人布席百官以下，贊者布席。於室户外之西，西上，右几；又席于户内，南向。設罇甒醴於東房東北隅〔二〕，加勺冪，篚在罇南，三品以上，醴罇於房内東壁下，坫在北，籩、豆一又在坫北。四品以下，篚在北。實觶一、角柶一，脯醢在篚南。王至妃氏大門外，降輅。贊禮者引王停次。妃著花釵、褕衣、纚衻入于房，即席，南向立。百官以下，女各準其夫〔三〕，服花釵、翟衣。一品花釵九樹、翟九等，二品花釵八樹、翟八等，三品七樹、翟七等，四品六樹、六等，五品五樹、五等。入于房，即房南向立。六品以下花釵、大袖之服，庶人花釵、連裳服。姆禮衣在其右，從者陪其後。主人一品以下父公服。升自阼階，立於房户外之東，西面。内贊者詣醴罇所，以觶酌醴，加柶覆之，面柄，進妃

〔一〕「上」，原作「下」，據光緒本、通典卷一二九改。
〔二〕「房」，諸本作「户」，據通典卷一二九、開元禮卷一一五改。
〔三〕「各」，諸本作「官」，據通典卷一二九改。

筵前，北面。妃降席西，南面，再拜受觶。内贊者薦脯醢於席前，妃升席，跪，左執觶，右取脯，擩於醢，祭於籩豆之間，遂以柶祭醴三，始扱一祭，又扱再祭；興，筵末跪，啐醴〔一〕，建柶，奠觶於薦東，一品以下豆東。降筵西〔二〕，南面再拜，升席立。内贊者徹薦、觶。主人降立於東階東南，西面。贊禮者贊王一品以下皆云賓。賓，壻也，下倣此。出次，立於大門外之西，東面。左右羽儀及執燭者如常。儐者進受命，出於門東，西面，曰：「敢請事。」王曰：「以兹初昏，某將請承命。」一品以下云：「以兹初昏，某父使某，將請承命。」儐者入告。主人曰：「某固敬具以須。」儐者引主人迎於大門外之東，西面，再拜，王答拜，主人逡巡。百官以下，無逡巡。主人揖，王報揖，主人入。掌畜者以雁進，王受雁，左首執之以入〔三〕，至内門。主人曰：「請王入。」王曰：「某弗敢以先。」主人又曰：「固請王入〔四〕。」王曰：「某固不敢以先。」主人揖，王報揖，王與主人俱入，左右從者如常。主

〔一〕「啐」下，諸本衍「祭」字，據通典卷一二九、開元禮卷一一五删。
〔二〕「降」，諸本脱，據通典卷一二九補。
〔三〕「首」，諸本作「手」，據通典卷一二九改。
〔四〕「王入」，諸本脱，據通典卷一二九、開元禮卷一一五補。

人揖入，及内霤，將曲揖，當階揖，王皆報。至階，主人曰：「請王升。」王曰：「某敢辭。」主人曰：「固請王升。」王曰：「某敢固辭。」主人曰：「終請王升。」王曰：「某敢終辭。」主人升阼階，西面立。王升西階，進當房户前，北面，跪奠雁，興，再拜，降，出，主人不降送。初，王入門，母出立於房户外之西，南面。於王拜訖，姆導妃出于母左〔一〕。父少進，西面戒之，必有正焉，若衣若笄。命之曰：「戒之敬之，夙夜無違命。」母戒於西階上，施衿結帨。戒之曰：「勉之敬之，夙夜無違宫事。」庶母及門内施鞶，申之以父母之命。命之曰：「敬恭聽宗父母之言，夙夜無愆，視諸衿鞶。」鞶，囊也。婦人鞶絲，所以盛帨巾之屬。妃出車後，王授綏，姆辭不受，曰：「未教，不足以爲禮。」妃乘以几，從者二人坐，相對持之。一品以下無持几者。姆加幜。王乃御輪三周，馭者代之。王出大門，乘輅還第如來儀。妃鹵簿次從而行。一品以下，主人使其屬送之。

〇同牢。一品以下同牢與親迎不别篇。初昏，掌事者設洗、陳饌如一品儀〔二〕。籩豆各

〔一〕「母」，諸本作「姆」，據通典卷一二九改。
〔二〕「如」，諸本作「加」，據通典卷一二九改。

十六，簠簋各二，㼢各一，皆加勺蓋。俎三，羊、豕及腊，羊豕皆節折。爵坫於室內北牖下，玄酒在西，加勺冪，皆南柄〔一〕。冪夏用絺，冬用綌。又設罇於房戶外之東，加勺冪，無玄酒，坫在南，實四爵合巹，加冪。王至，降輅車以俟。妃至，降車，北面立。王南面，揖妃以入，及寢門，又揖以入。贊者徹罇冪，酌玄酒三，注于罇。妃從者設席于奧，東向。西南隅謂之奧。一品以下，若室內窄，則席于堂上楹間，東向，設罇于室戶東。王導妃，升自西階，入于室，即席，東面立。妃入立於罇西，南面。王盥於南洗，妃從者沃之。妃盥於北洗，王從者沃之。盥訖，王及妃俱復位立。贊者以饌入，設于席前。贊者設醬於席前，葅醢在其北〔二〕。俎三，入設于豆東，腊特於豆北；豆東，葅醢之東。設黍於醬東，稷稻粱在東；設湆於醬南，設對醬於東，對醬，婦醬也。設之當特俎。葅醢在其南，北上；設黍于腊北，其西稷稻粱；設湆于醬北。司饌啓會，卻于簠簋之南，對簠簋于北，皆加匕箸。王從者對席於饌東，贊者西南面告〔三〕：「饌具。」王揖妃，妃即對席，西面，

〔一〕「南」，諸本作「面」，據通典卷一二九、開元禮卷一一五改。
〔二〕「其」，諸本作「於」，據通典卷一二九改。
〔三〕「面」，諸本脱，據通典卷一二九、開元禮卷一一五補。

皆坐。贊者皆授箸，各以菹擩於醢，皆祭於豆間，又皆祭黍。贊者各取胏，皆絶末以授，皆祭，贊者以胏加于俎。凡祭與食，皆贊者贊之。贊者各移黍置於席上，授胏脊，皆食以湇醬，三飯，卒食。贊者二人俱洗爵于房，酌於室内之罇，詣饌南，北面一品以下，户西北向。以酳。王及妃皆興，再拜受爵。贊者北面答拜〔一〕，王及妃皆坐，祭酒。贊者以肝從，皆奠爵取肝，振祭，嚌之。贊者皆受〔二〕，實於菹豆〔三〕，各取爵，皆飲。訖，執爵興，贊者受爵，王及妃皆再拜。贊者以爵覆于坫，王及妃俱坐。一品以下仍立。贊者又以爵酌，再酳，王及妃受爵，不祭而飲，卒爵，一品以下立受，坐飲〔四〕。贊者受爵，覆於坫。三酳用巹，如再酳。一品以下，主人及婦立于席後。贊者皆降東階，洗爵，升，酌于户外罇，入詣于饌南，北面，跪，一品以下，入户西，北面。奠爵，興，再拜，皆坐，取爵，祭酒，遂飲，卒爵，遂拜，執爵興，降奠於篚。一品以下，夫婦答拜，降奠爵于篚。王出，妃退立于罇西，南

〔一〕「答」，諸本作「再」，據通典卷一二九改。
〔二〕「受」，諸本作「授」，據通典卷一二九改。
〔三〕「菹」，諸本作「俎」，據通典卷一二九改。
〔四〕「坐」，諸本作「爵」，據通典卷一二九改。

面。一品以下，主人出，脱衣于房。贊者徹饌，設於東房內，如初。婦脱服于室〔一〕，袵于奥。又徹室內酒鐏以出。王脱冕服于房，妃從者受之。妃脱服于室，王從者受之。姆授巾〔二〕，王從者袵于奥，妃從者袵良席于東，皆有枕，北趾。一品以下無交受服、姆授巾。王入，燭出。妃從者餕王之餘，王從者餕妃之餘，贊者酌户外鐏，酳之。王從者皆婦人。妃從者侍于户外，呼則聞。

○妃朝見。一品以下見舅姑。其日，依時刻，諸衛勒所部屯門列仗。妃夙興，沐浴，著花釵，服褕衣，乘厭翟車以出，侍從如常。至降車所，妃下車，司賓引妃立於閤外。近臣入奏，皇帝即御座，南向坐，近臣如常。妃奉笲笲，竹器，玄表纁裏。棗、栗。司賓引妃入立于庭，北面，妃再拜。司賓引妃升自西階，進，北面，跪奠于皇帝前，興，皇帝撫之。尚食進，饌以東。司賓引妃降，復位，又再拜。尚儀承敕，降詣妃西北，東面，稱：「敕旨。」妃再拜，宣敕訖，又再拜。司賓引妃出，遂詣皇后所御之殿，立于閤外。奉笲

〔一〕「服」，諸本作「衣」，據通典卷一二九改。

〔二〕「授」，諸本作「受」，據通典卷一二九改，下同。

腶脩。六尚以下各服其服，俱詣閤奉迎。尚儀入奏，皇后即御座，南向坐，近臣如常。司賓引妃入立於庭，北面，再拜。司賓引妃升自西階進，北面，跪奠於皇后前，興，皇后撫之。尚食進，徹以東，司賓引妃降，復位，又再拜。尚儀前承令，降詣妃西北，稱：「令旨。」妃再拜，宣令訖，又再拜。司賓引妃出閤，侍從如常。妃乘車還第，如來儀。

一品以下見舅姑儀：質明，贊者見婦于舅姑，立于寢門外。贊者布舅席于東序，西向；布姑席于房中之西〔一〕，南向。舅姑俱即席坐，婦執笲棗、栗自門外入，升自西階，東面，再拜；進，跪奠于舅席前，舅撫之。贊者進，徹以東，婦退，復東面位，又再拜，降自西階〔二〕，受笲腶脩，從者執俟于階下，升，進，北面，再拜；進，跪奠于姑席前，姑撫之。内贊者徹以東，婦退〔三〕，復北面位，又再拜。贊設婦席于室户西，南面，在姑席之西，少北。側罇甒醴于房内東壁下，加勺冪；籩豆各一，實以脯醢，在罇北。設洗東房，近北，罍水在洗西，篚在洗東，北肆。篚實以觶、巾、角柶各一，加冪。婦立于席西，南面。内贊者盥手洗觶，酌醴，加柶

〔一〕「房中」，開元禮卷一二三、一二四、一二五作「房户外」。
〔二〕「降」，原脱，據味經窩本、乾隆本、光緒本、通典卷一二九補。
〔三〕「婦」，諸本脱，據通典卷一二九、開元禮卷一二三、一二四、一二五補。

面柄，出房，詣婦席前，北面立。婦進，東面拜受〔一〕，退，復位。内贊者西階上拜送〔二〕。内贊薦脯醢于席前，婦升席坐，左執觶，右取脯，擩于醢，祭于籩豆之間，以柶祭醴三〔三〕，始扱一祭，又扱再祭，加柶于觶，面葉；興，降席西，東面坐，啐醴，建柶〔四〕；興，拜，内贊者答拜。婦進，升席，跪奠觶于豆東，取脯，降自西階以出，授婦氏，從入于寢門外。婦盥饋儀：舅姑入于室，婦盥饋。贊者布席于室之奥，舅姑共席坐，俱東面，南上。贊者設罇于室内北牖下〔五〕，饌于房内西牖下，具饌如同牢。牲體皆節折，右載之於舅俎，左載之于姑俎。婦入，升自西階，入房，以醬進設于舅姑席前，其他饌從者設之，加匕箸，俱以南爲上。俎入，各設于豆東，訖，贊者各授箸〔六〕。舅姑各以韭菹擩于醬，祭于邊豆之間，又祭飯〔七〕，訖，乃食。婦入于房内，盥手洗爵，入室，酌酒酳舅，進，奠爵于舅席前，少東，西面再拜。舅取爵，祭酒，飲之，婦受爵，出户，入房，奠于篚。又盥洗爵，酌酒酳姑，如酳舅之禮。設婦席于室内北牖下罇東，南面。婦徹饌，設于席如初，西上。婦親徹醬，設之，其他從者設之。婦進，西面再拜，退，升席，南向坐。將餕，舅辭，命易醬，内贊

〔一〕「受」，諸本脱，據通典卷一二九、開元禮卷一二三、一二四、一二五補。
〔二〕「拜」上，開元禮卷一二三、一二四、一二五有「北面」二字。
〔三〕「以」，諸本作「加」，據通典卷一二九、開元禮卷一二三、一二四、一二五改。
〔四〕「建」，諸本作「加」，據通典卷一二九、開元禮卷一二三、一二四、一二五改。
〔五〕「者」，諸本脱，據通典卷一二九、開元禮卷一二三、一二四、一二五補。
〔六〕「授」，諸本作「受」，據通典卷一二九改。
〔七〕「飯」，諸本作「飲」，據通典卷一二九改。

者易之，婦乃餕姑饌。婦祭，内贊者助之。既祭，乃食，三飯，卒食。内贊者洗爵，酌酒酳婦。婦降席，西面再拜，受爵，升席坐，祭酒，飲；訖，執爵興，降席東，南面立〔一〕。内贊者受爵〔二〕，奠于篚。婦進，西面再拜。舅姑先降自西階〔三〕，婦降自阼階。凡庶子婦，舅姑不降〔四〕，而婦降自西階以出。

○昏會：主人及賓俱公服，饌以籩、豆、簠、簋、俎、鈃、罇、爵、巾、坫〔五〕。其日，主人至賓大門外之西，東面立。賓立於東階下，西面。儐者進于賓左，北面受命，出，立於門外之東，西面，曰：「敢請事。」主人曰：「某有嘉禮，請公有顧。」王則稱王，以下準此。儐者入告，遂引賓出大門外之東，西面再拜，主人答拜。主人曰：「某有嘉禮，請公有顧。」賓曰：「敢辭。」主人曰：「敢固請。」賓曰：「辭不得命，敢不從！」主人拜，賓答拜。主人還，賓遂與諸親從之。掌事者先鋪賓席于堂上楹間近北，南向；設賓之宗室席位于賓西南，賓之異姓席位于宗室之南，又於西廊下一品以下于西階下。設異姓席位，皆重

〔一〕「南」，諸本脱，據通典卷一二九改。
〔二〕「者」，諸本脱，據通典卷一二九補。
〔三〕「舅」，諸本脱，據通典卷一二九、開元禮卷一二三、一二四、一二五補。
〔四〕「姑」，諸本脱，據通典卷一二九、開元禮卷一二三、一二四、一二五補。
〔五〕「爵」下，開元禮卷一一五有「匕」字。

行東向，以北爲上；設主人席位于東階上，西向；設主人宗室席位于主人東北，設異姓席位于宗室之北，皆重行西向，以南爲上；又設主人異姓席位于東廊下，一品以下于東階下。重行西向，以北爲上。賓至於主人大門外之西，東向；賓之宗室立於賓西南，異姓立宗室之南，俱重行東面，以北爲上。儐者引主人出，立於大門外之東，西面；主人諸親立于大門外之東，重行西面，以南爲上。立定，主人西面再拜，賓東面答拜，主人揖，賓報揖。儐者引主人以入，又儐者引賓以入，賓之諸親以次從入。至門內，主人諸親從入如常。至階，主人揖，賓報揖。賓主及諸親以次升，各立於席後，其在庭者，亦如之。立定，賓主及諸親俱坐。執觴者酌酒，一品以下執爵者，下倣此。升自東階，酒升堂，賓與主人及諸親皆起。執觴者以酒授主人，儐者引主人進詣賓前，北面立〔一〕。賓自席西進，東南向受酒。儐者引主人退，復位，賓還席後，賓主及諸親俱坐。執觴者又以酒授主人及諸親，賓主俱祭而飲，諸親不祭而飲。觴行一周，食升堂，賓主及諸親皆起。掌事者以醯醬豆授主人，儐者引主人進，設於賓席前。賓曰：「請公無辱。」

〔一〕「北」上，開元禮卷一一五有「西」字。

主人曰：「不敢忘禮。」儐者引主人復位。執饌者以饌進，設于賓主席前，加以匕箸，執饌者又以饌設于衆賓以下。設訖，賓主及諸親皆坐，賓主皆祭而食，諸親不祭而食。于賓祭，主人辭曰：「蔬食不足祭。」賓主俱食，三飯而止。主人曰：「請公食。」賓更飯，食畢，遂進庶饈，觴行如常〔一〕。會畢，賓主及諸親俱興，儐者各引賓主以下降出。賓主及賓之諸親皆復門外位，主人諸親復門内位。主人再拜送，賓退，儐者引主人入。

○婦人禮會。女賓乘車入，至下車所，内儐者引入。主人迎送于門内，相稱之辭，各準其夫，餘如丈夫之禮。

○饗丈夫送者。其日，掌事者鋪賓席于堂上楹間近北，南向；又鋪主人席于阼階上，西向；又設衆賓席於賓西南，設從者席位于西廊下，一品以下西階下。俱重行東向，以北爲上。儐者引賓以下立于主人門外之西，重行東向，以北爲上。立定，儐者引主人出，立于門東，西向。主人揖，賓報揖。儐者各引賓主以下入，至階，主人揖，賓報

〔一〕「行」，諸本脱，據通典卷一二九、開元禮卷一一五補。

揖。賓主以次升，立於席後，立定，賓主以下俱坐，遂進酒設食，如昏會之儀。會畢，賓主以下俱興，儐者引賓立於西階上，東面。主人掌事者牽馬，入陳于門内三分庭一在南〔一〕，北首，西上。一品以下無馬。又掌事者奉束帛之篚升，授主人。主人執篚，西面立；賓西階上北面，再拜。主人進立於楹間，南面；賓進立於主人之右，俱南面。主人授篚，賓受之，退，立於西階上，北面。主人還阼階上，北面，再拜送。儐者引賓以下降自西階，從者迓受篚。賓及庭，東面揖左馬以出，牽馬者從之。在庭者以次出，俱復門外位。從者迓受馬。一品以下無受馬儀。初，賓降，儐者引主人降自東階，出門東，西面拜送，賓退，主人入。

○饗婦人送者。其日，女贊者鋪賓席於堂上楹間近北，南向；又鋪主人席於阼階上，西向；又設衆賓席於廊下〔二〕，俱重行東向，以北爲上。女相者引賓以下立於主人門外之西，重行東面，以北爲上。立定，女相者引主人出，立於門外之東〔三〕，西面。女

〔一〕「内」，諸本脱，據通典卷一二九、開元禮卷一一五補。

〔二〕「於」下，開元禮卷一一五有「賓西南設從者席位於西」十字。

〔三〕「外」，通典卷一二九、開元禮卷一一五作「内」。

相者引賓入，衆賓以下從入。賓入門西，東面。立定，賓主以次進，至階，升，各立於席後。上下立定〔一〕，俱坐，遂進酒設食，如昏會之儀。會畢，賓主以下俱興。女相者引賓立于西階上，東面。女相者奉束帛之篚升，以授主人。主人執篚進于楹間，南面立。女相者引賓進立於主人之右，俱南面。主人授幣，訖，女相者引賓降出，從者迓受篚，衆賓以下從出。初，賓降，女相者引主人降，送于門内，賓出，女相者引主人入。一品以下，内相者引賓升，主人迎送于閤内。相稱之辭，各準其夫。酬以束帛，如丈夫之禮。

公主出降。納采。前一日，主人設使者次于大門之外道右，南向。其納吉、納徵、請期、親迎等禮，皆如之。其日大昕，使者至於主人大門外，贊禮者延入次。凡賓主及行事者，皆公服。使者出次，贊禮者引至於大門外之西，東面。主人立於東階下，西面。儐者立於主人之左，北面受命，出立於門東，西面，曰：「敢請事。」使者曰：「朝恩貺室於某公之子某，某公有先人之禮〔二〕，使某也請納采。」儐者入告，主人曰：「寡人敢不敬從。」儐

〔一〕「賓主以次進至階升各立於席後上下立定」十七字，諸本脱，據通典卷一二九、開元禮卷一一五補。
〔二〕「某」，諸本脱，據通典卷一二九、開元禮卷一一六補。

者出告。掌畜者以雁授使者，其餘並如一品昏儀。　問名。「使者既出」至「主人還阼階上，西面，曰：『皇帝第某女，封某公主。』」餘行事並如一品昏儀。其禮，使者于户牖之間，贈之篚幣及兩馬。詞云：「吾子爲事，故至于寡人之室。寡人有先皇之禮，請禮從者。」　納吉。其日大昕，使者至。　請事，使者曰：「加諸卜，占曰吉，使某也敢告。」主人曰：「某公有吉，寡人與在焉，寡人不敢辭。」如納采之儀。　納徵。其日大昕，使者至，入次。掌事者布幕于内門外，玄纁束帛陳于幕上，乘馬在幕南，北首，西上。掌事者奉璋以匵，俟於幕東。使者曰：「朝恩貺室於某公之子某，某公有先人之禮〔一〕，使某也以束帛、乘馬，請納徵。」主人曰：「某公順先典，貺以重禮，寡人敢不承命。」餘並如一品昏儀。　請期。其日大昕，使者至，入次至請事，依常禮。使者曰：「某公有賜，既申受命，某公使某請吉日。」儐者入告。主人曰：「寡人既前受命，唯命是聽。」使者曰：「某公命某聽命於王。」儐者入告。主人曰：「寡人固唯命是聽。」使者曰：「某公使某受命于王，王不許，某敢不告期，曰某日。」餘並如一品昏儀。　親迎。其日大昕，壻之父告廟、

〔一〕「某」，諸本脱，據通典卷一二九、開元禮卷一一六補。

醮子，並如一品昏儀。子再拜，降出，乘輅備儀仗，詣主人之第。賓將至，内贊者布席於東房，當户，南向；設罇甒醴等於東房。主人醴公主，如一品醴女之儀。公主著花釵、褕翟、纁袡。「入房」以下並如一品醴女儀。訖，主人降立於東階東南，西面。贊禮引賓出次，立於門西，東面。儐者進受命，出門，東面〔一〕。曰：「敢請事。」賓曰：「某王命某之父，以兹初昏，命某將請承命〔二〕。」儐者入告。主人曰：「寡人固敬具以須。」至奠雁，出，如常禮。初，賓入門，主婦出立於房户外之西，南面。於賓拜訖，姆導公主出。主人少進，西面戒之，必有正焉，若衣若花。命之曰：「戒之敬之，夙夜無違命。」主婦戒之於西階上，施衿結帨。戒之曰：「勉之敬之，夙夜無違。」公主出，以下並如常儀。同牢。初昏，掌事者設洗於東階東南，及陳設牢饌、鉶俎之數，各依其品。羊豕節折，大羹在於爨。其器皆明烏漆，惟甄以陶，卺以匏。餘並如一品儀。見舅姑。見之日，公主夙興沐浴，著花釵，服褕翟。舅服公服，姑著鈿釵禮衣，其儀同一

〔一〕「面」上，開元禮卷一一六有「西」字。
〔二〕「命」上，開元禮卷一一六有「某之父」三字。

品昏禮。公主降西階以出，無取脯授婦氏之儀。盥饋舅姑。公主盥饋以少牢，舅姑、公主服如見禮。及酳舅姑訖，内贊者設公主席於舅姑東北，南面。餘並如一品儀。昏會。如一品昏儀。婦人禮會。如一品昏儀。饗丈夫送者。同一品儀，加送以乘馬。設從者乃於西廊下。饗婦人送者。女相者引賓升降，酬以束帛。餘如丈夫禮。

唐書玄宗本紀：開元二十一年五月，以皇太子納妃，降死罪，流以下原之〔一〕。

食貨志：開元二十二年，詔男子十五、女十三以上，得嫁娶。

舊唐書代宗本紀：大曆元年正月，禁王公宗子郡縣主之家〔二〕，不得與軍將昏姻〔三〕。

通典：建中元年十一月，禮儀使顔真卿等奏：「郡縣主見舅姑，請于禮會院過事。

〔一〕「原」，諸本作「從」，據新唐書玄宗本紀改。
〔二〕「子」，原作「室」，據光緒本、舊唐書代宗本紀改。
〔三〕「軍」，諸本作「諸」，據舊唐書代宗本紀改。

明日早，舅姑坐堂上，行執笲之禮。其觀華燭，伏以昏禮主敬〔一〕，竊恐非宜，並請停障車下壻、却扇等。行禮之夕，可以感思。至於聲樂，竊謂非禮，並請禁斷。相見儀制，近代設以氈帳，擇地而置，此亦非禮。合於堂室中置帳，請準禮施行。俗忌今時以子午卯酉年〔二〕，謂之當梁年，其年娶婦，舅姑不相見。蓋禮無所據〔三〕，亦請禁斷。」並從之。其制多因周禮，以三品以上、五品以上、六品以下爲降殺，並如開元禮。

舊唐書德宗本紀：貞元九年八月，皇太子長男廣陵王淳納妃郭氏。

敬宗本紀：長慶四年正月，穆宗崩，皇太子即位。三月，詔六宅、十宅諸王女，宜令每年於選人中選擇降嫁。冬十月丙子朔，宗正寺選尚縣主壻和元亮等二十五人，各賜錢三十萬，令備吉禮。

文宗本紀：太和七年八月，詔十六宅諸縣主，委吏部于選人中簡擇匹配，具以名聞。

右隋唐昏禮

〔一〕「伏」，諸本作「仗」，據通典卷五八改。
〔二〕「子午卯酉」，通典卷五八作「子卯午酉」。
〔三〕「禮」，通典卷五八作「理」。